フランス語
文法総解説

Compendium
de
la grammaire française

町田 健 著

研究社

はしがき

　本書は、フランス語という言語の特徴を可能な限り網羅的に記述し、その機構を説明したものである。言語による伝達の基本単位は「文」であり、文によって事柄が表される。したがって、フランス語を始めとする任意の言語が持つ機構は、伝達の基本単位である文がどのような規則に従って作られるのかという、その過程を示すことによって明らかにされる。文を作るための規則が「文法」と呼ばれるものである。

　文は単語を並べて作られるから、文法を構成する要素として最も重要なのは、単語の分類としての各品詞の働きである。本書も、名詞、動詞、形容詞、副詞、前置詞などの主要な品詞について、その働きを正確に記述することに重点を置いている。さらに、そのような各品詞の働きが、言語の一般的性質からどのように説明できるのかということについても、本書はできるだけの配慮を払っている。つまり、人間の言語の1つとしてのフランス語の特徴を、単なる事実として提示するのではなく、これまで蓄積されてきた言語学の知見を援用しながら、できるだけ一般的・普遍的な観点から記述し説明することにも重点を置いたということである。したがって、本書では、フランス語という個別言語の網羅的な解説を読みながら、人間の言語一般が持つ性質についての理解も併せて得ることができる。

　文が伝達の単位であるのだから、文全体の働きが文法の要素として重要な位置を占めることは言うまでもない。文に関して重要なのは、第一に、事柄を表す文の仕組み、文を構成する単語の並び方（＝語順）であるが、さらには、否定や比較を表す文の働き、上位の文に含まれる下位の文としての従属節の働きなども、文の作成や理解にとっては必要不可欠な要素である。本書は、文全体に関わるこれらの項目についても、従来の研究の成果を適切に反映させながら詳細な解説を行っている。

　冒頭に掲げたフランス語の歴史や社会的特徴に関する記述も含めて、本書によって、フランス語という言語を形作る特性の全体についての知識と理解を得ることができるものと確信している。フランス語に関心を持つすべての人々にとって本書が、フランス語を理解し、自ら話し書く際の効果的な一助となることを心より期待する。

　最後になったが、本書を企画し、内容や体裁全般に多大なる尽力を賜った研究

社編集部の佐藤陽二氏、本書の記述に対して細かい点まで貴重な指摘をいただくと同時に付録の動詞活用表を作成していただいた編集部の市川しのぶ氏、本書で使用した例文のフランス語を点検していただいたステファン・ストラーム氏に、衷心からの感謝を捧げる。

2015 年 12 月　著　者

本書についての注意

(1) 章と節
　本書は全15章から成り、それぞれの章は節によって構成されている。節が解説の基本単位であるが、さらに詳しい説明をする場合には、4.1.、4.1.1.、4.1.2. のように節を下位区分する。

(2) 参照記号（☞）
　解説中で本書中の他の参照箇所は、「☞第4章6.7.節」のように、「☞」の後に参照すべき節を指示する。

(3) 補足解説（※）
　例文の基本的解説の後で言語学的理由の説明や日本語や英語との対照など補足的な解説が必要な場合には、※で解説を補足する。

(4) 目的語と補語
　伝統的なフランス語文法では他動詞の目的語を「目的補語」と呼ぶ習慣があるが、本書では単に「目的語」とする。また、動詞の後に置かれて、主語や目的語の性質を表す名詞や形容詞は伝統的に「属詞」と呼ばれることが多いが、本書ではこれらの語句を「補語」と呼ぶ。

(5) 不定詞
　辞書の見出しとなり動詞が名詞としての働きをする動詞形を「不定法」と呼ぶこともあるが、この動詞形は本書で定義する「法」の中には含まれないので「不定詞」とする。

(6) 時制の名称
　基準時点よりも前に成立し、基準時点と何らかの関係を持つ事柄を表す時制を、本書では一般的に「完了時制」と呼ぶ。フランス語には「過去完了時制」と「未来完了時制」がある。未来完了は、伝統的に「前未来」と呼ばれてきた時制である。過去完了時制は、事柄の時間的性質によって「大過去時制」と「前過去時制」に分類される。

(7) 数量詞

　具体的な数量を表す数詞に加えて、「全部」「たくさん」「少し」のような不定の数量を表す単語を本書では広く「数量詞」と呼ぶ。

(8) 関係節

　関係代名詞や関係副詞を先頭に置いて名詞が表す事物を限定する働きをする従属節を「関係詞節」と呼ぶことがあるが、本書ではより一般的に「関係節」と呼ぶ。

目　次

はしがき…………………………………………………………………… iii
本書についての注意……………………………………………………… v

序章　フランス語とはどんな言語なのか　1

1. 世界の中のフランス語………………………………………………… 2
2. フランス語の特徴……………………………………………………… 3
3. フランス語の歴史……………………………………………………… 4
4. フランス語の文字と発音……………………………………………… 7

第1章　文と単語　33

1. 文………………………………………………………………………… 34
2. 単語と品詞……………………………………………………………… 34
3. 動詞と名詞の見分け方………………………………………………… 37
4. 主語・目的語・動詞…………………………………………………… 39
5. 文型……………………………………………………………………… 41
6. 文の分類………………………………………………………………… 44
第1章のまとめ…………………………………………………………… 56

第2章　名詞と冠詞　59

1. 名詞とその分類………………………………………………………… 60
2. 名詞の性………………………………………………………………… 64
3. 名詞の数………………………………………………………………… 68

目次

4. 名詞の格 ……………………………………………… 72
5. 冠詞 …………………………………………………… 73
第2章のまとめ ………………………………………… 100

第3章　前　置　詞　103

1. 前置詞の定義 ………………………………………… 104
2. 前置詞の働き ………………………………………… 104
3. 前置詞＋不定詞 ……………………………………… 110
4. 前置詞句の文法的な働き …………………………… 111
5. 動詞の名詞化 ………………………………………… 112
6. 複合前置詞 …………………………………………… 113
第3章のまとめ ………………………………………… 114

第4章　動　　　詞　115

1. 動詞とは何か ………………………………………… 116
2. 動詞の活用形を決める要素 ………………………… 118
3. 動詞の活用 …………………………………………… 119
4. 法 ……………………………………………………… 124
5. 直説法 ………………………………………………… 125
6. 接続法 ………………………………………………… 139
7. 条件法 ………………………………………………… 151
8. 命令法 ………………………………………………… 153
9. 能動と受動 …………………………………………… 155
10. 代名動詞 …………………………………………… 160
11. 非人称動詞 ………………………………………… 166
12. 使役構文 …………………………………………… 169
13. 不定詞 ……………………………………………… 173
14. 分詞 ………………………………………………… 180

第4章のまとめ……………………………………………………………… 194

第5章　代名詞　199

1. 代名詞の定義……………………………………………………………… 200
2. 代名詞の種類……………………………………………………………… 200
3. 人称代名詞………………………………………………………………… 200
4. 複合的代名詞 en と y …………………………………………………… 205
5. 目的格人称代名詞・複合的代名詞の語順……………………………… 210
6. 人称代名詞の強調形……………………………………………………… 214
7. 指示代名詞………………………………………………………………… 217
8. 所有代名詞………………………………………………………………… 227
9. 疑問代名詞………………………………………………………………… 228
10. 不定代名詞………………………………………………………………… 235
第5章のまとめ……………………………………………………………… 246

第6章　形容詞　249

1. 形容詞とその分類………………………………………………………… 250
2. 程度性形容詞……………………………………………………………… 250
3. 属性形容詞………………………………………………………………… 255
4. 叙述形容詞………………………………………………………………… 261
5. 形容詞の名詞化…………………………………………………………… 262
6. 叙述形容詞の内容を限定する語句……………………………………… 263
7. 形容詞が要求する前置詞………………………………………………… 264
8. 非程度性形容詞…………………………………………………………… 265
9. 指示形容詞………………………………………………………………… 271
10. 疑問形容詞………………………………………………………………… 273
11. 不定形容詞………………………………………………………………… 275
第6章のまとめ……………………………………………………………… 287

第7章　数量詞　289

1. 数詞 …………………………………………………………… 290
2. 不定数量詞 …………………………………………………… 299
第7章のまとめ …………………………………………………… 304

第8章　関係詞と関係節　305

1. 関係詞と関係節 ……………………………………………… 306
2. 関係代名詞 …………………………………………………… 306
3. 無変化の関係代名詞 ………………………………………… 307
4. 形態変化する関係代名詞 lequel …………………………… 314
5. 関係形容詞 …………………………………………………… 316
6. 関係副詞 où ………………………………………………… 316
7. 関係節に修飾される名詞と冠詞 …………………………… 319
8. 関係節中の法 ………………………………………………… 320
9. 先行する文が表す事柄全体を受ける関係節 ……………… 321
10. 先行詞と関係節の遊離 ……………………………………… 321
第8章のまとめ …………………………………………………… 323

第9章　副詞　325

1. 副詞が修飾する要素 ………………………………………… 326
2. 副詞の形態 …………………………………………………… 327
3. 副詞の働き …………………………………………………… 329
4. 補語をとる副詞 ……………………………………………… 333
5. 副詞の位置 …………………………………………………… 333
第9章のまとめ …………………………………………………… 338

目次　xi

第10章　比　較　339

1. 比較とは何か ··· 340
2. 程度性形容詞の比較 ······································ 341
3. 数量詞の比較 ··· 351
4. 副詞の比較 ·· 357
第10章のまとめ ·· 362

第11章　否　定　365

1. 否定の定義 ·· 366
2. 否定を表す語句 ·· 366
3. 否定される要素 ·· 370
4. 否定される要素を明示する non ······················ 371
5. 否定の意味を含む語句 ···································· 372
6. 部分否定 ·· 373
7. 否定の強調 ·· 374
8. 二重否定 ·· 375
9. pas を省略することができる否定文 ··············· 375
10. 虚辞の ne ·· 377
第11章のまとめ ·· 380

第12章　接続詞と節　383

1. 接続詞の分類 ··· 384
2. 等位接続詞 ·· 384
3. 従位接続詞 ·· 390
第12章のまとめ ·· 401

第13章　話　　法　403

1. 話法とは何か ……………………………………………… 404
2. 時制の一致 ………………………………………………… 404
3. 直接話法と間接話法 ……………………………………… 407
第13章のまとめ ………………………………………………… 415

第14章　間　投　詞　417

1. 感情を表す間投詞 ………………………………………… 418
2. 感覚を表す間投詞 ………………………………………… 418
3. 驚き・嫌悪を表す間投詞 ………………………………… 418
4. 笑い・泣き声を表す間投詞 ……………………………… 419
5. かけ声を表す間投詞 ……………………………………… 419
6. 呼びかけを表す間投詞 …………………………………… 419
7. 反応を表す間投詞 ………………………………………… 420
8. オノマトペ（擬態語、擬音語） …………………………… 421
第14章のまとめ ………………………………………………… 424

第15章　表現の技法　425

1. 倒置 ………………………………………………………… 426
2. 省略 ………………………………………………………… 429
3. 遊離 ………………………………………………………… 431
4. 無生物主語 ………………………………………………… 432
5. 句読法（書記法） ………………………………………… 433
第15章のまとめ ………………………………………………… 444

目　次　　xiii

付録 I　動詞活用型　447

動詞活用型(I〜IV)と代名動詞・倒置・受動 ……………………………… 448

付録 II　代表的な不規則動詞　463

不規則活用動詞 73 …………………………………………………… 464

索　引 …………………………………………………………………… 486

序　章
フランス語とはどんな言語なのか

1. 世界の中のフランス語

　フランス語は、フランス、ベルギー、スイス、カナダのケベック州、カリブ海のハイチなどでは母語として使用されており、その話者数は 7000 万を超える。それ以外にも、コンゴ、マダガスカル、カメルーン、中央アフリカ、ギニア、マリ、ニジェール、セネガル、ルワンダなど、アフリカでかつてフランスの植民地であった諸国、中東のレバノンなどでは、公用語の 1 つとして使用されており、これらの地域での使用者数も加えると、全部で 1 億 3 千万程度の話者を数える。

　使用者数としては、日本語とほぼ同じで、10 億人を超える英語や中国語に比べると、その数が多いとは言えない。しかし、世界の広い地域で使用されており、国際連合や EU における有力な公用語として、重要な役割を果たしている。歴史的に見ても、フランス王国がルイ 14 世の時代にヨーロッパ最強の国家となった 17 世紀以来、フランス語は外交用語として広く用いられ、それは 20 世紀の前半まで続いた。現在では、第一の外交用語としての地位は英語に譲っているが、フランス語が世界で最も威信のある言語の 1 つであることに変わりはない。「国際サッカー連盟 (FIFA)」「国際自動車連盟 (FIA)」の正式名称は、それぞれ Fédération internationale de football association, Fédération internationale de l'automobile というフランス語である。

　日本語の中にも「レストラン」「カフェ」「グルメ」「コンソメ」「ポタージュ」「ブルジョア」「クーデター」「アンケート」など、料理、服飾から思想に渡る、幅広い分野でフランス語の単語が外来語として取り入れられている。フランス語が外国語に与えた影響として最も重要なのは、現代英語の語彙の 3 割以上がフランス語起源だということである。しかも、river〈川〉, mountain〈山〉, flower〈花〉, power〈力〉, chair〈椅子〉, people〈人々〉, use〈使う〉, please〈喜ばせる〉など、日常的によく使われる単語にも、フランス語から借用された単語が多く、フランス語の英語に対する影響の大きさがよく分かる。これは、11 世紀の後半にイギリスがフランス語を話すノルマン人に征服され、その後 3 世紀にわたってイギリスの上層部ではフランス語が使用され続けたことによる。

　フランスは、ラブレー、ボルテール、スタンダール、ユゴー、バルザック、ベルレーヌ、プルーストなど、偉大な作家を生み出し、デカルトやパスカル、サルトルなど、大きな影響を与えた哲学者、思想家を輩出している。この他、印象派に代表される美術、オペラやバレエなどの舞台芸術の分野でも、フランスは世界を牽引してきた。さらには、ファッションや香水、料理など、人間の生活に洗練をもたらす分野でも、フランスは世界で第一級の地位を占めている。これらすべての世界に誇るフランス文化を支えるのがフランス語である。

2. フランス語の特徴

2.1. 全体的特徴

　フランス語は、英語、ドイツ語、スペイン語、イタリア語、ギリシア語、ロシア語、ヒンディー語などの言語が属する「インド・ヨーロッパ語族」の諸言語の仲間である。この語族に属する言語の多くに見られる特徴は、名詞と動詞という、文を構成する最も重要な単語が、文法的な働きに応じて語形変化(活用)することである。名詞は主語、直接目的語、間接目的語、場所、道具・手段などの働きに応じて語形が変わるし、動詞は、主語の人称と数、能動態と受動態、時制、法などによって複雑に活用する。このような特徴を典型的に示すのは、古典ギリシア語、サンスクリット語、そしてフランス語の祖先に当たるラテン語である。

2.2. 動　詞

　フランス語も、動詞については、主語の人称と数、時制と法に応じて動詞が活用するという点で、インド・ヨーロッパ語の特徴を示している。ただし、受動態が特別の活用をするということはなく、英語と同じように助動詞と過去分詞を用いる、より単純な方法で受動の意味を表すようになっている。また、必ずしも真実だとは言えない事柄を表すための法であった接続法が、特別の活用形をほぼ失っているとともに、この法が用いられる環境にも制限が加えられるようになっている。さらに、ラテン語の時代には明確だった人称と数による変化形の区別も、フランス語では区別が不明確になり、複数の1人称と2人称が主語である場合以外は、活用形の発音が同一になる傾向がある。動詞の活用形だけで主語の人称を区別することができないため、フランス語では、主語が名詞で表されていて、3人称であることが明らかに分かる場合以外は、動詞の前に人称代名詞を置いて、主語の人称を明示することが義務的になっている。

2.3. 名詞と冠詞、語順

　名詞についても、語形変化は大きく単純化し、特に主語と目的語を名詞の形態で区別することがなくなった。主語と目的語の語形が同じであると、語順によって両者を区別する以外の方法はない。このため、現代フランス語では、「主語＋動詞＋目的語」という語順が基本語順となっている。この基本語順は、同じように主語と目的語を語形によって区別しない英語やスペイン語などの言語と同様である。主語や目的語が名詞の形態によって明確に表されていたラテン語の語順は比較的自由であり、このような文の構造を作る規則に関しては、フランス語はラテン語と大きく異なる特徴を示している。基本語順が決まっているため、主語と

動詞の倒置のような、基本語順とは異なる語順が、疑問や強調などを表す働きをするのも、フランス語の語順の特徴である。

　名詞に関してフランス語が示す大きな特徴は冠詞である。冠詞は、名詞が表す事物が具体的に指示するものを聞き手が特定できるかどうかについての、話し手の判断を表す働きをする。日本語や中国語には冠詞がないし、ラテン語にも冠詞はなかったのだが、フランス語には整然とした冠詞の体系がある。英語と同様に定冠詞と不定冠詞を区別するだけでなく、英語にはない複数形の不定冠詞、不可算名詞に用いられる「部分冠詞」と呼ばれる不定冠詞をも備えている。

2.4. 音韻

　音韻に関して、フランス語は母音の数が多いという特徴がある。母音には、通常の口母音に加えて、肺からの気流が口腔だけでなく鼻腔も通過する「鼻母音」が用いられる。このため、母音の数は全部で16個にもなる。日本語やラテン語の母音が5個に過ぎないのに比べると、母音の数は非常に多い。ただし、日本語やラテン語と違って短母音と長母音の区別はなく、アクセントのある音節の母音の一部が長く発音されるだけである。フランス語のアクセントは、アクセントが置かれる音節が他の音節よりも高く発音されるという「高低アクセント」であり、これは日本語に似ている。アクセントは、規則的に単語の最終音節に置かれる。

3. フランス語の歴史

　フランス語は、古代ローマ共和国、ローマ帝国の言語であったラテン語が変化して出来上がった言語である。ローマ帝国が5世紀の終わりに滅びるまでは、帝国の西半分の公用語であったラテン語は、ローマを中心とする国内の交通が整備されていたため、比較的均質であった。しかし、ローマ帝国が滅びると、旧帝国内の交流が衰退し、かつては共通であったラテン語が、各地で独自に変化するようになる。

　現代のフランスは、かつては「ガリア」と呼ばれた地域で、ガリアの南部は紀元前2世紀にローマ化し、北部は紀元前1世紀にカエサルによって征服された。いずれの地域でも、ローマ化以前にはケルト系の言語（ガリア語）が使われていたのだが、ローマ化された後は早い時期にラテン語が日常的にも使われるようになった。ローマ帝国崩壊後、ガリアのラテン語からは、北部のフランス語と南部のオック語（プロバンス語）、そしてその中間に位置する「フランコ・プロバンス語（アルピタン語）」が生まれた。ラテン語から派生した諸言語を「ロマンス語」と呼ぶが、フランス語、オック語、フランコ・プロバンス語も、したがってロマンス

3. フランス語の歴史

語に属する。ガリア以外で生まれたロマンス語としては、スペイン語、ポルトガル語、カタルーニャ語、イタリア語、サルデーニャ語、レトロマン語、ルーマニア語などがある。

4世紀になると、ローマ帝国の北方に居住していたゲルマン諸民族が、帝国領内に侵入を始める。ガリアでは北部にフランク族が移動し定住するようになった。フランク人は定住地域の支配に成功し、5世紀末にはフランク王国を創設した。南部にもゲルマン人の一派ブルグンド族が侵入したが、その支配は短期間で、6世紀の前半にはフランク王国に滅ぼされた。ローマに組み入れられた時期の違いや、ゲルマン民族による支配の程度、期間の違いなどが原因となり、ガリアで話されていたラテン語はフランス語、オック語、フランコ・プロバンス語という3つの言語へと変化した。これらの言語が生まれた時期は、言語の記録が残っていないため不明であるが、7世紀頃にはそれぞれが独立した言語としての特徴を備えるようになっていたものと推定される。

フランス語で書かれた最古の文献は、842年に作成された「ストラスブールの誓約」であるが、この文献を記した言語は、ラテン語とは全く異なる特徴を示している。フランス語の歴史を文献によって実証できるのは、この9世紀半ば以降である。9世紀半ばから14世紀頃までを「古フランス語」、15世紀から16世紀までを「中期フランス語」、17世紀以降を「近代フランス語」と呼んで区分する。特に現在のフランス語を指したい場合には「現代フランス語」とする。

古フランス語は、音韻、文法、語彙のあらゆる側面で、近現代のフランス語とは異なった特徴を示す。音韻の面では、現代のフランス語にはない二重母音や三重母音があり、現代フランス語では頻繁に使用される鼻母音が、音素としてはまだ確立していなかった。また、支配者の言語であるフランク語の影響で、後期のラテン語では失われていた[h]の音が、特にフランク語からの借用語では再び使われるようになった。

文法の面では、名詞に主格と斜格という2つの格があったことが特徴的である。ラテン語では5つ(呼格を除く)の格が区別されていたのだが、現代ロマンス諸語ではルーマニア語を除いてすべて、格の形態的区別は消滅している。しかし、中世のガリアで使われていたフランス語とオック語には、格の個数は減少していたものの、格の区別はまだ維持されていた。ただし、斜格は名詞が目的語であること以外に、所有の意味も表すことがあり、また女性名詞には格の区別がないなど、古フランス語の格の機能は衰退の過程にあった。名詞が表す事物が特定のものかどうかを表すのが「冠詞」であるが、ラテン語にはなかった冠詞が、古フランス語ではすでに現れていた。ただし、現代フランス語で不可算名詞が不定であることを表す冠詞である部分冠詞は、古フランス語ではまだ十分に発達していなかった。

ラテン語は、名詞の格変化により主語や目的語が形態的に区別されていたので、比較的語順の自由な言語であった。ただ「主語＋目的語＋動詞」という、日本語と同様の語順が基本ではあった。古フランス語では、フランク語の影響からか、「第一要素＋動詞＋他の要素」という、動詞が文の 2 番目に来る語順が優勢だった。文の先頭に置かれる第一要素は、必ずしも主語である必要はなく、目的語であったり副詞や前置詞句であることもあった。

　古フランス語の語彙は、ラテン語から受け継いだものが大多数を占めていたという点では現代フランス語と同様であるが、戦闘や法律・行政に関わる分野の語彙を、フランク語を中心とするゲルマン諸語から数百語程度借用している。

　15 世紀の中期フランス語の時代になると、古フランス語の時代には豊富にあった二重母音や三重母音は短母音化し、鼻母音は独立した音素となった。ただし、語末の子音[l]が母音[u]へと変化することにより、かつては「短母音＋l」であった音連続が二重母音や三重母音へと変化することもあった。また、一時的に復活した[h]の音も、中期フランス語の時代には再び失われていた。また、語末では発音されていた[s]の音は、特に子音が後続する場合には脱落するようになった。このような変化の結果、中期フランス語の音韻は、現代フランス語に近い特徴を示すようになる。

　文法の面では、古フランス語名詞の 2 格体系が失われ、名詞の形態は単数と複数を区別するだけになった。この結果、主語と目的語を表示するために「主語＋動詞＋目的語」という基本語順が確立することになる。

　中期フランス語で最も顕著な特徴は、ルネサンスとイタリア文化の影響により、ギリシア語、ラテン語、イタリア語からの借用語が大量に流入したということである。ギリシア語とラテン語は思想や科学技術に関わる語彙、イタリア語は芸術や軍事に関わる語彙を提供した。15 世紀後半に活版印刷術が発明され、フランス語による出版も開始された。ただし、この時代には正書法が確立していなかったため、同じ単語に異なったつづりが与えられたり、ラテン語の語源を意識して、発音されない文字をつづりの中に含めたりするような混乱も見られた。

　16 世紀になると、フランス王権の伸張により、それまではフランス北部が中心であったフランス語の勢力が、南部にまで及ぶようになった。1539 年には「ビレル・コトレの布告」(ordonnance de Villers-Cotterêts)が発布され、法律や規定の言語としてフランス語を用いることが要求されるようになり、これを契機としてフランス語の使用がフランス全土へと拡大していくことになる。

　中期フランス語の時代に、二重母音や三重母音は、新たに出現したものも含めて短母音化し、語末の子音も一部の例外を除いてほぼ脱落した。こうして、17 世紀以降のフランス語は、現代フランス語とほぼ同様の特徴を示すようになる。

ルイ13世統治下の1635年には、フランス語の辞書と文法書を編纂することを目的としてアカデミー・フランセーズが創設され、1694年には最初のフランス語辞典が刊行された。こうしてフランス語は、絶対王政のもとでの政治的、文化的な繁栄を背景としながら、統一性を持つ言語としてフランス全土に浸透していく。

ただし、18世紀末に起こったフランス革命とナポレオンによる中央集権化の完成までは、オック語、フランコ・プロバンス語、ブルターニュ(ブルトン)語、フラマン語などの言語が、依然としてフランス各地で日常的に使用されていた。フランス革命後は、首都であるパリで使用されるフランス語の勢力が確立し、フランス語以外の言語の使用は急速に衰退していった。現代では、国家による少数言語の保護は名目的に存在するものの、事実上はフランス全土で標準フランス語が日常的にも使用されている。

4. フランス語の文字と発音

4.1. フランス語で使われる文字(アルファベ〈alphabet〉)

フランス語の表記にはローマ字を用いる。大文字と小文字が区別される。

A a [a, ɑ] B b [be] C c [se] D d [de] E e [ə] F f [ɛf] G g [ʒe] H h [aʃ] I i [i] J j [ʒi] K k [kɑ] L l [ɛl] M m [ɛm] N n [ɛn] O o [o] P p [pe] Q q [ky] R r [ɛʁ] S s [ɛs] T t [te] U u [y] V v [ve] W w [dubləve] X x [iks] Y y [igʁɛk] Z z [zɛd]

a. o と e が合体した文字 œ が使われることがある。この文字は母音の[ø]または[œ]を表す。
   un œuf [œf]〈卵1個〉, des œufs [ø]〈複数の卵〉
b. k と w は、英語やドイツ語などからの外来語(借用語)を表記するために用いられる。
   kidnapping〈誘拐〉, karaté〈空手〉, wagon [vagɔ̃]〈車両〉, week-end [wikɛnd]〈週末〉

※「アルファベ」とは、ギリシア文字24文字を、その最初のαとβを並べて「アルファベータ」と呼んだことに由来する。「アルファベータ」はフランス語では「アルファベ」になり、英語では「アルファベット」になる。

4.2. フランス語の音声
4.2.1. 母音

母音は「口母音」と「鼻母音」に分類される。口母音は、発音するときに鼻腔を呼気が通過しない母音、鼻母音は、発音する時に鼻腔を呼気が通過する母音。

日本語でも「善意(ぜんい)」や「談話(だんわ)」の「ん」は鼻母音で発音されるが、日本語ではあくまでも「ん」の音であって、鼻母音は独立した母音としては意識されない。しかしフランス語では、口母音と鼻母音が明確に区別される。

pas [pa, pɑ]〈足〉: paon [pɑ̃]〈孔雀〉
paix [pɛ]〈平和〉: pain [pɛ̃]〈パン〉
pot [po]〈壺〉: pont [pɔ̃]〈橋〉

a. 口母音

口母音は、舌が盛り上がる高さ(口の開き方の大小)、舌が盛り上がる位置が口腔内の前か後ろか(口腔内の前方が「前舌」、口腔内の後方が「後舌」、その中間が「中舌」)、口を丸めるか丸めないか(丸めるのが「円唇」、丸めないのが「非円唇」)という3つの特徴で区別される。円唇と非円唇の区別があるのは、前舌の母音だけである。

	前舌		中舌	後舌
	円唇	非円唇		
高	y	i		u
中高	ø	e		o
中低	œ	ɛ	ə	ɔ
低		a		ɑ

後舌母音は円唇母音である。中舌母音[ə]は非円唇。現代フランス標準語では[a]と[ɑ]の違いは意味の区別に関わらない。

b. 鼻母音

| ɑ̃ | ɛ̃ | œ̃ | ɔ̃ |

[œ̃]は、パリのフランス語では[ɛ̃]に合流している。このため、brun [bʁœ̃]〈茶色の〉と brin [bʁɛ̃]〈若枝〉の発音上の区別はなく、どちらも[bʁɛ̃]と発音される。不定冠詞の un も伝統的な発音は[œ̃]だが、現在では[ɛ̃]と発音される。

c. 半母音

半母音は、発音の仕方は母音と同じだが、単独では音節の中核になることができず、母音の前に置かれて、母音とともに音節を作る音声をいう。

フランス語の半母音は[j, ɥ, w]である。

j: 母音の[i]と同じ発音 piano [pjano]〈ピアノ〉
ɥ: 母音の[y]と同じ発音 huile [ɥil]〈油〉
w: 母音の[u]と同じ発音 oiseau [wazo]〈鳥〉

4.2.2. 子音

子音は、肺からの気流を何らかの方法で妨げることによって作り出される音をいう。子音は、発音の方法と気流を妨げる場所によって分類される。

a. 発音の方法

閉鎖音: 気流を一度完全に止めて、直後に閉鎖を開放することで発音される音。
摩擦音: 気流を完全に止めはしないが、流れを非常に狭めることで発音される音。
側面音: 気流が舌の両側面を流れるようにすることで発音される音。
ふるえ音: 舌先や口蓋垂(のどちんこ)などを振動させることで発音される音。
鼻音: 気流が口腔内だけでなく、鼻腔内をも通過するようにして発音される音。
無声音: 発音の際に声帯が振動しない音。
有声音: 発音の際に声帯が振動する音。母音や鼻音も一般には有声音である。

b. 気流を妨げる場所

両唇音: 両方の唇を閉じたり、近づけたりして発音される音。
唇歯音: 下の唇に上の歯をつけたり近づけたりして発音される音。
歯音: 舌の先を歯の裏につけたり近づけたりして発音される音。
歯茎音: 舌の先を歯茎につけたり近づけたりして発音される音。
硬口蓋音: 舌の前面を硬口蓋(口腔の上部の前方の部分)につけたり近づけたりして発音される音。
軟口蓋音: 舌の奥を軟口蓋(口腔の上部の後方の部分)につけたり近づけたりして発音される音。
口蓋垂音: 舌の奥を口蓋垂につけたり近づけたりして発音される音。

両唇音	閉鎖音	無声音	p
		有声音	b
	鼻音		m
唇歯音	摩擦音	無声音	f
		有声音	v
歯音	閉鎖音	無声音	t

		有声音	d	
	摩擦音	無声音	s	
		有声音	z	
	鼻　音		n	
	側面音		l	
歯茎音	摩擦音	無声音	ʃ	
		有声音	ʒ	
硬口蓋音	鼻　音		ɲ	
軟口蓋音	閉鎖音	無声音	k	
		有声音	g	
口蓋垂音	摩擦音	有声音	ʁ	

　[ʁ]の音は、口蓋垂ふるえ音の[ʀ]で発音されることもある。この音は、近代初期までは、舌先を上の歯の裏に近づけて振動させるふるえ音[r]だった。今でも方言によっては[r]が使われる場合もある。

4.3.　つづり字記号
　アルファベ 26 文字以外に、文字の上下や脇に付して、発音の区別、単語の識別、母音の省略などを表す働きをする補助記号(つづり字記号)が用いられる。アルファベとともに、単語の文字表記の一部となっており、原則として省略することはできない。

4.3.1.　アクサン(アクセント)記号
a.　アクサン・テギュ(accent aigu)「′」
　eの上に付してéの文字を作り、発音が[e]であることを表す。
　été [ete]〈夏〉, donée [dɔne]〈資料〉, néon [neɔ̃]〈ネオン〉
　ただし、éの後ろに子音が来て、「é＋子音」で 1 つの音節を作ることになる場合は、éは[ɛ]と発音される。フランス語では[e]に子音が続いて音節を作ることはなく、「ɛ＋子音」という音節のみが許されるからである。
　médecin [mɛdsɛ̃]〈医者〉[mɛd]＋[sɛ̃]
　événement [evɛnmɑ̃]〈出来事〉[e] [vɛn] [mɑ̃]
　aimé-je [ɛmɛːʒ]〈私は愛しているか〉[ɛ] [mɛːʒ]
b.　アクサン・グラーブ(accent grave)「`」
　eの上に付してèの文字を作り、発音が[ɛ]であることを表す。
　mère [mɛːʁ]〈母親〉, siècle [sjɛkl]〈世紀〉, très [trɛ]〈非常に〉

a, u の上に付して à, ù の文字を作るが、発音は a, u と同じ。これらの文字を使うことによって、同じ文字列を用いているが意味の異なる単語を、表記上区別する。
　a〈avoir(持つ)の直説法 3 人称単数現在形〉: à〈前置詞〉
　la〈定冠詞女性単数形〉: là〈副詞(そこに)〉
　ça〈指示代名詞(これ、それ)〉: çà〈副詞(ここに)〉
　ou〈接続詞(または)〉: où〈疑問副詞(どこに)、関係詞〉
c. アクサン・シルコンフレクス(accent circonflexe)「ˆ」
　a, e, i, o, u 各母音の上に付して â, ê, î, ô, û の文字を作る。
　â は[ɑ], ê は[ɛ], ô は[o]の音を表す。
　pâté [pɑte]〈パテ〉, âne [ɑn]〈驢馬〉
　tête [tɛt]〈頭〉, hêtre [ɛtʁ]〈ブナ〉
　pôle [pol]〈極〉, dôme [do:m]〈ドーム〉
　(ただし、hôtel〈ホテル〉には[otel]と[ɔtel]両方の発音がある)
　û, î は u, i の場合と変わりがない。
　assidûment [asidymɑ̃]〈熱心に〉, soûl [su]〈酔った〉, île [il]〈島〉, huître [ɥitʁ]〈牡蠣〉
　アクサン・シルコンフレクスの有無で、異なった単語になることもある。
　du〈de + le、部分冠詞〉: dû〈devoir (〜しなければならない)の過去分詞〉
　cru〈croire (信じる)の過去分詞〉: crû〈croître (増える)の過去分詞〉
　mur〈壁〉: mûr〈成熟した〉
　sur〈〜の上に〉: sûr〈確かな〉

4.3.2. トレマ(tréma)「¨」

　e, i, u の上に付して ë, ï, ü の文字を作る。これらの文字は、先行する母音字とは独立して、母音が発音されることを表す。
　canoë [kanɔe]〈カヌー〉(canoe だと[kanø]という発音になる)
　Noël [nɔɛl]〈クリスマス〉(Noel だと[nœl]という発音になる)
　haïr [aiʁ]〈憎む〉(hair だと[ɛʁ]という発音になる。ちなみに、air [ɛʁ]〈空気〉)
　coïncidence [kɔɛ̃sidɑ̃s]〈一致〉(coinsidence だと[kwɛ̃sidɑ̃s]という発音になる)
　capharnaüm [kafaʁnaɔm]〈カファルナオム、ガリラヤの町でイエスが説教した場所〉(capharnaum だと[kafaʁnɔm]という発音になる)
　ただし、güe の場合は、この文字列の発音が[g]ではなく[gy]であることを表す。
　aiguë [egy]〈鋭い〉, contiguë [kɔ̃tigy]〈隣接した〉
　これらの単語は、aigu, contigu という形容詞の女性形。aigue, contigue という表記だと[eg] [kɔ̃tig]という発音になり、男性形との関係が発音上分かりにくくなる。

4.3.3. セディーユ(cédille)「ç」

ça, ço, çu が ca [ka], co [ko], cu [ky] ではなく、[sa], [so], [sy] という発音であることを表す。

ça [sa]〈それ〉, français [frɑ̃sɛ]〈フランスの〉, leçon [ləsɔ̃]〈授業〉, reçu [rəsy]〈recevoir（受け取る）の過去分詞〉

4.3.4. アポストロフ(apostrophe)「'」

母音の脱落(エリジオン)が生じていることを表す。
l'homme〈le + homme〈その男〉
l'école〈la + école〈その学校〉
j'écris〈je + écris〈私は書く〉
d'aller〈de + aller〈行くこと〉
s'il〈si + il〈もし彼が〜〉

4.3.5. トレ・デュニオン(trait d'union)「-」

a. 複数の単語を結合して、それらが全体として1個の単語としての働きをしていることを表す。
grand-père〈祖父〉, arc-en-ciel〈虹〉, celui-ci〈これ〉, moi-même〈私自身〉, Île-de-France〈イル・ド・フランス〉

b. 疑問文などで、主語の代名詞と動詞・助動詞が倒置されていることを表す。
Avez-vous des questions ? 質問はありますか。
Est-il ton frère ? 彼は君の兄弟ですか。

c. 命令法の動詞に目的格の人称代名詞、複合的代名詞(en, y)が連結されていて、動詞と代名詞(群)が一体となっていることを表す。
Lève-toi. 立ちなさい。
Vas-y. さあやりなさい。
Allons-nous-en. さあ出かけよう。

4.4. 音節

音節とは母音を中心とする発音の単位のこと。母音が1つあれば、音節が1つあることになる。単語の発音は音節単位で行われる。例えば、sel[sɛl]〈塩〉は1つの音節から成る単語であるが、この単語を発音する場合、[s]-[ɛ]-[l]のように個々の音声を分けて発音することはなく、[sɛl]という音節全体を一続きに発音する。

4. フランス語の文字と発音

4.4.1. 音節の種類
母音のみ：à [a]〈場所や方向を表す前置詞〉, et [e]〈そして〉, eau [o]〈水〉
「子音＋母音」: pas [pɑ]〈歩み〉, si [si]〈もし～ならば〉, pot [po]〈壺〉
「母音＋子音」: âne [ɑn]〈驢馬〉, île [il]〈島〉, aube [ob]〈夜明け〉
「子音＋母音＋子音」: poule [pul]〈雌鳥〉, tir [tiʁ]〈射撃〉, sec [sɛk]〈乾いた〉
「子音＋子音＋母音（＋子音）」: psycho [psi-ko]〈心理学〉, clou [klu]〈釘〉, clique [klik]〈軍楽隊〉, slip [slip]〈女性用下着〉
「子音＋子音＋子音＋母音（＋子音（群））」: spray [sprɛ]〈スプレー〉, strict [strikt]〈厳格な〉, strident [stri-dɑ̃]〈甲高い〉

4.4.2. 音節の区切り
フランス語の音節の区切り方は非常に規則的である。
a. 子音・半母音は、後続する母音とともに 1 音節を作る。
aller [a-le]〈行く〉, été [e-te]〈夏〉, irrité [i-ʁi-te]〈いらいらした〉, bureau [by-ʁo]〈会社〉, oiseau [wa-zo]〈鳥〉, huis [ɥi]〈戸〉, piano [pja-no]〈ピアノ〉
b. 子音が連続している場合は、子音の間に音節の区切りを置く（2 番目の子音が [l] または [ʁ] の場合は例外）。
ardent [aʁ-dɑ̃]〈燃えている〉, pasteur [pas-tœʁ]〈牧師〉, exister [ɛg-zis-te]〈存在する〉
c. 「子音＋[l, ʁ]」という連続の場合は、最初の子音の前で音節を区切る。
remplir [rɑ̃-pliʁ]〈満たす〉, tableau [ta-blo]〈絵〉, compris [kɔ̃-pri]〈含まれた〉
d. 3 個の子音が連続している場合、閉鎖音の前に音節の区切りを置く。
obscur [ɔps-kyʁ]〈薄暗い〉, exposition [ɛks-pozisjɔ̃]〈展示会〉

4.4.3. 単語内の区切り（分綴）
文字数の多い単語を、行末で区切る必要がある場合は、音節単位で区切る（分綴する）のが原則。ただし、文字の区切りと音節の区切りが一致しない次のような場合もある。
a. 語末の「子音字＋e」は、単独では音節を形成しないが、分綴の単位となることができる。
ma-la-de [ma-lad]〈病気の〉, gor-ge [gɔʁʒ]〈喉〉, bou-ti-que [bu-tik]〈店〉
b. 同じ子音字が連続している場合は、その間に区切りを入れる。
ef-fet [e-fɛ]〈結果〉, bar-reau [ba-ʁo]〈格子〉, recet-te [ʁ(ə)-sɛt]〈レシピ〉

4.4.4. 「開音節」と「閉音節」

母音で終わる音節を「開音節」、子音で終わる音節を「閉音節」と呼ぶ。フランス語では、開音節と閉音節の区別は重要ではないが、音節の種類の違いで、母音の音色や長さが変わることがある。

a. 文字 e の発音

開音節では [e]：parler [paʁ-le]〈話す〉, huissier [ɥi-sje]〈守衛〉
閉音節では [ɛ]：sec [sɛk]〈乾いた〉, mer [mɛʁ]〈海〉

b. 母音の長音化

[ɑ, o, ø, ɑ̃, ɛ̃, ɔ̃] は、アクセントのある閉音節では長音化する（☞ 序章 4.6. 節および 4.7. 節）。
âme [ɑ:m]〈魂〉, gauche [go:ʃ]〈左〉, beugle [bø:gl]〈牛が鳴いている〉
centre [sɑ̃:tr]〈中心〉, prince [prɛ̃:s]〈王子〉, sombre [sɔ̃:bʁ]〈暗い〉
有声摩擦音 [v, z, ʒ, ʁ] で終わる、アクセントのある閉音節の母音は長音化する。
fauve [fo:v]〈野獣〉, douze [du:z]〈12〉, plage [pla:ʒ]〈海岸〉, pire [pi:ʁ]〈より悪い〉
ただし、フランス語では短母音と長母音の違いが意味を区別することはない。本書でも、必要のない限りは、長母音 [:] を表記しない。

4.5. 文字列の読み方

単語や文は、文字を並べて作られる。フランス語では、1 つの文字が 1 つの音を表すという原則が必ずしも守られているわけではないし、発音されない文字もある。ただし、文字列と発音の関係が完全に不規則だというわけではなく、一定の傾向はある。

4.5.1. 口母音

a. a, à, â → [a]（または [ɑ]）

通常は [a] が用いられる。[a] と [ɑ] の違いで意味が異なってくることはない。
sac [sak]〈袋〉, là [la]〈そこに〉, câble [kɑbl]〈ケーブル〉

b. ai, ei, aî → [ɛ]

aide [ɛd]〈助け〉, paix [pɛ]〈平和〉, caisse [kɛs]〈木箱〉

ただし、quai [ke]〈岸〉, saisir [seziʁ]〈つかむ〉, paisible [pezibl]〈平和な〉など ai が [e] の音を表す場合もたくさんあり、ai が [e] と [ɛ] のどちらに対応するのかは、辞書でいちいち確認する必要がある。

reine [rɛn]〈女王〉, seize [sɛz]〈16〉, peigne [pɛɲ]〈櫛〉, Seine [sɛn]〈セーヌ川〉, maître [mɛtʁ]〈主人〉, paître [pɛtʁ]〈牧草を食べる〉, traître [trɛtʁ]〈裏切り者〉

※ 動詞の活用形を表す語形に含まれる -ai- は [e] と発音される場合と [ɛ] と発音さ

4. フランス語の文字と発音

れる場合の両方がある。
- ① 直説法半過去形の語尾 -ais, -ait → [ɛ]
  était [etɛ], avait [avɛ]
- ② 直説法単純未来形の語尾 -ai → [e]
  serai [səʁe], pourrai [puʁe]
- ③ 直説法単純過去形の語尾 -ai → [e]
  aimai [ɛme], donnai [dɔne]
- ④ 条件法現在形の語尾 -ais, -ait, -aient → [ɛ]
  finirais [finiʁɛ], saurait [sɔʁɛ], seraient [səʁɛ]
- ⑤ avoir の 1 人称単数の活用形
  直説法現在 j'ai [ʒe]　　ai-je [ɛ:ʒ]
  接続法現在 j'aie [ʒɛ]

c. au → [o]
auberge [obɛʁʒ]〈宿屋〉, saut [so]〈跳躍〉, dauphin [dofɛ̃]〈イルカ〉
i, î, y → [i]
if [if]〈イチイの木〉, dîner [dine]〈夕食〉, cycle [sikl]〈周期〉
u, û → [y]
usine [yzin]〈工場〉, pur [pyʁ]〈純粋な〉, dû [dy]〈devoir (〜しなければならない) の過去分詞〉, sûr [syʁ]〈確かな〉
※ラテン語に由来する借用語では、語末にある -um が [ɔm] と発音される。
album [albɔm]〈アルバム〉, aquarium [akwaʁjɔm]〈水族館〉, calcium [kalsjɔm]〈カルシウム〉

d. ue → [œ]
accueillir [akœjiʁ]〈迎える〉, orgueil [ɔʁgœj]〈慢心〉

e. o, ô → [o] または [ɔ]
o の文字は、開音節では [o]、閉音節では [ɔ] が原則
pot [po]〈壺〉, sot [so]〈愚かな [男性形]〉
dot [dɔt]〈持参金〉, sotte [sɔt]〈愚かな [女性形]〉
ただし、閉音節でも [-z] で終わる場合は o の発音は長音化して [ɔ:] になる。
dose [dɔ:z]〈分量〉, rose [ʁɔ:z]〈バラ〉
ô は [o] を表す。
pôle [pol]〈極〉, rôle [ʁol]〈役割〉, hôtesse [otɛs]〈女主人〉
ただし、hôtel〈ホテル〉は [otɛl] と [ɔtɛl] のどちらでも発音される。

f. œ → [œ]
œil [œj]〈目〉

ただし、ギリシア語からの借用語では œ は[e]と発音される。
œdème [edɛm]〈水腫〉, œcuménisme [ekymenism]〈教会一致運動〉, fœtus [fetys]〈胎児〉, Œdipe [edip]〈オイディプス王〉

g. œu → [ø]または[œ]
原則として、開音節では[ø]、閉音節では[œ]。
œufs [ø]〈「卵」の複数形〉, bœufs [bø]〈「雄牛」の複数形〉, nœud [nø]〈結び目〉
œuf [œf]〈「卵」の単数形〉, bœuf [bœf]〈「雄牛」の単数形〉, sœur [sœʁ]〈姉妹〉

h. e → [e], [ɛ], [ə], [a]または無音
① 閉音節では[ɛ]
bec [bɛk]〈くちばし〉, mer [mɛʁ]〈海〉, mercure [mɛʁkyʁ]〈水銀〉, hebdomadaire [ɛbdɔmadɛʁ]〈週ごとの〉

② アクセントのある開音節(語末の開音節)では[e]
premier [pʁəmje]〈最初の〉, aller [ale]〈行く〉, des [de]〈複数不定冠詞、de + les〉
　ただし、語尾が -et の場合は[ɛ]の発音になる。
projet [pʁɔʒɛ]〈計画〉, sujet [syʒɛ]〈主題〉

③ アクセントのない開音節(語末以外の開音節)では[ə]
ceci [səsi]〈これ〉, refaire [rəfɛʁ]〈修繕する〉, mercredi [mɛʁkʁədi]〈水曜日〉
　ただし、この位置にある[ə]が脱落して子音の連続が生じても、特に発音に支障がない場合には、この[ə]が発音されないこともよくある。☞[ə]の連続による脱落については序章4.6.節を参照。
petit [pəti → pti]〈小さい〉, cela [səla → sla]〈それ〉, tenir [tənɪʁ → tnɪʁ]〈持つ〉

④ -emm-, -enn- では[a]
femme [fam]〈女〉, solennel [sɔlanel]〈荘厳な〉
　ただし、gemme [ʒɛm]〈宝石〉, dilemme [dilɛm]〈ジレンマ〉

⑤ 語末では発音されない(無音)
lampe [lɑ̃p]〈電灯〉, livre [livʁ]〈本〉, amie [ami]〈女性の友人〉, jolie [ʒɔli]〈joli (可愛い)の女性形〉, suivre [sɥivʁ]〈従う〉, (il) tourne [tuʁn]〈(彼)は回っている〉

i. é → [e]
été [ete]〈夏〉, démon [demɔ̃]〈悪魔〉, hébété [ebete]〈茫然とした〉
☞ é が[ɛ]と発音される場合については、序章4.3.1.節を参照。

j. è → [ɛ]
mèche [mɛʃ]〈導火線〉, très [tʁɛ]〈非常に〉, zèle [zɛl]〈熱情〉

4. フランス語の文字と発音　　　　　　　　17

ただし、fêter [fete]〈祝う〉, gêner [ʒene]〈邪魔する〉, bêtise [betiz]〈愚かさ〉
k. ê → [ɛ]
　　tête [tɛt]〈頭〉, forêt [fɔʁɛ]〈森〉, pêle-mêle [pɛlmɛl]〈ごちゃごちゃに〉

4.5.2. 鼻母音

① an/am, en/em → [ɑ̃]
　　plan [plɑ̃]〈計画〉, camp [kɑ̃]〈基地〉, entre [ɑ̃tʁ]〈〜の間に〉, temps [tɑ̃]〈時間〉,
　　sens [sɑ̃s]〈感覚〉, emmener [ɑ̃mne]〈連れていく〉
　　語末の -en は [ɛ̃] と発音される
　　examen [ɛgzamɛ̃]〈試験〉, chrétien [kretjɛ̃]〈キリスト教の〉, quotidien [kɔtidjɛ̃]
　　〈日々の〉, moyen [mwajɛ̃]〈中間の〉
　　ただし、ラテン語に由来する専門用語の多くでは、-en が [ɛn] と発音される。
　　abdomen [abdɔmɛn]〈腹部〉, cérumen [serymɛn]〈耳垢〉, duramen [dyramɛn]〈赤
　　身〉, spécimen [spesimɛn]〈見本〉
② aon, aen → [ɑ̃]
　　paon [pɑ̃]〈孔雀〉, taon [tɑ̃]〈虻〉, Caen [kɑ̃]〈カーン（都市名）〉
③ ain/aim, ein/eim, in/im, yn/ym → [ɛ̃]
　　pain [pɛ̃]〈パン〉, faim [fɛ̃]〈空腹〉, rein [ʁɛ̃]〈腰〉, Reims [ʁɛ̃s]〈ランス（都市名）〉,
　　fin [fɛ̃]〈終わり〉, simple [sɛ̃pl]〈単純な〉, synthèse [sɛ̃tɛz]〈総合〉, nymphe [nɛ̃f]
　　〈ニンフ〉
④ un/um → [œ̃/ɛ̃]
　　lundi [lœ̃di/lɛ̃di]〈月曜〉, parfum [paʁfœ̃/paʁfɛ̃]〈香水〉
⑤ on/om → [ɔ̃]
　　son [sɔ̃]〈音〉, pont [pɔ̃]〈橋〉, ombre [ɔ̃bʁ]〈陰〉, plomb [plɔ̃]〈鉛〉

4.5.3. 半母音

① i (+母音字) → [j]
　　piano [pjano]〈ピアノ〉, ciel [sjɛl]〈空〉, lieu [ljø]〈場所〉
② y (+母音字) → [j]
　　crayon [kʁɛjɔ̃]〈鉛筆〉, essayer [eseje]〈試みる〉, asseyez [aseje]〈(あなたは)
　　座らせる〉, Lyon [ljɔ̃]〈リヨン、都市名〉
③ -ille- → [ij]
　　fille [fij]〈娘〉, famille [famij]〈家族〉, billet [bijɛ]〈切符〉
　　ただし、ville [vil]〈町〉, mille [mil]〈千〉, tranquille [tʁɑ̃kil]〈静かな〉
④ -illa- → [ija]

billard [bijaʁ]〈玉突き〉, sillage [sijaʒ]〈航跡〉, pillard [pijaʁ]〈略奪者〉
ただし、village [vilaʒ]〈村〉
⑤ （母音字＋）il/ille/illa/illi → [j(a, i, ɛ)]
ail [aj]〈ニンニク〉, paille [paj]〈藁〉
soleil [sɔlɛj]〈太陽〉, bouteille [butɛj]〈瓶〉
deuil [dœj]〈哀悼〉, feuille [fœj]〈葉〉, feuillage [fœjaʒ]〈葉むら〉
accueil [akœj]〈もてなし〉, cueillette [kœjɛt]〈摘み取り〉, recueilli [ʁ(ə)kœji]〈内省的な〉
fenouil [fənuj]〈ウイキョウ〉, grenouille [grənuj]〈蛙〉, bouilli [buji]〈沸騰した〉
œil [œj]〈目〉, œillet [œjɛ]〈撫子〉
⑥ ien/yen → [jɛ̃]
bien [bjɛ̃]〈よく〉, combien [kɔ̃bjɛ̃]〈どれくらい〉, moyen [mwajɛ̃]〈中間の〉
ただし、日本の貨幣単位「円」を意味する yen は[jɛn]と発音する。
en だけだと鼻母音の[ɑ̃]を表すので、それとの違いに注意。
⑦ u（＋母音字） → [ɥ]
suave [sɥav]〈甘美な〉, puits [pɥi]〈井戸〉, lueur [lɥœʁ]〈微光〉
⑧ uy（＋母音字） → [ɥi]
ennuyé [ɑ̃nɥije]〈困った〉, tuyau [tɥijo]〈管〉
⑨ oi, oî → [wa]
oiseau [wazo]〈鳥〉, foi [fwa]〈信仰〉, croître [kʁwatʁ]〈成長する〉, cloître [klwatʁ]〈回廊〉
⑩ oy（＋母音字） → [waj]
voyage [vwajaʒ]〈旅行〉, loyer [lwaje]〈家賃〉
⑪ ou（＋母音字） → [w]
ouest [west]〈西〉, oui [wi]〈はい〉
⑫ oin → [wɛ̃]
coin [kwɛ̃]〈角〉, soin [swɛ̃]〈心配〉, moins [mwɛ̃]〈より少なく〉

4.5.4. 子音

① b, bb → [b]
baie [bɛ]〈入り江〉, abbé [abe]〈神父〉
② c/cc（＋a, o, u, œ） → [k]
acajou [akaʒu]〈マホガニー〉, accabler [akable]〈苦しめる〉, culot [kylo]〈下部〉, accumuler [akymyle]〈積み重ねる〉, accueillir [akœjiʁ]〈もてなす〉, cœur [kœʁ]〈心〉, coller [kɔle]〈貼り付ける〉, curry [kyʁi]〈カレー〉, courir [kuʁiʁ]〈走る〉

4. フランス語の文字と発音

③ c (+e, i, y) → [s]

ceci [səsi]〈これ〉, concentrer [kɔ̃sɑ̃tʁe]〈集中する〉, (il) cède [sɛd]〈(彼は)譲る〉, cible [sibl]〈標的〉, cygne [siɲ]〈白鳥〉

④ cc (+e, i, y) → [ks]

accéder [aksede]〈達する〉, accident [aksidɑ̃]〈事故〉, coccyx [kɔksis]〈尾骶骨〉

⑤ c/cc (+子音字) → [k]

clou [klu]〈釘〉, cruel [kʁyɛl]〈残酷な〉, accroupi [akʁupi]〈しゃがんだ〉, accréditer [akʁedite]〈信認する〉

⑥ ch → [ʃ]

chat [ʃa]〈猫〉, chic [ʃik]〈粋な〉, chez [ʃe]〈～の家で〉, acheter [aʃte]〈買う〉

ただし、ギリシア語起源の単語は ch を [k] で発音することが多い。

Christ [kʁist]〈キリスト〉, chronique [kʁɔnik]〈慢性の〉, charisme [kaʁism]〈カリスマ〉, psychologie [psikɔlɔʒi]〈心理学〉

⑦ d/dd → [d]

dos [do]〈背中〉, addition [adisjɔ̃]〈勘定〉

⑧ f/ff → [f]

faire [fɛʁ]〈する〉, café [kafe]〈コーヒー〉, différer [difeʁe]〈違う〉

⑨ g (+a, o, u) → [g]

gare [gaʁ]〈駅〉, égoïsme [egɔism]〈利己主義〉, gourmet [guʁmɛ]〈食通〉, légume [legym]〈野菜〉

⑩ g (+e, i, y) → [ʒ]

geler [ʒəle]〈凍る〉, gésir [ʒeziʁ]〈横たわる〉, gêner [ʒene]〈邪魔する〉, agir [aʒiʁ]〈行動する〉, gymnastique [ʒimnastik]〈体育〉, mangeable [mɑ̃ʒabl]〈食べられる〉, geôlier [ʒolje]〈看守〉

⑪ gu (+e, i, y) → [g]

gueule [gœl]〈口〉, guichet [giʃɛ]〈窓口〉, Guyana [gɥiana]〈ガイアナ〉

⑫ gn → [ɲ]

campagne [kɑ̃paɲ]〈田舎〉, agneau [aɲo]〈子羊〉

ただし、gnome [gnom]〈地の精〉, ignition [ignisjɔ̃]〈点火〉, stagner [stagne]〈停滞する〉などは例外。

⑬ h → 発音しない

h には「無音の h」と「有音の h」がある。

無音の h は、発音の上でも全く存在しないものとして取り扱われる。

la + histoire → l'histoire [listwaʁ]〈その話〉

la + habiller → l'habiller [labije]〈彼女に服を着せる〉

les hôtels [lezɔtel]〈それらのホテル〉

有音のhは、発音はされないが、何らかの子音があるものとして取り扱われる。
le hareng [ləarã]〈そのニシン〉
la hanter [laãte]〈彼女に取り憑く〉
des haches [deaʃ]〈いくつかの斧〉

⑭ j → [ʒ]
jaloux [ʒalu]〈嫉妬した〉, jeter [ʒəte]〈投げる〉, jongler [ʒɔ̃gle]〈曲芸をする〉, jumeaux [ʒymo]〈双子〉

⑮ k → [k]
ketchup [kɛtʃœp]〈ケチャップ〉, kaki [kaki]〈カーキ色の〉, kilomètre [kilɔmɛtʁ]〈キロメートル〉

⑯ l/ll → [l]
loup [lu]〈狼〉, aller [ale]〈行く〉

⑰ m/mm → [m]
mat [mat]〈くすんだ〉, mêler [mɛle]〈混ぜる〉, gomme [gɔm]〈消しゴム〉, immanent [imanã]〈内在的な〉

⑱ n/nn → [n]
naval [naval]〈船の〉, énergie [enɛʁʒi]〈エネルギー〉, donner [dɔne]〈与える〉, inné [ine]〈生まれつきの〉

⑲ p/pp → [p]
paroi [paʁwa]〈仕切り〉, pire [piʁ]〈より悪い〉, apprendre [apʁɑ̃dʁ]〈学ぶ〉, hippodrome [ipɔdʁom]〈競馬場〉

⑳ ph → [f]
pharmacie [farmasi]〈薬局〉, alphabet [alfabɛ]〈アルファベ〉, nymphe [nɛ̃f]〈ニンフ〉

㉑ q/qu → [k]
coq [kɔk]〈雄鳥〉, cinq [sɛ̃k]〈5〉, quarante [kaʁɑ̃t]〈40〉, quai [ke]〈岸〉, question [kɛstjɔ̃]〈質問〉, quoique [kwak]〈〜だが〉

㉒ r/rr/rh/rrh → [ʁ]
roi [ʁwa]〈王〉, raison [ʁɛzɔ̃]〈理由〉, errer [eʁe, ɛʁe]〈さまよう〉, arroser [aʁoze]〈散水する〉, rhabiller [ʁabije]〈再び着せる〉, diarrhée [djaʁe]〈下痢〉

※ mourir〈死ぬ〉, courir〈走る〉などの動詞の未来形、条件法現在形では -rr- が [ʁʁ] という二重子音として発音される。mourrai [muʁʁe], courrais [kuʁʁɛ] など。

㉓ s → [s] または [z]
母音間以外では [s]

4. フランス語の文字と発音   21

sac [sak]〈袋〉, espace [ɛspas]〈空間〉, monstre [mɔ̃stʁ]〈怪物〉, Perse [pɛʁs]〈ペルシア〉
母音間では[z]
saison [sɛzɔ̃]〈季節〉, cuisine [kɥizin]〈台所〉, lésiner [lezine]〈けちけちする〉

㉔ ss → [s]
assembler [asɑ̃ble]〈集める〉, essayer [eseje]〈試みる〉, déesse [deɛs]〈女神〉

㉕ sc (+ e, i, y) → [s]
sceller [sele]〈印を押す〉, sceau [so]〈印璽〉, science [sjɑ̃s]〈科学〉, scythe [sit]〈スキタイの〉
(scarabée [skarabe]〈フンコロガシ〉, sculpter [skylte]〈彫刻する〉)

㉖ t/tt → [t]
talon [talɔ̃]〈踵〉, tube [tyb]〈管〉, attirer [atiʁe]〈引きつける〉, attique [atik]〈アッティカの〉
次の㉗と㉘では、t が[s]で発音される。

㉗ -tion → [sjɔ̃]
nation [nasjɔ̃]〈国〉, absorption [apsɔʁpsjɔ̃]〈吸収〉, intention [ɛ̃tɑ̃sjɔ̃]〈意図〉, conjonction [kɔ̃ʒɔ̃ksjɔ̃]〈接続詞〉
ただし、question [kɛstjɔ̃]〈質問〉, suggestion [sygʒɛstjɔ̃]〈提案〉

㉘ -tie → [si]
initier [inisie]〈手ほどきする〉, inertie [inɛʁsi]〈無気力〉, Croatie [kʁɔasi]〈クロアチア〉, facétie [fasesi]〈道化〉, idiotie [idjɔsi]〈愚かさ〉, ineptie [inɛpsi]〈無能〉
ただし、amnistie [amnisti]〈特赦〉, sortie [sɔʁti]〈出口〉

㉙ th → [t]
thé [te]〈茶〉, théologie [teɔlɔʒi]〈神学〉, athlète [atlɛt]〈運動選手〉
ただし、asthme [asm]〈喘息〉, isthme [ism]〈地峡〉

㉚ v → [v]
visiter [vizite]〈訪ねる〉, vogue [vɔg]〈流行〉, vin [vɛ̃]〈ワイン〉

㉛ w → [v]または[w]
wagon [vagɔ̃]〈車両〉, week-end [wikɛnd]〈週末〉, whisky [wiski]〈ウィスキー〉

㉜ x → [ks]または[gz]
taxi [taksi]〈タクシー〉, exception [ɛksɛpsjɔ̃]〈例外〉, examen [ɛgzamɛ̃]〈試験〉, exécuter [ɛgzekyte]〈実行する〉, xénophobe [gzenɔfɔb, ksenɔfɔb]〈外国人嫌い〉, xylophone [gzilɔfɔn, ksilɔfɔn]〈木琴〉
ただし、次の例では x が[s][z]の音を表す。

six [sis]〈6〉, sixième [sizjɛm]〈6番目の〉, dix [dis]〈10〉, dixième [dizjɛm]〈10番目の〉, deuxième [døzjɛm]〈2番目の〉, soixante [swasɑ̃t]〈60〉, soixantième [swasɑ̃tjɛm]〈60番目の〉

㉝ 語末の子音字

語末の子音字は、一般に発音されない。

plomb [plɔ̃]〈鉛〉, vieillard [vjɛjaʁ]〈老人〉, velours [vəluʁ]〈ビロード〉, lit [li]〈寝台〉, voix [vwa]〈声〉, riz [ʁi]〈米〉

ただし、語末の子音字が c, f, l, r のときは発音されることが多い。

duc [dyk]〈公爵〉, lac [lak]〈湖〉, public [pyblik]〈公的な〉, parc [paʁk]〈公園〉, sec [sɛk]〈乾いた〉

ただし、porc [pɔʁ]〈豚〉, tabac [taba]〈タバコ〉

chef [ʃɛf]〈長〉, neuf [nœf]〈新しい〉, soif [swaf]〈渇き〉, vif [vif]〈活発な〉, tarif [taʁif]〈料金表〉

ただし、cerf [sɛʁ]〈鹿〉, clef [kle]〈鍵〉, œufs [ø]〈「卵」の複数形〉, bœufs [bø]〈「牛」の複数形〉

fil [fil]〈糸〉, journal [ʒuʁnal]〈新聞〉, sel [sɛl]〈塩〉, tunnel [tynɛl]〈トンネル〉, vol [vɔl]〈飛行〉

ただし、fusil [fyzi]〈銃〉, gentil [ʒɑ̃ti]〈親切な〉, outil [uti]〈道具〉, nombril [nɔ̃bʁi(l)]〈臍〉

cher [ʃɛʁ]〈大切な〉, mur [myʁ]〈壁〉, sœur [sœʁ]〈姉妹〉, tour [tuʁ]〈塔〉, ver [vɛʁ]〈虫〉

ただし、-er で終わる動詞の不定詞では r は発音されない。また、épicier [episje]〈食料品屋〉, verger [vɛʁʒe]〈果樹園〉のように –er で終わる名詞の場合も r は発音されないことが多い。

以下のような、主として外国語から借用された単語では、通常は発音されない子音字も発音される。

week-end [wikɛnd]〈週末〉, viking [vikiŋ]〈バイキング〉, tram [tʁam]〈路面電車〉, zoom [zum]〈ズーム〉, zen [zen]〈禅〉, stop [stɔp]〈停止〉, vis [vis]〈ビス〉, jazz [dʒaz]〈ジャズ〉

4.6. アクセント

単語を構成する音節のうちのどれか1つを強くまたは高く発音した場合、その音節に「アクセント」が置かれるという。単語が持つ音節の1つにアクセントがあることによって、実際の発話において、それぞれの単語を音声的に区別して聞き取ることが容易になる。

4. フランス語の文字と発音

　フランス語では、アクセントのある音節が高く発音される。これは日本語と同じであり、アクセントのある音節を強く発音する英語とは異なる。ただし、音節を高く発音すると、自然に強さも加わるので、フランス語でアクセントのある音節が他の音節と同じ強さで発音されるというわけではない。

　以下の説明では、アクセントのある母音の右上にa', o'のように「'」を付けて、その母音を中核とする音節にアクセントがあることを表す。

　フランス語の単語のアクセントの位置は非常に規則的で、単語の最後の音節にアクセントが置かれる。

a. 2音節以上の単語は、最後の音節にアクセントがある。

　bonté [bɔ̃te'] 〈好意〉, terrorisme [teʁɔʁi'sm] 〈テロリズム〉, arc-en-ciel [aʁkɑ̃sjɛ'l] 〈虹〉, révolutionariste [ʁevolysjɔnaʁi'st] 〈革命主義者〉, immatérialité [imateʁjalite'] 〈非物質性〉, hétérosexualité [eteʁosɛksɥalite'] 〈異性愛〉

b. 1音節の単語は、その音節にアクセントがある。

　eau [o'] 〈水〉, huile [ɥi'l] 〈油〉, glace [gla's] 〈氷〉, strict [stʁi'kt] 〈厳格な〉, pieuvre [pjœ'vʁ] 〈蛸〉

　ただし、冠詞、前置詞、代名詞、関係詞、助動詞のような、具体的な事物を表さず、文法的な機能を持つだけの単語(機能語)は、名詞や動詞のような、具体的な事物を表す単語(内容語)と必ず一緒に用いられる。このため、1音節の機能語にはアクセントがなく、関係する内容語とともに作る統語的単位(連辞)の最後の音節にアクセントが置かれる。

　un livre [ɛ̃li'vʁ]〈ある本〉　[冠詞＋名詞]
　le piano [ləpjano']〈そのピアノ〉　[冠詞＋名詞]
　en France [ɑ̃frɑ̃'s]〈フランスに〉　[前置詞＋名詞]
　de la maison [dəlamɛzɔ̃']〈その家の〉　[前置詞＋冠詞＋名詞]
　Je vais. [ʒəvɛ']〈私は行く〉　[代名詞＋動詞]
　Je serai heureuse. [ʒəsʁe' øʁø'z]〈私は幸せだろう〉　[[代名詞＋動詞]＋形容詞]
　Il n'était pas content. [ilnetɛpa'kɔ̃tɑ̃']〈彼は満足していなかった〉
　[[代名詞＋否定辞＋動詞＋否定辞]＋形容詞]
　Elle le lui donne. [ɛlləlɥidɔ'n]〈彼女はそれを彼に与える〉
　[代名詞＋代名詞＋代名詞＋動詞]
　Je lui en ai parlé. [ʒəlɥiɑ̃nepaʁle']〈私は彼女にそのことについて話した〉
　[代名詞＋代名詞＋代名詞＋助動詞＋動詞]
　Ce que je vous ai dit est vrai. [səkəʒəvuzedi'ɛvʁɛ']〈私があなたに言ったことは本当だ〉
　[[代名詞＋関係詞＋代名詞＋代名詞＋助動詞＋動詞]＋[動詞＋形容詞]]

※ être が補語の名詞や形容詞とともに述語を作る働きをしている場合（「繋辞」として働いている場合）は、助動詞と同様に、単独でアクセントを担うことはない。
　動詞の後に機能語が置かれる場合は、その機能語ではなく動詞にアクセントが置かれる。
　　Donnez-le-lui. [dɔne'ləlɥi]〈それを彼女に渡してください〉
　　Ne me le dites pas. [nəmələdi'tpa]〈それを私に言わないでください〉
※ ne me le のように「子音＋ə」という発音の機能語が連続している場合は、2番目以降の[ə]は脱落することが多い。
　　Je ne l'ai pas pris. [ʒənlepa'pʁi']〈私はそれを取らなかった〉
　　Ne me le dites pas. [nəm(ə)ldi'tpa]〈それを私に言わないでください〉

4.7. 長母音化
　フランス語では、短母音と長母音の区別は、単語の意味の区別に関与しないが、次のような条件では長母音で発音されることが多い。
a. アクセントのある音節で、母音に[ʁ, z, v, ʒ, vʁ]が後続している。
　　C'est pire. [sɛpi:'ʁ]〈それはもっと悪いね〉
　　cf. C'est un pirate. [sɛtɛ̃piʁa't]〈それは海賊船だ〉
　　seize bateaux [sɛ:'zbato']〈16 隻の船〉
　　cf. ses bateaux [sebato']〈彼の船〉
　　Sois sage. [swasa:'ʒ]〈おとなしくしていなさい〉
　　cf. Il te faut de la sagesse. [iltəfo'dəlasaʒɛ's]〈君には知恵が必要だ〉
　　C'est une chèvre. [sɛtynʃɛ:'vʁ]〈それは山羊だ〉
　　cf. C'est un chevreau. [sɛtɛ̃ʃəvro']〈それは子山羊だ〉
b. 閉音節中の鼻母音にアクセントがある場合。
　　Je pense. [ʒəpɑ̃:'s]〈私は考える〉
　　J'aime peindre. [ʒɛmpɛ̃:'dʁ]〈私は絵を描くのが好きだ〉
　　La poule va pondre. [lapulvapɔ̃:'dʁ]〈その雌鶏は卵を産もうとしている〉

4.8. アンシェヌマン（enchaînement、連語音節形成）
　文が発音される場合は、単語ではなく連辞を1つの単位とする。このため、最後の音節が子音で終わる単語が、後続する母音で始まる単語と一緒になって連辞を形成する場合、語末の子音は、次の母音とともに1つの音節を作る。この現象を「アンシェヌマン（連語音節形成）」と呼ぶ。
　　Paul a visité une église. [pɔ-la-vi-zi-te-y-nɛg-li:z]〈ポールはある教会に行った〉
　　une [yn]の[n]は、次の église の最初の音節[eg]と一緒になって[nɛg]という、

子音で始まる音節を作る。

　Marie habite dans une ville en Italie. [ma-ʁi-a-bit-dɑ̃-zyn-vi-lã-ni-ta-li]
　une ville en Italie〈イタリアの町〉全体で1つの連辞を形成する。このため ville [vil]の最後にある[l]は、後続する前置詞 en [ã]の母音と一緒になって、音節[lã]を形成する。

4.9.　エリジオン（élision, 母音脱落）

　機能語の母音[ə] [a] [i]が、後続する単語が母音字または無音の h で始まるときに脱落する現象を「エリジオン（母音脱落）」という。エリジオンは義務的に行われる。

a. 冠詞 le, la
　l'argent ← le + argent〈金〉
　l'école ← la + école〈学校〉
　l'hôtel ← le + hôtel〈ホテル〉

b. 代名詞 je, me, te, se, le, la
　J'avoue. ← Je + avoue.〈私は白状する〉
　Je t'achèterai un chat. ← Je te + achèterai un chat.〈私が君に猫を買ってやろう〉
　Marie s'est lavé la main. ← Marie se + est lavé la main.〈マリーは手を洗った〉
　Olivier l'a invitée. ← Olivier la + a invitée.〈オリビエは彼女を招待した〉

c. 前置詞 de
　Catherine a beaucoup d'amies. ← Catherine a beaucoup de + amies.
　〈カトリーヌには友達がたくさんいる〉
　J'ai l'intention d'y aller. ← Je + ai la + intention de + y aller.
　〈私はそこに行くつもりだ〉

d. 冠詞 de
　① 動詞の直接目的語に先行する不定冠詞・部分冠詞の否定文での変形
　　On ne voit pas d'oiseaux. ← On ne voit pas de + oiseaux.
　　〈鳥の姿が見えない〉
　　Je ne veux pas d'argent. ← Je ne veux pas de + argent.
　　〈私はお金はほしくない〉
　②「形容詞＋名詞」の複数形に先行する不定冠詞 das の変形
　　Il y a d'autres moyens. ← Il y a de + autres moyens.
　　〈他に方法がある〉

e. 否定辞 ne
　Elle n'a pas d'enfant. ← Elle ne + a pas de + enfant.〈彼女には子供がいない〉

Je n'y suis pas allé. ← Je ne + y suis pas allé.〈私はそこに行かなかった〉
f.　関係詞、接続詞 que
　　　C'est le sac qu'Alice a acheté hier. ← C'est le sac que + Alice a acheté hier.
　　　〈これはアリスが昨日買った鞄だ〉
　　　Paul dit qu'il est innocent. ← Paul dit que + il est innocent.
　　　〈ポールは自分は無実だと言っている〉
　　　Bien qu'elle soit malade, Jeanne est allée au bureau.
　　　← Bien que + elle soit malade...
　　　〈病気だったが、ジャンヌは会社に行った〉
g.　接続詞 lorsque, puisque, quoique + il(s), elle(s), on, un(e), en（時に enfin, ainsi など）
　　　Lorsqu'on se concentre, on n'entend presque rien.
　　　← Lorsque + on se concentre...
　　　〈集中しているときは、ほとんど音が聞こえない〉
　　　Je suis allé en Russie en été puisqu'en hiver il y fait très froid.
　　　← Je suis allé en Russie en été puisque + en hiver...
　　　〈私は夏にロシアに行った。なぜならそこは冬とても寒いからだ〉
h.　接続詞 si + il(s)
　　　S'il pleut, je ne sors pas. ← Si + il pleut...〈雨が降っていれば私は外に出ない〉
　　　Les enfants jouent aux jeux vidéo s'ils ont du temps. ← ...si + ils ont du temps
　　　〈その子供たちは時間があればテレビゲームをする〉
i.　jusque + 母音で始まる前置詞（à, en など）、副詞（ici, alors, assez, où など）
　　　Lucien a travaillé jusqu'à minuit. ← Lucien a travaillé jusque + à minuit.
　　　〈リュシアンは真夜中まで働いた〉
　　　Il n'y avait pas de médecin jusqu'alors.
　　　← Il n'y avait pas de médecin jusque + alors.
　　　〈その時までは医者がいなかった〉

4.10.　リエゾン(liaison, 子音添加)

　表記はされるが発音されない子音字が、後続する単語が母音字または無音の h で始まる場合に発音されるようになる現象。通常は発音されない子音が発音されるようになる「子音添加」と呼ばれる現象の 1 つだと考えることができる。
　リエゾンでは、冠詞・形容詞・前置詞と名詞、副詞と動詞のように、連辞を形成する単語の末尾子音字が発音される。発音されるようになる文字と実際の発音の関係は以下のようになる。

s → [z] les hommes [lezɔm]〈その男たち〉, des oiseaux [dezwazo]〈鳥たち〉
x → [z] deux amis [døzami]〈2人の友人〉, mieux-être [mjøzɛtʁ]〈改善〉
z → [z] chez elle [ʃezɛl]〈彼女の家で〉, prenez-en [prənezã]〈それらを取ってください〉
t → [t] petit enfant [pətitãfã]〈小さな子供〉, pot-au-feu [po[ɔ]tofø]〈ポトフ〉
d → [t] grand homme [grãtɔm]〈偉人〉, quand on peut [kãtɔ̃pø]〈できる時に〉
n → [n] un huissier [ɛ̃nɥisje]〈守衛〉, en hiver [ãnivɛʁ]〈冬に〉
r → [ʁ] premier enfant [pʁəmjeʁãfã]〈最初の子供〉, dernier examen [dɛʁnjeʁɛgzamɛ̃]〈最終試験〉
p → [p] beaucoup intéressant [bokupɛ̃teʁesã]〈とても面白い〉, trop audacieux [trɔpodasjø]〈あまりに大胆な〉
g → [g] または [k] long hiver [lɔ̃givɛːʁ, lɔ̃kivɛːʁ]〈長い冬〉, sang artériel [sãgaʁteʁjɛl, sãkaʁteʁjɛl]〈動脈血〉

鼻母音で終わる単語の後に[n]が挿入される場合、鼻母音の発音は変わらないのが原則。

en été [ãnete]〈夏に〉, un arbre [ɛ̃naʁbʁ]〈木〉, son oncle [sɔ̃nɔ̃kl]〈彼の叔父〉

bon〈よい〉の後に母音が続く場合は、鼻母音が口母音[ɔ]に変化する

bon état [bɔneta]〈よい状態〉

mon, ton, son については、鼻母音のままでも、口母音に変化してもよい。

mon ami [mɔ̃nami, mɔnami]〈私の友人〉, son ordre [sɔ̃nɔʁdʁ, sɔnɔʁdʁ]〈彼の命令〉

ただし、語尾の鼻母音[ɛ̃]が ain, ein, en で表記されている形容詞については、鼻母音が口母音[ɛ]に変化する。

certain ami [sɛʁtɛnami]〈ある友人〉, plein été [plɛnete]〈盛夏〉, ancien élève [ãsjɛnelɛv]〈卒業生〉

4.10.1. リエゾンが義務的に行われる場合

以下にリエゾンが行われる単語の間に＋を置いて表す。

a. 冠詞＋名詞

un＋examen [ɛ̃nɛgzamɛ̃]〈試験〉

[n]を挿入することで、[ɛ̃ɛgzamɛ̃]のような、母音の連続を避ける。

les＋yeux [lezjø]〈目〉, des＋îles [dezil]〈島〉

[z]を挿入することで、名詞が複数であることを表す。

b. 形容詞＋名詞

mes＋amis [mezami]〈私の友人たち〉, ses＋albums [sezalbɔm]〈彼（女）のアル

バム〉, ces + arbres [sezaʁbʁ]〈その木々〉, petits + œufs [pətizø]〈小さな卵〉, dix + hirondelles [diziʁɔ̃dɛl]〈10羽の燕〉
[z]の挿入で、名詞が複数であることを表す。
son + élève [sɔ̃nelɛv, sɔnelɛv]〈彼の学生〉, ton + oncle [tɔ̃nɔ̃kl, tɔnɔ̃kl]〈君の叔父〉
[n]の挿入で[tɔ̃ɔ̃kl]のような母音の連続を避ける。

c. 前置詞 + 名詞句

dans + un château [dɑ̃zɛ̃-]〈城の中で〉, chez + une dame [ʃezyn-]〈ある女性の家で〉, en + avance [ɑ̃navɑ̃s]〈前もって〉, sans + eau [sɑ̃zo]〈水なしで〉

d. 人称代名詞 + 動詞・助動詞、動詞・助動詞 + 人称代名詞

Nous + allons. [nuzalɔ̃]〈私たちは行く〉
On + est arrivé. [ɔ̃nɛ(t)aʁive]〈人が到着した〉
Elles + ont de l'énergie. [ɛlzɔ̃-]〈彼女たちには活力がある〉
Je les + ai vus. [ʒ(ə)leze-]〈私は彼らを見た〉
Dit-il la vérité? [ditillaveʁite]〈彼は真実を言っているのか〉
Ont-elles fini leurs travaux? [ɔ̃tɛlfinilœːʁtravo]〈彼女たちは仕事が終わったのか〉

e. 人称代名詞、on + 複合的代名詞（+ 動詞、助動詞）

Nous + y sommes allés. [nuzi-]〈私たちはそこに行った〉
Ils + en + out parlé. [ilzɔ̃nɔ̃paʁle]〈彼らはそれについて話した〉
On + y va. [ɔ̃niva]〈そこに行こう〉

f. 命令形動詞（+ 人称代名詞）+ 複合的代名詞

Allez-y. [alezi]〈そこに行きなさい〉
Allez-vous-en. [alevuzɑ̃]〈出ていきなさい〉

g. 副詞 + 形容詞

Luc était très + étonné. [-tʁɛzetɔne]〈リュクはとても驚いていた〉
Marc est plus + occupé que Jean. [-plyzɔkype-]〈マルクはジャンよりも忙しい〉
L'enfant est tout + intelligent. [-tutɛ̃teliʒɑ̃]〈その子供は全く頭がいい〉
ただし、音節数の長い副詞については、リエゾンが生じることはない。
リエゾンによる子音の添加が起きない単語の間には「×」を置く。
Natalie est vraisemblablement × hostile.〈ナタリーは恐らく敵意を持っている〉
Mireille est extraordinairement × élégante.〈ミレイユは並外れて優雅だ〉

h. c'est + 補語・前置詞句

C'est + une belle fleur. [sɛtyn-]〈それはとても綺麗な花です〉
C'est + évident. [sɛtevidɑ̃]〈それは明らかです〉
C'est + à moi. [sɛtamwa]〈それは私のものです〉

i. 接続詞 quand、関係詞 dont

4. フランス語の文字と発音

Quand + il est arrivé, le train était parti. [kɑ̃tilɛ-]
〈彼が到着したときには、列車は出発していた〉
C'est le film dont + elle a parlé. [-dɔ̃tɛla-] 〈それは彼女が話していた映画だ〉
※ quand が疑問詞の場合、quand est-ce que ではリエゾンが起きて [kɑ̃tɛskə] のように発音される。
Quand + est-ce qu'il est venu? 〈彼はいつ来たのか〉

j. 慣用句
avant-hier [avɑ̃tjɛʁ]〈一昨日〉, c'est-à-dire [sɛtadiʁ]〈つまり〉, de temps en temps [dətɑ̃zɑ̃tɑ̃]〈時折〉, plus ou moins [plyzumwɑ̃]〈多少〉, sous-entendu [suzɑ̃tɑ̃dy]〈ほのめかし〉, tout à coup [tutaku]〈突然〉, tout à l'heure [tutalœʁ]〈先ほど〉

4.10.2. リエゾンが生じることもあるが、義務的ではない場合

「助動詞＋過去分詞」「名詞＋形容詞」などの単語の組み合わせは、全体として1つの連辞を作る。しかし、それぞれの単語の独立性が比較的高いため、連辞としての一体性が弱まり、リエゾンをしない傾向が、特に話し言葉では高い。

a. 動詞 être ＋補語
Paul est (+) affreux. [pɔlɛ(t)afʁø]〈ポールは手に負えない〉
Vous + êtes (+) Italien? [vuzɛt(z)italjɛ̃]〈あなたはイタリア人ですか〉
Il est (+) à Paris. [ilɛ(t)apaʁi]〈彼はパリにいる〉

b. 助動詞＋過去分詞
Ils + ont (+) appris le latin. [ilzɔ̃(t)apʁi-]〈彼らはラテン語を学んだ〉
Nous sommes (+) allés au cinéma. [nusɔm(z)ale-]〈私たちは映画館に行った〉

c. 名詞の複数形＋形容詞
J'ai vu des animaux (+) incroyables. [-dezanimo(z)ɛ̃kʁwajabl]
〈私は信じられないような動物を見た〉
Les filles portaient des habits (+) élégants. [-dezabi(z)elegɑ̃]
〈その娘たちは優雅な衣服をまとっていた〉

4.10.3. リエゾンをしてはならない場合

以下にリエゾンを行わない単語の間に × を置いて表す。

a. 有声の h の前
le × héros [lə ero]〈英雄〉 cf. l'héroïne〈女主人公〉
la × hache [la aʃ]〈斧〉
les × haricots [le aʁiko]〈インゲン豆〉

b. 主語名詞句＋動詞
　Le train × arrive à dix ＋ heures. ［lətʁɛ̃ aʁiv adizœʁ］〈列車は 10 時に着く〉
　Les ＋ étudiants × apprennent les mathématiques. ［lezetydiɑ̃ apʁɛn-］
　〈その学生たちは数学を学んでいる〉
　Alain × est（＋）allée au jardin. ［alɛ̃ ɛ(t) ale-］〈アランはその庭園に行った〉
c. 動詞＋目的語・前置詞句
　Ils ＋ ont × une fille. ［ilzɔ̃ ynfij］〈彼らには娘が一人いる〉
　Elle a pris × un taxi. ［ɛlapʁi ɛ̃taksi］〈彼女はタクシーに乗った〉
　Nos ＋ enfants vont × à l'école. ［nozɑ̃fɑ̃ vɔ̃ alekɔl］
　〈私たちの子供は学校に通っている〉
　Je crois × en Dieu. ［ʒəkʁwa ɑ̃ djø］〈私は神を信じている〉
d. 名詞の単数形＋形容詞
　C'est ＋ un fait × important. ［sɛtɛ̃fɛ ɛ̃pɔʁtɑ̃］〈それは重要な事実だ〉
　J'ai envoyé un courrier × urgent. ［ɛ̃ku(ʁ)ʁje yʁʒɑ̃］〈私は緊急の郵便を送った〉
※「名詞＋形容詞」は明らかに連辞をなす。それにもかかわらず、これらの単語が連結される場合にリエゾンが生じないのは不思議だともいえる。ただ、名詞の複数形に形容詞が後続する場合には、本来は義務的にリエゾンが行われていたので、リエゾンの有無が名詞の単数と複数を発音の上で区別する役割を果たしていると考えることもできる。
e. 疑問詞 quand の後で、主語代名詞と動詞・助動詞の倒置が起きている場合
　Quand × irez-vous en France? ［kɑ̃ iʁevu-］〈あなたはいつフランスに行きますか〉
　Quand × est-elle partie? ［kɑ̃ ɛtɛl-］〈彼女はいつ出発しましたか〉
※「動詞・助動詞＋代名詞」で 1 つの連辞を構成していて、疑問詞はその連辞の中には組み入れられないから、リエゾンが妨げられる。
f. 疑問詞 comment, combien の後
　Comment × est-il venu? / Comment × il est venu ? ［kɔmɑ̃ ɛtil vəny］/ ［kɔmɑ̃ ilɛvəny］〈彼はどのようにして来たのか〉
　Combien × en voulez-vous ? ［kɔ̃bjɛ̃ ɑ̃vulevu］
　〈あなたはそれをどれくらいほしいのか〉
　ただし、Comment allez-vous ?〈お元気ですか〉では［kɔmɑ̃talevu］のように、リエゾンが行われる。
g. 接続詞 et の後
　Michelle a acheté une pomme et × une orange. ［-ynpɔm e ynɔʁɑ̃ʒ］
　〈ミシェルはリンゴ 1 個とオレンジ 1 個を買った〉
　Un chien aboie et × un chat miaule. ［ɛ̃ʃjɛ̃ abwa e ɛ̃ʃa mjol］

〈犬が吠えていて、猫が鳴いている〉

「文＋et＋文」であれば、連結された2つの文が連辞をなすことはないから、リエゾンをしないことは理解できる。一方「名詞＋et＋名詞」は、それぞれの独立性は比較的高いものの、全体として1つの連辞を構成していると考えることができる。それなのに et の後でのリエゾンが妨げられるのは不思議だが、例えば un chien et un chat で et の t を発音すると、[ɛ̃ʃjɛ̃etɛ̃ʃa] となる。すると、この音列は Un chien est un chat.〈犬は猫だ〉という文を表すことになり、正しく意味を伝えることができない。恐らくこのような理由で、et の後のリエゾンが妨げられるものと考えられる。

h. 数詞 un, onze の前

les numéros×un [lenymero ɛ̃]〈ナンバーワンの人たち〉, les×onze enfants [le ɔ̃zɑ̃fɑ̃]〈その11人の子供たち〉

i. 半母音で始まる外来語の前

le×wallaby [lə walabi]〈ワラビー〉, les×yachts [le jɔt]〈ヨット〉, le×yaourt [lə jauʁt]〈ヨーグルト〉

第1章
文と単語

1. 文

(1) Jean est étudiant.
(2) Marie mange une pomme.
(1) ジャンは学生だ。
(2) マリーはリンゴを食べている。

「文」(phrase)とは「事柄」(fait)を表す単位。事柄は、2つのものの間にある関係を表す。

Jean est étudiant.: Jean〈ジャン〉がétudiant〈学生〉の表す集合に含まれるという関係がある。

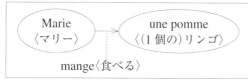

Marie mange une pomme.: Marie〈マリー〉と une pomme〈リンゴ〉との間に mange〈食べる〉という関係がある。

2. 単語と品詞

2.1. 単語とその分類

文は「単語」(mot)によって構成される。単語は、文が表す事柄を構成する要素を表す。

(1) Paris est　une ville　très charmante. パリはとても魅力的な町だ。
　　名詞 動詞 冠詞 名詞　副詞　形容詞
(2) Je　　bois trois litres　de　　lait chaque matin. 私は毎朝3リットルの牛乳を飲む。
　　代名詞 動詞 数詞 名詞 前置詞 名詞 数量詞 名詞

事柄を構成する要素の働きはそれぞれ異なるから、単語も文中での働きに応じて、いくつかの種類に分類される。

単語の働きによる分類が「品詞」(parties du discours)である。品詞は「語類」(classification des mots)とも呼ばれる。

2.2. フランス語の品詞
2.2.1. 名詞(nom)：事物(物や事柄)の集合を表す。

chien〈イヌの集合〉, étoile〈星の集合〉, livre〈本の集合〉, montagne〈山の集合〉, mouvement〈何かが動くという事柄の集合〉, danse〈誰かが踊るという事柄の集合〉, paix〈ある状況が平和だという事柄の集合〉

※名詞が1つの事物ではなく、その集合を表すことは、次の例が示す通り。
(1) L'homme est mortel. 人間は死ぬ。
(2) J'aime la gymnastique. 私は体操が好きだ。

(1)の名詞 homme〈人間〉は「すべての人間」、つまり人間の集合を表す。

(2)の名詞 gymnastique は「体操に含まれるすべての動き」、つまり体操の集合を表す。

ただし、具体的な状況があれば、名詞は1つまたは複数の物や事柄を表すことができる。
(3) Paul lit un livre. ポールは本を読んでいる。
(4) Simone fait de la gymnastique. シモーヌは体操をしている。

(3)の名詞 livre は、1冊の本を表している。

(4)の名詞 gymnastique は、体操の動きのうちの、1つまたはいくつかを表している。

2.2.2. 動詞(verbe)：事柄の枠組みを表す。

être〈X がある、X は Y に含まれる〉
avoir〈X が Y を持つ〉
courir〈X が走る〉
manger〈X が Y を食べる〉

「事柄の枠組み」では、主語(主体)や目的語(対象)など、事柄を構成する要素がまだ決まっていないが、どのような種類の事柄なのかは表されている。主語や目的語を、動詞が表す事柄の枠組みに組み入れることで、最終的に事柄が出来上がる。

2.2.3. 形容詞(adjectif)：事物の集合が、ある性質を持っているという事柄を表す。

grand〈X が大きい〉
petit〈X が小さい〉
sage〈X が賢い〉
stupide〈X が愚かだ〉

2.2.4. 助動詞(verbe auxiliaire)：動詞と一体となって、事柄の枠組みを表す。

être → 時制や態を表す
avoir → 時制を表す

フランス語には、動詞と語形的に区別される助動詞はなく、être と avoir が、動詞と助動詞の働きを兼ねる。

2.2.5. 副詞(adverbe)：事柄の性質や程度を表す。

vite〈事柄が短時間で行われる→速く〉
tôt〈事柄が成立するまでの期間が短い→早く〉
très〈事柄の程度が大きい→とても〉
certainement〈事柄の成立可能性が高い→きっと〉

2.2.6. 前置詞(préposition)：事物の集合が、事柄の中で持つ働きを表す。

à〈場所、方向〉
de〈所属、起点〉
pour〈受益者〉
avec〈随伴者〉

2.2.7. 代名詞(pronom)：場面や文脈によってはじめて表す対象が特定できる名詞。

je〈私〉　話している相手を見て je が指す人間が誰なのか分かる。
cela〈それ、あれ〉　発話の場面にいることで、cela の指す具体的な物が分かる。
tout〈すべて〉　場面や文脈をもとに集合を特定し、その集合に属するすべての物や事柄が表されていることが分かる。
qui〈誰？〉　不特定の人間を表しており、相手がその人間が誰かを言うことで、はじめて人物が特定される。

2.2.8. 冠詞(article)：名詞が表す事物が、同種の他の事物と明確に区別されるのか、それとも区別される必要がないのかを表す。

le, la, les〈定冠詞〉　事物が、同種の他の事物とは明確に区別される。
un, une, des〈不定冠詞〉　事物が、同種の他の事物と区別される必要はない。

2.2.9. 数量詞(quantitatif)：事物の数量を表す。数量詞は、事物の具体的個数や事物の序列を表す「数詞」と、事物の数量について、それが不定であるか、場面や文脈によってはじめて特定化されることを表す「不定数量詞」に区分される。

a. 数詞
   trois ⟨3⟩
   mille ⟨1000⟩
   quatrième ⟨4番目⟩
   centième ⟨100番目⟩

b. 不定数量詞
   beaucoup ⟨たくさん⟩　どの程度の数量であればたくさんなのかは分からない。
   chaque ⟨それぞれ⟩　場面や文脈を参照して事物全体の数量が分かることで、ようやく具体的な数量が決まる。

2.2.10.　接続詞 (conjonction)：事柄を構成する要素を結びつける。
et ⟨X と Y、X そして Y⟩
mais ⟨X しかし Y⟩
quand ⟨X のとき Y⟩
si ⟨X ならば Y⟩

2.2.11.　間投詞 (interjection)：事柄の表出に伴う話し手の感情を表す。
Ah ⟨ああ⟩　話し手が事柄に対して強い感情を抱いていることを表す。
Ouf ⟨ふー⟩　話し手が事柄の成立に対して安堵感を持っていることを表す。

3.　動詞と名詞の見分け方

3.1.　語順による方法

（1）Jean est un bon garçon.　ジャンはよい男の子だ。
（2）Elle a des filles.　彼女には娘がいる。

　フランス語の基本語順は「主語＋動詞＋目的語」。文の最初の単語が名詞で、2番目の単語が動詞だというのが、最も単純な見分け方である。
（1）最初の単語は Jean: 名詞、3人称、単数、男性
　　　2番目の単語は est: 動詞 être、直説法現在、3人称、単数
（2）最初の単語は elle: 人称代名詞、3人称、単数、女性
　　　2番目の単語は a: 動詞 avoir、直説法現在、3人称、単数

3.2. 語形による方法

　フランス語の動詞は、法と時制、主語の人称と数によって語形変化（活用）をする。動詞の語形変化は、規則的な場合（規則動詞）と不規則な場合（不規則動詞）があるが、使用頻度の高い動詞は不規則動詞である場合が多い。文中の単語が動詞だということが分かっても、それがどのような種類の事柄を表すのかは、動詞の語形がどのような意味を表しているのかを知っていなければ分からない。

※動詞の語形変化については、巻末の動詞活用表を参照。

　以下に、最も使用頻度の高い2つの不規則動詞、être と avoir の直説法現在時制の活用表をあげる。

人称	数	être	avoir
1	単数	suis	ai
2	単数	es	as
3	単数	est	a
1	複数	sommes	avons
2	複数	êtes	avez
3	複数	sont	ont

　フランス語の綴字の特徴は、発音されない文字が、特に語末に多いということと、複数の文字列が1つの音を表すことが多いということである。実際の発音に近い綴字を【　】で併記すると、次のようになる。

人称	数	être	avoir
1	単数	suis【sui】	ai【e】
2	単数	es【e】	as【a】
3	単数	est【e】	a【a】
1	複数	sommes【som】	avons【avon】
2	複数	êtes【et】	avez【ave】
3	複数	sont【son】	ont【on】

3.3. 冠詞による名詞の判別

　Un chat dort sur le sofa. ネコがソファーの上で寝ている。
　フランス語の名詞には、通常は冠詞が先行する。この場合「冠詞＋名詞」という語群が主語や動詞・前置詞の目的語を表す。

この文の主語は un chat〈ある不定の単数のネコ〉であり、動詞が dort〈眠っている〉である。

名詞が表す事物の性質を形容詞が表している場合には、「冠詞＋名詞＋形容詞」または「冠詞＋形容詞＋名詞」という語群が主語を表す。

```
Un  chat  noir    dort.   黒いネコが眠っている。
冠詞 名詞  形容詞   動詞
   主語
Un   petit  chat  dort.   小さいネコが眠っている。
冠詞  形容詞 名詞   動詞
   主語
```

3.4. 人名は無冠詞

　　Pierre a acheté un ordinateur. ピエールはコンピューターを買った。

フランス語では、国名や山脈、河川などの固有名詞にも冠詞（定冠詞）を先行させることが多いが、人名は無冠詞が原則。この文の最初の単語 Pierre は人名であり、これだけで主語を表している。

フランス語の動詞は語形変化するが、「助動詞＋過去分詞」という形で、過去、完了、受動などの意味を表すことがある。

2 番目の単語 a は動詞 avoir の直説法現在 3 人称単数形。これだけでも動詞として働くことができるが、3 番目の単語 acheté は、動詞 acheter〈買う〉の過去分詞。だから、a acheté という 2 個の単語の連続で、1 つの動詞活用形として働いているものと理解される。

4. 主語・目的語・動詞

「主語」は、文で使われる動詞を決める働きをする名詞。

Pierre〈ピエール〉と les chats〈ネコ〉の間に、Pierre から les chats へと amour〈愛情〉が向かうという関係がある。この関係を表すための文を作る。

　　Pierre が主語→動詞は aimer〈愛する〉

主語と関係を持つものが「目的語」。目的語は les chats。

　　Pierre aime les chats. ピエールはネコが好きだ。

Les chats が主語→動詞は plaîre〈喜ばせる、気に入らせる〉。主語と関係を持つものが目的語だから、目的語は Pierre。

　　Les chats plaisent à Pierre. ネコがピエールの気に入っている。

選択される動詞が同じでも、主語が変われば、動詞の形は変わってくる。

Simone〈シモーヌ〉と la lettre〈その手紙〉の間に écrire〈書く〉という関係がある。この関係を表すための文を作る。

Simone が主語→動詞は能動態 écrire〈書く〉
目的語は la lettre
Simone écrit la lettre. シモーヌはその手紙を書く。
la lettre が主語→動詞は受動態 être écrit〈書かれる〉
La lettre est écrite par Simone. その手紙がシモーヌによって書かれる。

ものが集合に含まれるという関係の場合は、含まれるものが主語になるのが普通。ものがある種類のものの集合に含まれるという関係→動詞は être。

ものが単独である動きをするものの集合に含まれるという関係→動詞は能動態。

Jacques court. ジャックは走っている。

Odile chantait.
オディールは歌っていた。

5. 文型

文を作っている単語の並び方には規則がある。規則に従った単語の並びを分類したものを「文型」という。

5.1. フランス語の基本文型

(1) SV(主語+動詞)

René vient. ルネは来る。
Cécile partira. セシルは出発するだろう。
Le train est arrivé. 列車は到着した。

(2) SVC(主語+動詞+補語)

Marc est étudiant. マルクは学生だ。
Lucie était heureuse. リュシーは幸せだった。
L'homme deviendra riche. その男は金持ちになるだろう。

(3) SVO(主語+動詞+目的語)

Cosette aime Lucien. コゼットはリュシアンが好きだ。
La femme regarde des fleurs. その女は花を見ている。
Georges a chanté une chanson. ジョルジュは歌を歌った。

(4) SVOC(主語+動詞+目的語+補語)

Je trouve le film très intéressant. 私はその映画がとても面白いと思う。
Patrice trouve mon œuvre médiocre.
パトリスは私の作品がつまらないと思っている。
Elle a laissé la porte ouverte. 彼女はドアを開けたままにしておいた。

(5) SVP（主語＋動詞＋前置詞句）

Hugo est dans sa chambre. ユゴーは自分の部屋にいる。

Clara va à l'école. クララは学校に通っている。

(6) SVCP（主語＋動詞＋補語＋前置詞句）

Camille est heureuse avec ses petits-enfants. カミーユは孫たちと一緒で幸せだ。

Arthur se sentait fatigué après le travail très dur.
とても辛い仕事の後で、アルチュールは疲れを感じていた。

Jules est devenu médecin comme son père.
ジュールは父親と同様に医者になった。

(7) SVOP（主語＋動詞＋目的語＋前置詞句）

Gilles lit un livre dans la bibliothèque. ジルは図書館で本を読んでいる。

Monique apprend l'anglais à l'école. モニクは学校で英語を学んでいる。

La fille a vu son frère à la gare. その女の子は駅で弟に会った。

5.2. 補語・目的格代名詞を含む文の文型

　フランス語では、補語や目的語が代名詞の場合には、基本文型とは異なる語順になる。目的語としての働きをする代名詞は「目的格代名詞」と呼ぶ（☞第5章5節）。

(1) SCV（主語＋補語代名詞＋動詞）

Frédéric est médecin. フレデリックは医者です。

— Oui, il l'est. はい、そうです。

Je suis content. 私は満足しています。

— Moi aussi, je le suis. 私もです、私も満足しています。

(2) SOV（主語＋目的格代名詞＋動詞）

Je le prends. 私はそれをもらいます。

Michel l'a mis sur la table. ミシェルはそれをテーブルの上に置いた。

(3) SOOV（主語＋目的格代名詞1＋目的格代名詞2＋動詞）

Dominique le lui a donné. ドミニクはそれを彼女にあげた。

Emile me l'a montré. エミールは私にそれを見せた。

(4) SOVC（主語＋目的格代名詞＋動詞＋補語）

Elle le trouve beau. 彼女はそれを美しいと思っている。

Lucien la croit ravissante. リュシアンは彼女を素晴らしいと思っている。

L'expérience l'a rendu fort. その経験が彼を強くした。

　複合的代名詞 en, y も動詞の前に置かれて基本文型とは異なる語順を作る（☞第5章5節）。

(5) SOV（主語＋複合的代名詞＋動詞）

Georges en a mangé. ジョルジュはそれを（いくらか）食べた。

en は des pommes〈いくつかのリンゴ〉や du fromage〈ある量のチーズ〉のような不定の目的語を表している。

Claire en boit. クレールはそれを飲む。

(6) SOOV（主語＋目的格代名詞＋複合的代名詞＋動詞）

Céline lui en enverra. セリーヌは彼（女）にそれを送るつもりだ。

Elle m'en a fait boire. 彼女はそれを私に飲ませた。

(7) SPV（主語＋複合的代名詞＋動詞）

Marie en est venue. マリーはそこから来た。

en は de Paris〈パリから〉のような前置詞句に当たる。

Jean y habite. ジャンはそこに住んでいる。

y は à la ville〈その町に〉のような前置詞句に当たる。

(8) SPVC（主語＋複合的代名詞＋動詞＋補語）

Sarah en est contente. サラはそれに満足している。

en は du résultat〈その結果に〉のような前置詞句に当たる。

Pascal y est attaché. パスカルはそれに愛着を持っている。

y は à son pays〈自分の国に〉のような前置詞句に当たる。

(9) SOPV（主語＋目的格代名詞＋複合的代名詞＋動詞）

Mireille l'y a acheté. ミレイユはそれをそこで買った。

y は à la haute couture〈その高級婦人服店で〉のような前置詞句に当たる。

Marcel les en amène. マルセルは彼らをそこから連れてきている。

en は de la région〈その地方から〉のような前置詞句に当たる。

5.3. 存在文

「〜がある」という意味を表す文を「存在文」という。フランス語で存在文を作るには、特別の文型を使う。

Il y a une pomme sur la table. テーブルの上にリンゴがある。

Il y a des oiseaux sur le toit. 屋根の上に何羽か鳥がいる。

voici と voilà も、存在文と同様の働きをすることができる。

Voilà mon bureau. こちらが私の会社です。

Voici Madame Dupont, et voilà Monsieur Rodin.
こちらがデュポンさんで、あちらがロダンさんです。

6. 文の分類

　文の分類法には、文が表す事柄の働きを基準とする分類と、文の形式を基準とする分類がある。

6.1. 文が表す事柄の働きを基準とする分類
6.1.1. 平叙文と疑問文
a. 平叙文: 聞き手に事柄の真偽を伝達する文
　平叙文は、肯定文と否定文に分類される。

> 肯定文: ある事柄が真であることを主張する文。
> 否定文: ある事柄が偽であることを特別の単語を使って主張する文。

① 肯定文

> Didier travaille dans une banque. ディディエは銀行に勤めている。
> J'ai mangé du pain. 私はパンを食べた。
> Delphine a fait ses études à Paris. デルフィーヌはパリで勉強した。
> Il y a beaucoup de monde dans cette salle. この部屋にはたくさんの人がいる。

② 否定文
　フランス語の否定文は「ne + 動詞 + pas」という形が基本。

> Je ne suis pas mariée. 私は結婚していない。
> Guillaume ne connaît pas la vérité. ギヨームは真実を知らない。

　最初から否定の意味を持つ personne(誰も〜ない)と rien(何も〜ない)を含む否定文は、動詞の前に ne を置くだけで作られる。

> Personne n'a vu le criminel. 誰も犯人を見ていない。
> Je n'ai rien fait. 私は何もしていない。

b. 疑問文

> 真偽疑問文: 聞き手に事柄の真偽を問う文。
> 疑問詞疑問文: 聞き手に、事柄に含まれる不定の対象が何かを問う文。
> 付加疑問文: 確認のために、聞き手に事柄の真偽を問う文。

6. 文の分類

I 真偽疑問文

真偽疑問文を作る方法

真偽疑問文は、平叙文の文末を上昇調のイントネーション（抑揚）で発音すれば簡単に作ることができる。

ただし、それは話し言葉の場合に限られる。イントネーションによらない真偽疑問文の作り方は以下の通り。

(1) 平叙文の主語が代名詞のときは、主語と動詞・助動詞を倒置する。

> Il est fonctionnaire. 彼は公務員だ。（平叙文）
> Est-il fonctionnaire ? 彼は公務員ですか。（真偽疑問文）
> Vous allez à l'école. あなたは学校に通っている。（平叙文）
> Allez-vous à l'école ? あなたは学校に通っていますか。（真偽疑問文）
> Elle est venue du Canada. 彼女はカナダから来た。（平叙文）
> Est-elle venue du Canada ? 彼女はカナダから来たのですか。（真偽疑問文）

(2) 平叙文の主語が名詞のときは、主語に対応する代名詞を動詞・助動詞の後に置く。

> Paul est boulanger. ポールはパン屋だ。（平叙文）
> Paul est-il boulanger ? ポールはパン屋ですか。（真偽疑問文）
> Carole regarde la télé. カロルはテレビを見ている。（平叙文）
> Carole regarde-t-elle la télé ? カロルはテレビを見ていますか。（真偽疑問文）
> Marc a acheté un gâteau. マルクはケーキを買った。（平叙文）
> Marc a-t-il acheté un gâteau ? マルクはケーキを買ったのですか。（真偽疑問文）

(3) 平叙文の前に Est-ce que を置く。

> Vous êtes Français. あなたはフランス人だ。（平叙文）
> Est-ce que vous êtes Français ? あなたはフランス人ですか。（真偽疑問文）
> La fille travaille beaucoup. その女の子は熱心に勉強する。（平叙文）
> Est-ce que la fille travaille beaucoup ?
> その女の子は熱心に勉強しますか。（真偽疑問文）
> Lilou a mangé des raisins. リルはブドウを食べた。（平叙文）
> Est-ce que Lilou a mangé des raisins ?
> リルはブドウを食べたのですか。（真偽疑問文）
> Il est allé à la ville. 彼はその町に行った。（平叙文）
> Est-ce qu'il est allé à la ville ? 彼はその町に行ったのですか。（真偽疑問文）

II 疑問詞疑問文

疑問詞疑問文を作る方法

(1) 文頭に疑問詞を置く。

① 疑問詞が主語のときは、平叙文と同じ語順になる。

> Qui a visité mon bureau ? 誰が私の事務所を訪ねてきたのですか。
> Qui est avec votre sœur ? 誰があなたのお姉さんと一緒にいるのですか。

② 疑問詞が補語のときは、主語が名詞でも代名詞でも、主語と動詞・助動詞の倒置が起きる。

> Que deviendra-t-il ? 彼はどうなるだろう。
> Qu'est-ce ceci ? これは何ですか。
> Qu'est devenu votre fils ? あなたの息子はどうなったのか。

③ 疑問詞が目的語で、主語が代名詞のときは、主語と動詞・助動詞の倒置が起きる。

> Que mangez-vous ? あなたは何を食べているのですか。
> Que fait-il ? 彼は何をしているのですか。
> Qu'a-t-elle dit ? 彼女は何を言ったのですか。
> Qui as-tu rencontré ? 君は誰に会ったのですか。
> Qui cherche-t-il ? 彼は誰を探しているのですか。

④ 疑問詞が目的語 qui で、主語が名詞のときは、主語に対応する代名詞を動詞・助動詞の後に置く。

> Qui Arthur aime-t-il ? アルチュールは誰を好きなのですか。
> Qui Léna a-t-elle vu ? レナは誰を見たのですか。

目的語の疑問詞が que の場合、主語が名詞ならば、主語と動詞・助動詞を単純に倒置する。

> Que mange Georges ? ジョルジュは何を食べているのですか。
> Qu'a dit Clara ? クララは何と言ったのですか。

⑤ 疑問詞が副詞の場合、疑問詞が目的語のときと同じ方法で疑問詞疑問文を作る。ただし、主語が名詞のときは、主語と動詞・助動詞を倒置するだけでもよい。

> Quand viendra-t-il ? 彼はいつ来るのか。
> Quand votre frère viendra-t-il ? あなたの弟はいつ来るのか。

6. 文の分類

Quand viendra Maurice ? モーリスはいつ来るのか。
Quand est-il venu ? 彼はいつ来たのですか。
Où habitez-vous ? あなたはどこに住んでいますか。
Où Eliane habite-t-elle ?
= Où habite Eliane ? エリアーヌはどこに住んでいるのですか。
Où est-il allé ? 彼はどこに行ったのですか。
Où Enzo a-t-il dansé ?
= Où a dansé Enzo ? エンゾはどこで踊ったのですか。

動詞が他動詞で目的語を伴っている場合、主語が名詞ならば、この主語を受ける代名詞を用いる倒置をしなければならない。

○ Quand Noah a-t-il acheté la machine ? ノアはいつその機械を買ったのですか。
× Quand a acheté la machine Noah ?
○ Où Alice prendra-t-elle le dîner ? アリスはどこで夕食を取りますか。
× Où prendra le dîner Alice ?

主語と「動詞＋目的語」を単純に倒置すると、la machine Noah, le dîner Alice のような名詞の連続ができる。フランス語ではこのような名詞の連続は許されない。

動詞が補語を伴っている場合も同様に、名詞連続を避けるために、主語を受ける代名詞を用いる倒置を行う。

○ Quand Jean est-il devenu médecin ? ジャンはいつ医者になったのですか。
× Quand est devenu médecin Jean ?
○ Où l'athlète est-il un héros ? その運動選手はどこで英雄なのですか。
× Où est un héros l'athlète ?

疑問詞が pourquoi のときも、代名詞を用いる倒置を行う。

○ Pourquoi le presidént est-il fâché? なぜ社長は不満なのですか。
× Pourquoi est fâché le président ?

(2) 文頭に「前置詞＋疑問詞」を置く
① 主語が代名詞のときは、主語と動詞・助動詞を倒置する。

À quelle heure viendra-t-il ? 彼は何時に来ますか。
Avec qui êtes-vous allé au restaurant ?

あなたは誰とそのレストランに行ったのですか。

② 主語が名詞のときは、名詞に対応する代名詞を動詞の後に置くか、主語と動詞・助動詞を倒置する。

À quelle heure le train arrivera-t-il ? 列車は何時に到着しますか。
À quelle heure arrivera le train ? 列車は何時に到着しますか。
Avec qui Arnaud est-il allé au cinéma ? アルノーは誰と映画に行ったのですか。
Avec qui sortira Sophie ? ソフィーは誰と一緒にでかけるのですか。

---

(3) 疑問詞の後に est-ce que/est-ce qui を置く。

疑問詞が主語でない場合には、疑問詞を「疑問詞 + est-ce que」に置き換えることができる。この場合には主語(または、主語に対応する代名詞)と動詞の倒置は起きない。

Qu'est-ce ? → Qu'est-ce que c'est ? これは何ですか。
Que fait-il ? → Qu'est-ce qu'il fait ? 彼は何をしているのですか。
Où Julien habite-t-il ? → Où est-ce que Julien habite ?
ジュリアンはどこに住んでいるのですか。
Quand le train partira-t-il ? → Quand est-ce que le train partira ?
列車はいつ出発するのですか。
Comment peut-on aller à la gare ? → Comment est-ce qu'on peut aller à la gare ?
駅にはどうしたら行けるのですか。

疑問詞が主語の場合には、疑問詞 qui を qui est-ce qui に置き換えることができる (☞第 5 章 9.1. 節)。

Qui est sur la scène ? → Qui est-ce qui est sur la scène ?
誰がステージにいるのですか。
Qui fera la vaisselle ? → Qui est-ce qui fera la vaisselle ?
誰が皿を洗うのですか。

話し言葉では、疑問詞を文頭に置かず、主語と動詞・助動詞の倒置もしない疑問詞疑問文がかなり頻繁に用いられる。

Vous avez rencontré qui ? あなたは誰に会ったのですか。
Tu cherches quoi ? 君は何を探しているの？
Le professeur a recommandé quel article ? 教授はどの論文を推薦したのですか。

Vous allez où ? どこに行くのですか。
Gilles a abandonné le plan pourquoi ?
ジルはどうしてその計画をあきらめたのですか。

※疑問代名詞を用いる疑問文についての詳しい説明は、第 5 章第 9 節を参照。

III 付加疑問文

付加疑問文は、平叙文に n'est-ce pas を付加することで作られる。平叙文が肯定文でも否定文でも同じ形式をとる。

C'est votre sac, n'est-ce pas ? これはあなたのカバンですね。
Ce n'est pas vrai, n'est-ce pas ? それは本当ではないですね。
Rémy prendra le bus, n'est-ce pas ? レミーはバスに乗るんですね。
Son père n'a pas de téléphone portable, n'est-ce pas ?
彼のお父さんは携帯電話を持っていないんですね。

6.1.2. 命令文

命令文は、相手にある動作をするように、あるいはしないように促す働きをする文。命令の行為を表す形式は、最も普通には命令法の動詞形(命令形)(☞第 4 章 8 節)だが、他にも命令を表す方法がある。

a. 命令形

① 本来の命令

Travaille beaucoup. 一生懸命勉強しなさい。
Sois sage. いい子にしていなさい。
Courez vite. 速く走りなさい。

② 指示

Allez jusqu'à la deuxième rue et tournez à gauche.
2 番目の通りまで行って、左に曲がってください。
Freinez avant de prendre le virage.
方向を転換する前にブレーキをかけます。
Ajoutez une cuillère à soupe de sucre.
砂糖を大さじ 1 杯加えてください。

※日本語で「〜してください」のように表現する指示的な行為の場合も、フラ

ンス語では命令形を使って表すことが多い。

③ 依頼
　vouloir〈希望する〉, être, avoir などの 2 人称複数形の命令形を用いて、丁寧な依頼を表す。

> Veuillez me prêter un peu d'argent.
> 少しばかりお金を拝借したいのですが。
> Veuillez me rappeler au bon souvenir de votre femme.
> 奥様によろしくお伝えください。
> Soyez aimable de me passer le beurre.
> すみませんがバターを取ってください。
> Ayez la bonté de me faire part de la date de votre départ.
> ご出発の日程をどうぞ私にお知らせください。

④ 勧誘
　直説法 1 人称複数形と同じ形の命令形は、話し手と聞き手が同一の行動をとるように誘いかけるために用いられる。

> Marchons lentement. ゆっくり歩こう。
> Allons enfants de la Patrie. 行こう、祖国の子らよ。（フランス国歌 La Marseillaise『ラ・マルセイエーズ』の冒頭部分）

⑤ 禁止
　命令形の否定は「～するな」「～してはいけない」という禁止を表す。

> Ne mentez pas. 嘘をついてはいけない。
> Ne crois pas ses mots. 彼女の言葉を信じるな。

　※「N'allez pas [Ne va pas] ＋不定詞」で、強い禁止を表す。

> N'allez pas boire trop de vin. 酒を飲み過ぎてはいけない。
> Ne va pas sécher la classe. 授業をサボるな。

b. 直説法単純未来時制 2 人称
　語気をやわらげた命令・依頼や、目下の相手に対する命令、実行されるのが当然の命令を表す。

> Vous reviendrez ici dans une demie-heure.
> 30 分経ったらここに戻ってきてください。

> Vous ne me direz jamais une telle chose.
> 私に 2 度とそんなことを言わないように。
> Tu ne tueras point. 汝殺すなかれ。(モーセの十戒)

c. 直説法現在 2 人称形、1 人称複数形
　　直説法単純未来形を用いる命令よりも強い口調の命令を表す。

> Tu fais la vaisselle, toi ! お前が皿を洗うんだよ。
> Vous prenez ce médicament. あなたはこの薬を飲むのです。
> Nous gardons le secret. 秘密は守ろう。

d. Vous allez [Tu vas] + 不定詞

> Vous allez prendre le bus. バスに乗ってください。
> Tu vas travailler fort. 一生懸命勉強するんだよ。

e. Que + 接続法

> Que mon secrétaire vienne ici tout de suite.
> 私の秘書をすぐここに来させてください。
> Qu'on finisse le travail avant dix-sept heures.
> 17 時前には作業を終わらせるように。

f. 不定詞・名詞
　　日本語の「〜すること」と同じで、一般的な場面での指示を表す。

> Ralentir. 徐行。(道路標識)
> Voir le chapitre trois. 第 3 章を参照すること。
> Mettre deux grandes cuillères d'huile dans la poêle.
> フライパンに油を大さじ 2 杯入れます。
> Prière de ne rien jeter sur la voie. 線路上に物を投げ捨てないでください。
> Défense d'afficher. 貼り紙禁止。

6.1.3. 感嘆文

　　日本語の「何と〜だ」に置き換えることができるような、事柄に対する強い感情の表出を表すのが「感嘆文」。

a. 疑問形容詞を用いる。

> Quel beau temps ! 何ていい天気なんだ。
> Quelles œuvres magnifiques cet écrivain écrit !
> この作家は何と素晴らしい作品を書くのだろうか。

b. 副詞を用いる。

> Comme la fleur est belle ! この花は何て美しいのだろう。
> Combien de fois je dois te répéter la même chose !
> 何度同じことを君に繰り返し言わなければならないんだ。

c. que, ce que を用いる。

> Que cet acteur fait un bon jeu ! この役者は何とうまい演技をするんだろう。
> Que de peine le peuple a dû avoir pendant la famine !
> 飢饉の間、人々はどれほどの苦痛を味わったことだろうか。

　※「que de + 名詞」は、事物の数量が多いことを表すときに用いる。

> Ce que la fille est charmante ! その女の子は何と魅力的なんだろう。

d. 主語と動詞の倒置

> N'est-ce pas magnifique ! 何と素晴らしいんだろう。
> Cette pyramide, n'est-elle pas gigantesque !
> このピラミッドは何と巨大なんだろう。

6.2. 文の形式を基準とする分類

> 単文: 文の要素が単語だけの文。主語と動詞は 1 つずつだけ含まれている。
> 複文: 文の要素として、さらに文が含まれている文。主語と動詞が複数個含まれている。
> 重文: 複数の文が並列されている文。重文を構成する文は、単文でも複文でもよい。

6.2.1. 単　文

　単文には主語と動詞が 1 個しかない。

Jacques est enseignant. 〈単文・平叙文・肯定文〉
 主語　　動詞　　補語
 ジャックは教師だ。

Ma fille ne travaille pas beaucoup. 〈単文・平叙文・否定文〉
 主語 否定辞 動詞　否定辞　副詞
 私の娘はあまり勉強しない。

Aimez-vous la cuisine française ? 〈単文・疑問文・肯定文〉
 動詞 主語　　目的語(冠詞＋名詞＋形容詞)
 あなたはフランス料理が好きですか。

Charlotte ne fait-elle 　　pas ses études ? 〈単文・疑問文・否定文〉
 主語　否定辞 動詞 代名詞　否定辞　目的語
 シャルロットは勉強をしていないのですか。

6.2.2. 複　文

文の要素として含まれる文のことを「節」と呼ぶ。文中での働きによって、節は次のように分類される。節の先頭には、接続詞、疑問詞、代名詞が置かれる。

a. 名詞節：名詞と同じように、文中で主語や目的語としての働きをする(☞第12章3.1.節)。

Que l'homme parle japonais est vrai.
 主語名詞節(接続詞＋文) 動詞 補語
 その男が日本語を話すのは本当だ。

Pierre dit que le grec est difficile.
 主語　動詞 目的語名詞節(接続詞＋文)
 ギリシア語は難しいとピエールは言っている。

Il a demandé si je connaissais le village.
 主語　　動詞 目的語名詞節(接続詞＋文)
 私がその村を知っているかと彼は尋ねた。

> Je ne sais pas comment je peux aller à la gare.
> 主語 否定辞 動詞 否定辞 目的語名詞節（疑問詞＋文）
> どうやって駅に行けるのか私は知らない。

b. 関係節（形容詞節）：形容詞と同じように、名詞の内容を限定する働きをする。フランス語では、関係代名詞または関係副詞がこの節の先頭に位置する（☞第 8 章）。

> La pastèque est un fruit qui me plaît beaucoup.
> 主語　　　動詞 名詞 関係節（関係代名詞＋目的語代名詞＋動詞＋副詞）
> スイカは私がとても好きな果物だ。
>
> La fille que vous avez vue au théâtre　　　　　est ma sœur.
> 　名詞 関係節（関係代名詞＋主語＋動詞＋前置詞句）動詞　補語
> あなたが劇場で会った女の子は私の妹だ。
>
> René est le garçon à qui j'ai donné mon vélo.
> 主語 動詞 名詞　関係節（前置詞＋関係代名詞＋主語＋動詞＋目的語）
> ルネは、私が自分の自転車をあげた男の子だ。
>
> Le bureau où elle travaille est près d'ici.
> 　名詞　関係節（関係副詞＋主語＋動詞）動詞　前置詞句
> 彼女が働いている会社はこの近くにある。

c. 副詞節：時、場所、理由、条件など、文が表す事柄が成立する様態を表す（☞第 12 章 3.2. 節）。

① 時の副詞節

　Quand il pleut, on sort avec un parapluie.
　雨が降っているときには傘を持って出かける。

② 場所の副詞節

　Où il y a de l'argent, le monde se rassemble. お金のあるところには人が集まる。

③ 理由の副詞節

　Thérèse réussira dans l'examen parce qu'elle travaille bien.
　よく勉強しているので、テレーズは試験に合格するだろう。

④ 条件の副詞節

　Si tu veux être riche, tu dois faire des économies.

金持ちになりたければ、君は節約しなければならない。

6.2.3. 重　文
重文を構成する2つ(またはそれ以上)の文の間には、並列、順接、逆接、選択、理由など、何らかの意味的な関係がある(☞第12章2節)。

Marie regarde la télé et Lucien fait le ménage.
マリーはテレビを見ていて、リュシアンは掃除をしている。〈並列〉
Hier il pleuvait et je ne voulais pas sortir.
昨日は雨が降っていて、私は外出したくなかった。〈順接〉
Thierry est allé au restaurant mais il était fermé.
ティエリーはそのレストランに行ったが、そこは閉まっていた。〈逆接〉
Demain j'irai au cinéma ou je jouerai au tennis.
明日私は、映画に行くかテニスをする。〈選択〉
Anne se sent mal car elle a trop bu.
アンヌは気分が悪い。飲み過ぎたからだ。〈理由〉

第1章のまとめ

1. 文は事柄を表し、事柄は2つの事物の間にある関係を表す。

2. 文は、事柄の要素を表す単語によって構成される。
   単語は、その働きによって品詞に分類される。
   名詞：事物の集合を表す。
   動詞：事柄の枠組みを表す。
   形容詞：事物の集合の性質を表す。
   助動詞：動詞と一体となって、事柄の枠組みを表す。
   副詞：事柄の性質や程度を表す。
   前置詞：事物の集合が事柄の中で持つ働きを表す。
   代名詞：名詞のうちで、場面や文脈によって表す対象が特定されるもの。
   冠詞：名詞が表す事物が、同種の事物と明確に区別されるかどうかを表す。
   数量詞：事物の個数や序列を表すか、事物の数量が不定であることを表す。
   接続詞：事柄を構成する要素を結びつける。
   間投詞：事柄の表出に伴う話し手の感情を表す。

3. 文中の動詞と名詞は、語順、語形変化、先行する冠詞などによって区別される。

4. 主語は、文で使用される動詞を決める働きをする名詞。
   目的語は、主語と関係を持つ事物を表す名詞。

5. 基本文型
   SV（主語＋動詞）
   SVC（主語＋動詞＋補語）
   SVO（主語＋動詞＋目的語）
   SVOC（主語＋動詞＋目的語＋補語）
   SVP（主語＋動詞＋前置詞句）
   SVCP（主語＋動詞＋補語＋前置詞句）
   SVOP（主語＋動詞＋目的語＋前置詞句）

存在文（事物の存在を表すための特別の文型）

6. 文の種類
   - 文が表す事柄の働きに基づく分類
     平叙文：事柄の真偽を表す文。
       肯定文：事柄が真であることを主張する文。
       否定文：事柄が偽であることを主張する文。
     疑問文：事柄の真偽や対象の特定を聞き手に依頼する文。
     命令文：聞き点にある動作をするように、またはしないように促す文。
     感嘆文：事柄に対する強い感情を表す文。
   - 文の形式に基づく分類
     単文：文を構成する要素が単語だけの文。
     複文：文の要素として、さらに文が含まれている文。
     重文：複数の文が並列されている文。

第 2 章
名詞と冠詞

1. 名詞とその分類

1.1. 名詞とは何か

名詞は、事物を表す。事物は、具体的な形をとるものである場合と、一定の事柄である場合がある。

---
chien 〈イヌであるもの〉
fleur 〈花であるもの〉
eau 〈水であるもの〉
mouvement 〈あるものが動くという事柄〉
visite 〈誰かがある場所を訪れるという事柄〉
amour 〈誰かが誰かを愛するという事柄〉

文が使われる場面によって、名詞は個別のものや事柄を表すこともあれば、ものや事柄の集合の全体を表すこともある。

1.1.1. 個別のものや事柄を表す名詞

Un chien aboie dehors. 外でイヌが鳴いている。
 chien は、ある1匹のイヌを表している。
Catherine a acheté des livres à la librairie.
カトリーヌはその本屋で本を何冊か買った。
 Catherine は1人の人間を表す。
 des livres は複数の本 (本の集合のうちの一部) を表す。
 librairie は1軒の本屋を表す。
J'ai bu du vin dans un café. 私はカフェでワインを飲んだ。
 vin はある量のワインを表す。
 café はある1軒のカフェを表す。
Marc fait une promenade chaque matin. マルクは毎朝散歩をする。
 Marc は1人の人間を表す。
 promenade は誰かが散歩するという1つの事柄を表す。
 matin はある1つの朝という時間を表す。

1.1.2. ものや事柄の集合全体を表す名詞

L'homme est mortel. 人間は死ぬ。
 homme は人間であるものの集合全体 (＝すべての人間) を表す。

1. 名詞とその分類

> Georges s'intéresse au chemin de fer. ジョルジュは鉄道に興味がある。
>   chemin de fer は鉄道の集合全体を表す。
> Isabelle aime la littérature. イザベルは文学が好きだ。
>   littérature は、文学であるものの集合全体を表す。
> La science recherche la vérité. 学問は真実を追究する。
>   science は学問に含まれる事柄の全体を表す。
>   vérité は真実である事柄の全体を表す。

名詞が表すものや事柄が、個別的であるか集合の全体であるかの区別は、フランス語では冠詞の選択に関係してくるので、きちんと理解しておく必要がある。

1.2. 名詞の分類

名詞がどのような性質を持つ対象を表すかによって、名詞は「普通名詞」「固有名詞」「集合名詞」「物質名詞」「抽象名詞」に分類される。

1.2.1. 普通名詞: 具体的な形を持ち、他の同種のものと明確に区別できるものを表す名詞。

> chien〈イヌ〉: イヌには具体的な形があり、他のイヌと区別するのは容易。
> fleur〈花〉: 花であるものは一定の形を持っており、他の花とは区別できる。
> œuf〈卵〉: 卵には特有の具体的な形があり、他の卵とは明確に区別できる。
> maison〈家〉: 家は具体的な形を持つものであり、家がたくさんあっても、その境界は明らか。

1.2.2. 固有名詞: 同じ種類のもので同じ名詞で表すことができるが、それぞれの区別が人間社会にとって重要なので、その区別のために用いる名称。人名、地名、書名など。

a. 人　名

普通名詞で表すなら homme, personne〈人間〉だが、周囲の者を「人間」とだけ呼ぶのでは不便なので、それぞれの人間に特別の名前をつけている。

> prénom〈(洗礼)名〉: Paul〈ポール〉, Marie〈マリー〉など、同じ家族の中で、さらに個人を区別するためにつける名前。キリスト教の聖人の名前などが多い。
> nom (de famille)〈姓〉: Dupont〈デュポン〉, Lecomte〈ルコント〉, Renan〈ルナン〉など、日本の姓と同じように、家族単位で同じ名前を用いる。

英米系の人名は、George Walker Bush のように、名と姓の間に、母方の姓や別の洗礼名を「中間名」として入れることも多いが、フランス人の名前にはそのような習慣はあまりない。

b. 地　名

普通名詞なら endroit〈場所〉と呼ばれるものだが、地球上にはさまざまの異なる場所があり、その区別は人間にとって重要。「私はある場所に住んでいます」と言われても、その場所がどこか分からなければ非常に不便。場所をそれぞれ区別するために作られた名称が地名(toponyme)。

国名：France〈フランス〉, Japon〈日本〉, Allemagne〈ドイツ〉, Chine〈中国〉, Etats-Unis〈アメリカ合衆国〉, Grande-Bretagne〈イギリス〉
都市名：Paris〈パリ〉, Lyon〈リヨン〉, Marseille〈マルセイユ〉, Genève〈ジュネーブ〉
河川名：Seine〈セーヌ川〉, Rhône〈ローヌ川〉, Rhin〈ライン川〉, Danube〈ドナウ川〉
山岳名、山脈名：Mont Blanc〈モンブラン〉, Grandes-Jorasses〈グランド＝ジョラス〉, Alpes〈アルプス〉, Pyrénées〈ピレネー〉, Vosges〈ボージュ〉

---

c. 書　名

普通名詞なら livre〈本〉や œuvre〈作品〉だが、書物はそれぞれ異なった内容を持つものであり、書物をすべて区別するための名称があるのは、人間にとって重要。

La Chanson de Roland〈ロランの歌〉, Les Misérables〈レ・ミゼラブル〉, Du côté de chez Swann〈スワン家の方へ〉

1.2.3.　集合名詞: 個体の集団を表す名詞

---

assemblée〈人の集まり〉, bande〈仲間〉, famille〈家族〉, foule〈群衆〉, groupe〈集団〉, police〈警察〉, tribu〈部族〉, vaisselle〈食器類〉, feuillage〈草木の葉全体〉

　家族や群衆は、全体として1個の集団だが、必ず複数の人間がその構成員として含まれている。

　vaisselle や feuillage は、個々の食器(couvert)や葉(feuille)を指すことはできず、常に食器や葉の集合体を表す。

　英語では、集合名詞の単数形が主語の場合でも、構成員に注目する場合には、動詞が複数形になることがある。フランス語では、主語の集合名詞が単数形で、動詞が目的語や補語をとらないならば、動詞も単数形になる。

　　La foule marche vers la mairie. 群衆は市庁舎の方に進んでいる。
　　La famille se rassemble chaque année. 家族は毎年集まる。

1. 名詞とその分類

ただし、動詞が目的語や補語をとっている場合は、集合をひとまとまりとして見るか、集合を構成する個々の成員に注目するかによって、動詞が単数形と複数形のいずれかを選択する。

Le groupe est composé d'une centaine d'agents.
その集団は百人程度の警官で構成されている。
集団の構成員について言及しているのだから、集団全体を1つと見なしている。
Un groupe d'agents ont arrêté le criminel. 警官の集団がその犯人を逮捕した。
複数の警官から成る集団が協力して犯人を逮捕したのだから、個々の警官に注目している。

1.2.4. 物質名詞：具体的に知覚できるものではあるが、自然な状態では一定の形状を持たないものを表す名詞。

eau〈水〉, huile〈油〉, vin〈ワイン〉, fumée〈煙〉, vapeur〈蒸気〉

液体や気体は絶えずその形を変化させるから、決まった形を持たない。

fromage〈チーズ〉, pain〈パン〉, viande〈肉〉, blé〈小麦粉〉, riz〈米〉

チーズ、パン、肉などは固体だが、大きな塊を切り分けて使用するのが普通だから、一定の形状を持たない。
小麦粉や米などの穀物は、ごく小さな粒が大量に集まったものであり、液体と同様に、常にその形状が異なる。

1.2.5. 抽象名詞：具体的に知覚できるもの（個体）ではなく、事柄（の集合）を表す名詞。

mouvement〈運動〉, succès〈成功〉, collaboration〈協力〉, richesse〈豊富〉, philosophie〈哲学〉

mouvement は、「何かが運動する」という事柄（の集合）を表す。
succès は、「何か（誰か）が成功する」という事柄（の集合）を表す。
collaboration は、「誰かと誰かが協力する」という事柄（の集合）を表す。
richesse は、「誰か（何か）が豊かだ」という事柄の集合を表す。
philosophie は、人間が認識、美、善などの本質を追究するという事柄の集合を表す。
抽象名詞が事柄の集合全体を表すのか、それとも1つの事柄を表すのかは、文が使われる場面によって理解される。

Tout le monde préfère le succès à l'échec. 誰もが失敗より成功の方が好きだ。
succès は成功に属する事柄の全体、échec は失敗に属する事柄の全体を表す。

Le succès de son projet lui a donné de l'honneur.
自分の計画の成功が、彼に名誉を与えた。

succès は、計画が成功したという1つの事柄を表す。
honneur は、誰かが名誉を持っているという1つの事柄を表す。

2. 名詞の性

2.1. 男性と女性

フランス語の名詞は男性と女性という性の区別を持つ。生物のオス(男)が男性、メス(女)が女性に分類されるのは当然で分かりやすいが、無生物を表す名詞も必ずどちらかの性に属する。

名詞が表す事物の性質を限定する冠詞や形容詞は、名詞の性に合わせて男性形と女性形を区別するため、名詞がどちらの性に属するのかを知っておくことは、フランス語を理解する上でも、フランス語を使用する上でも重要である。

2.1.1. 生物(人間)の性

男性: homme〈男〉, père〈父〉, frère〈兄弟〉, oncle〈おじ〉, garçon〈少年〉
女性: femme〈女〉, mère〈母〉, sœur〈姉妹〉, tante〈おば〉, fille〈少女〉

2.1.2. 生物(動物)の性

男性: cheval〈馬〉, bœuf〈牛〉, mouton〈羊〉, cerf〈鹿〉, porc〈豚〉
女性: jument〈雌馬〉, vache〈雌牛〉, brebis〈雌羊〉, biche〈雌鹿〉, truie〈雌豚〉
cheval, bœuf などの男性名詞は、性の区別なく馬や牛一般を表す場合に使われ、特にメスと対比させる必要がある場合に、オスの馬や牛を表す。

ただし、coq〈雄鶏・男性〉と poule〈雌鶏・女性〉については、メスの poule の方が、ニワトリ一般を表す場合に使われる。
動物を表す名詞の多くは、オスとメスの区別をせず、男性でも女性でも、種族一般を表す。

男性: chien〈イヌ〉, chat〈ネコ〉, renard〈キツネ〉, lion〈ライオン〉, éléphant〈ゾウ〉, faisan〈キジ〉, escargot〈カタツムリ〉, moustique〈蚊〉, renne〈トナカイ〉

女性: girafe〈キリン〉, cigale〈セミ〉, cigogne〈コウノトリ〉, hirondelle〈ツバメ〉, puce〈ノミ〉, mouche〈ハエ〉

2.1.3. 無生物の性

男性: arbre〈木〉, livre〈本〉, restaurant〈レストラン〉, sac〈カバン〉, savon〈石鹸〉
女性: fleur〈花〉, lecture〈読書〉, table〈テーブル〉, monnaie〈小銭〉, eau〈水〉

　無生物を表す名詞の性を区別する方法は、基本的にはない。だから、それぞれの名詞について、男性と女性のどちらなのかを、いちいち確かめて覚えておくしかない。
　ただし、名詞の語尾によって、性の区別に一定の傾向はある。
a. 語末が子音字で終わる名詞は、男性名詞であることが多い。
　　男性: bec〈くちばし〉, nœud〈結び目〉, œuf〈卵〉, ciel〈空〉, son〈音〉, mur〈壁〉, maïs〈トウモロコシ〉, mot〈言葉〉, box〈一区画〉
　ただし、例外もある。
　　女性: maison〈家〉, cour〈宮廷〉, dot〈持参金〉, noix〈クルミ〉
　語末が子音であっても、語尾が -sion か -tion である場合には、いつも女性名詞になる。
　　allusion〈暗示〉, occasion〈機会〉, nation〈国〉, sensation〈感覚〉
b. 語末が e で終わる名詞は、女性名詞であることが多いが、これには例外がかなりある。
　　女性: table〈テーブル〉, balle〈ボール〉, aile〈翼〉, escale〈寄港〉, feuille〈葉〉, pierre〈石〉, lampe〈電灯〉, marche〈歩行〉, œuvre〈作品〉, veste〈上着〉
　　男性: livre〈本〉, téléphone〈電話〉, pétrole〈石油〉, véhicule〈乗り物〉, pendule〈振り子〉, dictionnaire〈辞書〉
　語末が e で終わっていても、語尾が -age, -isme の名詞は、男性名詞。
　　âge〈時代、年齢〉, voyage〈旅行〉, mirage〈蜃気楼〉, assemblage〈集積〉, ménage〈家事〉, bricolage〈日曜大工〉, rouage〈歯車〉, modernisme〈近代主義〉, socialisme〈社会主義〉, héroisme〈英雄的行動〉, impressionnisme〈印象派〉
　語末の文字が e の名詞は、語尾が -aille, -ance, -ée, -esse, -ette, -ière, -ine, -ise, -itude, -oire, -té などの場合は、例外なく女性名詞。
　　vollaille〈家禽〉, concordance〈一致〉, armée〈軍隊〉, jeunesse〈青春〉, roulette〈キャスター〉, lumière〈光〉, sardine〈イワシ〉, chemise〈シャツ〉, attitude〈態度〉, baignoire〈浴槽〉, bonté〈優しさ〉

2.1.4. 固有名詞の性
国名や都市名などの固有名詞にも性の区別がある。

> 男性：Japon〈日本〉, Canada〈カナダ〉, Brésil〈ブラジル〉, Viêt-nam〈ベトナム〉, Paris〈パリ〉
> 女性：France〈フランス〉, Chine〈中国〉, Russie〈ロシア〉, Angleterre〈イギリス〉, Rome〈ローマ〉

都市名の性は明確でない場合が多い。一般的には男性になる傾向が強いが、文学語では女性が好まれる。

2.1.5. 男性名詞と女性名詞の形態的対応
生物を表す名詞の場合、男性名詞の語尾を変化させて、これに対応する女性名詞が作られる場合がある。

a. 男性名詞の語尾に e を加える。
　　ami → amie〈友人〉, étudiant → étudiante〈学生〉, enseignant → enseignante〈教師〉, Français → Française〈フランス人〉, Anglais → Anglaise〈イギリス人〉
b. 男性名詞の語末が -n の場合は、女性名詞の語尾は -nne になる。
　　musicien → musicienne〈音楽家〉, lion → lionne〈ライオン〉
c. 男性名詞の語末が -t の場合、女性名詞の語末が -tte になることがある。
　　chat → chatte〈ネコ〉, sot → sotte〈間抜け〉
d. -er(男性) → -ère(女性)
　　écolier → écolière〈生徒〉, infirmier → infirmière〈看護師〉, cuisinier → cuisinière〈料理人〉
e. -f(男性) → -ve(女性)
　　veuf → veuve〈やもめ〉, Juif → Juive〈ユダヤ人〉
f. -eur(男性) → -euse(女性)
　　chanteur → chanteuse〈歌手〉, danseur → danseuse〈踊り手〉
　　ただし、-teur(男性) → -trice(女性) もある。
　　acteur → actrice〈俳優〉, directeur → directrice〈社長、局長、校長〉, promoteur → promotrice〈発起人〉, lecteur → lectrice〈読者〉
g. -x(男性) → -se(女性)
　　époux → épouse〈配偶者〉, paresseux → paresseuse〈怠け者〉
h. -eau(男性) → -elle(女性)
　　chameau → chamelle〈ラクダ〉, jumeau → jumelle〈双子〉

2.2. 複合名詞の性

複合名詞は、名詞と名詞、名詞と形容詞、名詞と動詞、名詞と前置詞と名詞、副詞（前置詞）と名詞、動詞と動詞を組み合わせて作られる。

a. 「名詞＋名詞」「名詞＋前置詞＋名詞」の場合は、最初の名詞の性になる。
　　男性：timbre-poste〈郵便切手〉, bateau-mouche〈セーヌ川観光船〉, papier-monnaie〈紙幣〉, chef-d'œuvre〈傑作〉, arc-en-ciel〈虹〉
　　女性：carte-lettre〈郵便書簡〉, pause-café〈コーヒーブレイク〉, année-lumière〈光年〉, machine à café〈コーヒーメーカー〉, pomme de terre〈ジャガイモ〉, poule des neiges〈ライチョウ〉

b. 「名詞＋形容詞」の場合は、名詞の性になる。
　　男性：bonhomme〈奴〉, petit déjeuner〈朝食〉, sang-froid〈冷静〉
　　女性：chauve-souris〈コウモリ〉, basse-cour〈家畜小屋〉, haute-fidélité〈ハイファイ〉

c. 「前置詞＋名詞」の場合は、名詞の性になることが多いが、そうでない場合もある。
　　男性：sous-bois〈下草〉, en-tête〈レターヘッド〉, sans-faute〈完璧なプレー〉
　　女性：contre-attaque〈反撃〉, avant-scène〈特別ボックス席〉, entrecôte〈肋間肉〉, surcharge〈過積載〉

d. 「動詞＋名詞」「動詞＋動詞」の場合は、男性になる。
　　lave-vaisselle〈食洗機〉, coupe-ongles〈爪切り〉, tire-bouchon〈栓抜き〉, savoir-faire〈技量〉, laisser-aller〈ずぼら〉

2.3. 同じ語形で性によって意味が異なる名詞

同じ語形が、男性と女性の両方で使われ、意味が異なる場合がある。

	男性	女性
critique	批評家	批評
garde	番人	保管
mémoire	報告書	記憶
physique	体格	物理学
politique	政治家	政治
poste	部署	郵便

これらの例では、男性名詞のときに具体的な物を、女性名詞のときに抽象的な対象を表している。

ただし、男性と女性の間にいつもこのような区別があるわけではない。

	男性	女性
manche	取っ手	袖
mode	方法	流行
moule	鋳型	ムール貝
page	小姓	ページ
parallèle	対比	平行線
poêle	ストーブ	フライパン
somme	眠り	金額
tour	一周	塔
voile	ベール	帆

3. 名詞の数

3.1. 単数形と複数形

　名詞が表すものが具体的な個体である場合、単数（1個）と複数（2個以上）が形態的に区別される。複数形は通常、単数形の語尾を変化させることで作られる。

a. 単数形に s を付加する。この方法で複数形を作るのが基本的な原則。この s は、リエゾンの場合には [z] と発音されるが、それ以外の場合には発音されない。

　　homme → hommes〈男〉, fille → filles〈女の子〉, chien → chiens〈イヌ〉, sac → sacs〈カバン〉, fenêtre → fenêtres〈窓〉

b. 単数形の語末が s, x, z のときは、複数形も同形。

　　autobus → autobus〈バス〉, croix → croix〈十字架〉, nez → nez〈鼻〉

c. 単数形の語末 -au, -eau, -eu → 複数形の語末 -aux, -eaux, -eux

　　tuyau → tuyaux〈管〉, oiseau → oiseaux〈鳥〉, jeu → jeux〈遊び〉

　ただし、bleu〈作業服、青あざ〉と pneu〈タイヤ〉の複数形は、bleus, pneus。

d. 単数形の語末 -al → 複数形の語末 -aux

　　animal → animaux〈動物〉, cheval → chevaux〈馬〉, canal → canaux〈運河〉

　ただし、複数形の語末が -als となる名詞もある。

　　carnaval → carnavals〈謝肉祭〉, festival → festivals〈祭典〉, chacal → chacals〈ジャッカル〉

e. 単数形の語末が -ail の場合、通常は s を付けて複数形を作る。

　　ail → ails〈ニンニク〉, éventail → éventails〈扇〉, rail → rails〈レール〉

　次の 8 語だけは、複数形が -aux になる。

　　bail → baux〈賃貸借〉, corail → coraux〈珊瑚〉, émail → émaux〈エナメル〉,

3. 名詞の数

soupirail → soupiraux 〈換気窓〉, travail → travaux 〈仕事〉, vantail → vantaux 〈開き戸の扉〉, vitrail → vitraux 〈ステンドグラス〉, fermail → fermaux 〈留め金〉

f. 単数形の語末が -ou の場合、通常は s を付けて複数形を作る。

clou → clous 〈釘〉, sou → sous 〈お金〉, trou → trous 〈穴〉

次の 7 語だけは、複数形が -oux になる。

bijou → bijoux 〈宝石〉, caillou → cailloux 〈小石〉, chou → choux 〈キャベツ〉, genou → genoux 〈ひざ〉, hibou → hiboux 〈ミミズク〉, joujou → joujoux 〈おもちゃ〉, pou → poux 〈シラミ〉

- 不規則な複数形

œil → yeux 〈目〉

Monsieur → Messieurs 〈男性への敬称〉, Madame → Mesdames 〈既婚の女性への敬称〉, Mademoiselle → Mesdemoiselles 〈未婚の女性への敬称〉

表記上は規則的だが、複数形の発音が不規則な名詞:

œuf [œf] → œufs [ø] 〈卵〉, bœuf [bœf] → bœufs [bø] 〈牛〉

3.2. 固有名詞の複数形

固有名詞は、1 人の人間や 1 つの場所などを他の人間や場所と区別するための名詞だから、基本的には複数形にする必要がない。ただし、次のような場合には、複数形をとる。

a. 同一の固有名詞が表す地域が複数ある場合。

les Amériques 〈南北アメリカ〉, les Corées 〈韓国・北朝鮮〉

ただし、2 つある Congo は複数形にならず、les Congo とする。

b. 山脈名

les Alpes 〈アルプス山脈〉, les Pyrénées 〈ピレネー山脈〉, les Andes 〈アンデス山脈〉

c. 王朝名

les Capets 〈カペー王朝〉, les Bourbons 〈ブルボン王朝〉, les Plantagenêts 〈プランタジネット王朝〉

王朝以外の一族は、複数ではあるが、s を付加する複数形をとらない。

les Bonaparte 〈ボナパルト一族〉, les Thibault 〈チボー家の人々〉

d. 人名によって、この人物が典型的に示す性質を持つ人間の集団を表す場合。

les Cicérons 〈キケロのような雄弁家〉, les Mécènes 〈マエケヌスのような芸術の庇護者〉

e. 固有名詞が、それが表すものと密接な関係を持つものを表す場合、複数のものを表していても、複数形にはならない。

deux Renault〈2台のルノー〉, trois « Figaro »〈『フィガロ』誌3部〉, deux « Perrier »〈「ペリエ」水2本〉, des « Picasso »〈ピカソの絵〉
f. 「定冠詞複数形 les＋人名の単数形」で、1人の人物を強調する場合がある。
Ici les Dupont, les Rudel. まさにここにデュポンとリュデルがいる。

3.3. 複合名詞の複数形

　複合名詞の複数形を作るときには、複数形をとる要素、つまり名詞と形容詞を複数形にするのが原則。
a.「名詞1＋名詞2」の複数形は「名詞1の複数形＋名詞2の複数形」
bateau-mouche → bateaux-mouches〈セーヌ川観光船〉, papier-monnaie → papiers-monnaies〈紙幣〉
　ただし、timbre-poste〈郵便切手〉の複数形は timbres-poste。
b.「名詞＋形容詞」の複数形は「名詞の複数形＋形容詞の複数形」
bonhomme → bonshommes〈奴〉, petite-fille → petites-filles〈孫娘〉, coffre-fort → coffres-forts〈金庫〉
c.「名詞＋前置詞句（前置詞＋名詞）」の複数形は「名詞の複数形＋前置詞句」
chef-d'œuvre → chefs-d'œuvre〈傑作〉, machine à café → machines à café〈コーヒーメーカー〉, pomme de terre → pommes de terre〈ジャガイモ〉
d.「前置詞＋名詞」の複数形は「前置詞＋名詞の複数形」
avant-projet → avant-projets〈計画案〉, contre-attaque → contre-attaques〈反撃〉, en-tête → en-têtes〈レターヘッド〉
e.「動詞＋名詞」の複数形は「動詞＋名詞の複数形」
tire-bouchon → tire-bouchons〈栓抜き〉, couvre-lit → couvre-lits〈ベッドカバー〉
　ただし、名詞が複数形を持たないときは、単数形と複数形は同形になる。
un porte-monnaie → des porte-monnaie〈小銭入れ〉, un chasse-neige → des chasse-neige〈除雪機〉
　名詞が最初から複数形の場合も、単複同形になる。
coupe-ongles → coupe-ongles〈爪切り〉, casse-noisettes → casse-noisettes〈くるみ割り機〉
f.「動詞＋動詞」の複数形は、単数形と同じ。
savoir-faire → savoir-faire〈技量〉, laisser-aller → laisser-aller〈すぼら〉, cache-cache → cache-cache〈かくれんぼ〉, va-et-vient → va-et-vient〈行き来〉

3.4. 複数形になると単数形とは異なる意味も表す名詞

単　数	複　数
assise〈土台、地層〉	assises〈総会、重罪裁判所〉
ciseau〈(工具の)のみ〉	ciseaux〈はさみ〉
échec〈失敗〉	échecs〈チェス〉
effet〈結果〉	effets〈衣類〉
lettre〈文字、手紙〉	lettres〈文学〉
lunette〈望遠鏡、便座〉	lunettes〈めがね〉
ruine〈破滅〉	ruines〈廃墟、遺跡〉
vacance〈空白〉	vacances〈休暇〉
vue〈視力、眺め〉	vues〈見解、意図〉

3.5. 複数形だけの名詞

通常は複数の事物を表す名詞。

alentours〈周辺〉, annales〈年代記〉, archives〈古文書〉, entrailles〈臓腑〉, environs〈付近〉, gens〈人々〉, menottes〈手錠〉, mœurs〈習慣〉, nouilles〈麺〉

いつも複数の事物を表すわけではないが、通常は複数形で用いられる名詞。

arrhes〈手付け金〉, dépens〈訴訟費用〉, fiançailles〈婚約〉, frais〈費用〉, funérailles〈葬式〉, obsèques〈葬式〉, ténèbres〈闇〉

3.6. 複数形のない名詞

物質名詞や抽象名詞は、一定の形を持つ個体として存在することがないから、単数と複数の区別がなく、通常は単数形で用いられる。

eau〈水〉, huile〈油〉, fromage〈チーズ〉, beauté〈美〉, amitié〈友情〉

物質名詞や抽象名詞でも、複数形をとることがある。

a. 名詞が表す事物にも異なった種類があることを示したいとき。

les eaux de Versailles〈ベルサイユ宮殿の滝や噴水〉

amateur de vins〈各種ワインの愛好家〉

b. 具体的な物を表すとき。

douceur〈甘さ〉	douceurs〈菓子〉
cuivre〈銅〉	cuivres〈銅製品〉
bonté〈善〉	bontés〈親切な行為〉
beauté〈美〉	beautés〈美点、名品〉

4. 名詞の格

　名詞が表す事物は、文が表す事態の中で何らかの働きをしている。その働きを「意味役割」という。意味役割としては、次のようなものがある。

主体：動詞を選択し、その語形を決める働き
対象：主体と一定の関係にあり、主体とともに事態を作る働き
着点：主体が移動する目的地、または主体から事物が移動する場所や主体からの作用が及ぶ場所
起点：主体の移動が始まる場所、または主体からの作用を受ける事物の移動が始まる場所
場所：事態が成立する場所
道具：事態を成立させるための手段、事態が成立する原因

　意味役割を表す名詞の語形を「格」という。

主格：主体を表す
目的格(対格)：対象を表す
与格(間接目的格)：着点を表す
具格：道具を表す
所格：場所を表す

　フランス語の名詞は、複数形を表す場合を除いて語形変化をしない。したがって、名詞が単独で格を持つことはない。ただし、人称代名詞は主格と目的格を語形によって区別する(☞第5章3節)。
　主体と対象は、動詞との位置関係(語順)によって表される。語順によって表される意味役割を「構造格」と呼ぶこともある。

Maxime aime Odile.　マクシムはオディールを愛している。
　主格　動詞　対格
　　│　　│　　│
　主体　関係　対象

　主体と対象以外の意味役割は、名詞の前に前置詞を置くことで表される。

着　点
　Luc va à l'école.　リュックは学校に通っている。
　　　　│

　　　　　前置詞（移動の着点）
Clarisse enseigne le français à Jun.　クラリスはジュンにフランス語を教えている。
　　　　　　　　　　　|
　　　　　　　前置詞（知識の着点）

起　点
Je viens de Suisse.　私はスイスから来ました。
　　　　|
　　前置詞（移動の起点）
La table est de bois.　そのテーブルは木で出来ている。
　　　　　　|
　　　前置詞（製造の起点）

場　所
Sylvie habite à Paris.　シルビはパリに住んでいる。
　　　　　　|
　　　前置詞（存在の場所）
J'ai acheté ce livre dans la librairie.　私はこの本をその書店で買った。
　　　　　　　　　|
　　　　　前置詞（行為の場所）

道　具
Elle a coupé du pain avec un couteau.　彼女はパンをナイフで切った。
　　　　　　　　　　|
　　　　　　前置詞（道具）
Colomb est célèbre pour la découverte de l'Amérique.
　　　　　　　　|　　　　　　コロンブスはアメリカの発見で有名だ。
　　　　　前置詞（理由）

5. 冠　詞

5.1. 冠詞の性質
冠詞は、名詞が表す事物の「定性」を示す働きをする単語。

定性：「定」または「不定」

定：文中の名詞が表す事物が、同種の他の事物と明確に区別され、文が使用される場面で具体的に何を指すのを受け手が知っているという性質。
　不定：文中の名詞が表す事物が、同種の他の事物とは区別されず、文が使用される場面で具体的に何を指すのかを受け手が知っている必要がないという性質。

　文は具体的な状況(場面や文脈)の中で、聞き手に事柄を理解してもらうために使われる。したがって、名詞が表す事物が状況中でどれを指すのかが分かっているかどうかは重要な情報。事物のこの性質を表す働きをする冠詞は、フランス語の祖先であるラテン語にはなかったのだが、あった方が聞き手にとっては便利なので、ラテン語からフランス語へと変化する間に作られた。

```
Ouvrez la bouteille. 〈その瓶を開けてください〉
       |
     定冠詞 → 定
```

　会話の場面で、bouteille〈瓶〉がどれを指すのか、聞き手には分かっている(実際に分かっていなくても構わない。話し手がそう思っているのだということを、定冠詞によって表している)。

```
Je vois la maison de Mireille. 〈私にはミレイユの家が見える〉
        |
      定冠詞 → 定
```

　1人の人間は、普通1軒の家しか持っていない。したがって、ミレイユという1人の人間の家(maison)がどれなのかを知らなくても、その家が他の家とは明確に区別されることを、聞き手は理解することができる。

```
Ouvrez une bouteille. 〈瓶を開けてください〉
       |
    不定冠詞 → 不定
```

　会話の場面で、bouteille〈瓶〉がどれを指すのか、聞き手には分からない。つまり、瓶がいくつかあって、その中のどれでもいいから選んで、それを開けろと言われているのだと聞き手は理解する。

```
Je vois une maison là-bas. 〈あそこに家が見える〉
        |
     不定冠詞 → 不定
```

会話の場面で、maison〈家〉がどれを指すのか、話し手には分かっている。聞き手に見えているかどうかは分からないが、話し手は聞き手には見えていないと思っている。見えていない家なのだから、他の家と明確に区別できることはない。

5.2. 冠詞の形と種類

フランス語には、事物が定であることを表す「定冠詞」、数えられる事物が不定であることを表す「不定冠詞」、数えられない事物が不定であることを表す「部分冠詞」がある。

定冠詞と不定冠詞には単数形と複数形の区別があり、単数形では男性と女性が形態的に区別される。部分冠詞には、その性質上複数形はないが、単数形では男性と女性の区別はある。

	単数		複数
	男性	女性	
定冠詞	le (l')	la (l')	les
不定冠詞	un	une	des (de)
部分冠詞	du (de l')	de la (de l')	

5.2.1. 定冠詞

Le train arrive à temps.〈その列車は時間通りに着く〉
　　男性・単数
J'aime la mer.〈私は海が好きだ〉
　　　女性・単数
Elle a lu les livres.〈彼女はそれらの本を読んだ〉
　　　男性・複数
Il connaît les filles.〈彼はその女の子たちを知っている〉
　　　女性・複数

母音または無音の h で始まる単語の前に置かれる場合、定冠詞の単数形は、男性も女性も l' という形になる。

Emile a pris l'ascenseur.〈エミールはエスカレーターに乗った〉
　　男性・単数
Je connais l'homme.〈私はその男を知っている〉
　　男性・単数

> Elle a visité l'île.〈彼女はその島を訪ねた〉
>   女性・単数
> L'histoire se répète.〈歴史は繰り返す〉
> 女性・単数

5.2.2. 不定冠詞

> André lit un livre.〈アンドレは本を読んでいる〉
>   男性・単数
> Jeanne porte une jupe.〈ジャンヌはスカートをはいている〉
>   女性・複数
> Il y a des arbres tropicaux.〈熱帯の木々が生えている〉
>   男性・複数
> J'ai écrit des lettres à Céline.〈私はセリーヌに何通か手紙を書いた〉
>   女性・複数

　不定冠詞と名詞の間に形容詞があるときには、不定冠詞の複数形は de になる（☞第 2 章 5.5.1. 節）。

> Elle a mangé de bons gâteaux.〈彼女はおいしいケーキをいくつか食べた〉
>   複数 形容詞 男性名詞
> On voit de belles fleurs.〈美しい花が見える〉
>   複数 形容詞 女性名詞

5.2.3. 部分冠詞

> Gaston boit du vin.〈ガストンはワインを飲んでいる〉
> |
>   男性・単数
> Margot a acheté de la bière.〈マルゴーはビールを買った〉
> |
>   女性・単数

　母音または無音の h で始まる単語の前に置かれる場合、部分冠詞は、男性も女性も de l' という形になる。

Il y a de l'air.〈風がある〉
　　　　|
　　男性・単数

Alain veut boire de l'eau.〈アランは水が飲みたい〉
　　　　　　　　　|
　　　　　　　女性・単数

On a mis de l'hydrogène.〈水素を入れた〉
　　　　　　|
　　　　男性・単数

J'ai versé de l'huile dans la bouteille.〈私は瓶に油を注いだ〉
　　　　　　|
　　　　女性・単数

5.2.4. 前置詞と冠詞の融合

前置詞 à と de に定冠詞 le と les が後続する場合には、これらが融合して 1 語になる。

① à + le → au
② à + les → aux
③ de + le → du
④ de + les → des

　　François est allé au cinéma.〈フランソワは映画館に行った〉
　　　　à + le cinéma → au cinéma
　　J'enseigne la philosophie aux étudiants.〈私は学生たちに哲学を教えている〉
　　　　à + les étudiants → aux étudiants
　　Colette vient du village.〈コレットはその村から来た〉
　　　　de + le village → du village
　　Il écoute les voix des gens.〈彼は人々の声に耳を傾けている〉
　　　　de + les gens → des gens
　　※le と les が定冠詞のときは、必ず融合形を使わなければならない。
　　× François est allé à le cinéma.
　　× J'enseigne la philosophie à les étudiants.

× Colette vient de le village.
× Il écoute les voix de les gens.
※leとlesが定冠詞ではなくて代名詞の場合は、逆に融合形を使ってはならない。
○ Fabien a commencé à le faire. 〈ファビアンはそれを作り始めた〉
× Fabien a commencé au faire.
○ Perrine oublie de les nettoyer. 〈ペリーヌはそれらを掃除するのを忘れる〉
× Perrine oublie des nettoyer.

5.3. 不定冠詞
5.3.1. 不定冠詞の性質
　不定冠詞は、名詞が表す事物が不定であることを示す。不定であるとは、文中の名詞が表す事物が、同種の他の事物とは区別されず、文が使用される場面で具体的に何を指すのかを受け手が知っている必要がないという性質のこと。
　事物が不定である場合：

① 話し手と聞き手の両方が、名詞の指す事物がどれかを知らない。
② 名詞の指す事物が任意のもので、話し手も聞き手もそれがどれなのかを知る必要がない。
③ 名詞の指す事物がどれなのかを、話し手は知っているが聞き手は知らない。
④ 特定の事物を表す名詞が主語で、それがある事物の集合のうちのどれかの要素と同じだということを表す。
⑤ 事物が修飾語句により限定されることで、多様な要素を持つ集合のどれかの要素を表す。

5.3.2. 話し手と聞き手の両方が、名詞の指す事物がどれであるかを知らない。
　Je vais prendre un taxi. 〈私はタクシーに乗ろう〉
　taxi〈タクシー〉が指すものは、まだ話し手が乗っていないのだから、話し手も聞き手もどのタクシーなのか知らない。
　Elle veut habiter un bon appartement.
　〈彼女はいいアパートに住みたいと思っている〉
　bon appartement〈いいアパート〉が現実に存在するかどうかは、話し手も聞き手も知らない。
　Mon père a pris un café. 〈私の父はコーヒーを一杯飲んだ〉
　話し手の父が飲んだコーヒーがどれなのかは、話し手にも聞き手にも分からない。

5.3.3. 名詞の指す事物が任意のもので、話し手も聞き手もそれがどれなのかを知る必要がない。

　話し手と聞き手の両方が、事物を特定することができないのであれば、その事物は任意のものだということになる。任意の1つの事物についてある事態が成立するのであれば、同じ名詞で表される他の事物についても、同じ事態が成立することになる。

　　　Un oiseau peut voler.〈鳥は飛べる〉

oiseau〈鳥〉は任意だから、「飛べる」という性質がすべての鳥に当てはまることになる。

　　　Un nombre pair peut être divisé par deux.〈偶数は2で割れる〉

nombre pair〈偶数〉は任意だから、「2で割れる」という性質がすべての偶数に適用できることを表している。

　ただしこの性質は、不定冠詞の複数形については当てはまらない。複数形desには「全体の一部」という性質があって、任意の複数の事物について成立する事態でも、それが全体にまで当てはまるということはないからである。

　　　Des éléphants habitent en Afrique.〈アフリカに住んでいるゾウもいる〉

des éléphants は、「ゾウ全体の集合の一部」を表すから、一部のゾウはアフリカに住んでいるが、ゾウの中にはアフリカに住んでいないものもいるということになる。

　　　Il y a des gens qui n'aiment pas des animaux.
　　　〈ある動物が好きではない人もいる〉

des gens と des animaux は、それぞれ人間の集合の一部、動物の集合の一部を表す。だから、人間の中には動物が好きではない者もいて、その動物も、一部の動物だということをこの文は表している。

5.3.4. 名詞の指す事物がどれなのかを、話し手は知っているが聞き手は知らない。

　　　J'ai rencontré une belle fille.〈私は美しい少女に出会った〉

　話し手が出会ったのだから、belle fille〈美しい少女〉が誰なのかを話し手は知っている。一方聞き手は、その話を聞いているだけだから、誰なのかを知らない。

　　　Nous avons mangé dans un restaurant très cher.
　　　〈私たちはとても高いレストランで食事をした〉

　話し手が食事をしたのだから、restaurant〈レストラン〉がどれなのかを話し手は知っている。しかし聞き手は、今初めて聞いているのだから、どのレストランなのかは分からない。

Je connais des hommes politiques.〈私は政治家を何人か知っている〉

　聞き手は hommes politiques〈政治家〉が誰なのかを当然知っているが、聞き手にはそれが誰なのかをまだ伝えていない。

5.3.5. 特定の事物を表す名詞が主語のとき。

　名詞がある事物の集合のうちのどれかの要素と同じだということを表す場合、その要素は任意であってよい。任意のものを表すのは不定冠詞。

　　Claire est une jeune fille.〈クレールは若い娘だ〉

　jeune fille〈若い娘〉は、若い娘の集合に含まれているのなら、どの人間でもよい。その任意の人間とクレールが同じだということは、クレールが若い娘としての性質を備えているということを意味する。

　　Ces tableaux sont vraiment des chefs-d'œuvre.〈これらの絵は本当に傑作だ〉

　特定の絵が傑作としての性質を持っているのであれば、「傑作」は、傑作の集合に含まれる事物のどれであってもよい。

5.3.6. 形容詞などの修飾語句によって限定されているとき。

　物質名詞や抽象名詞が表す事物の集合が、形容詞などの修飾語句によって限定されていて、特別の種類を表す場合には、同種の事物とは明確に区別される。つまり、この事物と同種の事物との間には明確な境界が存在することになり、このことから可算名詞としての性質を持つ。

　ただし、この限定は話し手が行うものだから、聞き手がこの「修飾語句＋物質名詞・抽象名詞」という表現を初めて聞いた場合には、それがどの事物を指すのかが分からない。したがって、この場合、物質名詞や抽象名詞であっても、不定冠詞が付く。

　　C'est un miel rare. それは珍しい蜂蜜だ。
　　Il y a des neiges de toutes sortes. さまざまの種類の雪がある。
　　Il a une bonté divine. 彼には神々しい優しさがある。

5.3.7. 唯一物の多様な状態の１つ

　唯一物を表す名詞が表す事物は、本来聞き手にもどれであるかが分かっている。しかし、この名詞が形容詞などの修飾語句によって限定されている場合、その事物の多様な状態という複数の要素を構成する集合が作られる。この時「修飾語句＋名詞」の全体が表す事物は、新しく作られた集合の１つの要素になる。この「修飾語句＋名詞」という表現は、唯一物がとりうる多様な状態の１つを表すだけだから、聞き手にとってはそれが具体的にどれを指示するのかは分からない。した

がって、この表現は不定である。

  le soleil → Je vois un soleil brillant. 輝く太陽が見える。
  la lune → On observe des lunes bleues très rarement.
    青い月は非常にまれにしか観察されない。

5.3.8. 固有名詞に付く不定冠詞

 固有名詞は1人の人間や1カ所の場所を表すのが原則だから、聞き手にもその対象が知られていることが、固有名詞を使用するための前提となる。だから固有名詞が不定の事物を表すことはないのだが、特別の場合には固有名詞に不定冠詞が用いられることがある。

a. 固有名詞が表す人間「のような人」を表す場合。ある人間に類似した人間は多数存在するから、そのような性質を持った人間の集合を作ることができる。つまり、そのような人間の集合は普通名詞と同じ性質を持つ。そして、その集合に属する人間が、会話の場面に初めて登場したのであれば、聞き手はその人間が誰なのかを知らないから不定である。

  Il est un Napoléon. 彼はナポレオンのような英雄だ。
  J'ai rencontré une Catherine Deneuve.
  私はカトリーヌ・ドヌーブのような美人に会った。

b. 固有名詞が芸術家の作品や会社の製品を表す場合、作品や製品は事物の集合を作る。そのような事物の集合に属する要素のどれであるかを聞き手が知らない場合には、固有名詞に不定冠詞が付く。

  Elle lit un Platon. 彼女はプラトンの作品を読んでいる。
  Il a des Peugeot. 彼はプジョーの車を何台か持っている。

c. 固有名詞が家族名である場合、その家族に属する人間は集合を作る。その集合に属するある1人の人間が会話に初めて登場する場合には、不定冠詞を付ける。

  Je connais un Pompidou. 私はポンピドゥー一族の1人を知っている。
  Sa femme est une Rothschild. 彼の妻はロスチャイルド家の出だ。

d. 固有名詞が表す人間のことを、話し手がよく知らない場合には、聞き手も知らないと考えるのは当然である。したがってこの場合に固有名詞が表す人間は不定になる。

  Un Monsieur Leblanc est venu vous voir.
  ルブランさんとか言う人があなたを訪ねてきた。
  J'ai reçu une lettre d'une Madame Dumarsais.
  デュマルセという女性から手紙をもらった。

e. 固有名詞に修飾語句が付くと、固有名詞が表す事物が持つ複数の側面の集合が作られる。このとき「修飾語句＋固有名詞」は、その集合の1つの要素を表すことになり、聞き手がそれを初めて聞く場合には、不定となる。
 On trouve un Aristote scientifique dans cette œuvre.
 この作品には科学者としてのアリストテレスが見いだされる。
 Une France artistique est charmante. 芸術的なフランスは魅力がある。

5.4. 部分冠詞

 部分冠詞の機能は不定冠詞と同じだが、部分冠詞は不可算名詞に付くという点が不定冠詞とは異なる。

5.4.1. 物質名詞に付く部分冠詞

 液体や固体の一部を表す場合に、部分冠詞が用いられる。
  Emile boit du vin. エミールはワインを飲んでいる。
  Elle a mis de l'huile dans la marmite. 彼女は鍋に油を入れた。
  J'achète du pain à la boulangerie. 私はそのパン屋でパンを買う。
 定冠詞が付いた場合との違いに注意。定冠詞が付くと「液体や固体一般」を意味する。
  Emile aime le vin. エミールはワイン（一般）が好きだ。
  L'huile et l'eau ne se mélangent pas. 油（一般）と水（一般）は混じらない。
  Le pain se fait avec du blé. （すべての）パンは小麦から作られる。
 パンはすべて小麦から作られるが、すべての小麦がパンになるわけではない。小麦の一部がパンになり、パンにならない小麦もある。このため blé〈小麦〉には部分冠詞が付いている。

5.4.2. 抽象名詞に付く部分冠詞

 抽象名詞はさまざまの事柄（行動や性質）の集合体を表す。抽象名詞に部分冠詞を付けることで、集合体に属する事柄の一例が表される。
  Gaston a montré du courage. ガストンは勇気を示した。
 courage〈勇気〉に属する行動は無数にある。そのうちの1つの行動、例えば敵に立ち向かうなどの行動を示したことを意味する。
  La fille a de l'intelligence. その女の子は頭がいい。
 intelligence〈頭のよさ〉を表す事柄はさまざまある。そのうちのいくつかの事例、例えば計算が速いとか記憶力がよいなどの事柄が、その女の子について見られることを意味する。

5. 冠詞

Manon fait du sport tous les weekends. マノンは週末いつもスポーツをする。
sport〈スポーツ〉の種目のうちの一部をしているということ。

L'enfant a de la fièvre. その子供は熱がある。
fièvre〈熱〉が発生している事例の1つだということ。

Yvain fait de la philosophie à la faculté. イバンは大学で哲学を学んでいる。
philosophie〈哲学〉に属するさまざまの事柄の一部を学んでいるということ。

5.4.3. 普通名詞に付く部分冠詞

普通名詞にも部分冠詞を付けることができる。

a. 境界が容易に区別できる具体物を、境界が区別しにくい物質として取り扱う。

Josette mange du poisson. ジョゼットは魚を食べている。

Lionel a acheté du porc. リオネルは豚肉を買った。

poisson〈魚〉や porc〈ブタ〉は数えられる個体だが、魚肉や豚肉は数えられない物質。

b. 普通名詞が表す個体の集合を構成する、ある1つの不定の部分集合を表すために、部分冠詞が用いられることがある。

J'ai du travail ce soir. 私は今晩仕事がある。

travail〈仕事〉はさまざまの活動を表すが、活動の集合の1つの部分を du travail が表している。

Il y a du monde dans la rue. 通りには人が大勢いる。

monde は人間の集合を表す。この集合の部分集合を表すのが du monde だが、すべての人間の集合の部分集合であれば、それだけでもかなりの人数になるので「大勢の人々」という意味になる。

5.4.4. 固有名詞に付く部分冠詞

On trouve du Descartes en lui. 彼にはデカルト的なところがある。

Descartes〈デカルト〉は1人の人間だが、さまざまの性質の集合としてとらえることもできる。その性質の集合の部分を表すのが du Descartes。

Elle écoute du Bach. 彼女はバッハの作品を聞いている。

Bach〈バッハ〉は、この作曲家の作品の集合を表すことができる。その作品の集合の部分を du Bach で表す。

5.5. 不定冠詞・部分冠詞の変形

5.5.1. 不定冠詞の複数形 des は、直後に形容詞が来ると de に変わる。

Jean a des amis. ジャンには友達がいる。

→ Jean a de bons amis. ジャンにはいい友達がいる。
　　Je vois des fleurs. 私には花が見える。
　　→ Je vois de belles fleurs. 私には美しい花が見える。
ただし、話し言葉では de ではなくて des を使う場合もある。
形容詞が名詞の後に置かれるときには、des のまま。
　　Émile a lu des livres intéressants. エミールは面白い本を読んだ。
　　Il y a des filles très charmantes. とても魅力的な女の子たちがいる。
「形容詞＋名詞」が一体となって１つの名詞として機能すると見なされる場合には、des のまま。
　　Des jeunes gens marchent dans le stade. 若者たちがスタジアムで行進している。
　　Christine fait cuire des petits pois. クリスチーヌはグリンピースをゆでている。
　　Ils sont des bons vivants. 彼らは楽天家だ。
　jeunes gens, petits pois, bons vivants 全体で「若者」「グリンピース」「楽天家」という意味を表す１つの単語としての働きをしている。

5.5.2. 他動詞を用いる否定文では、目的語の前に置かれる不定冠詞と部分冠詞は de になる。

　　J'ai dessiné un plan. 私は地図を書いた。
　　→ Je n'ai pas dessiné de plan. 私は地図を書かなかった。
　　Claire mange des pommes. クレールはリンゴを食べている。
　　→ Claire ne mange pas de pommes. クレールはリンゴを食べていない。
　　Elle a mis du poivre dans la soupe. 彼女はスープにコショウを入れた。
　　→ Elle n'a pas mis de poivre dans la soupe. 彼女はスープにコショウを入れなかった。
　　Luc boit de la bière. リュックはビールを飲んでいる。
　　→ Luc ne boit pas de bière. リュックはビールを飲んでいない。
　存在を表す構文「il y a ＋名詞」中の動詞 avoir は他動詞なので、同様に否定文では de が使われる。
　　Il y a un tableau dans la salle. その部屋には絵がある。
　　→ Il n'y a pas de tableau dans la salle. その部屋には絵がない。
　　Il y avait des livres sur l'étagère. その棚には本があった。
　　→ Il n'y avait pas de livres sur l'étagère. その棚には本がなかった。
　　Il y a du lait dans la bouteille. 瓶の中には牛乳がある。
　　→ Il n'y a pas de lait dans la bouteille. 瓶の中には牛乳はない。
　前置詞 sans は〈～しないで〉という否定の意味を持つから、この後に他動詞の

不定詞が来る場合、その目的語についても冠詞の変形が起こる。

　　Fernand est sorti sans avoir d'argent. フェルナンはお金を持たないで出かけた。
　以上の例におけるような、他動詞を用いる否定文では、表される事柄の中に、目的語が表すものは存在しない。

　Je n'ai pas dessiné de plan. が表す事柄の中には、私が書いた地図はない。Elle n'a pas mis de poivre dans la soupe. が表す事柄の中には、彼女が入れたコショウはない。一方、これらに対応する肯定文では、私が書いた地図や彼女が入れたコショウは存在する。このような「事物の不在」を、フランス語ではわざわざ冠詞を変形させることで表し分けている。

a. 否定文であっても、動詞が自動詞の場合には冠詞の変形は起こらない。
　　Patrice est un bon garçon. パトリスはいい少年だ。
　　→ Patrice n'est pas un bon garçon. パトリスはいい少年ではない。
　　L'esclave obéit à des commandes. その奴隷は命令に従う。
　　→ L'esclave n'obéit pas à des commandes. その奴隷は命令に従わない。

　自動詞を用いる否定文では、それが表す事柄の中に、名詞が表すものが依然として存在している。

　Patrice n'est pas un bon garçon. では、「よい少年の集合」はすでに存在していて、その集合の中にパトリスが含まれていないだけである。L'esclave n'obéit pas à des commandes. でも、commandes〈命令〉は出されているのだから、確実に存在している。

b. 他動詞を用いる否定文でも、目的語名詞が表すものが事柄の中に存在することが明らかな場合には、冠詞の変形は生じない。
　　Noël ne boit pas du vin le lundi. ノエルは月曜日にはワインを飲まない。

　この文は、ノエルが酒を飲まないのは月曜日だ、つまり、ノエルは酒を飲むのだが、それが月曜日ではないということを言っている。だから、この否定文が表す事柄の中には、ノエルが飲む酒は存在している。

　　Céline ne mange pas des légumes verts. セリーヌは青野菜は食べない。

　セリーヌは野菜は食べるのだが、その中の一部を食べないだけ。だからこの否定文の中には、セリーヌが食べる野菜は存在している。

　否定文が表す事柄の中にものが存在しない場合でも、存在するものと対比されている場合には、冠詞の変形が起こらない。

　　Je n'ai pas acheté des roses mais des lis.
　　私はバラを買ったのではなく、百合を買ったのだ。

　この否定文が表す事柄の中に、私が買ったバラは存在しないが、私が買った百合は存在する。この対比を明示するために、存在しないバラを表すroses の前にも、

通常の不定冠詞複数形 des が置かれる。

5.6. 定冠詞
5.6.1. 定冠詞の性質
　定冠詞は、名詞が表す事物の定性が「定」であることを表す。定性が定であるとは、文中の名詞が表す事物が、同種の他の事物と明確に区別され、文が使用される場面で具体的に何を指すのかを受け手が知っているという性質のこと。
　事物が定であるのは以下のような場合である。

a. 話し手と聞き手が同じ場所にいる：
　① 名詞が指示する事物をともに指示することができる。
　② 名詞が指示する事物と同種の事物が他にはないことが分かる。
b. 話し手と聞き手がどの場所にいてもよい：
　① 名詞が指示する事物と同種の事物が他にはないという知識がある。
　② 名詞が指示する事物が、すでに話題になっている同じ名詞が指示する事物と同一である。
　③ 名詞が指示する事物が他の同種の事物と異なることが、すでに話題になっている他の事物についての知識から明らかである。
　④ 名詞が指示する事物が他の同種の事物と異なることが、文中の他の要素から明らかである。
　⑤ 名詞が指示するのが、その名詞が指示することのできる事物の集合全体である。

5.6.2. 話し手と聞き手が同じ場所にいて、名詞が指示する事物をともに指示することができる。
　　Ouvrez la porte tout de suite. ドアをすぐに開けてください。
　2人が同じ場所にいるのなら、porte〈ドア〉が表す事物をともに指示することができる。指示された事物は、porte が指示する他の同様の事物とは明らかに異なる。
　　Prenons les marches au lieu de l'ascenseur.
　　エレベーターではなく階段を上ろう。
　2人が同じ建物にいるのなら、marches〈階段〉と ascenseur〈エレベーター〉が表す事物を指示することができる。これらの階段とエレベーターは、他の階段やエレベーターとは当然異なる。
　　Vois-tu les montagnes couvertes de neige ? 雪に覆われた山々が見えるか？

複数の山を話し手と聞き手の両方が見て指示することができる状況にある。この場合、montagnes〈山々〉は、この名詞が指示することができる他の山と異なることは誰にでも分かる。

5.6.3. 話し手と聞き手が同じ場所にいて、名詞が指示する事物と同種の事物が他にないことが分かる。

　　　Le chien dort dans la cuisine. イヌは台所で寝ている。
　chien〈イヌ〉と cuisine〈台所〉が指示する事物は、話し手と聞き手がいる場所からは見えない。しかし、飼われているイヌが1匹なら、この文の chien が他のイヌとは違う特定のイヌを表しているのだし、ある家に台所は1つしかないのが普通なので、cuisine も他の台所とは明らかに異なることが分かる。
　　　Je demanderai le concierge de garder votre valise.
　　　管理人にあなたのスーツケースを預かってもらうように頼みます。
　concierge〈管理人〉は話し手と聞き手のいる場所からは見えないが、2人がいる建物にいる管理人は、他の管理人とは明らかに異なる。
　　　Tu peux acheter du médicament à la pharmacie. その薬局で薬を買えるよ。
　話し手は pharmacie〈薬局〉がどの薬局であるのかを指示することができるが、同じ場所にいる聞き手は恐らく指示することはできない。しかし pharmacie の前に定冠詞 la が置かれていることにより、聞き手は、この名詞が指示する薬局が、他のどの薬局とも違うものだと理解しなければならない。このように、定冠詞は、たとえ聞き手が名詞の指示対象を知らなくても、聞き手にその指示対象が、同じ名詞が指示する他の対象とは明らかに異なるものだということを伝達する機能を持つ。

5.6.4. 名詞が指示する事物と同種の事物が他にはないという知識がある。

　　　Je vais prendre le train [le bus, le taxi].
　　　私は列車[バス、タクシー]に乗るつもりだ。
　話し手が乗ることになる train〈列車〉, bus〈バス〉, taxi〈タクシー〉などの乗り物は1つであって、他の乗り物に乗ることはない。
　　　Je demanderai la femme de ménage de nettoyer ma chambre.
　　　家政婦に私の部屋を掃除するように頼むつもりだ。
　部屋を掃除してもらう femme de ménage〈家政婦〉は、他の家政婦とは異なる。
　　　Hélène est à la maison. エレーヌは家にいる。
　エレーヌが今いる maison〈家〉は1つしかないので、この名詞が表す他の事物とは明らかに異なる。

La Terre gravite autour du Soleil. 地球は太陽の周りを回転している。

天体としての terre〈地球〉と soleil〈太陽〉は人間が生きる世界に1つしか存在しないので、自動的に定になる。

ただし、terre が〈地面、陸地、地方、土壌〉などの意味を表す場合は定でも不定でもありうる。同様に soleil が〈日光、日なた〉などの意味を表す場合は、定でも不定でもありうる。

5.6.5. 名詞が指示する事物が、すでに話題になっている同じ名詞が指示する事物と同一である。

Gabriel habite dans un appartement de banlieu. Il dit que l'appartement est assez convenable.

ガブリエルは郊外のアパートに住んでいる。そのアパートはまあまあだと彼は言っている。

最初の appartement〈アパート〉は、この文を初めて聞く人間にとっては、他のアパートと区別がつかないから不定である。2番目の appartement は、最初に出てきた同じ名詞と同じ物を指示することは確かであり、したがって、この名詞が指示することができる他のアパートとは明らかに異なる。

J'ai vu Catherine à une station de métro. La station est près du Louvre.

ある地下鉄の駅で私はカトリーヌを見た。その駅はルーブル美術館の近くにある。

最初の station〈駅〉が指示する駅は、聞き手には他の駅と区別がつかないので不定である。2番目の文は、同じ名詞 station が指示する駅がある場所を表しているから、この名詞が指示する対象である駅は、他の駅とは明らかに区別される。

5.6.6. 名詞が指示する事物が他の同種の事物と異なることが、すでに話題になっている他の事物についての知識から明らかである。

Il y a une haute montagne au centre de la région. On dit que le sommet est toujours couvert de neige.

その地方の中央には高い山がある。その頂上はいつも雪に覆われているそうだ。

haute montagne〈高い山〉は、他の高山との区別ができないから不定である。しかし、その sommet〈頂上〉は、他のどの山の頂上とも異なることは明らかだから、haute montagne が文脈に登場すれば、その頂上は定になる。

Lina a fait un tour d'un pays en Asie, mais elle n'a pas visité la capitale.

リナはあるアジアの国を周遊したが、首都は訪れなかった。

pays〈国〉はアジアにあるどの国なのか不明なので不定。ある1つの国が与えられれば、その国に首都は1つしかないから、2番目の文にある capitale〈首都〉は、他のどの首都とも明らかに異なることが分かる。したがって、この名詞が表す事物は定。

5.6.7. 名詞が指示する事物が他の同種の事物と異なることが、文中の他の要素から明らかである。

　Emma a ouvert la porte d'une vieille maison. エマはある古い家のドアを開けた。
　porte〈ドア〉はこの文で初めて使われているので、この名詞が指示する他のドアと区別をつけることができない。しかし、直後にある d'une vieille maison〈ある古い家の〉という語句によって限定されていることから、たとえ聞き手がこのドアを直接指し示すことができなくても、porte が指示するドアが、他のどのドアとも明らかに異なっていることが分かる。したがって、この porte が表す事物は定になる。
　もし、問題の古い家にはドアがいくつかあって、エマがそのドアのうちのどれを開けたのかが分からないということであれば、porte の指示対象は不定になり、不定冠詞が付く。

　Emma a ouvert une porte d'une vieille maison.
　エマは古い家のあるドアを開けた。
　Les téléviseurs à l'écran plat que notre usine fabrique sont d'une très haute qualité.
　私たちの工場が作っている薄型テレビの品質は非常によい。
téléviseurs〈テレビ〉は、単独では任意複数のテレビを指示するから不定である。しかし、que notre usine fabrique という関係節によって修飾されており、この限定により、名詞 téléviseurs が指示するテレビが、他のテレビとは明らかに異なることが理解される。このためこの名詞が指示する事物は定になる。
　この場合、定冠詞の付いた téléviseurs は、工場で生産されるテレビの全体（すべてのテレビ）を指示する。他のすべてのテレビと明確に区別されるためには、テレビの全体でなければならないからである。工場で生産されるテレビの一部だけ品質がよい場合、その一部のテレビがどれであるのかはこの文の範囲では分からないから、その一部のテレビは不定である。したがって、たとえ関係節で修飾されていても不定冠詞が付く。

　Des téléviseurs à l'écran plat que notre usine fabrique sont d'une très haute qualité.
　私たちの工場が作っている薄型テレビの中には品質が非常によいものもある。

5.6.8. 名詞が指示するのが、その名詞が指示することのできる事物の集合全体である。

a. 定冠詞複数形

Les lions habitent en Afrique et en Inde.
ライオンはアフリカとインドに住んでいる。

　前置詞句や関係節などによって修飾されていない名詞の複数形が定であれば、それはその名詞が表すことができる事物の全体でなければならない。ここでは「ライオンであるものが作る集合の全体」だが、この集合は、「トラの集合全体」「キリンの集合全体」「カバの集合全体」などとは明らかに区別されるのだから、定性は当然「定」になる。

Les sénateurs français sont élus au suffrage universel indirect.
フランスの上院議員は間接普通選挙で選ばれる。

les sénateurs français は、フランスの上院議員が作る集合の全体を表す。

Les étoiles sont les points lumineux du ciel. 星は空に輝く点である。

les étoiles は、星が作る集合の全体、つまりすべての星を表す。

b. 定冠詞単数形

J'aime le vin. 私はワインが好きだ。

vin〈ワイン〉のような不可算名詞に定冠詞が付くと、この名詞が表す事物の集合の全体、つまりすべてのワインを表す。

L'eau est composée d'un atome d'oxygène et de deux atomes d'hydrogène.
水は酸素原子 1 個と水素原子 2 個で構成されている。

　不可算名詞 eau に定冠詞が付いた l'eau は、他の物質の集合とは明確に異なる物質としての水全体を表す。

L'ordinateur a provoqué une révolution informatique.
コンピューターは情報革命を引き起こした。

　可算名詞 ordinateur が機械としての具体的な物ではなく、コンピューターが持つ特性を表す場合は、単数形に定冠詞を付けることで、他の事物の特性とは異なる、コンピューター独自の特性を表す。

L'humaité doit respecter la valeur de la liberté.
人類は自由の価値を尊重しなければならない。

　集合名詞 humanité〈人類〉に定冠詞が付くと、人類とは異なる名詞 bête〈獣〉, oiseau〈鳥〉, poisson〈魚〉などが表す事物の集合とは異なる、人類全体の集合を表す。

　抽象名詞 liberté〈自由〉は、言論に制限が加えられない、人民の代表を選挙で選ぶというような「自由」に属すると判断される事柄全体の集合を表し、この集

合は égalité〈平等〉, fraternité〈博愛〉, loyauté〈忠誠〉などの抽象名詞が表す事柄の集合とは明らかに異なっている。

　La femme est l'avenir de l'homme. 女は男の未来だ。

　可算名詞 femme〈女〉や homme〈男〉の単数形に定冠詞が付いた形は、「女[男]の集合全体」を表すことができる。これらの集合は garçon〈少年〉, fille〈少女〉, enfants〈子供〉などが表す集合の全体と明らかに区別されるから、定性は「定」になる。

　ただし、可算名詞が表す集合に属する事物は複数だから、そのような事物の全体も複数だと考えるのが自然であり、「すべての男」や「すべての女」を表す場合に、普通は les hommes, les femmes のように「定冠詞複数形＋名詞複数形」が用いられる。

　Les dinosaures ont connu un succès évolutif considérable.
　恐竜は進化の上で非常な成功を収めた。
　La vie des insectes est très intéressante. 昆虫の生活はとても興味深い。

5.6.9. 定冠詞が要求される表現

　名詞が表す事物が、状況や一般的な知識などを参照すればいつも定になるような場合には、習慣的に定冠詞の使用が要求される。

a. 指示形容詞や所有形容詞と同じ働きをする定冠詞

　　Faites la cuisine de la sorte. そのようにして料理しなさい。
　　　de la sorte = de cette manière [façon]
　　Le taxi viendra à l'instant. タクシーはすぐに来ます。
　　Lola n'est pas dans son bureau pour le moment.
　　ローラは今のところ職場にいない。
　　J'ai mal à la tête [l'estomac]. 私は頭[腹]が痛い。

　この場合の la tête, l'estomac は「私の頭」「私の腹」を指す。ただし、このような成句的表現では、定冠詞を所有形容詞に置き換えることはできない。

　　La fille s'est lavé la figure. その女の子は顔を洗った。
　　L'agent l'a pris par le bras. 警官は彼の腕をつかんだ。
　　Louise a frappé son amant au visage. ルイーズは恋人の顔を殴った。
　　Alice a perdu la raison à cause de cette affaire. アリスはこの事件で正気を失った。

　人間の身体の部分や精神にある働きかけをすることを表す場合には、所有形容詞の代わりに定冠詞が用いられる。

b. 単位（〜ごとに、〜あたり）

　ある名詞が単位として用いられていれば、その単位は他の単位とは異なる唯一

のものであるから「定」になる。

　　L'essence coûte un euro le litre. ガソリンは1リットルあたり1ユーロする。
　　Les employés sont payés le mois. 従業員は月ごとに給料をもらっている。
　　Le train fait trois cent kilomètres à l'heure. その列車は時速300キロで走る。
　　Hugo va voir ses parents une fois la semaine.
　　ユゴーは週に1回両親に会いに行く。
　　＝Hugo va voir ses parents une fois par semaine.

※「4年ごとに」のように、単位が複数の場合は「tous les + 複数形」という形で表される。

　　Les Jeux Olympiques ont lieu tous les quatre ans.
　　オリンピックは4年ごとに開催される。

c. およその数値

「定冠詞複数形＋数値」でおよその数を表す。名詞が表す数値に複数定冠詞が付くことで、ある一定の範囲の数値を表すことになる。

　　Les invités arriveront sur les six [vers (les) six] heures.
　　客たちは6時頃に着くだろう。
　　Ma grand-mère a dans les quatre-vingts ans. 私の祖母は80歳くらいだ。

d. 日付、時間帯

日付は他の日付とは明らかに異なるから「定」。matin〈朝〉, après-midi〈午後〉, soir〈夕方〉, nuit〈夜〉などの時間帯は、1日の中では他の時間帯と異なるから「定」。

　　Jules est né le 25 avril 1975. ジュールは1975年4月25日に生まれた。
　　Je vais à la piscine l'après-midi [le soir]. 私は午後[夕方]プールに行きます。

※le matin, l'après-midi, le soir, la nuitを使う場合は、習慣的な事柄を表す。

「今日の朝[午後、夕方]」はce matin [cet après-midi, ce soir]のように定冠詞ではなく指示形容詞を付ける。ただし、cette nuitは「今日の夜」と「昨日の夜」の両方を意味する。一日の最初は夜で、この夜は昨日から続いているからである。

　　Manon a dit qu'elle partirait le lendemain. マノンは翌日出発すると言った。

e. 序　列

「X番目」は序列の中で唯一の位置を占めるから「定」。

　　Prenez la deuxième rue à droite. 2つ目の通りを右に曲がってください。
　　Lyon est la trosième plus grande ville de France.
　　リヨンはフランスで3番目に大きな都市だ。

f. 形容詞・副詞の最上級、同一性

程度性を持つ性質を表す形容詞や副詞の最上級は、この性質について最も高い程度を表し、この最大の程度は1つしかないから「定」になる（☞第10章2.11.節）。

また、ある事物と同一の事物は、文が使用される状況では１つしかないのが普通だから「定」である。

 Nathan est l'édudiant le plus brillant de sa classe.
 ナタンは自分のクラスで一番優秀な学生だ。
 Jade a répondu la question le plus vite. ジャドはその問題を一番早く解いた。
 Donnez-moi une cravate de la même couleur que celle-ci.
 このネクタイと同じ色のネクタイを下さい。

5.6.10. 事物が定だと主張することによる表現効果

名詞が指示する事物が定である条件を満たしていない場合に、あえて定冠詞を用いることにより表現効果がもたらされる。

a. 集合中の要素の典型

事物を同種の事物とは明らかに区別されるものとして提示すれば、聞き手もその性質を知っていることになる。聞き手も知っている性質は、その種類の事物の典型でなければならない。

 Napoléon est le héros. ナポレオンはまさに英雄だ。
 Michel est vraiment le désordre. ミシェルは本当に自堕落な奴だ。
 Louis faisait le malade. ルイは仮病を使っていた。

事物を同種のものの典型だとすることで、その事物に対する話し手の強い感情を伝えることもできる。

 Toi, le méchant ! お前は何て意地が悪いんだ。
 Oh, la cathédrale merveilleuse ! おお、何て素晴らしい聖堂だろう。

b. 呼びかけ

呼びかける相手を表すために何らかの名詞を使うとすれば、それが指示するのは相手に決まっているから、他の同種のものとは明らかに区別される。

 Hé ! L'ami ! おい、君。
 Je voudrais avoir vos consultations, Monsieur le Docteur.
 診察をお願いしたいのですが、お医者様。

5.6.11. 固有名詞と定冠詞

人名や地名などの固有名詞は、他の人間や場所とは明らかに区別されるのだから、定性は「定」である。だから、固有名詞には常に定冠詞を付けるか、定であることが分かっているから無冠詞にするかのいずれかでよいはずである。英語は基本的に固有名詞には冠詞を付けない。一方フランス語は、人名は無冠詞だが、地名には、都市名を除いて、定冠詞を付けるのが基本的原則である。

I. 人名と定冠詞

人名に定冠詞が付くのは以下のような場合。人名に定冠詞の複数形が付いても、人名自体は複数形にしないのが原則。

a. 「les + 家名」で「～一家」

  Les Bernoulli sont illustres dans la mathématique et la physique.
  ベルヌーイ一家は数学と物理学の名門だ。
  L'étudiant fait des études sur l'histoire des Capets.
  その学生はカペー王家の歴史について研究している。

 王族や貴族の場合は、家名であっても複数形にする。les Capets〈カペー家〉, les Bourbons〈ブルボン家〉

b. 「les + 人名」で「～のような人」「～の作品」

  Aujourd'hui les Bach sont rares. 今日ではバッハのような作曲家はまれだ。
  Le musée possède une collection des Caravage.
  その美術館はカラバッジョのコレクションを所蔵している。

※「le + 人名」であれば、ある人の作品全体を表す。

  Le Mallarmé est difficile à comprendre. マラルメの作品は理解が難しい。

c. 姓・名に定冠詞を付けて、親愛や軽蔑の感情を表す。

  Tiens, voilà la Jeanne. あら、ジャンヌが来たわよ。
  C'est le Durand qui a tout gâté. すべてを台無しにしたのはデュランの奴だ。

d. 人名が形容詞などの修飾語句によって限定されている場合、限定された特性が当然知られているものと判断されたり、その特性が他の特性とは明らかに区別されることが分かる場合には、定冠詞を付ける（人名に不定冠詞が付く場合は☞第2章 5.3.8. 節）。

  L'épopée écrite par le grand Homère est magnifique.
  あの偉大なホメーロスよって書かれた叙事詩は素晴らしい。
  Le Socrate que Platon décrit dans ses œuvres est plein d'énergie.
  プラトンがその作品で描いているソクラテスは活力に満ちている。

e. 人名に最初から定冠詞が付いている場合もある。

  Le Clézio a reçu le prix Nobel de littérature.
  ル・クレジオはノーベル賞を受賞した。
  La Fontaine est connu pour ses Fables.
  ラ・フォンテーヌはその『寓話』で知られている。

※人名の一部となっている定冠詞は、à や de との融合形を作らない。

  L'idée de Le Pen était assez radicale. ル・ペンの思想はかなり過激だった。

II. 地名と定冠詞

a. 都市名を除く地名（国名、地方名、河川名、海洋名、山名）には定冠詞が付くのが原則。

 Le Japon est situé à l'extrême est de l'Asie. 日本はアジアの最東端に位置する。
 Clara va visiter la Bretagne pendant les vacances.
 クララは休暇中にブルターニュに行くつもりだ。
 La Seine traverse la ville de Paris. セーヌ川はパリを貫いて流れている。
 En 1953 Hillary et Tensing ont réussi à vaincre l'Everest.
 1953年にヒラリーとテンジンがエベレストの征服に成功した。

※島の名前も la Crète〈クレタ島〉, la Nouvelle-Guinée〈ニューギニア島〉のように定冠詞を付けるが、小さな島やヨーロッパ以外の島には付かないことがある。

 Madagascar est la ciquième île du monde en superficie.
 マダガスカルは世界で5番目に面積の大きな島だ。
 Tahiti est à 4.400 kilomètres au sud de Hawaï.
 タヒチはハワイの4400キロ南にある。

b. 都市名も、形容詞などの修飾語句によって限定されている場合には定冠詞を伴う。

 On appelait Versailles « la nouvelle Rome ».
 ベルサイユは「新しいローマ」と呼ばれていた。
 Le Paris d'avant les transformations sous le Second Empire était très sal.
 第二帝政期の大改造前のパリはとても汚かった。

c. 都市名に最初から定冠詞が含まれている場合もある。

 Le Caire〈カイロ〉, La Haye〈ハーグ〉, Le Havre〈ル・アーブル〉, La Mecque〈メッカ〉

定冠詞が含まれている都市名の場合、前置詞 à, de との融合が生じる。

 Le nombre d'habitants au Havre est environ 170.000.
 ル・アーブルの人口は17万人くらいだ。
 Mathis étudie l'arabe à l'université du Caire.
 マティスはカイロ大学でアラビア語を勉強している。

※女性定冠詞が含まれる地名は、前置詞 en と結びつくことはなく、à を用いる。

 Léa travaille dans une organisation internationale à la Haye（×en Haye）.
 レアはハーグの国際機関で働いている。

d. 女性の国名や大陸名が前置詞 en, de に先立たれる場合は、定冠詞が脱落することが多い。

 Tom est allé en France pour apprendre le français et l'occitan.

トムはフランス語とオック語を勉強するためにフランスに行った。
Le mont Blanc est le plus haut sommet d'Europe occidentale.
モンブランは、西ヨーロッパの最高峰だ。
ただし、de の場合は、定冠詞が現れることもある。
Lilou a lu un article sur la géographie de la France.
リルはフランスの地理についての論文を読んだ。

5.7. 無冠詞

　名詞が表す事物は定か不定のどちらかだから、フランス語に冠詞がある以上、名詞の前には冠詞を置くのが原則。それにもかかわらず、名詞の前に冠詞を置かない「無冠詞」の場合もある。

　無冠詞になる場合の原則は、事物が定であるのか不定であるのかが、状況を参照しなくても明らかだということである。

5.7.1. 固有名詞

　固有名詞が指す事物は、同種の他の事物と明確に区別されるから「定」であるのが普通。だから固有名詞にはわざわざ定冠詞を付ける必要はないのだが、地名には定冠詞を付けることになっている。しかし人名は、原則通り無冠詞で使う。

Jean travaille beaucoup. ジャンはよく働く。
Napoléon est né en 1769. ナポレオンは 1769 年に生まれた。

※人名・地名に冠詞が付く場合については、本章 5.6.11. 節を参照。

5.7.2. 名詞が補語で、職業や身分を表すとき。

Fabius est médecin. ファビウスは医者だ。
Je veux être pianiste. 私はピアニストになりたい。
Le Président a nommé Dirac Premier ministre.
大統領はディラックを首相に任命した。

　「X が補語(職業・身分)だ」という内容では、補語が表すのは問題の職業や身分が持つ性質を備えた人間であれば誰でもいいのだから「不定」であることは明らかである。

　ただし、補語の名詞が形容詞や前置詞句によって限定されているときは、同じ職業や身分の人間なら誰でもいいというわけではない。このことを表すために、名詞には不定冠詞が付く。

Fabius est un grand médecin. ファビウスは偉い医者だ。
Elle est devenue une enseignante dans son pays natal.

彼女は生まれ故郷の教師になった。
※職業や身分を表す名詞が補語であっても、C'est の後では冠詞が付く。この構文では、名詞が表すのは名詞の性質ではなく、名詞が指示する人間そのものだからである。

Qui est-ce ? – C'est un physicien.「これは誰ですか」「それは物理学者です」

Français〈フランス人〉や Parisien〈パリの人〉のような、国民名や都市住民名を表す固有名詞は、動詞の補語として用いられる場合は無冠詞であり、語頭の文字も大文字ではなく小文字で書かれることが多い。

Le directeur de cet institut est français [Français].
この研究所の所長はフランス人だ。

Je suis sûr que la fille est genevoise [Genevoise].
その女の子はきっとジュネーブの人だと私は思う。

5.7.3. 呼びかけ

Garçon ! Une bière. ボーイさん、ビール一杯。
（今では Monsieur ! と言って呼びかけるのが普通）

Grand-mère ! Tiens ce verre. おばあさん、このグラス受け取って。

※呼びかける側の人間は相手が誰だか分かっているし、呼びかけられた人間も、それが自分であることが分かる。つまり呼びかけに用いられた名詞が表す人間は「定」でなければならない。

5.7.4. 名詞の直後に並列されて、先行する名詞が表す事物を説明するために用いられる「同格」の名詞。

Evariste Galois, fondateur de la théorie de groupe, a été tué en duel.
群論の創始者エバリスト・ガロアは決闘で殺された。

C'est le siège social de Renault, constructeur automobile.
これは、自動車製造会社ルノーの本社だ。

※用いる語句は違っていても、先行する名詞が表す事物と同じ事物を表すのだから、他のどの事物とも違う「定」の名詞だと理解しなければならない。

5.7.5. 曜日、正午、真夜中

Je reviendrai samedi. 私は土曜日に戻ってくる。

Le train arrive à midi [minuit]. 列車は正午［真夜中］に到着する。

※「土曜日」がどの日なのかがすぐに分かるのなら、この土曜日は「定」である。どの日の正午（真夜中）なのかが分かるのなら、やはりこの正午や真夜中も「定」

である。

5.7.6. 慣用句

　　J'ai chaud [froid, faim, soif, sommeil, peur].
　　私は暑い[寒い、お腹が空いた、喉が渇いた、眠い、怖い]。
　　J'ai mal à l'estomac [la tête]. 私はお腹[頭]が痛い。
　　Vous avez raison [tort]. あなたは正しい[間違っている]。
　　Il fait beau temps. いい天気だ。
　　Il est temps de partir. 出かける時間だ。
※使用頻度の高い慣用句は全体で1つの意味を表すので、その中にある名詞が表す事物の定性など問題にならない。

5.7.7. 前置詞＋無冠詞

　使用される頻度の高い前置詞 de と en の後では、名詞の前に冠詞が置かれないことがよくある。

a. de＋無冠詞名詞

　de の後に来る名詞が表す事物が不定で、可算名詞の複数形または不可算名詞の時は冠詞が付かない。

　　La bouteille est pleine de vinaigre. その瓶には酢がいっぱい入っている。
　　"de du vinaigre" とは言えない。
　　Le président est escorté de gardiens. 社長は警備員に護衛されている。
　　"de des gardiens" とは言えない。

　数量を表す beaucoup〈たくさん〉, peu〈少し〉, assez〈十分な〉, trop〈あまりに多く〉, pas mal〈かなり多く〉, plus〈もっと多く〉, combien〈どれくらい〉などに続く「de＋名詞」についても、名詞の前には冠詞が置かれない。

　「たくさん(少し)のX」という意味の場合、事物Xはどれでもよい不定のものである。「広場にはたくさんの人がいた」では、複数の人がいたことは分かるが、それがどの人なのかは分からない。

　　Il y a beaucoup de filles dans la salle. 会場にはたくさんの女の子がいる。
　　J'ai peu d'argent. 私はお金が少ししかない。
　　Combien de jours faut-il pour finir le travail ?
　　その仕事を終えるのに何日かかりますか。

※bien も「たくさん」という数量を表すが、例外的に de の後には「定冠詞＋名詞」を用いる(☞第7章2節)。

　　Le savant a écrit bien des livres. その学者はたくさんの本を書いた。

J'ai bu bien du vin hier soir. 昨晩私はたくさんワインを飲んだ。

b. en + 無冠詞名詞

en は「～の中に」という意味の前置詞。ただし、「～の中に」を表す前置詞として、冠詞を伴う名詞とともに使われるのは dans で、en は無冠詞の名詞とともに用いられる。

 Paul habite en France. ポールはフランスに住んでいる。
 Cécile habite dans une petite maison. セシルは小さな家に住んでいる。
 Clarisse a donné sa lecture en français. クラリスは講義をフランス語で行った。
 Il a parlé dans un français très correct. 彼はとても正確なフランス語で話した。
 Mon fils reviendra en été [en automne, en hiver].
 私の息子は夏[秋、冬]に戻ってくる。

ただし、Les cerisiers fleurissent au printemps. 桜は春に開花する。

※en の後に来る無冠詞名詞は、地名(女性名詞)、季節などの時間、言語名以外では、主語の状態や文が表す事柄の様態を表す場合に使われる。

 Christine est en bonne santé. クリスチーヌは健康だ。
 Gilles est en colère. ジルは怒っている。
 J'ai payé en espèce. 私は現金で支払った。
 Odette est venue en voiture. オデットは車で来た。
 La famille est en vacances. その家族は長期休暇中だ。
 La bague est en or. その指輪は金で出来ている。

c. 慣用句

慣用句中では、en の後に定冠詞付き名詞が来ることがある。

 en l'occurrence〈その場合には〉, en l'absence de〈～がいない場合は〉, en l'air〈空に向けて〉, en l'honneur de〈～に敬意を表して〉

第2章のまとめ

名詞は、個別の事物または事物の集合を表す。

1. 名詞の分類
   普通名詞：具体的で同種のものと明確に区別できるものを表す名詞。
   固有名詞：人名や地名など、個別のものを区別するために用いられる名詞。
   物質名詞：一定の形状を持たないものを表す名詞。
   集合名詞：個体の集団を表す名詞。
   抽象名詞：事柄の集合を表す名詞。

2. 名詞の性
   名詞には男性と女性の区別がある。名詞を修飾する冠詞や形容詞は、名詞の性に合わせて男性形と女性形を区別する。

3. 名詞の数
   名詞は単数形と複数形を区別する。複数形は、基本的には単数形に –s を付けて作られる。
   　複数形と単数形で意味が異なる名詞、複数形だけの名詞、複数形のない名詞がある。

4. 名詞の格
   名詞が表す事物の働きは、「主体」「対象」「着点」「起点」「場所」「道具」などの「意味役割」に分類される。
   　意味役割を表す名詞の語形が「格」である。フランス語で格の区別をするのは代名詞であり、名詞は、語順または前置詞によって意味役割を表す。

5. 冠　詞
   冠詞は、名詞が表す事物の定性を表す。定性には「定」と「不定」がある。「定」は、名詞が表す事物が他の同種の事物と区別され、しかもその事物がどれであるかを受け手も知っているという性質、「不定」は、名詞が表す事物が、同種の事物と区別されず、受け手もそれが具体的

にどれを指すのかが分かっていないという性質。
　事物が定であることを表すのが「定冠詞」、不定であることを表すのは「不定冠詞」と「部分冠詞」。数えられる事物を表す名詞には不定冠詞、数えられない事物を表す名詞には部分冠詞が使われる。

6. 不定冠詞・部分冠詞の変形
　不定冠詞の複数形 des は、形容詞が後に続くと de になる。
　否定文中では、他動詞の直接目的語の前に置かれる不定冠詞と部分冠詞は de になる。

7. 無冠詞
　固有名詞、職業や身分を表す補語、呼びかけ、曜日、前置詞 de や en の後、慣用句中などでは、名詞の前に冠詞が置かれないことがある。

第3章
前　置　詞

1. 前置詞の定義

文が表す事柄で一番重要なのは主語と目的語。フランス語では、主語と目的語は語順で表される。しかし、主語と目的語の他にも、事柄の要素となる事物はある。その事物が、事柄の中でどのような働きをしているのか（＝意味役割）を表すために、名詞の前に置かれるのが「前置詞」。

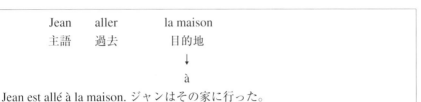
Jean est allé à la maison. ジャンはその家に行った。

Marie vient de la ville. マリーはその町の出身だ。

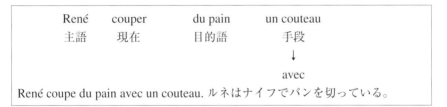
René coupe du pain avec un couteau. ルネはナイフでパンを切っている。

2. 前置詞の働き

主語と目的語以外の名詞が表す事物の働き

2.1. 場　所

a. 境界を意識しない場所 → à

　　Marc est né à Limoges. マルクはリモージュで生まれた。
　　（リモージュは「出生地」というほどの意味で、リモージュの「町中」という意味ではない）
　　Delphine est à la maison. デルフィーヌは在宅している。

2. 前置詞の働き

(家にいるかいないかということが重要で、家の中で何かしていることが重要ではない)

b. 境界を意識した場所 → dans

　　Marc habite dans le centre-ville de Limoges.
　　マルクはリモージュの都心に住んでいる。
　　(リモージュという町の中で、他とは区別される場所に住んでいる)
　　Delphine travaille dans la maison de son oncle.
　　デルフィーヌは叔父の家で働いている。
　　(働いている場所が、叔父の家の中だということ)
　　Les enfants jouent dans le jardin. 子供たちは庭で遊んでいる。
　　(家屋や道路とは区別される場所としての庭で遊んでいる)

c. 具体性を意識しない場所 → en

　　La ville est en France [en Lorraine]. その町はフランス[ロレーヌ地方]にある。
　　(町の大体の地理的位置を伝えることが目的)
　　ただし、地名が男性名詞の場合は en ではなく「à + 定冠詞」を用いる。
　　Montréal est au Canada. モントリオールはカナダにある。
　　Mireille fait ses études au Japon. ミレイユは日本で勉強している。

d. 空間的な位置をより具体化する場合

基準となる場所よりも「上」→ sur
基準となる場所よりも「下」→ sous
基準となる場所の「前」→ devant
基準となる場所の「後ろ」→ derrière
2つのものの「間」→ entre
たくさんのものの「間」→ parmi
ある場所の「外」→ hors de
経路(通過する場所) → par
「〜の家(国)で(に)」→ chez
目的とする方向 → pour

　　Il y a une pomme sur la table. テーブルの上にリンゴがある。
　　Un bateau passe sous le pont. その橋の下を船が通っている。
　　Ma femme a stationné devant la vitrine.
　　妻がショーウィンドウの前で立ち止まった。
　　J'ai trouvé la bague derrière le téléviseur. 私はテレビの後ろで指輪を見つけた。
　　Le bâtiment est entre la boulangerie et la charcuterie.
　　その建物はパン屋と肉屋の間にある。

L'actrice était parmi ses admirateurs. その女優は自分のファンの中にいた。
Parlons hors de la chambre. 部屋の外で話そう。
Le voleur est entré par la fenêtre. 泥棒は窓から入った。
Pauline est chez sa tante. ポリーヌはおばさんの家にいる。
Lucie est partie pour Nice. リュシーはニースに向けて出発した。

2.2. 着 点
移動の着点（目的地）は à を用いて表す。
 Cécile va à la gare. セシルは駅に行く。
 François a donné un bouquet à Manon. フランソワはマノンに花束をあげた。
国名や地域名を表す固有名詞が女性名詞の場合は、「en + 無冠詞名詞」で着点を表す。
 Émile est allé en Allemagne. エミールはドイツに行った。
 Sa famille a émigré en Espagne. 彼の家族はスペインに移住した。
ただし、国や地域が何かを受け取ることで、物が国や地域に移動する場合は、女性名詞であっても à で着点を表す。
 Le Japon exportait de l'or à la Chine. 日本は中国に金を輸出していた。
物が空間の「内部」に移動する場合には、移動の着点は dans で表す。
 Sylvie a versé du jus d'orange dans un verre.
 シルビはオレンジジュースをグラスに注いだ。
 L'homme est monté dans un taxi. その男はタクシーに乗り込んだ。
交通手段として利用するために乗り物に移動する場合は、乗り物の内部が意識されないので、移動の着点は en で表す。
 Je ne suis jamais monté en avion. 私は飛行機に乗ったことがない。

2.3. 起 点
移動の起点（出発地）は de で表す。
 Le train va de Paris à Londres. その列車はパリからロンドンに行く。
 Corinne est partie de la maison. コリンヌは家を出た。
 Ma femme vient de Lille. 私の妻はリールの出身だ。
国名や地域名を表す固有名詞が女性名詞の場合、移動の起点を表す de の後では無冠詞になる。
 Gérard est revenu de France. ジェラールはフランスから戻ってきた。
 La fille vient de Lombardie. その娘はロンバルディアの出身だ。

2.4. 時間的な関係

a. 事柄が成立する時点は à で表す。

　　Éliane se lève à sept heures. エリアヌは 7 時に起きる。

　　Le concert aura lieu à la tombée du soleil. コンサートは日暮れに行われる。

※事柄がある「西暦年」「月」に起きる場合には、en を使う。

　　Mozart est né en 1756. モーツァルトは 1756 年に生まれた。

　　La Révolution française a eu lieu en 1789. フランス革命は 1789 年に起きた。

　　L'année scolaire commence en septembre. 学年度は 9 月に始まる。

b. 時間的な起点は de または depuis で表す。

　　Le magasin est ouvert de 7 heures à 23 heures.
　　その店は 7 時から 23 時まで開いている。

　　Il pleut depuis ce matin. 今朝から雨が降っている。

※日本語では「講義は 2 時から始まる」のように、開始時点を「から」で表すことができるが、フランス語では、物事の開始時点は à で表さなければならない。

　　La lecture commence à deux heures. 講義は 2 時に始まる。

　　Le train part à 17 heures. 列車は 17 時に出発する。

c. 時間的な着点は jusqu'à で表す。

　　Je vais rester ici jusqu'à cinq heures. 私は 5 時までここにいる。

　　Le bistrot est ouvert jusqu'à minuit. その居酒屋は真夜中まで開いている。

d. 基準時点より「前」→ avant

　　基準時点より「後」→ après

　　ある期間の「間」→ pendant/durant

　　Je reviendrai avant le coucher du soleil. 日暮れ前には戻ります。

　　Brice est arrivé à la gare après le départ du train.
　　ブリスはその列車が出発した後で駅に着いた。

　　Josette a rencontré son collègue pendant le voyage.
　　ジョゼットは旅行の間に同僚に出会った。

　　Maxime était éveillé pendant la nuit. マクシムは夜の間ずっと起きていた。

2.5. 手　段

a. 手段は par で表す。

　　Il a pris le pouvoir par la force. 彼は力で権力を得た。

　　Yves va venir par avion [bateau, le train]. イブは飛行機[船、列車]で来る。

b. 器具や材料を手段として用いる場合は avec を用いる。

　　J'ai coupé la viande avec un couteau. 私はその肉をナイフで切った。

Adèle a fait cette poupée avec du chiffon. アデルはこの人形を布切れで作った。
c. 身体の一部が手段のときは de を用いる。
Marc a frappé le ballon d'un coup de pied. マルクはボールを足で蹴った。
Claire suit le garçon de ses yeux. クレールはその男の子を目で追っている。
d. 能動態を受動態にしたとき、能動態で主語だった行為者は、受動態では par または de を用いて表される (☞第 4 章 9.2. 節)。
一回的、偶然的な事柄の行為者は par で表す。

> Marie a nettoyé la chambre. マリーはその部屋を掃除した。
> 主語　　　　　　目的語
> → La chambre a été nettoyée par Marie. その部屋はマリーによって掃除された。

習慣的、恒常的な事柄 (特に感情に関わる事柄) の行為者は de で表す。

> Les écoliers aiment l'enseignant. 生徒たちはその教師が好きだ。
> 主語　　　　　　目的語
> → L'enseignant est aimé des écoliers. その教師は生徒たちに好かれている。

2.6. 原　因

a. 一般的に想定される原因は de で表す。
Odile a pleuré de joie. オディールは嬉しくて泣いた。
Gaston tremble de froid. ガストンは寒さに震えている。
Il est mort d'une crise cardiaque. 彼は心臓発作で死んだ。
※泣く原因が喜び、身体が震える原因が寒さ、人が死ぬ原因が心臓発作というのは、よくある事態。
b. 偶然的な原因は par または pour で表す。
La fille est devenue célèbre par sa beauté. その女の子は美貌で有名になった。
L'homme a été arrêté par erreur. その男は間違って逮捕された。
L'artiste est connu pour ses sculptures. その芸術家は彫刻で知られている。
Cosette est en colère pour une fausse histoire. コゼットは嘘の話に怒っている。
※有名になる原因、逮捕される原因、知られている原因、怒っている原因としてはたくさんのものが考えられる。それが美貌、間違い、彫刻、嘘の話であるのは、単なる偶然。

2.7. 目　的

事柄の目的は pour で表す。

Je travaille pour ma famille. 私は自分の家族のために働いている。
Il a fait des efforts pour le bonheur du peuple.
彼は人々の幸福のために努力した。
事柄の結果利益を受ける人間も pour で表す。
Noël a dessiné un tableau pour sa femme. ノエルは妻のために絵を描いた。
Elle a poussé un fauteuil roulant pour une vieille femme.
彼女は年取った女性のために車椅子を押してやった。

2.8. 等　価

事柄や事物と同じ価値を持つ事物は pour で表す。
Paul a acheté la voiture pour cent mille euros.
ポールは十万ユーロでその車を買った。
Georges a parlé à la cérémonie pour le président.
その式典でジョルジュは会長に代わって話をした。
Margot parle bien l'anglais pour une Française.
マルゴーはフランス人にしては英語を上手に話す。
※「車を買うこと」と「十万ユーロ払うこと」が同じ価値を持つ。「ポールが話をすること」と「会長が話をすること」が式典では同じ価値を持つ。
　マルゴーはフランス人だから、「マルゴーが英語を上手に話すこと」と「フランス人が英語を上手に話すこと」は同じ価値を持つ。この2つの事柄が普通は両立しないものだと話し手が考える場合、日本語では「〜にしては」という言い方をする。

2.9. 所　有

「XのY」という形でXがYを所有していることを表す場合には、de を用いる。
C'est le bureau de M. Dupont. これがデュポンさんの会社です。
J'ai rencontré la femme de Julien. 私はジュリアンの奥さんに会った。
※「私(彼、彼女)のX」は、普通は mon, son などの所有形容詞を使って表すが、次のように「名詞＋à」を使って表すこともできる。
C'est une villa à lui. それは彼の別荘だ。（彼のいくつかある別荘のうちの1つ）
J'admire la silhouette à Sophie.
私はソフィーのスタイルが素晴らしいと思う。（ソフィーにしかないスタイルという意味）
※「大学教授」は professeur de l'université だが、「〜大学[高校]の教授」のように具体的な学校名をあげる場合は、à を用いる。学生の場合も同じ。

>Elle est professeur à l'Université Paris III. 彼女はパリ第三大学の教授だ。
>Il est professeur au lycée Louis-le-Grand. 彼はルイ・ルグラン校の教授だ。
>Henri est étudiant à Paris-Sorbonne. アンリはパリ・ソルボンヌ大学の学生だ。

2.10. 除　外

「～なしで」という除外の意味は sans で表す。

>Georges a passé une semaine sans argent.
>ジョルジュはお金なしで1週間過ごした。
>Flavie a quitté New York sans visiter la statue de la Liberté.
>フラビは自由の女神に行かないでニューヨークを離れた。

※「sans＋不定詞＋目的語」という構文では、目的語が表す事物が不定の場合、不定冠詞や部分冠詞は de に変わる。sans には否定の意味が含まれているからである。

>Yves a couru le marathon sans boire d'eau.
>イブは水を飲まずにマラソンを走った。
>Françoise était avec son mari sans avoir de sentiments.
>フランソワーズは何の感情も持たないで夫と一緒にいた。

3.　前置詞＋不定詞

フランス語の前置詞の後には、不定詞が続くことができる。「前置詞＋不定詞」は、名詞、動詞、形容詞が表す内容を限定する働きをする。

Damien a l'idée de revoir son ex-femme.
　　　　名詞　　不定詞
ダミアンは先妻にまた会おうという考えを持っている。

J'ai décidé d'aller à Rome.
　　動詞　　不定詞
私はローマに行くことに決めた。

Thérèse a réussi à marier sa fille à un millionnaire.
　　　　動詞　　不定詞
テレーズは自分の娘を百万長者と結婚させることに成功した。

> Ce passage de Racine est facile à comprendre.
> 　　　　　　　　　　　形容詞　不定詞
> ラシーヌのこの一節は理解しやすい。

> André est désireux de remporter le championnat.
> 　　　　　形容詞　不定詞
> アンドレは優勝したいと願っている。

4. 前置詞句の文法的な働き

「前置詞＋名詞句」を「前置詞句」と呼ぶ。フランス語の前置詞句は、日本語の「学校で」のような「名詞句＋格助詞」と似たような意味を表すのだが、文中での使い方はいつも同じというわけではない。

4.1. 文が表す内容の限定

> Lucien travaille dans son bureau. リュシアンは自分の会社で働いている。
> 　　　　　　　　前置詞句

　前置詞句 dans son bureau は、Lucien travaille.〈リュシアンが働いている〉という事柄が成立する「場所」を表している。日本語の「自分の会社で」という語句も同じように、「リュシアンが働いている」という事柄の場所を表すことで、文の内容を限定している。

4.2. 動詞が表す内容の限定

　Ma fille a réussi à l'examen. 私の娘は試験に合格した。
　Le directeur a excusé Pascal de sa faute. 部長はパスカルの失敗を許してくれた。
動詞 réussir〈成功する〉だけでは何に成功するのか分からない。成功の範囲を限定するのが à l'examen〈試験に〉という前置詞句。

　excuser Pascal〈パスカルを許す〉だけでは、パスカルの何を許したのか分からない。許した事柄を限定的に表すのが de sa faute〈彼の失敗を〉という前置詞句。

4.3. 形容詞が表す内容の限定

　Giscard est responsable de cet accident. ジスカールはこの事故に責任がある。
　Monique est étrangère à cette affaire. モニクはこの事件とは無関係だ。

ジスカールが何に対して responsable〈責任がある〉のかを限定するのが de cet accident〈この事故に〉という前置詞句。

モニクが何に対して étranger〈無関係〉なのかを限定するのが à cette affaire〈この事件に〉という前置詞句。

4.4. 名詞が表す事物の限定

名詞は事物の集合を表すが、前置詞句によって事物の範囲がさらに限定される。

La sœur de Jacques est très belle.
ジャックの妹はとても綺麗だ。〈所有〉

J'ai vu une peinture de Millet au Louvre.
私はミレーの絵をルーブルで見た。〈作者〉

Mireille habite dans la ville de Marseille.
ミレイユはマルセイユの町に住んでいる。〈同格〉

Gaston a acheté une chemise de coton.
ガストンは木綿のシャツを買った。〈材料〉

Odile prendra un train pour Bordeaux.
オディールはボルドー行の列車に乗る。〈方向〉

J'aime la vie à la campagne.
私は田舎の生活が好きだ。〈場所〉

5. 動詞の名詞化

「～する」という意味の動詞は、日本語では「～すること」のように「こと」を付ければ名詞としての働きをさせることができる。「フランス語を勉強することは大事だ」は「フランス語の勉強は大事だ」と同じ意味を表す。

フランス語では、不定詞の前に前置詞の de を置いて、動詞に名詞の働きをさせる。

Il est difficile de comprendre les textes grecs.
ギリシア語の文献を理解するのは難しい。

de comprendre が「理解すること」という名詞の働きをし、文の主語になっている。「de＋不定詞」が主語の働きをする場合は、この語句を受ける代名詞の il が文頭に置かれるのが普通。

Mon désir est de visiter le Louvre un jour.
私の望みはいつかルーブルを訪れることだ。

de visiter〈訪問すること〉が文の補語としての働きをしている。

6. 複合前置詞

フランス語の前置詞 sur は、「〜について」という意味を表すことができる。
　un livre sur la grammaire française　フランス語の文法についての本
しかし日本語では同じ意味を「について」のように、「に」の後に別の語句を並べて表さなければならない。
　フランス語でも、1つの前置詞だけでは表すことができない意味を、前置詞と名詞や副詞を組み合わせて表す。

a. 空　間
　　à côté de〈〜のそばに〉, du côté de〈〜の方へ〉, en face de〈〜の正面に〉, à travers de〈〜を横切って〉, au-dessus de〈〜の上に〉, au-dessous de〈〜の下に〉, autour de〈〜の周りに〉, au delà de〈〜の向こうに〉, en deçà de〈〜のこちら側に〉, le long de〈〜に沿って〉, près de〈〜の近くに〉, vis-à-vis de〈〜に対面して〉

b. 時　間
　　lors de〈〜の時に〉, avant de〈〜の前に〉, après de〈〜の後に〉

c. 抽象的関係
　　à cause de〈〜のせいで〉, afin de〈〜のために〉, à propos de〈〜について〉, au lieu de〈〜の代わりに〉, en dépit de〈〜にもかかわらず〉, grâce à〈〜のおかげで〉, quant à〈〜については〉

第3章のまとめ

1. 前置詞は、名詞が表す事物が事柄の中でどのような働きをするのかを表し、名詞の前に置かれる単語。

2. 前置詞が表す事物の働き：場所、着点、起点、時間的関係（時点、起点、着点、前、後、間）、手段、原因、目的、等価、所有、除外

3. 「前置詞＋不定詞」は、名詞、動詞、形容詞が表す内容を限定する。

4. 前置詞句（前置詞＋名詞句）は、文、動詞、形容詞、名詞が表す内容を限定する。

5. 動詞の前に前置詞 de を置くことで、動詞に名詞としての働きをさせることができる。

6. 1つの前置詞だけでは表すことができない意味を、前置詞と名詞や副詞を組み合わせて表すことがある。これを「複合前置詞」と呼ぶ。

第4章
動　詞

1. 動詞とは何か

文は事柄を表すが、事柄は事物の間の関係である。動詞は、この関係を表すための単語。

関係の性質によって、動詞は「自動詞」と「他動詞」に区別される。

1.1. 自動詞

Laure chante. ロールは歌っている。

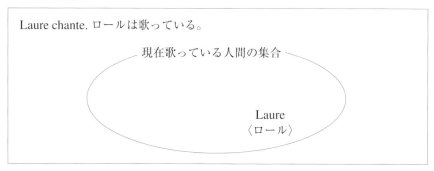

この文は、「現在歌っている人間の集合」にロール(Laure)が含まれるという包含関係を表している。「現在歌っている人間の集合」は、chante〈歌っている〉という動詞によって表されるから、名詞として必要なのは Laure〈ロール〉という主語の名詞だけ。主語が他のものに働きかけることをしない事柄を表すことから、包含関係を表す動詞を「自動詞」と呼ぶ。

Laure est une fille.〈ロールは女の子だ〉という文も、ロールが女の子の集合に含まれるという関係を表している。現在は刻々と変わって行くから「現在歌っている人間の集合」は、時点によって異なる。一方、「女の子の集合」が時点によって異なることはない。

時点によって異なる事物の集合を表すのが「自動詞」。時点によって異なることのない集合を表すのが「名詞」だが、名詞が表す集合の中に、ある事物が含まれているという関係を表したい場合、フランス語では自動詞 être の後に名詞を置くという方法がとられる。

※重要な自動詞の例

vivre〈生きる〉, exister〈存在する〉, apparaître〈現れる〉, disparaître〈消える〉, chanter〈歌う〉, danser〈踊る〉, travailler〈働く〉, marcher〈歩く〉, courir〈走る〉, venir〈来る〉, partir〈出発する〉, dormir〈眠る〉, tousser〈咳をする〉, crier〈叫ぶ〉など。

1.2. 他動詞

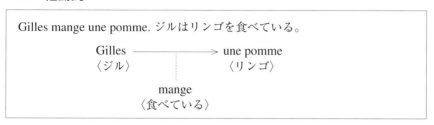

ジル(Gilles)とリンゴ(une pomme)の間に「食べる(manger)」という関係が成立している。このような、一方の事物から他方の事物に何らかの作用が及んでいるという関係を表す動詞が「他動詞」。

※作用の種類

物理的な力を加える：frapper〈たたく〉, tuer〈殺す〉, briser〈破る〉, presser〈圧す〉, lever〈上げる〉, mettre〈置く〉, prendre〈取る〉, laver〈洗う〉, toucher〈さわる〉, porter〈運ぶ〉, pousser〈押す〉, boire〈飲む〉など。

心理的な作用を与える：aimer〈愛する〉, détester〈嫌う〉, comprendre〈分かる〉, lire〈読む〉, apprendre〈学ぶ〉, résoudre〈解決する〉, dominer〈支配する〉, séduire〈誘惑する〉など。

知覚の対象として選択する：voir〈見える〉, regarder〈見る〉, entendre〈聞こえる〉, écouter〈聞く〉, sentir〈感じる〉, apercevoir〈見かける〉など。

作り出す：produire〈生産する〉, bâtir〈建てる〉, écrire〈書く〉, peindre〈描く〉, composer〈創作する〉, inventer〈発明する〉など。

消滅させる：détruire〈破壊する〉, dissoudre〈溶かす〉, oublier〈忘れる〉, éteindre〈消す〉, éliminer〈排除する〉, enlever〈取り去る〉, annuler〈取り消す〉, disperser〈散らす〉など。

1.3. 自動詞と他動詞の両方の働きを持つ動詞

動詞 écrire〈書く〉は、あるものを書くという意味の他動詞だが、書く対象としては「字、文章、手紙」などが一般的であるため、「文字(文章、手紙)を書く」という意味を表す自動詞としても使われる。

Anne a écrit une lettre. アンヌは手紙を書いた。[他動詞]

Anne écrit à sa mère. アンヌは母親に手紙を書いている。[自動詞]

Jean parle espagnol assez bien.
ジャンはスペイン語をかなりうまく話す。[他動詞]

Jean parle très vite. ジャンはとても速く話す。[自動詞]

Mon fils boit du vin. 息子はワインを飲んでいる。[他動詞]
Mon fils boit tous les soirs. 息子は毎晩酒を飲む。[自動詞]
Ecoutez bien ma parole. 私のことばをよく聞きなさい。[他動詞]
Oui, j'écoute. はい、あなたの言うことをちゃんと聞きます。[自動詞]

2. 動詞の活用形を決める要素

　フランス語の動詞は、主語の人称と数、時制、アスペクト、法によって活用する。人称は1、2、3人称、数は単数と複数、法は直説法、接続法、条件法、命令法、直説法の時制は、現在、過去(複合過去、単純過去、半過去)、過去完了(大過去、前過去)、未来、未来完了(前未来)、過去未来、接続法の時制は現在、過去(文語ではさらに半過去と過去完了(大過去))、条件法の時制は現在と過去、命令法の時制は現在と過去があるので、1つの動詞の活用形の数は非常に多い。
　他動詞には能動態と受動態の区別があり、これも動詞の形態によって区別される。態の区別も入れると、他動詞の活用形はさらに大幅に増えるが、受動態はêtre と過去分詞によって表されるから、独立した活用形ではない。

2.1. 人　称
　言語は話し手(送り手)が聞き手(受け手)へと事柄を伝達するための手段。だから、事柄の主体が話し手なのか聞き手なのか、それともそれ以外の別の事物なのかを区別することは重要。主体が話し手のときが「1人称」、聞き手のときが「2人称」、それ以外のときが「3人称」。

2.2. 数
　同種のものとの境界が明らかな事物は、個数を数えることができる。このような事物が主体になっているとき、個数が1なのか、それとも2以上なのかが言語の上で区別される。個数が1のときが「単数」、個数が2以上のときが「複数」である。
※単数と複数だけでは、個数の区別としては大ざっぱ過ぎるように思われるかもしれない。しかし、実際に言語を使用する場合に、2個以上のものについて、その個数を誰もが同じように、すぐに正確に認識できることはない。このため、言語の上で区別されるのは単数と複数だけというのが普通のあり方である。ただし、「両手」「両足」「両目」「両耳」「双子」のように、通常2つの同種のものが組になって存在している場合は、これらの組が主体であることを表す「両数(双数)」を区別することは難しくない。この両数を文法形式として設定している言語もある。

2.3. 時　制

事柄が起きた時を、動詞の活用形で表したものが「時制」。「現在」、「過去」、「未来」が基本の時制。フランス語には、これ以外に、過去時よりも前に起きた事柄を表す「過去完了」、過去時よりも後に起きた事柄を表す「過去未来」、未来時よりも前に起きた事柄を表す「未来完了」がある。

2.4. アスペクト

事柄の全体が起きたのか、一部だけが起きていたのかの区別が「アスペクト」。事柄の全体が起きたことを表すアスペクトが「全体相（完了相）」、事柄の一部だけが起きていたことを表すアスペクトが「部分相（未完了相）」。英語には、部分相を表すための「進行形」があるし、日本語にも同じ働きをする「ている、ていた」形があるが、フランス語にはない。

過去の全体相は「単純過去」、過去の部分相は「半過去」、過去完了の全体相は「前過去」、過去完了の全体相・部分相は「大過去」と呼ばれる。

2.5. 法

事柄は現実に起きるだけでなく、人間が想像する架空の世界の中でも起きる。事柄が現実のものなのか、それとも想像上のものなのかを、動詞の活用形で区別したものが「法」。

フランス語には、現実世界の事柄を表す「直説法」と、想像世界の事柄を表す「接続法」と「条件法」、そして命令や指示を表す「命令法」がある。接続法と条件法は、その働きに大きな違いはないが、使われる環境が異なる。

日本語に、フランス語の「法」に対応するような形はない。

3. 動詞の活用

フランス語の動詞は、人称・数・時制・アスペクト・法という要素によって活用する。活用の型としては、大きく「規則動詞」と「不規則動詞」に分類される。

活用形を決める基礎となる部分を「語幹」という。規則動詞については、すべての活用形を通じて語幹に変化はない。語尾が変わるだけである。不規則動詞の場合は、人称や時制などによって語幹が変化する。どの語幹が使われるかが予測できず、いちいち形を覚えなければならないことから、活用が「不規則」だと言われるのである。

3.1. 規則動詞の活用
I 不定詞が -er で終わる動詞（第 1 群規則動詞）

aimer〈愛する〉, cacher〈隠す〉, donner〈与える〉, écouter〈聞く〉, louer〈貸す，借りる〉, noter〈書きとめる〉, pousser〈押す〉, saluer〈挨拶する〉, visiter〈訪れる〉など多数。

規則動詞 aimer の活用

フランス語の動詞の活用は、j'aime, tu aimes, il aime のように、人称代名詞を前に置いて覚えるようにするのが習慣になっている。il と ils は三人称単数・複数主語の代表として選ばれている。

a. 直説法

> 現在　j'aime, tu aimes, il aime, nous aimons, vous aimez, ils aiment
> 複合過去　j'ai aimé, tu as aimé, il a aimé, nous avons aimé, vous avez aimé,
> 　　　ils ont aimé
> 単純過去　j'aimai, tu aimas, il aima, nous aimâmes, vous aimâtes, ils aimèrent
> 半過去　j'aimais, tu aimais, il aimait, nous aimions, vous aimiez, ils aimaient
> 前過去　j'eus aimé, tu eus aimé, il eut aimé, nous eûmes aimé, vous eûtes aimé,
> 　　　ils eurent aimé
> 大過去　j'avais aimé, tu avais aimé, il avait aimé, nous avions aimé, vous aviez
> 　　　aimé, ils avaient aimé
> 未来　j'aimerai, tu aimeras, il aimera, nous aimerons, vous aimerez, ils aimeront
> 未来完了　j'aurai aimé, tu auras aimé, il aura aimé, nous aurons aimé, vous aurez
> 　　　aimé, ils auront aimé

b. 接続法

> 現在　j'aime, tu aimes, il aime, nous aimions, vous aimiez, ils aiment
> 過去　j'aie aimé, tu aies aimé, il ait aimé, nous ayons aimé, vous ayez aimé,
> 　　　ils aient aimé
> 半過去　j'aimasse, tu aimasses, il aimât, nous aimassions, vous aimassiez,
> 　　　ils aimassent
> 過去完了　j'eusse aimé, tu eusses aimé, il eût aimé, nous eussions aimé,
> 　　　vous eussiez aimé, ils eussent aimé

3. 動詞の活用

c. 条件法

> 現在　j'aimerais, tu aimerais, il aimerait, nous aimerions, vous aimeriez, ils aimeraient
> 過去　j'aurais aimé, tu aurais aimé, il aurait aimé, nous aurions aimé, vous auriez aimé, ils auraient aimé

d. 命令法

> 現在　aime, aimons, aimez
> 過去　aie aimé, ayons aimé, ayez aimé

II 不定詞が -ir で終わる動詞（第 2 群規則動詞）

finir〈終える〉, choisir〈選ぶ〉, fournir〈提供する〉, réussir〈成功する〉, remplir〈満たす〉, attendrir〈優しい気持ちにさせる〉, raidir〈こわばらせる〉, pourrir〈腐る〉など。

規則動詞 finir の活用

a. 直説法

> 現在　je finis, tu finis, il finit, nous finissons, vous finissez, ils finissent
> 複合過去　j'ai fini, tu as fini, il a fini, nous avons fini, vous avez fini, ils ont fini
> 単純過去　je finis, tu finis, il finit, nous finîmes, vous finîtes, ils finirent
> 半過去　je finissais, tu finissais, il finissait, nous finissions, vous finissiez, ils finissaient
> 前過去　j'eus fini, tu eus fini, il eut fini, nous eûmes fini, vous eûtes fini, ils eurent fini
> 大過去　j'avais fini, tu avais fini, il avait fini, nous avions fini, vous aviez fini, ils avaient fini
> 未来　je finirai, tu finiras, il finira, nous finirons, vous finirez, ils finiront
> 未来完了　j'aurai fini, tu auras fini, il aura fini, nous aurons fini, vous aurez fini, ils auront fini

b. 接続法

> 現在　je finisse, tu finisses, il finisse, nous finissions, vous finissiez, ils finissent
> 過去　j'aie fini, tu aies fini, il ait fini, nous ayons fini, vous ayez fini, ils aient fini

半過去 je finisse, tu finisses, il finît, nous finissions, vous finissiez, ils finissent
過去完了 j'eusse fini, tu eusses fini, il eût fini, nous eussions fini,
　　　vous eussiez fini, ils eussent fini

c. 条件法

現在 je finirais, tu finirais, il finirait, nous finirions, vous finiriez, ils finiraient
過去 j'aurais fini, tu aurais fini, il aurait fini, nous aurions fini, vous auriez fini,
　　　ils auraient fini

d. 命令法

現在 finis, finissons, finissez
過去 aie fini, ayons fini, ayez fini

3.2. 不規則動詞の活用

　不規則動詞の活用は、語幹に変化はあるものの、活用語尾はほぼ共通である。

不規則動詞 prendre〈取る〉と venir〈来る〉の活用
（venir のように助動詞として être を取る動詞は、複合形で用いられる過去分詞は、主語の性・数に応じて elle est venue, ils sont venus, elles sont venues のように、女性形、複数形になる。以下の活用表では、単純化のために女性形は省略している）

a. 直説法

現在　je prends, tu prends, il prend, nous prenons, vous prenez, ils prennent
　　　je viens, tu viens, il vient, nous venons, vous venez, ils viennent
複合過去　j'ai pris, tu as pris, il a pris, nous avons pris, vous avez pris, ils ont pris
　　　je suis venu, tu es venu, il est venu, nous sommes venus, vous êtes venu(s),
　　　ils sont venus
単純過去　je pris, tu pris, il prit, nous prîmes, vous prîtes, ils prirent
　　　je vins, tu vins, il vint, nous vînmes, vous vîntes, ils vinrent
半過去　je prenais, tu prenais, il prenait, nous prenions, vous preniez, ils prenaient
　　　je venais, tu venais, il venait, nous venions, vous veniez, ils venaient
前過去　j'eus pris, tu eus pris, il eut pris, nous eûmes pris, vous eûtes pris,
　　　ils eurent pris

3. 動詞の活用　　　　　　　　123

　　　je fus venu, tu fus venu, il fut venu, nous fûmes venus, vous fûtes venu(s),
　　　ils furent venus
大過去　j'avais pris, tu avais pris, il avait pris, nous avions pris, vous aviez pris,
　　　ils avaient pris
　　　j'étais venu, tu étais venu, il était venu, nous étions venus, vous étiez venu(s),
　　　ils étaient venus
未来　je prendrai, tu prendras, il prendra, nous prendrons, vous prendrez,
　　　ils prendront
　　　je viendrai, tu viendras, il viendra, nous viendrons, vous viendrez, ils viendront
未来完了　j'aurai pris, tu auras pris, il aura pris, nous aurons pris, vous aurez pris,
　　　ils auront pris
　　　je serai venu, tu seras venu, il sera venu, nous serons venus, vous serez venu(s),
　　　ils seront venus

b. 接続法

現在　je prenne, tu prennes, il prenne, nous prenions, vous preniez, ils prennent
　　　je vienne, tu viennes, il vienne, nous venions, vous veniez, ils viennent
過去　j'aie pris, tu aies pris, il ait pris, nous ayons pris, vous ayez pris, ils aient pris
　　　je sois venu, tu sois venu, il soit venu, nous soyons venus, vous soyez venu(s),
　　　ils soient venus
半過去　je prisse, tu prisses, il prît, nous prissions, vous prissiez, ils prissent
　　　je vinsse, tu vinsses, il vînt, nous vinssions, vous vinssiez, ils vinssent
過去完了　j'eusse pris, tu eusses pris, il eût pris, nous eussions pris, vous eussiez pris,
　　　ils eussent pris
　　　je fusse venu, tu fusses venu, il fût venu, nous fussions venus, vous fussiez
　　　venu(s), ils fussent vunus

c. 条件法

現在　je prendrais, tu prendrais, il prendrait, nous prendrions, vous prendriez, ils
　　　prendraient
　　　je viendrais, tu viendrais, il viendrait, nous viendrions, vous viendriez, ils
　　　viendraient
過去　j'aurais pris, tu aurais pris, il aurait pris, nous aurions pris, vous auriez pris,

> ils auraient pris
> je serais venu, tu serais venu, il serait venu, nous serions venus, vous seriez venu(s), ils seraient venus

d. 命令法

> 現在　prends, prenons, prenez
> 　　　viens, venons, venez
> 過去　aie pris, ayons pris, ayez pris
> 　　　sois venu, soyons venus, soyez venu(s)

4. 法

　「法」とは、事柄が現実世界に属するのか、それとも現実世界以外の世界に属するのかを表すための動詞の形。現実世界とは、話し手が実際に起きたこと、あるいは起きていることを知っているか、現実に起きることを確信している事柄によって構成される世界のこと。現実世界に属する事柄を表すのが「直説法」。

　現実世界以外の世界とは、人間が頭の中だけで想像して作り上げる世界のこと。意志や願望、仮定などを表す表現では、事柄は基本的に現実世界のものではない。このような非現実的世界の事柄を表すための動詞の形として、フランス語には「接続法」「条件法」「命令法」がある。接続法は主として従属節中で、条件法は主として条件文の主節（帰結節）で用いられる。また、人間の意志としての命令や勧誘を表すのが命令法である。

〈直説法〉
　　Élène chante une chanson. エレーヌは歌を歌っている。
　　Paul aime les bandes dessinées japonaises. ポールは日本の漫画が好きだ。
　　Roland est allé à Berlin. ロランはベルリンに行った。
　　Il pleuvra demain. 明日は雨が降るだろう。
〈接続法〉
　　Je veux qu'elle soit plus sage. 彼女にはもっとおとなしくしてほしい。
　　Il est nécessaire que nous ayons du courage. 私たちが勇気を持つことが必要だ。
〈条件法〉
　　Si j'étais riche, j'achèterais un palais.
　　もし私が金持ちだったら、宮殿を買うだろう。
　　S'il avait fait plus d'efforts, Olivier aurait pu réussir au concours.

もっと努力していたら、オリビエは試験に受かっただろうに。
〈命令法〉
　　Prends ce médicament. この薬を飲みなさい。
　　Soyons tranquilles. 静かにしていよう。

5. 直説法

「直説法」は、文が表す事柄が現実世界のものだということを表すための法。現実世界では、現在(話し手が文を発している時点＝発話時点)を基準として、事柄が成立する時間が明確に意識される。

5.1. 直説法の時制

現在よりも前が「過去」、現在よりも後が「未来」であり、現在、過去、未来が、事柄の成立する時間の基本である。事柄が起きる時間を表す動詞の形が「時制」であり、フランス語の基本時制としても、「現在時制」「未来時制」「過去時制」がある。

フランス語の過去時制には、「複合過去」「単純過去」「半過去」の3種類がある。

フランス語ではさらに、過去の時点を基準とし、その前に起きた事柄を表す「過去完了時制(大過去、前過去)」、その後に起きた事柄を表す「過去未来時制」、さらに「過去未来完了時制」がある。

未来の時点を基準とし、その前に起きた事柄を表す時制もあり、それが「未来完了時制」である。未来の時点よりも後に起きる事柄を表す時制はない。

　　Didier regarde la télé. ディディエはテレビを見ている。〈現在〉
　　Anne a bu du café. アンヌはコーヒーを飲んだ。〈過去〉
　　Le train arrivera à temps. 列車は時間通りに着くだろう。〈未来〉
　　Nicole était partie quand je suis arrivé à son appartement.
　　私が彼女のアパートに着いたときには、ニコルはもう出かけていた。〈大過去〉
　　Georges m'a dit qu'il reviendrait tout de suite.
　　すぐ戻ってくるとジョルジュは私に言った。〈過去未来〉
　　Le soleil se sera couché quand nous finirons nos travaux.
　　私たちの仕事が終わった頃には、もう日は暮れているだろう。〈未来完了〉

5.2. 直説法のアスペクト

現在は一瞬で終わる時点である。事柄は始まってから終わるまでに時間がかかるのが普通だから、現在の時点で起こるのは事柄の部分である。過去は現在より

も前の長い時間的区間だから、事柄の全体が起きたことを表すこともできれば、ある時点で事柄の部分が起きていたことを表すこともできる。未来についても、過去と同様に、事柄の全体と部分を区別して表すことができる。本書では、一定の長さを持つ時間的な区間のことを「時区間」と呼ぶ。

　フランス語には、英語の進行形のような、部分相を表す一般的な方法はないが、現在は事柄の部分のみが成立するから、現在時制のアスペクトは部分相である。また、過去時制のうち半過去時制は、部分相を表す。大過去時制は全体相と部分相の両方を表すが、前過去時制は、全体相のみを表す。

　未来に起きる事柄は、まだ起きていないからよく分からないということもあって、フランス語では、未来時制も未来完了時制も、全体相と部分相の区別を動詞の活用形で行うことはない。

5.3. 直説法現在時制

　現在時制は、事柄の部分が現在の時点で起こっていることを表す。
a. 短い時間で終わる事柄の部分が現在起こっている。
　　Alain écoute la radio. アランは今ラジオを聴いている。
　　Catherine court le marathon. カトリーヌは今マラソンを走っている。
　　Giscard dort sur son lit. ジスカールは自分のベッドで眠っている。
b. 過去に始まった事柄が現在まで継続しており、現在以後も継続する。
　　Il neige depuis trois heures. 3時間前から雪が降っている。
　　Adèle court sur la piste depuis midi. アデルは正午からトラックを走っている。
c. 長い期間にわたって継続する事柄の部分が、現在でも起こっていることを表す（＝習慣）。
　　Ma femme travaille dans un bureau de poste. 私の妻は郵便局で働いている。
　　Brigitte se lève à sept heures tous les matins. ブリジットは毎朝7時に起きる。
　　Pierre habite au centre-ville de Montpellier.
　　ピエールはモンペリエの都心に住んでいる。
d. 普遍的な真理を表す。普遍的な真理は、どの区間でも成立しているものであり、当然現在の時点でもその部分が成立している。
　　Le soleil se lève à l'est. 太陽は東から昇る。
　　Le nombre des nombres premiers est infini. 素数の数は無限である。
　　Les oiseaux volent dans le ciel. 鳥は空を飛ぶ。
e. 部分を表さない現在時制形
① 近い未来に起こる瞬間的な事柄
　　Je viens tout de suite. すぐ行きます。

Le bus arrive dans peu de temps. バスは間もなく到着する。

※瞬間的に起こる事柄には部分がない。このため、arriver〈到着する〉, mourir〈死ぬ〉, venir〈来る〉, sortir〈出かける〉のような瞬間的な事柄を表す動詞の現在形は、本質的に現在を表すことができない。このため、現在形が現在に近い未来を表す。

② ニュースの見出し

La NASA envoie une sonde vers la lune. NASA 月に探査機を送る。
Le Premier Ministre promet le succès de la négociation.
首相、交渉の成功を約束

③ 実況中継

À travers les fenêtres ouvertes de l'hôpital, on peut entendre le bruit des vagues qui se brisent sur les rochers.
病院の開いた窓を通して、岩に砕け散る波の音が聞こえてきます。

Au palais de justice, une procession s'organise. Chacun vient signer le registre où sont consignés les noms des enfants kidnappés.
裁判所の前には列ができています。誰もが、誘拐された子供たちの名前が記載された名簿に記名しに来ているのです。

※出来事が起こるのと同時にそれを言葉で表しているのだから、まさに現在の出来事であり、したがって現在時制が用いられる。

④ 歴史的現在

Après un dîner à leur domicile, le fils fait entrer son complice dans l'immeuble. Dany, 25 ans tue Bernard avec un marteau acheté par les deux jeunes gens en prévision du crime.
自宅での夕食の後、息子は建物の中に共犯者を入らせる。25歳のダニーは、犯行のために2人で買っておいた金槌で、ベルナールを殺す。

À l'époque, déjà maman d'une petite fille, l'actrice quarantenaire revient avec émotion et se confie sur la dépression postnatale qui l'a frappée après accouchement.
その当時、すでに1人の娘の母親になっていた40歳のその女優は動揺して戻り、出産後に襲ってきた産後の鬱状態について打ち明ける。

※ニュースで、注目すべき事件の経過などを伝える文章でよく使われる。英語と違って、小説などの文学作品ではそれほど好まれない。

⑤ 条件文

Si vous partez maintenant, vous arriverez à la gare avant le départ du train.
× Si vous partirez maintenant, vous arriverez à la gare avant le départ du train.
今出発すれば、あなたは列車が発車する前に駅に着けるでしょう。

Si mon fils réussit l'examen, je lui achèterai une bicyclette.
× Si mon fils réussira l'examen, je lui achèterai une bicyclette.
息子が試験に合格したら、自転車を買ってやるつもりだ。

※「X ならば Y」という形の条件文は、ある事柄が事実であれば、別の事柄も事実だという意味を表す。大切なのは主節の Y で、X は Y が成立するための条件に過ぎない。条件は事実ではなく可能性に過ぎない。未来の事柄を未来形で表すと、起こる可能性が十分にあると思われてしまうから、そうではないことを表すために、未来のことであっても現在形を使う。この現在形は、接続法の働きと似ている。

5.4. 直説法複合過去時制
5.4.1. 複合時制の形

複合過去、大過去、前過去、未来完了(前未来)の各時制は、「助動詞＋過去分詞」という形をとる。

助動詞として用いられるのは、動詞 avoir と être。すべての他動詞とほとんどの自動詞が助動詞としてとるのが avoir だが、次のような動詞は être をとる。

• être を助動詞にとる動詞
a. 移動や変化を表す一部の自動詞
　　aller〈行く〉, venir〈来る〉, entrer〈入る〉, sortir〈出る〉, partir〈出発する〉, arriver〈到着する〉, monter〈上がる〉, descendre〈下りる〉, naître〈生まれる〉, mourir〈死ぬ〉, rester〈残る〉, retourner〈戻る〉, tomber〈落ちる〉, devenir〈〜になる〉, apparaître〈現れる〉

助動詞として être をとる動詞の場合、過去分詞は主語の性と数に合わせて語尾が変わる。

　　Il est allé au musée. 彼は美術館に行った。
　　Elle est allée au musée. 彼女は美術館に行った。
　　Ils sont allés au musée. 彼らは美術館に行った。
　　Elles sont allées au musée. 彼女たちは美術館に行った。

移動や変化を表していても、ほとんどの自動詞は、助動詞として avoir をとる。
　　marcher〈歩く〉, courir〈走る〉, voyager〈旅行する〉, changer〈変わる〉, pourrir〈腐る〉, rougir〈赤くなる〉など多数。

※avoir と être の両方を助動詞としてとる自動詞も少数だがある。
　　passer〈通る〉
　　　Nous sommes passés à la chambre voisine. 私たちは隣の部屋に移動した。
　　　Le camion a passé sur le pont. トラックは橋の上を通って行った。

monter〈上がる〉
 Les invités sont montés au premier étage. 客たちは 2 階に上がった。
 La température du liquide a monté de dix degrés.
 その液体の温度は 10 度上昇した。
 (数量が大きくなるという意味では avoir を用いる)
 disparaître〈消える〉, demeurer〈とどまる〉も両方の助動詞をとるが、disparaître は avoir、demeurer は être を用いるのが普通。
b. すべての代名動詞
 Jeanne s'est promenée le long de la rive. ジャンヌは河原を散歩した。
 Mathilde s'est acheté des chaussures. マティルドは自分の靴を買った。
代名動詞の se が直接目的語の場合 → 過去分詞は主語の性・数に一致する。
se が間接目的語の場合 → 過去分詞は男性単数形をとる
se が直接目的語であるか間接目的語であるかの見分け方は、代名動詞の項(第 4 章 10 節)を参照。

5.4.2. 複合過去時制の働き

複合過去は、現在よりも前に全体が起こった事柄を表す。時制は過去で、アスペクトは全体相。
a. 過去に起こった事柄で、現在とは無関係のもの。
 René Descartes est né en 1596. ルネ・デカルトは 1596 年に生まれた。
 J'ai rencontré Mireille à la gare hier soir. 昨夜私は駅でミレイユに会った。
 Il a fait très chaud l'année dernière. 去年はとても暑かった。
b. 過去に起こった事柄で、現在と何らかの関係を持つもの。
 Dominique a travaillé beaucoup aujourd'hui. ドミニクは今日たくさん働いた。
 Le train est déjà parti. 列車はもう出発してしまった。
 Sylvie a acheté une belle villa. シルビは綺麗な別荘を買った。
 Je suis allé à cette ville plusieurs fois. 私はその町には何回も行ったことがある。
c. 過去の時点で始まった事柄で、現在の直前まで継続していたもの。
 Je vous ai attendu depuis deux heures.
 あなたのことを 2 時間も待っていたのですよ。
 Lucien a contribué beaucoup à notre entreprise.
 リュシアンは私たちの会社に大きな貢献をしてきた。
 L'université a donné d'excellents savants au monde.
 その大学は優れた学者を世に出してきた。

5.5. 直説法単純過去時制

単純過去時制は、過去の時区間に事柄の全体が起こったことを表す。書き言葉でのみ用いられる。

話し言葉でも書き言葉でも用いられ、現在と関係のある過去の事柄も表す複合過去時制と異なり、現在とは無関係の事柄のみを表す。

Aristote fut un grand philosophe. アリストテレスは偉大な哲学者だった。

Le roi eut dix fils. その王様には息子が10人いた。

Napoléon naquit en 1769 en Corse et mourut en 1821 sur l'île de Sainte-Hélène.
ナポレオンは1769年にコルシカ島で生まれ、1821年にセント・ヘレナ島で死んだ。

Le passant promena ses yeux autour de lui, ne vit personne, n'osa pas regarder dans ce coin noir, et eut grand peur. Il doubla le pas. (Victor Hugo : *Les Misérables*)
通行人は、周囲に目をやったが、誰も見えず、その暗がりを見る勇気もなく、強い恐れを懐いた。そしてこれまでの倍の速さで歩いて行った。

※単純過去形は、20世紀の初め頃までは話し言葉でも使われていた。複合過去形は、もともとは英語の現在完了形と同様に、過去に起きて、現在と関わりのある事柄の全体を表していたのだが、すでに12世紀には、現在とは無関係の過去に起きた事柄を表すことができるようになっていた。それ以来、複合過去形の勢力が強まり、20世紀にとうとう単純過去形を、話し言葉から追い出してしまったということである。

5.6. 直説法半過去時制

半過去時制は、過去の時区間において事柄の部分が起きていたことを表す。

a. ある過去の時点または時区間で、短い時間で終わる事柄の部分が起こっていた。

Cécile habitait à Bordeaux pendant la guerre.
戦争中セシルはボルドーに住んでいた。

Émile travaillait encore à minuit. エミールは真夜中にまだ勉強していた。

Quand je suis rentré à la maison, ma femme faisait la cuisine.
私が帰宅したとき、妻は料理をしていた。

b. 長期間にわたり成立した事柄の部分が、過去の時区間でも起こっていたことを表す。

Les grecs anciens aimaient le commerce et la philosophie.
古代ギリシア人は商売と哲学が好きだった。

5. 直説法

>Les tyrannosaures mangeaient de la viande.
>ティラノサウルスは肉を食べていた。
>Mon frère habitait dans un petit appartement.
>私の兄は小さなアパートに住んでいた。

c. 過去の基準時点の直後に起きる事柄を表す。

>Quand Genet est arrivé à l'aéroport, l'avion décollait.
>ジュネが空港に着いたときには、飛行機は離陸しようとしていた。
>Les voyageurs sortaient de l'hôtel au lever du soleil.
>日の出の時間には、旅人たちはホテルを出ようとしていた。

※décoller〈離陸する〉, sortir〈出る〉のような動詞が表す事柄は瞬間的に起こるので、部分がない。このため、ある基準時点が与えられているとき、これらの動詞が半過去形になると、瞬間的な事柄が起きる前の状態の部分が、その時点で起きていたことを表す。décoller の半過去なら、ある時点で、飛行機が離陸する体勢にあったことを意味する。離陸する体勢にあったのだから、その時点の直後には離陸したということが分かる。

d. 現在の要求や願望を弱める。

>Je voulais participer à la réunion. その会合に参加したいのですが。
>Je venais vous dire que le dîner est prêt.
>夕食の準備ができたことを申し上げます。

※現在の要求や願望を直接的に表したくない場合に、それを過去にずらすことにより、働きかけの直接性を弱める効果が出る。日本語で店員が客に「お飲み物はよろしかったでしょうか」のように過去を表す「た」を使って客の意向を尋ねるのと同じである。

e. 条件文の前件

>Si j'étais plus intelligent, je pourrais résoudre ce problème.
>私がもっと賢かったら、この問題が解けるだろうに。
>Si ma femme était une bonne cuisinière, je serais très heureux.
>もし私の妻が料理がうまかったら、私は幸せだろうに。

条件文は「Si + 前件, 後件」という形で、「もし X ならば、Y だろうに」という意味を表す。前件が現実とは異なる事柄の場合、動詞は直説法半過去時制を用いる。条件文については、第 12 章 3.2.8. 節を参照。

f. 勧誘や依頼を丁寧に表す。

>Si nous allions au musée du Louvre ? ルーブル美術館に参りましょうか。
>Si vous aviez la bonté de vouloir me céder quelque argent ?
>少しばかりお金を融通していただけませんか。

半過去形が勧誘や依頼を表す場合には、文の前に Si を先行させる。
※Si は「もし〜ならば」という条件を表すための接続詞。「もし私たちが(あなたが)〜すれば、それがいいだろうに」という条件文に由来する。勧誘や依頼の内容を、非現実を表す条件文の一部として表現することで、相手への直接的な働きかけを弱める効果を持つ。

g. 親愛の気持ちを表す。

　　Il avait mal aux dents, mon petit. 歯が痛いのね、私のかわいい子。
　　Comme elle était sage, ma Catherine. 大人しくできるわよね、私のカトリーヌ。
※現実の出来事やまだ起きていない出来事を、過去の出来事として表すことで、出来事を直接的に子供に伝えないという配慮が伝わる。日本語でも、これから子供にしてほしい行為を「太郎ちゃん、もう歯が磨けたね」のように、過去を表す「た」を使って言い表すことがある。

h. 物語の背景となる事柄を表す。

　物語の文章では、筋を展開させる主要な事態は単純過去または複合過去で表されるが、主要な事態の背景を構成する事態は、半過去を使って表される。

　　Papa partit pour le front en octobre ; je revois les couloirs d'un métro, et maman qui marchait à côté de moi, les yeux mouillés ; elle avait de beaux yeux noisettes et deux larmes glissèrent sur ses joues.
　　　　　　　　　　　　　　　　（Beauvoir : *Mémoires d'une jeune fille rangée*）
　　父は10月に前線へと出発した。私は今でも地下鉄の通路と、目を濡らして私の隣を歩いていた母を覚えている。母は美しい褐色の目をしていたのだが、そこから二筋の涙が頬を伝っていった。

　物語文中の半過去形は、登場人物や場面を説明するために非常によく使われる。

① 人物の説明

　　Madame Marneffe abhorait la peine, elle avait la nonchalance des chattes qui ne courent et ne s'élancent que forcées par la nécessité. Pour elle, la vie devait être tout plaisir, et le plaisir devait être sans difficultés.
　　　　　　　　　　　　　　　　　　　　　　　（Balzac : *La Cousine Bette*）
　　マルネフ夫人は苦労が嫌いで、必要に迫られなければ走りも飛び上がりもしないネコのように無気力だった。彼女にとって、人生はすべて快楽でなければならず、快楽には苦労があってはならなかった。

② 場面の説明

　　On ne voyait rien, mais on entendait. Il se fasait à une certaine distance un mouvement mystérieux. Il était évident que l'instant critique arrivait.
　　　　　　　　　　　　　　　　　　　　　　　　　（Hugo : *Les Misérables*）

5. 直説法

何も見えなかったが、音は聞こえていた。少し離れたところでは、不思議な動きが起きていた。重大な時がやってきそうなのは明らかだった。

i. 絵画的半過去

背景ではなく主要な事態なのに、単純過去(複合過去)ではなくて半過去を使って表されることがある。

> Ils sortirent de la maison et le jour tombait tout peu après.
> 彼らは家を出た。その後すぐに日が暮れた。
> Elle a donné une longue explication sur le sujet et ajoutait des évidences inutiles.
> 彼女はその問題について長々と説明をしたが、さらに必要のない証拠を付け加えた。

主要な事態を半過去で表すことで、その事態を生き生きと表す効果が出るということで、半過去のこの用法は「絵画的半過去」と呼ばれる。

j. 時制の一致

主節が過去時制の場合、従属節も過去時制でなければならないという規則が「時制の一致」(時制の一致については、☞第13章2節)。

主節の時が過去で、従属節の時が主節と同じ場合には、従属節の時制は半過去になる。

> Louise a dit : « Je suis contente. » (直接話法)
> 「私は嬉しい」とルイーズは言った。
> Louise a dit qu'elle était contente. (間接話法)
> ルイーズは自分は嬉しいと言った。

発話を直接引用する形式が「直接話法」。発話と同じ内容を伝える形式が「間接話法」。直接話法の時制が現在であれば、これに対応する間接話法の時制は半過去になる。

発話の内容を表す場合以外でも、主節と従属節の時が同じで、主節が過去時制ならば、従属節の時制は半過去形になる。

> Marc pensa que tout allait bien. すべてうまく行っているとマルクは思った。
> Fabius croyait que son frère était fou.
> ファビウスは自分の兄の頭がおかしいと思っていた。
> Solange n'est pas allée au bureau parce qu'elle avait la grippe.
> 風邪を引いていたので、ソランジュは会社に行かなかった。

5.7. 直説法大過去時制

ある過去の時点を基準として、その時点よりも前に起きた事柄を大過去時制で

表す。大過去時制は、全体と部分、両方のアスペクトを表す。

　大過去時制のアスペクトが全体相ならば、過去の時点よりも前に完了した事柄を表し、アスペクトが部分相ならば、過去の時点より前に完了し、その過去の時点まで継続した事柄を表す。

a. 基準となる時点が副詞句で表される。

　　À neuf heures, Adèle avait fini ses devoirs.
　　8時には、アデルは宿題を終えていた。（過去の時点より前に完了した事柄）
　　Le voyageur était déjà parti au lever du soleil.
　　その旅人は、日の出の時にはもう出発していた。
　　（過去の時点よりも前に完了した事柄）
　　Le peuple romain avait été païen avant l'introduction du christianisme.
　　キリスト教の導入までは、ローマ人は異教徒だった。
　　（過去の時点まで継続した事柄）

b. 基準となる時点が節や文で表される。

　　Quand je suis arrivé au théâtre, le concert avait commencé.
　　私が劇場に着いたときには、コンサートは始まっていた。
　　（過去の時点より前に完了した事柄）
　　Patrice a récupéré le portefeuille qu'il avait laissé dans un avion.
　　パトリスは飛行機に置き忘れた財布を取り戻した。
　　（過去の時点よりも前に完了した事柄）
　　Mes amis arrivèrent à minuit : ils avaient passé dix heures dans le train.
　　私の友人たちは夜中に着いた。彼らは10時間も列車に乗ってきたのだった。
　　（過去の時点より前まで継続した事柄）
　　Les gens avaient habité sur la colline avant qu'ils ne s'installent sur la plaine.
　　人々は、平地に来る前は丘の上で暮らしていた。
　　（過去のある時点まで継続した事柄）

c. 時制の一致による過去完了の使用

　　Annette a dit : « J'ai visité la ville l'année dernière. »〈直接話法〉
　　Annette a dit qu'elle avait visité la ville l'année précédente.〈間接話法〉
　　アネットは「私去年その町に行ったわよ」と言った。
　　アネットは前年にその町を訪れたと言った。
　　Renard m'a dit : « Qu'avez-vous fait hier ? »〈直接話法〉
　　Renard m'a demandé ce que j'avais fait le jour précédent.〈間接話法〉
　　ルナールは私に「昨日何をした」と言った。
　　ルナールは私に前の日に何をしたか尋ねた。

Lucie a pensé que Yvain avait dit la vérité.
イバンは本当のことを言ったとリュシーは思った。

d. 条件文の前件で用いられる大過去

Si j'avais été plus courageux, j'aurais critiqué l'autorité.
もし私にもっと勇気があったら、当局を批判していたのに。

S'il n'y avait pas eu cet accident, il aurait pu arriver à temps pour la réunion.
もしその事故がなかったら、彼はその会合に間に合っていただろうに。

過去においてある事柄が成立していたら（前件）、別の事柄も成立していただろう（後件）という内容を表す条件文の前件に、過去完了時制が用いられる（条件文の後件では、条件法が用いられる。☞本章7節）。

5.8. 直説法前過去時制

前過去時制は、単純過去時制と同様に、文章中でしか用いられない。基準となる過去の時点よりも前に完了した事柄を表す。この働きは過去完了時制と同じだが、過去完了時制と違って、アスペクトは全体のみであり、過去の時点まで継続していた事柄を表すことはできない。

a. 基準となる時点が節で表される。

Quand il eut pris le petit déjeuner, Arnaud partit à l'école.
朝食をとると、アルノーは学校に出かけた。

Dès qu'il eut cessé de pleuvoir, les enfants recommencèrent à jouer dans la cour.
雨が止むとすぐに、子供たちはまた校庭で遊び始めた。

À peine fut-il [Il fut à peine] sorti de la chambre que les filles commencèrent à dire du mal de lui.
彼が部屋を出て行くや否や、少女たちは彼の悪口を言い始めた。

※à peine ... que〈〜するや否や〉の à peine が文頭に置かれると、疑問文の場合と同じ方法で、主語と動詞が倒置される。

À peine l'acteur fut-il apparu que les journalistes l'entourèrent.
L'acteur fut à peine apparu que les journalistes l'entourèrent.
その俳優が現れるや否や、記者たちが彼を囲んだ。

b. 基準となる時点が表されない。

前過去時制が単独で使用される場合は、事柄が短時間で終了したという意味合いになる。

Henri eut bientôt mangé toute la baguette.
アンリはパンを1本全部すぐに食べてしまった。

Josette eut répondu la question en un moment.
ジョゼットはその問題をたちまち解いた。

5.9. 直説法単純未来時制

　単純未来時制は、未来に起きる事柄を表す。単純過去・複合過去が事柄の全体を、半過去が事柄の部分を表すというようなアスペクトの区別は、未来時制では行われない。全体か部分かは、動詞の意味で区別される。

Je serai dans mon bureau à trois heures cet après-midi.
今日の午後3時には、私は会社にいる。

　être〈いる〉は状態動詞。午後3時という未来の時点に「私が会社にいる」という事柄の部分が起こる。

Tu sauras la vérité quand tu assisteras au tribunal.
法廷に行けば、真実を知ることになるだろう。

　savoir〈知っている〉は状態動詞。「真実を知っている」という事柄の最初の部分が、未来に法廷に行った時点で成立する。

Sandra fera une bonne présentation à la conférence.
サンドラは学会でいい発表をするだろう。

　faire une présentation〈発表する〉は動作動詞。「サンドラが発表する」という事柄の全体が、未来に起きる。

Gérard viendra à la réunion la semaine prochaine.
ジェラールは来週の会合に来るだろう。

　venir〈来る〉は動作動詞。「ジェラールが会合に来る」という事柄の全体が、来週起きる。

a. 歴史叙述での、過去から見た未来

　歴史を叙述する文章では、過去時制や現在時制で表された事実が起きる時点を基準として、その時点よりも後に起きて、この事実と密接な関係を持つ事柄を、未来時制で表すことがある。

Elle déclara, au nom de Dieu, que Charles VII était l'héritier ; elle le rassura sur sa légitimité dont il doutait lui-même. 　　　(Michelet : *Jeanne d'Arc*)
彼女は、神の名において、シャルル7世が後継者であると宣言した。そして、シャルル自身が疑っていた自分の正当性についての安心をもたらすことになる。

Tarquin le Superbe monte alors sur le trône. C'est le fils de Tarquin l'Ancien. Il va représenter le type même du tyran. En effet son pouvoir ne reposera que sur la force et ne sera légitimé ni par l'assentiment du Sénat ni par celui du

peuple. (Bloch : *Les origines de Rome*)
そしてタルクィニウス傲慢王が王位に就く。彼が先代のタルクィニウスの息子である。この先代の暴君の性格を、傲慢王が典型的に表すことになる。実際のところ、彼の権力は力のみに依存し、元老院の同意によっても、民衆の同意によっても正当化されることはなかった。

b. 事柄の真実性を弱める働き

　未来に起きる事柄は、まだ起きていないのだから起こる可能性があるだけ。この性質により、現在の事柄の推測や、命令・意志の表出を和らげる働きをする。

　　Il y a quelqu'un à la porte. Ce sera le facteur. 戸口に誰かいる。郵便屋だろう。〈現在の推測〉

　　Tu reviendras tout de suite. すぐ戻ってきてくれ。〈命令〉

　　Vous m'écouterez attentivement. 私の話を注意して聞いてください。〈依頼〉

　　Je conclurai que votre idée n'est pas logique.
　　私の結論では、あなたの考えは論理的ではないようです。〈意志〉

5.10. 直説法未来完了時制

　未来完了時制は、未来の時点を基準として、その時点よりも前に完了した事柄を表す。完了しているのだから、アスペクトは全体相。また、未来時制が現在の事柄の真実性を弱める働きがあるのと同様、未来完了時制も過去の事柄の真実性を弱める働きをする。未来完了は「前未来」とも呼ばれる。

a. 未来の時点よりも前に完了した事柄を表す。

　　Édouard aura achevé sa thèse l'année prochaine.
　　エドゥアールは、来年には論文を書き上げているだろう。
　　Le soleil se sera couché quand ils arriveront à la cabane.
　　彼らが小屋に着く頃には、太陽は沈んでしまっているだろう。

b. 過去の事柄の真実性を弱める。

　　J'ai le frisson ; j'aurai pris un rhume. 寒気がする。風邪を引いたのだろう。
　　Le train ne vient pas ; il y aura eu un accident.
　　列車が来ない。事故があったのだろう。

5.11. 直説法過去未来時制

　過去未来時制は、過去の時点を基準として、それよりも後に起こった事柄を表す。過去未来時制では、アスペクトの区別は表されない。通常は従属節中で用いられる。

　　Nathalie a dit qu'elle reviendrait tout de suite.

ナタリーは、すぐに戻ってくると言った。
Adolphe m'a demandé ce que je ferais après.
アドルフは、後で何をするか私に尋ねた。
J'ai rencontré une fille qui deviendrait ma femme.
私は後に私の妻となる娘に会った。

※過去未来時制の動詞の形は、条件法現在形と同じである。条件法は、過去未来形に由来するからこれは当然である。直説法単純未来時制には現在の事柄の真実性を弱める働きがあるが、過去未来時制は、事柄を過去にずらすことで、真実性の程度をさらに弱めることになり、これが独立した法として機能するようになったのが条件法である。

5.12. 直説法過去未来完了時制

過去未来完了時制は、過去の時点よりも後に位置する時点を基準として、その時点よりも前に完了した事柄を表す。過去未来時制と同様に、通常は従属節中で用いられる。

Le maire a affirmé que le pont aurait été réparé avant le début de la saison des pluies.
その橋は梅雨が始まる前には改修されていると市長は断言した。
La femme avait la conviction que son fils aurait résolu le problème quand elle reviendrait.
自分が戻ってくるときには、息子は問題を解いているだろうと、その女性は確信していた。

5.13. 複複合時制

「avoir + eu［été］+ 過去分詞」という形で、時制形を作るための助動詞が重なっている時制を「複複合［重複合］時制」と呼ぶ。

複複合時制としては、「複複合過去」「複複合過去完了」がある。

a. 複複合過去

働きは前過去と同じで、口語でも用いられる。前過去が文語で使われるため、その口語での代用形として使用される。

Rolande est sortie de la salle dès que le concert a eu fini.
= Rolande sortit de la salle dès que le concert eut fini.
コンサートが終わるとすぐに、ロランドは会場を出た。
Émile a eu vite compris la nature de la fille.
= Emile eut vite compris la nature de la fille.

エミールはその女の子の性格をすぐに理解した。
b. 複複合過去完了
過去完了が表す事柄よりも前に起こった事柄を表す。
À minuit Lucien avait fini son travail qu'il avait eu repris le soir.
リュシアンは夕方に再び始めた仕事を夜中には終えていた。

5.14. 近接過去と近接未来

時制には属さないが、動詞 venir〈来る〉と aller〈行く〉を助動詞的に用いて、現在の少し前（近接過去）や現在の少し後（近接未来）を表す表現がある。日本語で「来る」を用いて、「行ってきた」で近い過去を、「行ってくる」で近い未来を表すのに似ている。

a. 近接過去：venir de + 不定詞〈～したばかりだ〉
L'avion vient de décoller. その飛行機は離陸したばかりだ。
Le peintre venait de finir un tableau, quand on a sonné à la porte.
その画家が絵を仕上げたばかりのときに、戸口でベルが鳴った。

※「venir de + 不定詞」は、現在より少し前に事柄が終わったばかりの状態を表す。状態は部分相で表すから、「venir de + 不定詞」も部分相を表す現在時制か半過去時制しかとらない。

b. 近接未来：aller + 不定詞〈これから～するところだ〉
Je vais visiter le bureau du directeur. これから部長の部屋を訪ねるところだ。
Vers la fin de la conférence, la majorité des assistants allaient sortir de la salle.
会議の終わり頃には、出席者の大半は部屋を出ようとしていた。

※「aller + 不定詞」は、近い未来にあることをするつもりだという、現在における状態を表す。状態は部分相で表すから、「aller + 不定詞」も部分相を表す現在時制か半過去時制しかとらない。

6. 接続法

接続法は、真実であるかどうかは分からず、真実である可能性があるだけの事柄を表すための法で、現実世界で実際に起こる事柄を表す直説法と、この真実性の点で対立する。

「接続法」という名称は、接続詞とともに従属節で使われるのが原則だという性質に由来する。昔のフランス語では、主節でも接続法が用いられたが、事柄の成立が可能であるに過ぎないことを表す、主節で用いられる法としては条件法が一般的になったために、接続法は主として従属節で用いられるようになっている。

6.1. 接続法の時制

接続法の時制は、口語・通常の文語であるか、古風な文語であるかによって異なる。

a. 口語・通常の文語
① 主節の時と従属節の時が同時または従属節の時が後：接続法現在
② 主節の時よりも従属節の時の方が前：接続法過去

b. 古風な文語
① 主節が現在時制または未来時制
　主節の時が従属節の時と同時または後：接続法現在
　主節の時が従属節の時より前：接続法過去
② 主節が過去時制
　主節の時が従属節の時と同時または後：接続法半過去
　主節の時が従属節の時より前：接続法過去完了

現代の通常のフランス語では、接続法の時制は現在と過去だけ。しかし、18世紀や19世紀に書かれたフランス文学の代表的な文学作品では、半過去や過去完了が普通に使用されている。

 Je veux que Mireille soit plus sage. 主節：現在、従属節：同時 → 接続法現在
 ミレイユにはもっと大人しくしてほしい。

 Je veux que Patrick revienne. 主節：現在、従属節：後 → 接続法現在
 パトリックが戻ってきてほしい。

 Je doute que René ait dit la vérité. 主節：現在、従属節：前 → 接続法過去
 ルネが本当のことを言ったか疑わしい。

 Je voulais que Mireille soit plus sage. 主節：半過去、従属節：同時 → 接続法現在（通常）

 Je voulais que Mireille fût plus sage. 主節：半過去、従属節：同時 → 接続法半過去（古風）
 ミレイユにはもっと大人しくしてほしいと思った。

 Je voulais que Patrick revienne. 主節：半過去、従属節：後 → 接続法現在（通常）

 Je voulais que Patrick revînt. 主節：半過去、従属節：後 → 接続法半過去（古風）
 パトリックが戻ってきてほしいと思った。

 J'ai douté que René ait dit la vérité. 主節：複合過去、従属節：前 → 接続法過去（通常）

 Je doutai que René eût dit la vérité. 主節：単純過去、従属節：前 → 接続法過去完了（古風）

ルネが本当のことを言ったか疑わしいと思った。

6.2. 接続法と従属節

　接続法は、従属節(名詞節、関係節、副詞節)中で用いられる。接続法は、事実である可能性がある事柄を表すための動詞形だから、従属節で表されている事柄が事実だと主張することができない場合に接続法が用いられる。事実だと主張できる事柄が表される場合には、直説法を用いる。

　　Je sais que la maison de Roger est près d'ici.
　　私はロジェの家がこの近くだと知っている。〈知識は真実 → 直説法〉
　　Je veux que Mireille puisse réussir l'examen.
　　ミレイユが試験に合格すればいいと思っている。〈願望は可能性 → 接続法〉
　　Il est vrai que Lucie est arrivée à temps.
　　リュシーが間に合ったことは本当だ。〈真実の伝達 → 直説法〉
　　Il était douteux que Marc ait [eût] assez d'argent.
　　マルクが十分な金を持っているかどうか疑わしかった。〈疑いは可能性 → 接続法〉
　　Pierre a perdu la poupée qu'il avait achetée pour sa fille.
　　ピエールは、自分の娘に買った人形をなくした。
　　〈なくしたことは事実だから、買ったことも事実 → 直説法〉
　　Béatrice cherche quelqu'un qui veuille l'aider.
　　ベアトリスは手助けをしてくれる人を探している。
　　〈誰かが手助けをするのはまだ可能性 → 接続法〉
　　Quand sa mère est entrée dans sa chambre, Georges lisait un livre.
　　母親が部屋に入って行ったとき、ジョルジュは本を読んでいた。
　　〈母親が部屋に入ったことは事実 → 直説法〉
　　Avant que Valéry vienne, Catherine s'est maquillée avec soin.
　　バレリーが来る前に、カトリーヌは念入りに化粧をした。
　　〈化粧をした時点では、バレリーが来るのはまだ可能性 → 接続法〉

6.3. 名詞節中の接続法
6.3.1. 名詞節が主語

　　Il est souhaitable que Lucien prenne des précautions.
　　リュシアンが慎重を期することが望ましい。〈願望〉
　　Il fut douteux que le témoin dît la vérité.
　　証人が真実を言っているかどうか疑わしかった。〈疑念〉

Il est nécessaire que nous vérifiions la rumeur.
　　私たちがその噂を検証することが必要だ。〈必要〉
　　Il est préférable que vous partiez le plus tôt possible.
　　あなたはできるだけ早く出発した方がよい。〈判断〉
　　Il est étonnant que tous les étudiants aient présenté les devoirs.
　　すべての学生が宿題を提出したのは驚きだった。〈感情〉
　　Il est très bien que tu aies aidé le vieillard.
　　君がその老人の手助けをしたのはとてもよかった。〈評価〉
　　Il est naturel qu'il fasse chaud en été.
　　夏に暑いのは当然だ。〈評価〉

※「願望」「疑念」「必要」「判断」などの対象となる事柄が、真実ではなく成立する可能性があるだけなのはよく分かる。しかし「感情」や「評価」の対象となる事柄は、事実だと分かっているのが普通である。このような事柄に接続法が用いられる理由は、事柄を感情や評価の対象とする場合、その感情や評価が話し手個人のもので、すべての人間に共通だとは限らないからである。主観的な判断が必ずしも普遍的な判断だとは限らないことを、接続法が表している。

　名詞節が主語の場合、通常は Il est ... que のように、名詞節は文末に置かれ、それを受ける代名詞 il が文頭に置かれる。ただし、名詞節が文頭に来る構文も可能である。

　　Que Lucien prenne des précautions est souhaitable.
　　Que le témoin dît la vérité fut douteux.
　　Que nous vérifiions la rumeur est nécessaire.
　　Que vous partiez le plus tôt possible est préférable.
　　Que tous les étudiants aient présenté les devoirs était étonnant.
　　Que tu aies aidé le vieillard est très bien.
　　Qu'il fasse chaud en été est naturel.

・慣用表現
　　Il faut que vous soyez gentil avec les autres.
　　他人には親切にしなければならない。
　　Il se peut que Ramon ait trahi son ami.
　　ラモンが友人を裏切った可能性がある。
　　Il vaut mieux que tu te présentes à la prochaine assemblée.
　　君は次の会合には出席した方がよい。

　Il faut/se peut/vaut mieux que ... で用いられる que で始まる名詞節は、文法的には主語の働きをしていると考えてよい。しかし、名詞節を文頭に置くことはで

きず、常に il が先立つ形でしか使われないので、慣用表現の一種だと見なされる。

6.3.2. 名詞節が目的語
a. 主節動詞が意志や願望を表す。
　　Je désire que la paix se maintienne pour toujours.
　　私は平和が永久に維持されることを望む。
　　René a demandé que le dîner soit prêt avant sept heures.
　　ルネは、7時前には夕食の準備ができているように頼んだ。
　　Le chancelier ordonna que la loi fût proclamée sans délai.
　　総裁は、その法律が遅滞なく発布されるように命じた。
b. 主節動詞が疑惑・否定・危惧・禁止を表す。
　　Carole doutait que son mari tienne sa promesse.
　　キャロルは、夫が約束を守るとは思っていなかった。
　　Carole ne doutait pas que son mari (ne) tienne sa promesse.
　　キャロルは、夫が約束を守ることを疑っていなかった。
　　Marcel a nié que sa femme soit sortie de la maison.
　　マルセルは、妻が家を出たことを否定した。
　　Marcel n'a pas nié que sa femme (ne) soit sortie de la maison.
　　マルセルは、妻が家を出たことを否定しなかった。
　　Le ministre craignait que la dépression (ne) durât longtemps.
　　大臣は不況が長く続くことを恐れていた。
　　Évitez que vous (ne) révéliez le secret.
　　その秘密をもらさないようにしてください。
　　La police a empêché que les piétons (ne) traversent la route.
　　警察は、歩行者がその道路を横断することを禁止した。
※否定的な意味を表す動詞の目的語である名詞節中では、動詞の前に、フランス語本来の否定辞である ne が現れることがある。名詞節中の事柄の成立が否定されているわけではないので、この ne は、特別の意味がない「虚辞の ne」と呼ばれる。主節の動詞が疑惑や否定を意味するときは、否定文の名詞節中で、主節の動詞が危惧や禁止を表すときは、肯定文の名詞節中で、虚辞の ne が使われる（☞第11章10節）。
c. 主節動詞が思考や信念の否定または疑問を表す。
　　Je ne crois pas que Ferdinand puisse réussir dans l'entreprise.
　　フェルディナンがその事業で成功できると、私は思わない。
　　Emmanuelle ne pensait pas que le gouvernement eût raison.

エマニュエルは、政府が正しいとは考えていなかった。
　Croyez-vous que le président prenne notre avis en considération ?
　会長が我々の提案を考慮してくれると思いますか。
　思考や信念の内容が否定されると、その内容が真実である度合いが低下する。真実度の低下を表すのが接続法である。ただし、否定する主体が話し手ではなく、話し手は否定された事柄を真実だと思っている場合には、名詞節に直説法を用いることができる。
　　Olivier ne croit pas que je suis mariée.
　　オリビエは私が結婚していることを信じない。
　　Le maire n'a pas admis qu'il avait commis une grande erreur.
　　市長は自分が大きな過ちを犯したことを認めなかった。
　　Ne pense-t-elle pas que les dinosaures n'existent plus ?
　　彼女は恐竜がもう存在しないとは思っていないのか。

d. 主節動詞が感情や評価を表す。
　感情や評価の対象となる事柄は事実であるが、感情や評価が主観的なものであって、誰もが認める一般的なものではないことを表すために、接続法が用いられる。つまり、感情や評価の対象となる事柄は、あくまでもそう思っている人間の頭の中にあるのであって、すべての人間の頭の中に客観的に存在しているわけではないということを、接続法が表している。
　　Je me réjouis que mon père soit guéri de sa maladie.
　　父親の病気が治って私は嬉しい。〈喜び〉
　　Sylvie fut heureuse que sa fille eût remporté le prix.
　　シルビは、娘が受賞して嬉しかった。〈喜び〉
　　Noël regrettait que la société ait fait faillite.
　　その会社が倒産したことをノエルは残念に思った。〈残念〉
　　Je ne m'étonne pas que Véronique vous ait traité froidement.
　　ベロニクがあなたのことを冷たくあしらったのは驚くことでもない。〈驚き〉
　　La société admira que le mathématicien eût résolu le problème.
　　学会はその数学者がその問題を解いたことを賞賛した。〈賞賛〉
　　Je crois très appréciable que la cour ait rendu le jugement.
　　裁判所がその判決を下したのはとても評価できると思う。〈評価〉

6.3.3. 名詞節が名詞の内容を表す(同格節)
　名詞が願望・必要・義務・可能性・危惧・感情・評価などを表している場合、この名詞の内容を具体的に表すために用いられる同格の名詞節中では、接続法が

用いられる。

 Margueritte a le désir que sa fille devienne pianiste.
 マルグリットは、娘がピアニストになるという願望を持っている。〈願望〉
 Il a souligné la nécessité que le comité prenne une décision le plus tôt possible.
 委員会ができるだけ早く結論を出すことの必要性を彼は強調した。〈必要〉
 La possibilité fut grande que la comète s'explosât avant le début du siècle suivant.
 その彗星が次の世紀の初めまでに爆発する可能性が高かった。〈可能性〉
 Perrine a eu la crainte qu'un inconnu la suive.
 ペリーヌは見知らぬ人が自分についてきているのではないかと思った。〈危惧〉
※同格節が長い場合には、名詞と同格節の間に動詞が置かれることが多い。
 La joie est évidente que tout le monde puisse vivre en paix.
 誰もが仲良く暮らしていけるのが喜びなのは明らかだ。〈感情〉

6.4. 主節で使用される接続法

 文の主語や動詞の目的語あるいは副詞節として機能する従属節中で用いられるのではなく、単独で用いられる節中で用いられる接続法もある。

a. 文頭に接続詞 que を置く。
 Que tout le monde se taise. みんな黙るように。〈命令〉
 Qu'elle attende en bas.
 彼女が下で待つように（彼女を下で待たせておきなさい）。〈命令〉
 Que Joëlle gagne le championnat. ジョエルが優勝できるように。〈願望〉
 Que Dieu vous bénisse !
 神があなたを祝福されますように。(誰かがくしゃみをしたときにも、この文句を言う)〈願望〉

b. 接続詞を伴わず、接続法だけが独立して用いられる。
 慣用句として固定した形でしか使われない。
 Vive la France ! フランス万歳！
 Ainsi soit-il. そのようであってほしい。(キリスト教の祈りの文句。アーメン)
 La paix soit avec vous. 平和があなたとともにありますように。
 soit dit en passant ついでに言えば
 advienne que pourra どんなことがあろうとも
 coûte que coûte どんなに高くついても、是が非でも
 vaille que vaille どうにかこうにか

Plaise [Plût] à Dieu que ... 〜であればいい[よかった]のに
Sauve qui peut. 逃げることができる者は逃げなさい。
Dieu vous bénisse. (＝Que Dieu vous bénisse.)
神があなたを祝福されますように

être の接続法 3 人称単数現在形には、次のような用法がある。

soit A, soit B：A であれ、B であれ
Soit qu'il ait raison, soit qu'il ait tort：彼が正しくても、間違っていても
Soit un triangle sur une surface plate. 平面上に三角形があると仮定しよう。
Trois multiplié par quatre, soit douze. 3 の 4 倍、すなわち 12。

6.5. 関係節（形容詞節）中の接続法

関係節は、先行する名詞が表す事物の性質を詳しく限定する働きをする表現で、関係代名詞や関係副詞が先頭にあるという点以外は、文と同じ形をとる（☞第8章）。

関係節中の事柄が、現実のものではなく、成立する可能性があるだけの場合に、動詞が接続法になる。

a. 関係節が限定する事物が存在するかどうか分からない。

Je veux me marier avec une femme qui soit une bonne cuisinière.
私は料理が上手な女性と結婚したい。
（まだ結婚していないのだから「ある女性が料理が上手だ」という事柄は現実ではない）

L'hôpital cherchait un infirmier qui veuille travailler pendant la nuit.
その病院は、夜間に働きたい看護師を探していた。
（探しているだけだから「ある看護師が夜間に働きたい」という事柄は現実ではない）

Le peuple eut le désir d'habiter dans une région où il pût vivre tranquillement.
その民族は、平穏に暮らすことができる地域に住みたいと希望していた。
（希望しているだけだから「その民族がある地域で平穏に暮らすことができる」という事柄は現実ではない）

関係節中の動詞を直説法にすると、その性質を持った事物が現実に存在するという意味になる。

Je veux me marier avec une femme qui est une bonne cuisinière.
料理が上手な女性がいて、私は彼女と結婚したい。

L'hôpital cherchait un infirmier qui voulait travailler pendant la nuit.
夜間に働きたい看護師がいて、病院はその看護師の所在を探していた。

Le peuple eut le désir d'habiter dans une région où il pouvait vivre tranquillement.
その民族はある地域に住みたいという希望があったのだが、そこで彼らは平穏に暮らすことができた。
b. 関係節が限定する事物が存在しない。
Il n'y a personne qui puisse parler plus de dix langues.
10 カ国語以上を話せる人はいない。
Je n'ai pu trouver aucun dossier qui contienne l'information.
その情報が載っている書類は全く見つからなかった。
Catherine ne dit rien que son maître trouvât intéressant.
カトリーヌは先生が面白いと思うことは何も言わなかった。
　事物が存在しないのだから、その事物に関わる事柄は当然現実のものではない。
c. 関係節が限定する事物が、その性質を持つ唯一のものである。
Fabien est le seul homme que je connaisse dans ce village.
ファビアンは、この村で私が知っている唯一の人間だ。
Les mathématiques étaient la dernière discipline dans laquelle elle veuille se spécialiser.
数学は、彼女が一番専攻したくない学問だった（← 彼女が専攻したい最後の学問だった）。
　ある性質を持つ事物が１つしかないということは、その事物がその性質を持っているという事柄と同時に、その事物以外のすべての事物はその性質を持っていないということも意味している。つまり「他のすべての事物がその性質を持っている」という事柄は現実ではない。このことを表すために接続法が用いられる。
　「最も〜」という意味の最上級の形容詞によって限定される名詞が先行詞の場合も、その性質を持つ事物は１つしかないのだから、これを限定する関係節中では接続法が用いられる。
C'est la plus belle cathédrale que j'aie vue dans ma vie.
それは私が生涯で見たうちで最も美しい聖堂だ。
Gauss est le plus grand mathématicien que l'humanité ait mis au monde.
ガウスは、人類が生み出した最も偉大な数学者だ。
La sienne est l'œuvre la plus admirable qu'on puisse imaginer.
彼の作品は、想像できる最も素晴らしいものだ。

6.6. 副詞節中の接続法

　副詞節中の事柄が、真実ではなく、成立する可能性があるだけの場合に、接続

法が使用される。
a. 目的を表す。

Juliette travaille beaucoup pour que ses enfants soient diplômés de l'université.
子供たちが大学の卒業資格を得られるように、ジュリエットはたくさん働いている。

Fais les préparatifs afin que nous puissions partir dans dix minutes.
10分後には出発できるように準備をしなさい。

Charline a pris des médicaments de peur qu'elle (ne) prenne une grippe.
風邪を引くといけないので、シャルリーヌは薬を飲んだ。

※ de/par peur que... は「〜するといけないので」という意味で、「〜しない方がいい」というような、事柄の成立を否定したい気持ちがある。このことを表すのが「虚辞の ne」である。

de (telle) sorte/manière/façon que は「〜のように」という「様態」を表す接続句だが、que の後に接続法が来ると「目的」を表す。

Pauline gagne de l'argent de sorte qu'elle puisse acheter un appartement dans le centre-ville.
町の中心にアパートが買えるように、ポリーヌは金を稼いでいる。

Laurent a parlé fort de manière que sa mère l'entende bien.
母親がよく聞こえるように、ロランは大きな声で話した。

※ これらの接続句の後に直説法が用いられると、que 以下の事柄は現実のものとなる。したがってこの場合には「結果」を表す。

Cécile est maquillée de telle sorte qu'elle paraît une autre personne.
セシルは化粧をしていて、別人に見える。

Le chef a préparé des plats splendides de telle manière que tous les invités étaient très contents.
その料理人は素晴らしい料理を用意したので、招待者たちはみなとても満足した。

b. 条件を表す。

Pourvu que vous gardiez le secret, vous serez en sécurité.
秘密を守りさえすれば、あなたは安全だ。

Pour peu qu'elle se sente mal, j'annulerai le rendez-vous.
彼女が少しでも気分が悪ければ、私は会うのをやめよう。

Henriette ne sera pas en retard à moins que sa voiture (n') ait une panne.
車が故障しさえしなければ、アンリエットは遅れないだろう。

※「〜ならば」という条件文の前件は、接続詞 si の後であれば直説法が用いられる。

それなのに上のような場合に接続法が用いられるのは、「〜さえすれば」のような日本語訳からも分かるように、この条件が成立する可能性が低いと話し手が考えているからである。直説法に比べて可能性が低いことを表すことは、直説法に対する接続法の性質から説明できる。

条件文の主節または従属節中で、接続法過去完了形は、過去における仮定やその帰結を表すことができる。主節の接続法過去完了形は、条件法過去形と同じ働きをするので「条件法過去第2形」とも呼ばれる（☞第4章7.2.節）。

　　S'il n'avait pas été assassiné, César eût pu devenir empereur.
　　= S'il n'avait pas été assassiné, César aurait pu devenir empereur.
　　暗殺されていなかったら、カエサルは皇帝になることができただろう。
　　Si le typhon eût atteint la région, les dégâts auraient été immenses.
　　= Si le typhon avait atteint la région, les dégâts auraient été immenses.
　　もし台風がその地域に上陸していたら、被害は甚大なものになっていただろう。
　　Si j'eusse travaillé plus fort, j'eusse réussi à l'examen d'entrée.
　　= Si j'avais travaillé plus fort, j'aurais réussi à l'examen d'entrée.
　　もしもっと勉強していたら、私はその入学試験に合格しただろうに。

フランス語の祖先であるラテン語では、非現実の世界についての条件文では接続法が用いられたし、中世のフランス語でも条件文で接続法が使用されるのはまれではなかった。このような接続法の名残が、条件法過去第2形である。

c. 原因・様態・比較を表す節が否定的環境にある場合。

　　Yvain a choisi cette école, non (pas) que l'éducation y soit de haute qualité, mais parce qu'elle est près de chez lui.
　　イバンがこの学校を選んだのは、そこの教育の質が高いからではなく、自分の家の近くにあるからだ。〈否定の原因〉

否定の原因を表す non (pas)... que は、これに対比される真の原因を表す mais parce que ととも用いられる。真の理由が直説法で明示されていてこれが現実なのだから、否定された理由がそうではないことを表すために non (pas)... que の後では接続法が用いられる。

　　L'armée dut avancer sans qu'une lueur d'espoir de leur victoire soit visible.
　　勝利の希望が見えないのに、軍隊は前進しなければならなかった〈否定の様態〉。

sans que... は「〜なしで」という意味を表すから、que 以下の事柄は現実世界では成立していない。このことを表すために接続法が使用される。

d. 否定された比較構文で、比較の基準を表す節。

Le rapport n'est pas aussi fiable que tu（ne）l'aies pensé.
　　　その報告は、君が考えていたほど信頼できるものではない。〈否定の比較〉
　　　Armelle n'était pas si belle qu'il（n'）eût cru.
　　　アルメルは、彼が思っていたほど美しくはなかった。
　「P であるほど x ではない」という意味の、否定された比較構文では、P の内容は「何かが x という性質を持っている」という事柄である。上の例文では「君がその報告を信頼できると思っている」「彼がアルメルを美しいと思っていた」という事柄になる。この事柄が否定されているのだから、それは真実とは言えない。この性質を表すのが接続法である。
e. 主節の時よりも後に起きる事柄を表す。
　　　Il faut partir avant qu'il（ne）fasse jour.
　　　夜が明ける前に出発しなければならない。
　　　Philippe dut travailler très dur jusqu'à ce que son père se guérît de la maladie.
　　　父親の病気が治るまで、フィリップはたくさん働かなければならなかった。
　主節の時よりも後に起きる事柄は、その時点ではまだ起こる可能性があるだけ。このことを表すのが接続法である。
f. 「～にもかかわらず」「どんなに～でも」のような譲歩の意味を表す。
　　　Bien qu'il soit malade, Frédéric doit aller à son bureau.
　　　病気にもかかわらず、フレデリックは会社に行かなければならない。
　　　Odette a eu un très bon résultat à l'examen malgré [encore] qu'elle n'ait pas bien travaillé.
　　　あまり勉強しなかったにもかかわらず、オデットはとてもいい成績をとった。
　　　Quel que soit son désir, nous le placerons à un nouveau poste.
　　　彼の意志がどうであろうと、私たちは彼を新しいポストにつける。
　　　Aussi vite que tu coures, tu ne pourras pas la ratrapper.
　　　どんなに速く君が走っても、彼女には追いつけないだろう。
　「どんなに～でも」の場合は、可能性を提示しているだけだから、接続法が使用される環境にある。一方「～にもかかわらず」の場合は、事柄が真実であることは分かっている。それなのに接続法が使用されるのは、「P なのに Q」という内容中で、P が従属節で表されているからである。主節である Q の真実性が、表される内容の中心であり、P はこれに従属し、Q とは矛盾する事柄を表している。つまり、P が真実であるかどうかは大きな問題ではない。P のこのような性質を表すのが接続法である。

7. 条件法

条件法は、事柄の成立が可能であることを、主節で表すための動詞形。事柄の同じ性質を、従属節で表すのが接続法だと考えればよい。

7.1. 条件法現在

「Si＋直説法半過去, 条件法現在」という形で、「もしPならばQなのに」という意味を表す。Pは現在または未来において真実ではない事柄。Pが真実ではないことから、Qも真実ではないものと解釈される。

 Si j'avais beaucoup d'argent, j'achèterais un apartement au centre-ville.
 もし私にお金がたくさんあったら、町の中心にアパルトマンを買うのだが。
 Si le temps était beau, nous irions pique-niquer.
 天気がよければ、私たちはピクニックに行くのに。
 Si mon grand-père était toujours de ce monde, il n'accepterait pas notre proposition.
 もし祖父がまだ生きていたら、私たちの提案は受け入れないだろう。

☞ 条件法現在と同じ形をとる「直説法過去未来時制」については、第4章5.11.節を参照。

7.2. 条件法過去

「Si＋直説法過去完了, 条件法過去」という形で、「もしPだったら、Qだっただろうに」という意味を表す。Pは過去において成立しなかった事柄。Pが真実ではなかったことから、Qも過去において実現しなかったものと解釈される。

 S'il y avait eu un pont sur le fleuve, le trafic aurait été plus facile.
 その川に橋があったら、交通はもっと便利だっただろうに。
 Si je n'avais pas fait sa connaissance, ma vie aurait été totalement différente.
 もし私が彼を知ることがなかったら、私の人生は全く違っていただろう。
 S'il avait réussi dans le concours, Marcel serait parti pour New York.
 もしコンクールで優勝していたら、マルセルはニューヨークに向けて出発していただろうに。

☞ 条件法過去と同じ形をとる「直説法過去未来完了時制」については、第4章5.12.節を参照。

7.3. 条件文の前件が Si 節以外で表される場合

a. 前置詞句

Avec plus de capitaux, la société pourrait réussir dans ce qu'elle entreprend.
もっと資本があれば、その会社は事業に成功できるだろうに。
Sans sa correspondence, j'aurais ignoré cette information importante.
彼の連絡がなかったら、私はその重要な情報を知らなかっただろう。
À votre place, je ne lui dirais pas la vérité.
あなたの立場だったら、私は彼に本当のことを言わないだろう。

b. 副　詞

Catherine ne mangerait pas de cette manière ailleurs.
カトリーヌは、他の場所でならそんな食べ方はしないだろうに。
Paul est arrivé à l'aéroport vingt minutes avant le décollage. Autrement [Sinon] il aurait raté l'avion.
ポールは離陸20分前に空港に着いた。そうでなければ、彼は飛行機に乗り遅れていただろう。

c. 不定詞

À l'entendre parler français, on la prendrait pour une vraie Française.
彼女がフランス語を話すのを聞いたら、彼女が本物のフランス人だと思うだろう。
Vous auriez été stupéfait de le voir jouer.
彼が演技するのを見たらあなたはひどく驚いたことでしょう。

d. 分　詞

Les gens, voyant ce tableau magnifique, seraient très contents.
この素晴らしい絵を見れば、人々はとても喜ぶだろう。
Considérée d'un autre point de vue, son explication ne semblerait pas bien fondée.
別の観点から見たら、彼の説明は根拠があるようには見えないだろう。

e. ジェロンディフ（動名詞）

En prenant ce médicament, votre père guérirait du diabète.
この薬を飲めば、あなたのお父さんは糖尿病が治るのだが。
Vous auriez trouvé la ville très charmante en la visitant une fois.
その町を1回でも訪れれば、あなたはそこがとても魅力的だと思っただろうに。

f. 主　語

Un athlète pourrait sauter la barre.
運動選手ならそのバーを飛び越えられるだろう。
Même un mathématicien comme lui n'aurait pas trouvé de solution à ce pro-

blème.
彼のような数学者でも、その問題への解答は見つけられなかっただろう。

7.4. 真実性の主張を弱める働きをする条件法

何らかの条件の帰結だと解釈されない場合、条件法は、表される事柄が真実であるという話し手の主張を弱めるものと理解される。

a. 意志、依頼、義務などを丁寧に表す。

Je voudrais boire un autre café. コーヒーをもう 1 杯飲みたいのですが。

J'aimerais rester ici un peu plus de temps.
ここにもう少しの時間いたいのですが。

Voudriez-vous m'accompagner jusqu'à la gare ?
駅まで私を送っていただけませんか。

Pourriez-vous vous écarter de ce côté-là ?
そこの側からどいていただけませんか。

Tu devrais lui rembourser ta dette.
君の借金は彼に返さなければならないだろうな。

Il faudrait patienter encore avant d'entrer dans le théâtre.
劇場に入るまでもう少し待たなければならないだろう。

b. 伝聞を表す。

他人やメディアを介して得た情報は、話し手にとっては真実である可能性があるだけ。このことを表すのが条件法。

Antoine était sur le lieu où l'accident est arrivé. Un train aurait écrasé une voiture.
アントワーヌはその事故が起きた場所にいた。列車が自動車を押しつぶしたということだ。

Selon le journal, des terroristes auraient attaqué l'établissement militaire.
新聞によれば、テロリストがその軍事施設を攻撃したということだ。

Le chef de la police aurait-il entendu les alertes?
警察署長は警報を聞いたというのだろうか。

8. 命令法

命令法は、聞き手にある行為をしろと命令することを表すための動詞形。命令法現在時制は、未来に実現してほしい行為を表し、通常はこの形が用いられる。未来の時点を基準として、それよりも前にある行為を完了させておけという意図

を表すための形として、命令法過去時制が用いられることもある。

8.1. 命令法現在時制
a. 相手への指示や命令

 Prenez votre gauche pour aller au musée.
 美術館に行くには左に曲がってください。
 Donnez-moi un peu d'eau froide, s'il vous plaît. 冷たい水を少し下さい。
 Ne sortez pas de votre bureau. オフィスから出てはいけません。
 Surtout ne bouge pas. 絶対動いちゃだめだよ。

☞ 否定命令形については、第1章6.1.2.節を参照。

 Travaille beaucoup si tu veux réussir à l'examen.
 試験に合格したければたくさん勉強しなさい。
 Va-t'en tout de suite. すぐに出て行け。

☞ 人称代名詞を伴う命令形での人称代名詞の位置については、第5章3.1.2.節を参照。

b. 丁寧な依頼

 Veuillez agréer mes sentiments très distingués.
 謹んで敬意を表します。(手紙の末尾に用いる)
 Ayez la bonté de me prévenir votre arrivée.
 どうぞ前もってご到着をお知らせください。

c. 条件文の前件としての働き

 Allez encore une centaine de mètres et vous trouverez le bâtiment que vous cherchez.
 あと100メートルぐらい行けば、お探しの建物が見つかります。
 Ayez confiance en moi et je vous donnerai une rémunération suffisante.
 私を信頼してくれれば、十分な報酬を与えよう。
 Calme-toi et tu pourras mieux comprendre ce que je dis.
 静かにしていれば、私の話がもっとよく分かるよ。

8.2. 命令法過去時制

 Ayez préparé le dîner à l'arrivée du président.
 社長が到着するときには、夕食の準備ができているようにしてください。
 Sois parti de la maison quand les invités y arriveront.
 招待客が到着するときには、家を出ているようにしなさい。

9. 能動と受動

9.1. 能動文と受動文

「SVO」という形で「S(主語)がO(目的語)をVする」という意味を表す文を「能動文」という。

「S + être + 過去分詞 + par [de] + 名詞」という形で、「Sが名詞に〜される」という意味を表す文を「受動文」という。

「能動」と「受動」を全体として「態」と呼ぶ。だから正確には、「能動文」は「能動態を表す文」、「受動文」は「受動態を表す文」である。

事物Xと事物Yの間にある関係を表すのが文であり、関係を表す単語が動詞である(☞第1章1節)。XまたはYを基準として動詞と態が選択される。動詞と態を選択する基準となる名詞が「主語」である。

X(Jean〈ジャン〉)とY(le verre〈グラス〉)の間に「壊す」(briser)という関係が成立する。

Jean が主語 → 能動態

 Jean brise le verre. ジャンがグラスを壊す。

le verre が主語 → 受動態

 Le verre est brisé par Jean. グラスがジャンによって壊される。

X(la nouvelle〈その知らせ〉)とY(Sylvie〈シルビ〉)の間に「驚かす」(surprendre)という関係が成立する。

la nouvelle が主語 → 能動態

 La nouvelle surprend Sylvie. その知らせがシルビを驚かす。

Sylvie が主語 → 受動態

 Sylvie est surprise par la nouvelle. シルビがその知らせに驚かされる(=驚く)。

a. 主体から対象へ物理的な作用が及ぶ関係

 faire〈作る〉, réaliser〈実現する〉, tuer〈殺す〉, briser〈壊す〉, lever〈立てる〉, renverser〈ひっくり返す〉, manger〈食べる〉, boire〈飲む〉など

対象に物理的な力が及ぶような動作を表す動詞が用いられる場合は、主語と目的語の選択は、日本語と同様であり、能動態と受動態の関係も日本語と変わりがない。

　　Ma mère a fait ce gâteau. 私の母がこのケーキを作った。
　　→ Ce gâteau a été fait par ma mère. このケーキは私の母によって作られた。
　　Ce médicament tue les bactéries. この薬はその細菌を殺す。
　　→ Les bactéries sont tuées par ce médicament.
　　その細菌はこの薬によって殺される。
　　Une voiture renversa le garçon. 車がその少年を轢いた。
　　→ Le garçon fut renversé par une voiture. その少年は車に轢かれた。
　　La fille a mangé tous les plats. その少女は料理を全部食べた。
　　→ Tous les plats ont été mangés par la fille.
　　料理はすべてその少女によって食べられた。

b. 主体から対象へ心理的・感覚的な作用が及ぶ関係

　aimer〈愛する〉, détester〈嫌う〉, admirer〈賞賛する〉, estimer〈評価する〉, juger〈判定する〉, considérer〈考慮する〉, sentir〈感じる〉, apercevoir〈見かける〉

　心理的・感覚的な作用を表す動詞についても、能動態と受動態の関係がフランス語と日本語で同じである場合が多い。

　　Tout le monde aime la reine. 誰もが女王を愛している。
　　→ La reine est aimée de tout le monde. 女王は誰にも愛されている。
　　Les hommes de science admireront sa découverte.
　　科学者たちは彼の発見を賞賛するだろう。
　　→ Sa découverte sera admirée par les hommes de science.
　　彼の発見は科学者たちに賞賛されるだろう。
　　Le président ne considérait pas leurs efforts.
　　社長は彼らの努力を考慮していなかった。
　　→ Leurs efforts n'étaient pas considérés par le président.
　　彼らの努力は社長によって考慮されていなかった。
　　Laurent a aperçu Cécile à la gare. ロランは駅でセシルを見かけた。
　　→ Cécile a été aperçue par Laurent à la gare.
　　セシルは駅でロランに見かけられた。

　ただし、次のような動詞については、フランス語と日本語で、能動態での主語の選び方が異なる。

　surprendre〈驚かせる〉, étonner〈驚かせる〉, épouvanter〈怖がらせる〉, inquiéter〈心配させる〉, démanger〈かゆくさせる〉

9. 能動と受動

La faillite de la société a étonné les hommes d'affaires.
その会社の倒産が実業家たちを驚かせた。
→ Les hommes d'affaires ont été étonnés de la faillite de la société.
実業家たちはその会社の倒産に驚いた。

※日本語では「驚く」が基本の形。「驚く」の主語は人間。フランス語では étonner が基本形で、その主語は物事。

L'histoire du fantôme épouvanta les enfants.
その幽霊の話は子供たちを怖がらせた。
→ Les enfants furent épouvantés de l'histoire du fantôme.
子供たちはその幽霊の話を怖がった。

※日本語では「怖がる」が基本の形。「怖がる」のは人間。フランス語では épouvanter が基本形で、その主語は物事。

Le bouton me démange dans le dos. 私は背中の吹き出物がかゆい。

※フランス語の démanger は「かゆがらせる」という意味で、かゆみの原因である物が主語になり、目的語は人間。日本語では「かゆい」という形容詞を使い、主語は人間。

Ça me démange dans le dos. 私は背中がかゆい。
La langue lui démange. 彼女は話したくてむずむずしている。

※démanger の受動態は、慣用句でしか使われない。

Je suis démangé du désir de voir le tableau. 私はその絵が見たくてたまらない。

c. 対応する受動態がない能動態

　動詞が avoir〈持つ〉, pouvoir〈できる〉, regarder〈関係する〉など。

Lucien a deux filles. リュシアンには娘が2人いる。
　× Deux filles sont eues par/de Lucien.
Mon grand-père avait des yeux bleus. 私の祖父は青い目をしていた。
　× Des yeux bleus étaient eus de mon grand-père.
L'affaire ne me regarde pas. その事件は私に関係がない。
　× Je ne suis pas regardé par l'affaire.

d. 作用の対象が直接目的語ではなく、前置詞 à を介して表される場合

Juliette ressemble à l'actrice. ジュリエットはその女優に似ている。
　× L'actrice est ressemblée de Juliette.
　その女優はジュリエットに似られている。
Le jury a procédé au vote. 陪審員は票決に入った。
　× Le vote a été procédé par le jury. 票決が陪審員に入られた。
Le roi donna le territoire au duc. 王はその領地を公爵に与えた。

× Le duc fut donné le territoire par le roi. 公爵は王にその領地を与えられた。

○ Le territoire eut été donné au duc par le roi.
その領地が王によって公爵に与えられた。

Son talent a acquis un succès à Cécile.
才能のおかげでセシルは成功を得た（← 才能がセシルに成功を得させた）。

× Cécile a été acquise un succès par son talent.
セシルは才能によって成功を得させられた。

○ Un succès a été acquis à Cécile par son talent.
才能によってセシルに成功がもたらされた。

ただし、obéir〈服従する〉, désobéir〈背く〉, pardonner〈許す〉は、対象をàによって表すが、この対象を主語とした受動態が可能である。

Le peuple obéissait à la reine. 人民は女王に服従していた。

→ La reine était obéie par le peuple. 女王は人民に服従されていた。

Le pape ne pardonnera pas aux hérétiques.
法王はその異端者たちを許さないだろう。

→ Les hérétiques ne seront pas pardonnés par le pape.
その異端者たちは、法王によって許されることはないだろう。

9.2. 受動態の動作主の表し方

受動態で、主語に対して作用を及ぼす主体を「動作主」と呼ぶ。受動態の動作主は、前置詞 par によって表されるのが原則。ただし、比較的長時間にわたって継続し、開始や終了の時点が明確ではない事柄については、前置詞 de が用いられる。

Le jardin a été couvert par des feuilles mortes.
庭は落ち葉で覆われた（＝庭に落ち葉がない状態から落ち葉が覆った状態へと変化した）。

Le jardin était couvert de feuilles mortes.
庭は落ち葉で覆われていた（＝ある時点で庭が落ち葉で覆われているところを見た）。

Soudain la vue fut cachée par du brouillard. 突然視界が霧で遮られた。

Le lac est toujours recouvert de brouillard. その湖はいつも霧で覆われている。

• 動作主を de で表す傾向がある受動文

a. 動作主が感情や思考など、精神的な作用の主体であって、その作用の開始点と終了点が明らかでない場合。

L'enseignant est aimé des étudiants de sa classe.

その教師は自分のクラスの生徒たちに好かれている。
L'évêque était respecté du peuple du village.
その司教は村の人々に尊敬されていた。
Son nom est bien connu des spécialistes de la littérature française.
彼の名前はフランス文学の専門家にはよく知られている。
Julien était saisi d'une sensation très étrange.
ジュリアンはとても不思議な感情にとらわれていた。

感情や思考は状態性が強く、通常はいつ始まっていつ終わるのかが不明確である。この状態性を表すのが、現在時制や半過去時制である。思考や感情など状態性の強い事柄は、動作主の意志性は強く表出されない。意志性の程度が低いことを表すのが前置詞 de である。

b. 動作主が構成要素や付随物である場合。

L'eau est composée d'oxygène et d'hydrogène.
水は酸素と水素から成る。
Au lycée Aristote était accompagné de ses disciples.
リュケイオンでは、アリストテレスは弟子たちに伴われていた。

主体がある物で構成されている、主体にある物が付随しているという事柄については、構成したり付随したりする主体の意志性は弱い。これに伴って de が用いられる。

c. 動作主が手段や原因として理解される場合。

La salle était parfumée de roses. その部屋はバラの香りで包まれていた。
Son cerveau était excité de café fort. 彼の脳は強いコーヒーで興奮させられていた。

手段や原因となるものは普通は意志を持たない無生物。意志性のなさを表すためにde が用いられる。

9.3. 動作主を表さない受動態

Ces articles sont fabriqués dans cette usine.
これらの製品はこの工場で製造されている。
Le pétrole est importé de pays du Proche-Orient.
石油は近東諸国から輸入されている。

誰が製品を製造しているのか、どこが石油を輸入しているのかは、特定するのが難しいし、特定しても有用な情報にはならない。このような場合は動作主を表さないのが普通。

Le criminel fut condamné à dix ans de prison.

その犯罪者は10年の禁固刑を宣告された。
Le continent américain a été découvert en 1492.
アメリカ大陸は1492年に発見された。

　禁固刑を宣告するのは裁判所だし、アメリカ大陸を発見したのはコロンブスだということを誰もが知っている。動作主が容易に分かる場合には、わざわざそれを表すことはしない。

10. 代名動詞

10.1. 代名動詞の形

　「再帰代名詞＋他動詞」という形で一体となって使われる動詞句を「代名動詞」と呼ぶ。再帰代名詞は以下の通り。

	単数	複数
1人称	me	nous
2人称	te	vous
3人称	se	se

a. 代名動詞は、複合過去時制や過去完了時制などでは、助動詞としてêtreを用いる。以下に直説法現在時制と複合過去時制での、代名動詞 se lever〈起きる〉の活用形をあげる。

① 直説法現在時制

je me lève	nous nous levons
tu te lèves	vous vous levez
il/elle se lève	ils/elles se lèvent

② 直説法複合過去時制

je me suis levé(e)	nous nous sommes levé(e)s
tu t'es levé(e)	vous vous êtes levé(e)(s)
il s'est levé	ils se sont levés
elle s'est levée	elles se sont levées

b. 再帰代名詞は、直接目的語の場合と間接目的語の場合がある。「自分を」と解釈される場合は直接目的語、「自分に」「自分のために」と解釈される場合は間接目的語だと考えておけばよい。

Marie lève sa fille. マリーは娘を起こす。
Marie se lève. マリーは自分を起こす → マリーは起きる。〈直接目的語〉
Elles promènent leurs chiens. 彼女たちはイヌを散歩させる。
Elles se promènent. 彼女たちは自分を散歩させる → 彼女たちは散歩する。〈直接目的語〉
Elle lave des serviettes. 彼女はタオルを洗う。
Elle se lave les mains. 彼女は自分のために手を洗う → 彼女は自分の手を洗う。〈間接目的語〉
Elles font des gâteaux. 彼女たちはケーキを作る。
Elles se font des illusions.
彼女たちは自分に幻想を作る → 彼女たちは幻想を抱く。〈間接目的語〉

c. 再帰代名詞が直接目的語のとき、複合時制では、過去分詞が主語名詞と性・数の一致をする。間接目的語のときは、一致をしない。

Marie s'est levée. マリーは起きた。
Elles se sont promenées. 彼女たちは散歩した。
Elle s'est lavé les mains. 彼女は自分の手を洗った。
Elles se sont fait des illusions. 彼女たちは幻想を抱いた。

再帰代名詞が「自分を」という意味を表していても、目的語を à を用いて表す動詞の場合は、間接目的語と同じように取り扱われる。

Odile plaît à ses parents. オディールは自分の両親を喜ばせる。
Odile se plaît à son nouveau travail. オディールは新しい仕事が気に入っている。
Odile s'est plu à son nouveau travail. オディールは新しい仕事が気に入った。
Elles nuisent à leurs réputations. 彼女たちは自分たちの評判を傷つけている。
Elles se nuisent. 彼女たちは傷つけ合っている。
Elles se sont nui. 彼女たちは傷つけ合った。

10.2. 代名動詞の働き

　代名動詞の働きは「再帰」「相互」「受動」の3つである。これ以外に、どの働きをしているのか特定できない場合があり「本来的用法」と呼ばれる。
　代名動詞は、本来「自分を～する」という再帰的な意味を表す。行為の主体が複数であるとき、複数の主体が自分たちに対して働きかけをするなら、主体がそれぞれ他方に作用を及ぼすこともありうる。このような、複数の主体の内部で相互に働きかけをするということが、相互的な働きである。
　主体が意志を持たない事物であるとき、主体が自分自身に作用を及ぼすと表現されても、実際に作用を及ぼすのは主体以外の意志を持った人間だと解釈される。

この場合「Xが自分に〜する」という構文が表すのは「誰かがXに〜する」ということだが、Xを主語のままにしておくと「Xが誰かに〜される」という受け身の意味を表すことになる。

10.3. 再帰用法
a. 再帰代名詞が直接目的語

 Thérèse se regarde dans le miroir. テレーズは鏡で自分の姿を見ている。
 Josette s'est effacée pour moi. ジョゼットは私のために脇に寄ってくれた。
 Ferdinand se croyait un grand penseur.
 フェルディナンは自分のことを偉大な思想家だと思っている。

b. 再帰代名詞が間接目的語

 Juliette s'est lavé la figure. ジュリエットは顔を洗った。
 Gilles se prendra des chaussures. ジルは自分で靴を選ぶつもりだ。
 Clémence s'est réservé une bonne somme d'argent.
 クレマンスは自分のためにかなりの額の金を取っておいた。

10.4. 相互用法
a. 再帰代名詞が直接目的語

 Les deux hommes se sont battus（l'un l'autre）.
 その2人の男たちは（互いに）殴り合った。
 Roméo et Juliette s'aimaient beaucoup.
 ロメオとジュリエットは互いをとても愛し合っていた。
 Holmes et Watson se comprennent parfaitement.
 ホームズとワトソンは互いを完全に理解し合っている。

b. 再帰代名詞が間接目的語

 Aurore et sa fille se ressemblent（l'une à l'autre）.
 オロールと彼女の娘はお互いに似ている。
 Elles se sont fait des cadeaux. 彼女たちは互いに贈り物を贈り合った。
 Les vainqueurs se sont partagé les trophées（entre eux）.
 勝利者たちは戦利品を分け合った。

10.5. 受動用法

 La montagne se voit de cette terrasse.
 その山はこの屋上から見られる → その山はこの屋上から見える。
 Le vin blanc se boit frais.

白ワインは冷たい状態で飲まれる → 白ワインは冷たくして飲む。
Ces montres de première catégorie se fabriquent en Suisse.
これらの高級腕時計はスイスで製造される。
Le poivre se transportait depuis l'Inde.
胡椒はインドから運ばれていた。
代名動詞が受動の意味を表す条件：
① 主語は無生物が原則
② アスペクトは部分相
③ 動作主は表現されない
フランス語には受動態があるのだから、受動の意味を表すために、わざわざ代名動詞を用いる必要はないはずである。それにも関わらず代名動詞を使って受動の意味を表すのは、受動態では現在や過去における習慣の意味が表しにくいからである。
La montagne est vue de cette terrasse.
その山はこの屋上から見られている。
「誰か特定の人間に見られている」という意味もある。
Le vin blanc est bu frais.
そのワインは冷たくして飲まれている．
ワイン一般ではなく、特定のワインが特定の誰かに飲まれているという意味になる。
Ces montres de première catégorie sont fabriquées en Suisse.
これらの高級時計はスイスで製造されている。
この文は主語が複数なので、習慣を表すことができる。ただし、「ある特定の会社により」「ある特定の工場で」のような意味があるものと理解されることもありうる。
Le poivre était transporté depuis l'Inde.
その胡椒はインドから運ばれていた。
ある特定の胡椒が、ある時点でインドから運ばれる途中だったという意味になる。

10.6. 本来的用法

再帰、相互、受動のいずれにも分類できない代名動詞の用法を「本来的用法」として分類している。要するに、「自分を〜する」「お互いに〜する」「〜される」という日本語訳ができず、単に「〜する」という訳以外はできない代名動詞が、本来的用法に属すると考えればよい。

本来的用法の場合、過去分詞は主語と性・数を一致させる。
　　Guillaume s'est aperçu de la vraie valeur de l'œuvre.
　　ギヨームはその作品の本当の価値に気づいた。
　　Alice s'est aperçue qu'elle avait fait une erreur.
　　アリスは自分が誤りを犯したことに気づいた。
s'apercevoir de [que] で「(ある事柄)に気づく」という意味を表す。
※apercevoir は「見かける」という意味を表す。
　　J'ai aperçu Delphine à la gare. 私は駅でデルフィーヌを見かけた。
　　Éliane s'est servie d'un mouchoir pour essuyer son front moite.
　　額の汗をぬぐうために、エリアーヌはハンカチを使った。
se servir de は「〜を使う」という意味。
※servir は「〜に仕える」、servir à は「〜に役立つ」という意味を表す。
　　Arnaud a servi le duc jusqu'à sa mort. アルノーはその死まで公爵に仕えた。
　　Les sciences naturelles servent au développement de l'humanité.
　　自然科学は人類の進歩に役立つ。
　　Gilles s'attendait au pire. ジルは最悪の事態を覚悟していた。
s'attendre à は「〜を予期する、覚悟する」という意味。
※attendre は「待つ」という意味を表す。
　　Nous attendons le train depuis longtemps.
　　私たちはもう長い間列車を待っている。
　　Allez-vous-en. / Va-t'en. 行ってしまえ。
s'en aller で「出ていく」という意味を表す。
　　Les ennemis se sont enfuis des champs de bataille. 敵兵は戦場から逃げ去った。
　　Les oiseaux s'envolaient les uns après les autres.
　　鳥たちは次々に飛び立っていた。
　　Je ne pouvais pas me souvenir de son nom.
　　私は彼女の名前を思い出せなかった。
　　Camille s'est efforcée de s'emparer du bien de sa tante.
　　カミーユは叔母の財産を奪おうと努めた。
s'enfuir〈逃げ去る〉, s'envoler〈飛び立つ〉, se souvenir de〈〜を思い出す〉, s'efforcer de〈〜しようと努める〉, s'emparer de〈〜を奪う〉などは、代名動詞の形でしか用いられない。

10.7. 代名動詞の用法の見分け方

本来的用法については、1つの動詞と同じように、覚えておくしかない。

10.7.1. 主語が１人称・２人称単数 → 再帰用法

Je me suis blessé au doigt.
私は指を傷つけた（← 私は指において自分を傷つけた）。
Tu dois te rendre à la police.
君は警察に自首しなければならない（← 君は警察に自分を引き渡さなければならない）。
Vous ne vous comprenez pas.
あなたは自分のことが分かっていない。
Je me suis préparé un grand gâteau pour mon anniversaire.
私は自分の誕生日に大きなケーキを用意した。

10.7.2. 主語が３人称単数

主語が単数であれば、相互用法を表すことはない。再帰か受動のいずれかを表す。
a. 主語が無生物 → 受動用法
Le poisson cru ne se mange pas en France. 生の魚はフランスでは食べられない。
Les temples grecs se construisaient en marbre. ギリシアの神殿は大理石で造られていた。
b. 主語が生物 → 再帰用法
L'homme se croyait un génie. その男は自分を天才だと思っていた。
La chatte s'est léché la patte. その雌猫は自分の足を舐めた。

10.7.3. 主語が複数

a. 主語が無生物
(1) 動詞が意志的に行われる動作を表す → 受動
Beaucoup de bâtiments s'alignent le long de l'avenue.
大通り沿いにたくさんの建物が並んでいる（← 並べられている）。
※aligner は〈人間が意志的に何かを並べる〉という意味。
Ces prêts-à-porter se vendent dans le grand magasin.
その高級既製服はデパートで売られている。
※vendre は〈人間が意志的に何かを売る〉という意味。
(2) 動詞が無意志的に成立する事柄を表す → 相互
Les lignes ferroviaires se croisent dans cette ville.
その鉄道路線はこの町で交差している。
※se croiser は〈物が無意志的に交差する〉という意味を表すことができる。

Des souvenirs divers se superposaient dans son cerveau.
色々な記憶が彼の頭の中で重なり合った。
※se superposer は〈物が無意志的に重なる〉という意味を表す。

b. 主語が生物
（1）主語が作用を及ぼす対象が主語自身または主語の所有物以外にはない → 再帰

Les animaux se sont installés dans la prairie.
動物たちはその草原に住み着くようになった（← 自分をその草原に落ち着かせた）。
※動物たちが落ち着かせる対象は se で表される自分自身以外にはない。
Les étudiants s'instruisent de connaissances utiles.
学生たちは役に立つ知識を学んでいる（← 自分自身に役に立つ知識を教えている）。
※学生たちが自分に教える（身につける）知識は、学生たちの所有物になる。

（2）主語が作用を及ぼす対象を表す語句がない → 相互

Les filles se sont appelées à haute voix dans le noir.
少女たちは暗闇の中、大声で呼び合った。
※appeler〈呼ぶ〉の目的語が se 以外にない。
Les deux pays se blâmaient à la conférence.
会議で2つの国は互いに非難し合った。
※blâmer〈非難する〉の目的語が se 以外にない。

11. 非人称動詞

人称代名詞の il が文頭に置かれているが、この代名詞が具体的な事物を表さないか、後続する語句と同じ事物や事柄を指す文を「非人称構文」、非人称構文で用いられる動詞を「非人称動詞」と呼ぶ。非人称動詞は、主語の il に一致させて、3人称単数形でしか用いられない。

11.1. 非人称構文でしか使われない動詞

a. falloir〈～しなければならない〉

Il faut travailler beaucoup. たくさん勉強しなければならない。
Il m'a fallu me lever très tôt. 私はとても早く起きなければならなかった。
Il faut que tout le monde obéisse à la loi.
すべての者が法律に従わなければならない。

b. 天候を表す動詞
　　Il pleut souvent en juin dans notre pays. 私たちの国では6月によく雨が降る。
　　Il neigeait quand je suis sorti de ma maison.
　　私が自分の家を出たときは雪が降っていた。
　この他 venter〈風が吹く〉, tonner〈雷が鳴る〉, grêler〈あられが降る〉, brumer〈霧がかかる〉などが非人称動詞。

11.2. 非人称構文でも使われる動詞
a. faire
　　Il fait beau [mauvais, chaud, froid] aujourd'hui.
　　今日は天気がいい[天気が悪い、暑い、寒い]。
　　Il fait jour [nuit]. 朝[夜]になった。
　　Il fait du vent. 風がある。
　　Il fait un très bon soleil. とても天気がいい。
b. être
　　Il est dix heures et demie [midi, minuit]. 10時半[正午、真夜中]だ。
c. avoir
　　Il y avait foule dans la salle de concert.
　　コンサートの会場は大変な人混みだった。

11.3. 主語の il が後続する名詞句を指示する
　　Il est arrivé un accident sur la route. 道路で事故が起こった。
　　＝Un accident est arrivé sur la route.
　　Il existait des animaux féroces dans cette forêt. この森には獰猛な動物がいた。
　　＝Des animaux féroces existaient dans cette forêt.
　　Il viendra beaucoup de gens pour écouter sa lecture.
　　彼の講義を聞きにたくさんの人が来るだろう。
　　＝Beaucoup de gens viendront pour écouter sa lecture.
※arriver, venir, exister, disparaître など、存在、消滅、出現などを表す自動詞が述語として使われる文では、文頭の主語の位置に il を置き、もともと主語として働くはずの名詞句が、動詞の後に置かれる構文がよく使われる。本来の主語が複数であっても、動詞は単数形をとる。
　この構文は、フランス語と同じように非人称構文を使う英語では不適格になる。
　　× It happened an accident on the street.
　　× It existed ferocious animals in the woods.

168　　　　　　　　　　第 4 章　動　詞

　　× It will come many people to listen to his lecture.
● 本来の主語が不定名詞句で、動詞が受動態の場合にも、il がこの不定名詞句を指示する構文を使うことができる。
　　Il a été construit des centaines de maisons. 何百もの家が建てられた。
　　Il sera trouvé un trésor inimaginable. 想像を超える宝が見つかるだろう。

11.4.　主語の il が後続する不定詞句や名詞節を指示する
　最も一般的な構文は「Il＋être＋形容詞＋不定詞句／名詞節」という形の文。
　　Il est très difficile de maîtriser le grec ancien.
　　古典ギリシア語をものにするのはとても難しい。
　　Il est inutile de déranger tes parents.
　　君の両親に迷惑をかけるのは無駄なことです。
　　Il était certain que Patric réussirait dans son entreprise.
　　パトリックが事業に成功するのは確実だった。
　　Il est préférable que vous soyez méfiant. あなたは用心した方がよい。
être 以外の動詞が述語の場合
　　Il importe［s'agit］de maintenir de bonnes relations avec notre voisin.
　　隣国とよい関係を保つことが大切だ。
　　Il suffit de jeter un coup d'œil sur le dossier.
　　その書類をざっと眺めるだけで十分だ。
　　Il semblait que Simone ne fût pas satisfaite du résultat.
　　シモーヌはその結果に満足していないように見えた。
　　Il conviendrait que vous payiez attention à ses paroles.
　　彼の言葉にあなたは注意すべきでしょう。
　　Il se dit que le grand magasin sera rénové.
　　そのデパートが改装されると言われている。
　　Il s'ensuit que la conclusion n'est pas valable.
　　その結論は有効ではないということになる。
　　Il a été décidé que la finale serait remise.
　　決勝戦は延期されることが決まった。
　名詞節中の動詞がとる法は、主節の動詞がどの法を要求するかによって決まるが、名詞節中の事柄が事実である場合には直説法、事柄が成立することが可能であるに過ぎない場合には接続法になるのが原則。

12. 使役構文

「～させる」という意味を「使役」と呼ぶ。日本語では助動詞「(さ)せる」を用いて表せばよいが、フランス語では動詞 faire または laisser と不定詞を用いて表す。

12.1. faire を用いる使役

faire を用いる使役は、使役の対象の意志があるかどうかに関わらず、動作主がある行為をするという事柄が成立するように、主語が意志的に働きかけるという意味を表す。動作主の行為を表す動詞が自動詞であるか他動詞であるかによって、構文が異なる。

12.1.1. 行為を表す動詞が自動詞

「主語＋faire＋自動詞の不定詞＋動作主（目的語）（＋前置詞句）」という構文をとる。

Sophie a fait venir Paul dans son bureau. ソフィーはポールを会社に来させた。

Jean fera jouer ses enfants dans le jardin.
ジャンは自分の子供たちを庭で遊ばせるつもりだ。

※自動詞は venir dans son bureau, jouer dans le jardin のように、行為の目的地や場所を前置詞句で表すことが多いが、「faire＋自動詞の不定詞＋動作主」という連続は保たなければならず、前置詞句は動作主を表す名詞の後に置かれる。

× Sophie a fait venir dans son bureau Paul.

× Jean fera jouer dans le jardin ses enfants.

a. 代名動詞が自動詞と同じ働きをしている場合も、同じ構文を用いる。この時、再帰代名詞は省略することができる。

Lucien a fait (s')asseoir la fille sur le siège.
リュシアンはその娘を席に座らせた。

Le professeur a fait (se) lever les étudiants.
教師は学生たちを立たせた。

b. 動作主目的語が人称代名詞で表される場合

Sophie l'a fait venir dans son bureau. ソフィーは彼を会社に来させた。

Jean les fera jouer dans le jardin. ジャンは彼らを庭で遊ばせた。

Lucien l'a fait (s')asseoir sur le siège. リュシアンは彼女を席に座らせた。

Le professeur les a fait (se) lever. 教師は彼らを立たせた。

人称代名詞は、使役動詞 faire の直前、助動詞がある場合はその助動詞の直前

に置く。

　人称代名詞が助動詞 avoir の前に置かれている場合でも、過去分詞 fait の性・数を代名詞の性と数に一致させることはない。

12.1.2. 行為を表す動詞が他動詞

「主語＋faire＋他動詞の不定詞＋動作の対象＋à［par］＋動作主（＋前置詞句）」という構文をとる。

　　L'autorité fera payer la taxe à [par] l'entreprise.
　　当局はその会社に税金を払わせるだろう。
　　Marie a fait manger des carottes à [par] ses enfants.
　　マリーは子供たちに人参を食べさせた。

a. 動作主と動作の対象を代名詞で表す場合

　この構文で代名詞を使う場合は、動作の対象が直接目的格、動作主が間接目的格になる。

　　L'autorité la lui fait payer. 当局はそこにそれを払わせる。
　　Marie les leur a fait manger. マリーは彼らにそれらを食べさせた。

　ただし、動作の対象が名詞句で表されているときには、動作主が直接目的格をとることもできる。

　　Lionel lui [la] fit emporter les assiettes.
　　リオネルは彼(女)に皿を持って行かせた。

b. 行為を表す動詞が行為の対象を à を介して表す場合、動作主は par によって表される。

　　René a fait renoncer au projet par son subordonné.
　　ルネは部下にその計画を断念させた。
　　Le roi fait obéir à ses ordres par le peuple. 王は人民を自分の命令に従わせる。

　動作主を par のみで表すのは、前置詞 à が繰り返されることで、意味が分かりにくくなるのを避けるためである。

※日本語には「子供たちは人参を食べさせられた」のような「使役受け身」と呼ばれる構文があるが、フランス語には使役構文の受動態はない。

　　× Les enfants ont été faits manger des carottes par Marie.
　　○ 子供たちはマリーに人参を食べさせられた。
　　× Il a été fait emporter les assiettes par Lionel.
　　○ 彼はリオネルに皿を持って行かせられた。

12.2. se faire＋不定詞

「se faire＋不定詞」は「自分を(に)〜させる、してもらう」という意味を表す。この構文では、行為者を par で表す。

 Je vais me faire arrêter par la police.
 私は自分を警察に逮捕させる(＝逮捕してもらう)つもりだ。
 Charlotte s'est fait maquiller par la styliste.
 シャルロットはスタイリストに化粧をさせた(＝してもらった)。

※主語が受ける行為が、主語にとって迷惑だと思われる場合、日本語では「〜される」のように受身形に置き換える。

 Émile s'est fait voler sa valise dans le train.
 エミールは列車の中で旅行かばんを盗まれた。
 Sylvie s'est fait mordre par un chien.
 シルビは犬に噛まれた。

12.3. laisser を用いる使役

faire の代わりに laisser を用いる使役構文は、動作主がしたいようにさせるという意味を表す。faire を用いる使役が、動作主の意志とは無関係に、主語の意志で動作主の行動を成立させるという意味を表すのとは異なる。

12.3.1. 行為を表す動詞が自動詞

「主語＋laisser＋自動詞の不定詞＋動作主(＋前置詞句)」または「主語＋laisser＋動作主＋自動詞の不定詞(＋前置詞句)」という構文になる。faire を用いる使役構文と違って、語順に自由度がある。

 Le duc laissait entrer les villageois dans son palais.
 ＝Le duc laissait les villageois entrer dans son palais.
 公爵は村人たちを屋敷に入らせていた。
 Yves a laissé sortir les étudiants de la salle.
 ＝Yves a laissé les étudiants sortir de la salle.
 イブは学生たちが部屋を出ていくままにさせた。

動作主が代名詞で表され、助動詞 avoir に先行する位置にある場合、過去分詞は動作主の性・数に一致させることもできるが、一致させなくてもよい。

 Yves les a laissé(s) sortir de la salle.
 イブは彼らが部屋を出ていくままにさせた。

※ laisser 使役構文では、動作主が無生物の場合もある。

 Noël a laissé tomber le verre.＝Noël a laissé le verre tomber.

ノエルはグラスを落とした(← ノエルはグラスが落ちるままにした)。
Laissons aller les choses. = Laissons les choses aller.
物事を成り行きにまかせよう(← 物事が進むままにさせておこう)。

12.3.2. 行為を表す動詞が他動詞

「主語＋laisser＋動作主＋他動詞の不定詞＋動作の対象」と「主語＋laisser＋他動詞の不定詞＋動作の対象＋à［par］＋動作主」という2つの構文が可能。

Le gouvernement laisse les citoyens lire le document officiel.
 ＝Le gouvernement laisse lire le document officiel aux [par les] citoyens.
政府は市民にその公文書を閲覧させている。

Nous avons laissé les enfants manger des gâteaux.
 ＝Nous avons laissé manger des gâteaux aux [par les] enfants.
私たちは子供たちがケーキを食べるままにさせた。

a. 動作主を代名詞で表した構文

Le gouvernement les laisse lire le document officiel.
政府は彼らにその公文書を閲覧させている。

Nous les avons laissé(s) manger des gâteaux.
私たちは彼らがケーキを食べるままにさせた。

b. 動作の対象を代名詞で表した構文

Le gouvernement laisse les citoyens le lire.
 ＝Le gouvernement le laisse lire aux [par les] citoyens.
政府は市民にそれを閲覧させている。

Nous avons laissé les enfants les manger.
 ＝Nous les avons laissé(s) manger aux [par les] enfants.
私たちは子供たちがそれらを食べるままにさせた。

c. 動作主と動作の対象の両方を代名詞で表した構文

Le gouvernement les laisse le lire.
 ＝Le gouvernement le leur laisse lire.
政府は彼らにそれを閲覧させている。

Nous les avons laissé(s) en manger.
 ＝Nous leur en avons laissé manger.
私たちは彼らがそれを食べるままにさせた。

12.4.　se laisser＋不定詞

a. 主語が人間で、不定詞が他動詞のときは「～されるがままになる」という意

味を表す。

> L'homme se laisse sentir une joie à la vue de la beauté.
> 人間は美しいものを見ると思わず喜びを感じるものだ。
> Angèle s'est laissé emporter par la colère.
> アンジェルは思わずかっとなってしまった。

※過去分詞 laissé は、se が不定詞の目的語のときは、主語と性・数の一致をしない。この例の se は emporter〈運んでいく〉の目的語に当たるから、laissé は無変化。

b. 主語が人間で、不定詞が自動詞のときは「～するままでいる」という意味を表す。

> Claude se laisse vivre nonchalamment. クロードはだらだらと生きている。
> Les soldats se sont laissés mourir après la défaite.
> 敗北の後、兵士たちは覚悟して死んでいった。

※過去分詞 laissé は、se が不定詞の主語のときは、主語と性・数の一致をするのが普通。この例の se は mourir〈死ぬ〉の主語に当たるから、laissé は主語の les soldats〈兵士、男性・複数〉と性・数の一致をする。

c. 主語が無生物のときは、口語的表現だが「結構～できる」という意味を表す。

> Ce vin se laisse boire. このワインは結構飲める。
> Les romans de l'écrivain se laissent lire. その作家の小説はなかなか読ませる。

13. 不定詞

不定詞は、主語の人称・性・数、時制、法による変化をしない動詞形をいう。不定詞に対して、文法的な働きに応じて語形が変化している動詞を「定動詞」と呼ぶ。

不定詞には時制の区別はないが、全体(完了)と部分(未完了)のアスペクトを区別する。不定詞を否定する場合は、否定辞 ne pas を不定詞または avoir/être の直前に置く。

不定詞 aimer〈愛する〉	未完了形 aimer　完了形 avoir aimé
	否定形 ne pas aimer, ne pas avoir aimé（× n'aimer pas, n'avoir pas aimé）
不定詞 aller〈行く〉	未完了形 aller　完了形 être allé
	否定形 ne pas aller, ne pas être allé（× n'aller pas, n'être pas allé）

不定詞の未完了形は、不定詞を支配する定動詞が表す時点と同時または後に起きる事柄、不定詞の完了形は、定動詞が表す時点よりも前に起きた事柄を表す。

　　Nicolette voit ses enfants jouer dans le jardin.
　　ニコレットは子供たちが公園で遊ぶのを見ている。
「ニコレットが見ている」時点と「子供たちが遊んでいる」時点は同時。
　　Je veux visiter la ville un jour.
　　私はいつかその町を訪れたい。
「私が望んでいる」時点よりも「私がその町を訪れる」時点の方が後。
　　Étienne croyait avoir fait de son mieux.
　　エティエンヌは自分が最善を尽くしたと思っていた。
「エティエンヌが思っていた」時点よりも「エティエンヌが最善を尽くした」時点が前。
　　Rolande a dit être allée à Bâle deux fois.
　　ロランドはバーゼルに2度行ったことがあると言った。
「ロランドが言った」時点よりも「ロランドがバーゼルに行った」時点が前。
　不定詞は、動詞を名詞として用いるための形で「～すること」という意味を表すのが基本的な働き。名詞と同様に、主語や目的語、さらには文の述語として働くほか、形容詞や副詞的な機能も持つ。

13.1. 不定詞の名詞的用法

a. 主　語

　　Vivre tranquillement est le désir de tout le monde.
　　静かに暮らすことは、誰もが望むことだ。
　　Aimer est une chose, mais se marier est une autre chose.
　　愛することと結婚することは別だ。
　　Vivre [De vivre] au centre-ville était son désir.
　　町の中心で暮らすことが彼の希望だった。
※vivre au centre-ville は「彼が町の中心で暮らす」という個別的な事柄を表す。個別的な事柄を表す不定詞が主語として機能する場合、不定詞の前に de を置くことがある。

　　Il est interdit de traverser la rue. その通りを横切ることは禁止されている。
※非人称の il が後続する「de＋不定詞」を受ける構文では、意味的に主語として機能しているのは不定詞。

　　C'est difficile d'apprendre le latin. ラテン語を勉強するのは難しい。
※非人称構文では il の代わりに ce を用いることもできる。

b. 目的語
・不定詞が直接動詞に後続
    Je ne veux pas aller au bureau aujourd'hui. 今日は会社に行きたくない。
    Sylvie sait jouer très bien du violon.
    シルビはバイオリンをとても上手に弾くことができる。
・不定詞が前置詞を介して動詞に後続
(1) 不定詞が動詞の直接目的語
    Le journaliste a achevé de rédiger un article.
    そのジャーナリストは記事を書き終えた。
    Je regrette d'avoir commis une faute. 私は過ちを犯したことを後悔している。
    N'oubliez pas de prendre votre médicament avant de sortir.
    出かける前に薬を飲むのを忘れないようにしてください。
    Adèle apprend à danser avec sa sœur. アデルは妹と一緒にダンスを習っている。
    Les avions ont commencé à décoller l'un après l'autre.
    飛行機は次々に離陸し始めた。
以上の不定詞は、前置詞が間にあっても、直接目的語としての働きをしている。実際、名詞が目的語の場合は前置詞を必要としない。
    L'étudiant a achevé son devoir. その学生は宿題を終えた。
    Je regrette ma faute. 私は自分の過ちを後悔している。
    N'oublie pas ton parapluie. 自分の傘を忘れないように。
    Mathilde apprend l'italien. マチルドはイタリア語を勉強している。
    Le professeur commencera sa lecture à dix heures.
    その教授は講義を10時に始めるつもりだ。
(2) 不定詞が動詞の間接目的語
    Martine parle d'aller à Heidelberg pour y étudier la philosophie.
    マルティーヌは哲学の研究をするためにハイデルベルクに行くと言っている。
    Lucien souffrait d'être accusé par ses collègues.
    リュシアンは同僚たちに非難されるのに悩んでいた。
    Je pense à émigrer au Canada. 私はカナダへ移住することを考えている。
    Noémie a réussi à persuader son mari d'acheter un appartement.
    ノエミは夫を説得してアパルトマンを買わせることに成功した。
以上の不定詞は、目的語が名詞であっても、前置詞を必要とする。
    Martine parle de son désir. マルティーヌは自分の願望について話している。
    Lucien souffrait de l'accusation. リュシアンは非難に悩んでいた。
    Je pense à la vie en Provence. 私はプロバンスでの生活のことを考えている。

Noémie a réussi à l'examen. ノエミは試験に合格した。
(3) 不定詞が être の補語

　　Le projet proposé était de construire un nouveau pont sur la rivière.
　　提案された計画は、その川に新しい橋を建設するということだった。
　　Notre décision est de faire une excursion dans la banlieue.
　　私たちの決定は、郊外に遠足に行くということだ。

※不定詞が補語として使われるときには、その前に de を置くのが原則。次のような慣用的表現は例外。

　　Vivre, c'est agir. 生きることは行動することだ。

(4) 形容詞が表す事柄の対象を表す。

　　Odette est contente de faire la connaissance de l'avocat.
　　オデットはその弁護士と知り合いになれて満足している。
　　Yann semblait désireux de se joindre à notre club.
　　ヤンは私たちのクラブに加わりたがっているように見えた。

13.2. 不定詞の形容詞的用法

a. 名詞の内容を表す。

　　Le comité a pris la décision de remettre la conférence.
　　委員会は会議を延期する決定をした。
　　Céline a la volonté de faire ses études à Paris.
　　セリーヌはパリで勉強したいという意志を持っている。
　　Didier avait l'idée de ne pas avoir d'illusions sur l'avenir.
　　ディディエは、未来に対して幻想を持たないという考えを持っていた。

　名詞の内容としての事柄の主体が、文の主語と同じ場合には、その内容を「de＋不定詞」で表す。内容の主体が文の主語と異なるときには、不定詞ではなく名詞節を用いる。

　　Didier avait l'idée que l'avenir n'était pas brillant.
　　ディディエは、未来は輝かしいものではないという考えを持っていた。
　　Marcelle a la certitude que Paul est amoureux d'elle.
　　マルセルは、ポールが自分のことを好きだということを確信している。

b. 名詞の性質を表す。

　　Ce sont des livres à lire. これが読むべき本だ。
　　Avez-vous une machine à laver la vaisselle ? 食器を洗う機械を持っていますか。

13.3. 不定詞の副詞的用法

a. 移動を表す動詞＋不定詞

　aller〈行く〉や venir〈来る〉のような移動を表す動詞に不定詞が続いた構文は、移動した後で不定詞が表す動作が行われるという意味を表す。日本語に訳する場合は「～しに移動する」「移動して～する」のようになる。

　　　Mon fils viendra vous voir. 息子があなたに会いに行きます。
　　　Ferdinand est allé faire des courses au magasin.
　　　フェルディナンはその店に買い物に行った。
　　　Je descends chercher le paquet. 小包を取りに下りていきます。

　envoyer〈送る〉や emmener〈連れて行く〉のような、対象を移動させるという意味を表す動詞も、後に不定詞が続くと「移動させて～させる」という意味を表す。

　　　Carole enverra sa fille prendre soin de sa grand-mère.
　　　キャロルは娘を、祖母の面倒を見に行かせる。
　　　Auguste a emmené Élodie manger du foie gras au restaurant.
　　　オギュストはエロディーをフォアグラを食べさせるためにそのレストランに連れて行った。

b. 目的・理由・条件・譲歩・時・状況などの意味を表す。

　　　La secrétaire m'a téléphoné pour me demander de venir chez elle.
　　　秘書が私に電話してきて、自分のところに来るように頼んだ。〈目的〉
　　　Fabien est tombé malade pour [à] avoir trop mangé.
　　　ファビアンは食べ過ぎで病気になった。〈理由〉
　　　Pour avoir travaillé beaucoup, l'homme est toujours pauvre.
　　　たくさん働いたのに、その男は未だに貧しい。〈譲歩〉
　　　Maxime doit être fou pour dire une telle chose.
　　　そんなことを言うなんて、マクシムは頭がおかしいに違いない。〈判断の理由〉
　　　À l'entendre parler italien, on le prendrait pour un vrai Italien.
　　　彼がイタリア語を話すのを聞けば、本当のイタリア人だと思われるだろう。〈条件〉
　　　L'actrice s'est fait maquiller soigneusement avant de se produire sur la scène.
　　　その女優は舞台に出る前に念入りに化粧をしてもらった。〈時〉
　　　Bastien est sorti sans rien dire.
　　　バスティアンは一言も話さずに出ていった。〈状況〉

c. 他動詞が表す行為の内容を表す。

　　　Le journalisme blâme le cabinet de mépriser l'opinion du peuple.

ジャーナリズムは、民衆の意見を無視していると内閣を批判している。
Charlotte va persuader (à) ses parents d'approuver son mariage.
シャルロットは両親を説得して自分の結婚を認めさせるつもりだ。
Le patron a obligé les employés à travailler jusqu'à minuit.
経営者は従業員を夜中まで無理矢理働かせた。

※他動詞の目的語の後に不定詞が置かれているとき、不定詞が表す事柄の主体は、他動詞の目的語になる。

Gustave a pressé Yvonne de partir le plut tôt possible.
ギュスターブはイボンヌに、できるだけ早く出発するようにせき立てた。
「できるだけ早く出発する」ことの主体は、直接目的語の「イボンヌ」。
La police interdit à Grégoire de s'approcher de Rolande.
警察は、グレゴワールがロランドに近づくことを禁止している。
「ロランドに近づく」ことの主体は、間接目的語の「グレゴワール」。

ただし、promettre〈約束する〉については、約束の相手ではなく、文の主語である約束する人間が、不定詞が表す行為の主体になる。

Pierre a promis à sa femme de lui acheter des roses pour son anniversaire.
ピエールは妻に、誕生日にはバラの花を買ってやると約束した。
「バラの花を買う」ことの主体は、文の主語の「ピエール」。

d. 知覚動詞について、知覚された事柄を表す。

「知覚動詞」は「見る」「聞く」「感じる」などの意味を表す動詞
voir〈見える、見る〉, regarder〈見る〉, entendre〈聞こえる、聞く〉, écouter〈聞く〉, sentir〈感じる〉など。

不定詞が自動詞のときは「知覚動詞＋行為の主体＋不定詞」または「知覚動詞＋不定詞＋行為の主体」という構文。ただし、行為の主体が代名詞で表されている場合、代名詞は知覚動詞の前に置かれる。

Je vois des athlètes courir sur la piste.
＝Je vois courir des athlètes sur la piste.
→ Je les vois courir sur la piste.
選手たちがトラックを走っているのが見える。
Laurent a entendu son chat miauler.
＝Laurent a entendu miauler son chat.
→ Laurent l'a entendu miauler.
ロランは自分の猫がニャーと鳴くのを聞いた。

不定詞が他動詞のときは「知覚動詞＋行為の主体＋不定詞＋行為の対象」または「知覚動詞＋不定詞＋行為の対象＋par＋行為の主体」という構文。

Nous avons écouté les filles chanter la cantate.
= Nous avons écouté chanter la cantate par les filles.
私たちはその少女たちがカンタータを歌うのを聞いた。
行為の主体や行為の対象を代名詞に置き換えた文は以下の通り。
Nous les avons écoutées chanter la cantate.
私たちは彼女らがカンタータを歌うのを聞いた。
Nous avons écouté les filles la chanter.
= Nous avons écouté la chanter par les filles.
私たちは少女たちがそれを歌うのを聞いた。
Nous les avons écoutées la chanter.
= Nous la leur avons écouté chanter. 私たちは彼女らがそれを歌うのを聞いた。

※直接目的語代名詞が「助動詞 avoir + 過去分詞」に先行する場合は、過去分詞は代名詞の性・数に一致するのが原則だが、この例のように代名詞が不定詞の目的語である場合は、代名詞の性・数との一致はしない（☞本章 14.5.3. 節）。

Cécile a entendu chanter la chanson.
セシルはその歌を歌うのが聞こえた。
→ ○ Cécile l'a entendu chanter.
　× Cécile l'a entendue chanter.
セシルはそれを歌うのが聞こえた。

e. 形容詞が表す性質を限定する。

Les œuvres d'Homère sont difficiles à comprendre.
ホメーロスの作品は理解するのが難しい。
La scène était désagréable à voir. その光景を見るのは不愉快だった。
Ce dictionnaire est utile à consulter. その辞書は引けば役に立つ。

※作品がどの点で難しいのか、光景が不愉快なのはどの場合か、その辞書が役に立つのはどの点なのかを表すのが、à comprendre [voir, consulter] という不定詞句。

13.4. 不定詞の述語的用法

a. 不定詞が疑問詞や関係詞と一緒に用いられて、単独で事柄に近い内容を表すことがある。

Quoi [Que] faire ? 何をしようか？/ どうしよう？
Où aller pendant les vacances ? 休みの間どこに行こうか？
Je ne sais pas comment aller à la station de métro.
地下鉄の駅にどうやって行ったらいいのか知らない。
Louis a trouvé une place où se reposer. ルイは休憩できる場所を見つけた。

b. 不定詞が命令や感嘆を表す。
> Ne pas fumer ici. ここではタバコを吸わないこと。
> Couper le portable dans le train. 列車内では携帯電話を切ること。

※公共の場所での指示では、命令の相手が特定されないため、不定詞が用いられることが多い。

> Annuler le contrat ! Qu'est-ce qu'elle pense ?
> 契約を破棄するだって！ 彼女は何を考えているんだ。
> Boire encore ! Je t'adore. まだ飲むって！ お前のことがとても好きだぞ。

c. 文章中で用いられる、定動詞に代わる不定詞

　文章中では、定動詞の連続による単調さを避けるために、定動詞の代わりに不定詞が使われることがある。

> Et voilà que les petits oiseaux de la brousse arrivèrent en grand nombre. Et tous ces oiseaux de sautiller, de boire, de chanter, de jouer, de voler, de se rouler et de voleter encore.
> 藪の中から数多くの小鳥がやってきた。小鳥たちはみな、跳ね回り、水を飲み、さえずり、遊び、飛び、回り、そしてまた飛んでいった。

> Hier, le président a aussi rodé en petit comité le discours qu'il tiendra demain soir aux Français ... « Ça consiste à donner d'une main des prestations et à reprendre de l'autre par des augmentations d'impôt. » Et Nicolas Sarkozy de rappeler l'expérience socialiste de 1981.
> 昨日大統領はまた、明晩フランス国民に対して行う演説の予行演習をした。「一方の手で給付金を渡しながら、もう一方の手では増税によってそれを取り返すことになる」。そしてニコラ・サルコジは1981年に社会党が経験したことを思い出させた。

14. 分　詞

　動詞に形容詞としての働きをさせるための形が「分詞」である。古典語の文法では、形容詞として機能する語は、名詞としての機能も分担することから「分詞」と呼ばれた。しかし現代語では、動詞としての働きと形容詞としての働きに「分かれる」ことから「分詞」と呼ぶのだと理解しておけばよい。

　分詞には「現在分詞」と「過去分詞」がある。現在分詞には不定詞と同様に、未完了形と完了形の区別がある。現在分詞の完了形は、助動詞 avoir または être の現在分詞と過去分詞を組み合わせて作られる。

14. 分詞

動詞	現在分詞	現在分詞完了形	過去分詞
aimer	aimant	ayant aimé	aimé
venir	venant	(étant) venu	venu

　助動詞に être を用いる動詞については、現在分詞完了形の étant が省略されて、過去分詞と同じ形になるのが普通。

14.1. 現在分詞
14.1.1. 現在分詞の未完了形と完了形
　現在分詞の未完了形は、述語の定動詞が表す時点と同時に成立する事柄、完了形は、述語の定動詞が表す時点よりも前に成立した事柄を表す。
　現在分詞は、事柄の部分（部分相アスペクト）を表す。事柄の部分は始まりと終わりがはっきりしない。だからその未完了形は、述語の定動詞が表す時点と同時に成立する事柄だけを表す。その時点よりも後に起きる事柄を表すためには、事柄の始まりが明確でなければならない。

　　J'ai trouvé la maison appartenant à un millionnaire.
　　私はある大金持ちが所有している家を見つけた。〈同時〉
　　J'ai trouvé la maison ayant appartenu à un millionnaire.
　　私はある大金持ちがかつて所有していた家を見つけた。〈前〉
　　Les filles, chantant une chanson folklorique, dansèrent une ronde.
　　少女たちは、民謡を歌いながら、輪舞を踊った。〈同時〉
　　Les filles, ayant chanté des chansons, sortirent de la salle.
　　少女たちは、歌を歌ってから、部屋を出た。〈前〉

14.1.2. 名詞を直接限定する

　　Nadine connaît des gens travaillant dans cette usine.
　　ナディーヌは、この工場で働いている人々を知っている。
　　Les garçons habitant ce dortoir sont très intelligents.
　　この寄宿舎に住んでいる少年たちはとても頭がいい。
　　Georges cherchait des garçons ayant habité ce dortoir.
　　ジョルジュはこの寄宿舎に住んでいたことのある少年たちを探していた。

※travailler〈働く〉, habiter〈住む〉のように一定時間継続する事柄を表す動詞の現在分詞未完了形が名詞を限定する場合は、定動詞が与える時点を含む時間的区間において成立する事柄を表す。

　　Auguste a rencontré la chanteuse arrivant à l'aéroport.

オーギュストは、空港に着こうとしているその女性歌手に遭遇した。

J'ai pris une photo d'un train (étant) parti de la gare.

私は駅を出た列車の写真を撮った。

Lucie a donné de l'eau au lapin mourant.

リュシーは死にそうなウサギに水をやった。

※arriver〈到着する〉, partir〈出発する〉, mourir〈死ぬ〉のように瞬間的に起こる事柄を表す動詞の現在分詞未完了形が名詞を限定する場合は、定動詞が与える時点よりも後に起こる事柄を表す。

　ただし、名詞が複数の事物を表し、それを現在分詞未完了形が限定している場合は、定動詞が与える時点を含む時間的区間において成立する事柄を表すことができる。

Il y a beaucoup d'enfants mourant de faim dans le monde entier.

飢えで死んでいく子供たちが、全世界にはたくさんいる。

J'ai vu des voitures s'arrêtant sur l'autoroute à cause de l'accident.

事故のせいで、高速道路上で停止する車を見た。

　現在分詞が名詞を限定する表現は、いくらか文語的な文体に属する。通常は、現在分詞よりも関係節が用いられることが多い。この節の例文を関係節を用いて書き換えると、以下のようになる。

Nadine connaît des gens qui travaillent dans cette usine.

Les garçons qui habitent ce dortoir sont très intelligents.

Georges cherchait des garçons qui avaient habité ce dortoir.

Auguste a rencontré la chanteuse qui arrivait à l'aéroport.

J'ai pris une photo d'un train qui était parti de la gare.

Lucie a donné de l'eau au lapin qui mourait.

Il y a beaucoup d'enfants qui meurent de faim dans le monde entier.

J'ai vu des voitures qui s'arrêtaient sur l'autoroute à cause de l'accident.

14.1.3.　分詞構文

　時や状況などを表す副詞節と同様の働きをするが、定動詞ではなく分詞を用いる構文を「分詞構文」と呼ぶ。分詞構文を用いる表現は、副詞節を用いる表現よりも文語的な文体に属する。

Le policier, voyant le lieu du crime, s'est aperçu d'une chose étrange.

＝Quand il a vu le lieu de crime, le policier s'est aperçu d'une chose étrange.

その刑事は、犯行現場を見て、不思議なことに気がついた。〈時〉

Ayant nettoyé la salle de bain, l'aide ménagère a balayé l'entrée.

= Après qu'elle avait nettoyé la salle de bain, l'aide ménagère a balayé l'entrée.
風呂場の掃除をしてから、お手伝いさんは玄関を掃いた。〈時〉

Geneviève faisait son devoir écoutant la radio.
= Quand elle faisait son devoir, Geneviève écoutait la radio.
ジュヌビエーブは、ラジオを聞きながら宿題をしていた。〈時〉

瞬間的に起こる事柄を表す動詞の現在分詞未完了形が、定動詞の後ろに置かれる分詞構文は、2つの事柄が継起的に起こったことを表す。

Luc est parti au lever du soleil, arrivant à la ville après le coucher du soleil.
= Luc est parti au lever du soleil et il est arrivé à la ville après le coucher du soleil.
リュックは日の出に出発して、日が暮れてからその町に着いた。

Le bandit s'est approché d'elle, lui arrachant le sac.
= Le bandit s'est approché d'elle et il lui a arraché le sac.
強盗は彼女に近づいて、彼女からカバンを無理矢理奪い取った。

分詞構文は「時」を表すことが多いのだが、これ以外に「理由・原因」「条件」「譲歩」などの意味を表すこともある。どの意味を表すかは、主節との関係や、状況を参照しながら理解する必要がある。

Sachant la vérité, le président a fait démissionner Patrice.
真実を知っていたので、社長はパトリスを辞めさせた。〈理由〉
真実を知っていたのに、社長はパトリスを辞めさせた。〈譲歩〉

Étant malade, Monique n'est pas allée au bureau.
病気だったので、モニクは会社に行かなかった。〈理由〉

Étant malade, Monique est allée au bureau.
病気だったのに、モニクは会社に行った。〈譲歩〉

Faisant sa connaissance, vous aimerez Roland.
ロランと知り合いになれば、彼のことが好きになるだろう。〈条件〉

• 絶対分詞構文

分詞構文の主語が表現されていないときは、その主語は主節の主語と同じになる。これに対し、分詞の前に、主節の主語とは異なる主語が置かれている構文がある。これを「絶対分詞構文」という。

L'acteur apparaissant sur la scène, tous les spectateurs l'ont applaudi.
その俳優が舞台に現れると、すべての観客が彼に拍手喝采した。〈時〉

Le typhon s'approchant de la région, les habitants se sont préparés à son arrivée.
台風がその地域に近づいていたので、住民は上陸に対する準備をした。〈理由〉

Le sénat approuvant la loi, la réduction des impôts sera effectuée.
上院が法律を承認すれば、減税が実行される。〈条件〉
La construction de l'autoroute n'ayant pas été complètement finie, le bureau de transport a commencé le service.
高速道路の建設はまだ完全に終わっていなかったのに、交通局は使用を開始した。〈譲歩〉

14.2. 現在分詞と形容詞

現在分詞は形容詞的な働きをする動詞だが、現在分詞が形容詞へと変化している場合もある。現在分詞と現在分詞起源の形容詞は語形が同じなので見分けにくいが、動詞と形容詞という異なった品詞に属しているのだから、次のような違いがある。

a. 現在分詞は語形変化をしないが、形容詞は修飾する名詞と性・数を一致させる。
　C'est une musique intéressant les jeunes gens. それは若者の興味を引く音楽だ。〈現在分詞〉
　C'est une musique intéressante. それは興味深い音楽だ。〈形容詞〉
b. 現在分詞は目的語をとることができるが、形容詞はできない。しかし、形容詞は très で修飾できる。
　Simone est une femme charmant tous les hommes.
　シモーヌはすべての男を魅了する女性だ。〈現在分詞〉
　× Simone est une femme très charmant tous les hommes.
　○ Simone est une femme charmant beaucoup tous les hommes.
　シモーヌはすべての男をとても魅了する女性だ。
　Simone est une femme très charmante. シモーヌはとても魅力的な女性だ。〈形容詞〉
c. 現在分詞は後に前置詞句を続けることができるが、形容詞はできない。
　J'ai vu des oiseaux dormant dans une prairie.
　私は草地で眠っている鳥を見た。〈現在分詞〉
　J'ai vu des poissons dans une eau dormante.
　私はよどんだ水の中にいる魚を見た。〈形容詞〉

14.3. ジェロンディフ（動名詞）

前置詞 en の後に現在分詞未完了形と同じ語形を置いた表現を「ジェロンディフ」という。前置詞に支配されているのだから、形容詞的な働きをする現在分詞ではなく、名詞的な働きをする「動名詞」と呼ぶのが適切である。ただし、フランス

14. 分 詞

語で名詞的な働きをする動詞形は「不定詞」であって、この動名詞は、いつも en の目的語としてしか現れない。

フランス語の歴史では、ジェロンディフの登場は比較的新しく、17世紀頃である。現在分詞を使った分詞構文を、形式的にも明示的にするために使われ始めたのではないかと思われる。

ジェロンディフの働きは分詞構文とほぼ同じで時、理由・原因、条件、譲歩などを表すが、「手段」の意味を表すことができるという点で、分詞構文とは異なる。ジェロンディフには、絶対分詞構文のような構文はなく、ジェロンディフが表す事柄の主語は、主節の主語と同じである。

En rentrant de la fac, j'ai croisé Gaston.
大学から戻る途中で、私はガストンとすれ違った。〈時、同時性〉
Jeanne fait la vaisselle tout en regardant la télé.
ジャンヌはテレビを見ながら食器を洗う。〈時、同時性〉
En sortant de son bureau, Marcel est allé à un restaurant japonais.
マルセルは、会社を出て、日本食レストランに行った。〈時、継起性〉
En arrivant à Charles de Gaulle, Julie prendra un train pour aller à la Gare de l'Est.
ジュリーは、シャルル・ド・ゴールに着いたら、列車に乗って東駅に行く。〈時、継起性〉

※ジェロンディフが「時」を表す場合、動詞が rentrer〈戻る〉, regarder〈見る〉のような継続する事柄を表す場合は、主節とジェロンディフが成立する時間が「同時」だという解釈、動詞が sortir〈出る〉, arriver〈着く〉のように瞬間的な事柄を表す場合は、ジェロンディフの次に主節が起きるという「継起性」の解釈になる。

Vous pouvez perdre du poids en faisant de l'exercice tous les jours.
毎日運動することで、体重を減らすことができます。〈手段〉
Dominique a eu une bonne maîtrise de l'anglais en habitant à Londres pendant six mois.
ドミニクは、半年間ロンドンに住むことで、英語がうまくなった。〈手段〉
Christine a attrapé la grippe en n'allumant pas le chauffage.
暖房をつけなかったので、クリスチーヌは風邪をひいた。〈理由〉
En visitant la Grèce, tu pourras comprendre la gloire de la civilisation grecque.
ギリシアを訪れたら、ギリシア文明の栄光が理解できるだろう。〈条件〉
On peut avoir la solution correcte de cette question en se référant à la formule.
その公式を参照すれば、この問題の正答が得られる。〈条件または手段〉
En admettant votre avis, je n'aurai pas le courage de me lancer dans cette nouvelle entreprise.

あなたの意見は認めるが、新しい事業に着手する勇気はない。〈譲歩〉
Mireille n'aimait pas son mari tout en croyant à sa fidélité.
夫の貞節は信じていたが、ミレイユは夫を愛してはいなかった。〈譲歩〉

14.4. 過去分詞

　過去分詞は、動詞が表す事柄の結果の状態を表す。自動詞の場合は、主語（動作の主体）に起こった結果を、他動詞の場合は、目的語（動作の対象）に起こった結果を表す。したがって、他動詞の過去分詞は「～された」という受動の意味を表す。

　過去分詞は、助動詞 avoir, être とともに動詞の複合時制を作ること、助動詞 être とともに受動態を作ることのような、動詞の文法的な働きを表す機能のほか、現在分詞と同様に、形容詞としての機能、分詞構文を作る機能などを持つ。

14.4.1. 名詞を直接限定する

a. 自動詞

　　L'homme de service a balayé des feuilles tombées sur le sol.
　　用務員は地面に落ちた葉を掃除した。
　　J'ai fait la connaissance de comédiens venus de Roumanie.
　　私はルーマニアから来た役者たちと知り合いになった。
※自動詞の過去分詞は、動作が完了した後の状態を表す。tombé は落ちた後地面に存在している状態、venu はどこかから来てある場所にいる状態を表す。
　過去分詞を現在分詞に置き換えると、動作が起こっている途中を表す。
　　Didier a pris des vues de feuilles tombant des branches.
　　ディディエは枝から落ちる葉の映像を撮った。
　　J'ai rencontré des gens venant du portail.
　　私は正門からやって来ている人々に出会った。
※代名動詞の過去分詞は、代名詞 se を削除する。
　　La police poursuit un prisonnier évadé de la prison.
　　警察は刑務所から脱走した囚人を追っている。（s'évader〈脱走する〉）
　　Les cygnes envolés flottaient haut dans le ciel.
　　飛び立った白鳥たちは空の高みをただよっていた。（s'envoler〈飛び立つ〉）

b. 他動詞

　　Les machines fabriquées dans cette usine sont d'une très haute qualité.
　　この工場で製造される機械はとても品質がよい。
　　J'aime la cuisine faite par le chef de ce restaurant.

私はこのレストランのシェフが作る料理が好きだ（← シェフによって作られた料理が好きだ）。

Les enfants écoutaient l'histoire racontée par l'enseignante.
子供たちはその教師が語る話に耳を傾けていた（← その教師によって語られる話に耳を傾けていた）。

14.4.2. 文の述語となる

　過去分詞は形容詞的性質を持つので、動詞 être などとともに、文の述語の主要成分としての働きをすることができる。

　　La charcutière est [était] ouverte jusqu'à dix heures du soir.
　　その総菜屋は夜の 10 時まで開いている [開いていた]。
　　Cet homme politique est bien respecté du peuple.
　　その政治家は人々にとても尊敬されている。

　述語動詞が être のとき、現在時制や半過去時制のように部分相のアスペクトを表す場合は、他動詞の過去分詞は「～されている（されていた）」という結果の状態を表す。一方、複合過去時制や未来時制のように、全体相のアスペクトを表す場合は、「～される」という受動の意味を表す。

　　Ma valise a été ouverte secrètement à l'aéroport.
　　私のスーツケースが空港でこっそり開けられた。
　　Le magasin sera ouvert à huit heures.
　　その店は 8 時に開くだろう（← 開けられるだろう）。

　述語動詞が trouver〈～だと分かる、～だと思う〉、croire〈～だと思う〉であり、目的語の後に過去分詞が補語として置かれているときは、過去分詞は「～されている」という状態の意味を表す。

　　J'ai trouvé la ville beaucoup changée.
　　その町はとても変化していることが分かった。
　　Rolande croyait les enfants gâtés par leurs parents.
　　ロランドは、その子供たちが両親に甘やかされていると思っていた。

　自動詞の過去分詞が être とともに述語を作っているときは、複合過去時制形として理解されるので、「～した」という意味を表す。ただし、過去に起きた事柄の結果の状態が、現在でも続いているという、現在完了としての意味も表すことはできる。

　　Mon oncle est venu hier soir. 叔父は昨日の夕方来た。〈過去〉
　　Mon oncle est venu et maintenant il parle avec mes parents.
　　叔父がやって来ていて、今両親と話をしている。〈現在の状態〉

14.4.3. 分詞構文

過去分詞は、主節に並列されて、副詞節と同じ働きをすることができる。これが、過去分詞を用いた分詞構文である。

a. 分詞構文の主語と主節の主語が同じ。

 Rentrée de l'école, Nadine a commencé à faire ses devoirs.
 ナディーヌは、学校から戻ると宿題を始めた。〈時〉

 Décoré de roses rouges, l'autel est devenu adorable.
 赤いバラで飾られて、その祭壇は見事になった。〈原因〉

 Le vieillard vivait tranquillement, bien soigné par les voisins.
 その老人は、隣人たちに十分な面倒を見てもらって、平穏に暮らしていた。〈付帯状況〉

 Maquillée par une esthéticienne, Antoinette paraîtrait plus charmante.
 アントワネットは、美容師に化粧をしてもらえば、もっと魅力的に見えるだろう。〈条件〉

b. 絶対分詞構文

分詞構文の主語と主節の主語が異なる構文が「絶対分詞構文」。

 Le concert fini, François se hâta pour prendre le train
 コンサートが終わると、フランソワは列車に乗るために急いだ。〈時〉

 La construction de la route terminée, nous pouvons arriver à la ville en une heure de moins.
 道路の建設が終わったので、1時間も早くその町に着くことができる。〈理由〉

 La mère préparait le dîner, les enfants laissés faire ce qu'ils voulaient.
 母親は夕食の準備をしていたが、子供たちは好きなことをやらせてもらっていた。〈付帯状況〉

 Sa condition physique améliorée, Maxime pourra reprendre le travail.
 身体の調子が改善されたら、マクシムは仕事に戻れるだろう。〈条件〉

※絶対分詞構文に由来する慣用的表現

 Trouvez ci-inclus un document requis pour l'inscription.
 登録に必要な書類を同封しております。

 Je lui ai donné mes biens, y compris les antiquités [les antiquités y comprises].
 骨董品も含めて、私は彼に自分の財産を与えた。

 Odette aime tous les animaux, excepté les baleines [les baleines exceptées].
 オデットは、鯨以外すべての動物が好きだ。

 y compris〈～を含めて〉, excepté〈～を除いて〉, passé〈～を過ぎると〉, vu〈～

14. 分詞

から考えて〉のような語句が、名詞句の前に置かれて前置詞として働いている場合は、過去分詞は名詞と性・数の一致を行わない。

14.5. 過去分詞と名詞・代名詞との性・数の一致

過去分詞は、それが意味的に関係している名詞と性・数を一致させることがある。

14.5.1. 名詞を直接限定する

過去分詞が名詞を直接限定している場合は、形容詞と同じように、名詞と性・数の一致を行う（☞本章 14.4.1. 節）。

> J'ai des amis convertis au christianisme.
> 私はキリスト教に改宗した友人たちがいる。
> Colette a mis sur le plat une pomme coupée en quatre.
> コレットは4つに切ったリンゴを皿の上に置いた。

14.5.2. 主語と過去分詞の一致

a. 助動詞に être を用いる一部の自動詞の複合時制形では、主語と過去分詞が一致を見せる。

> Les filles sont arrivées à l'école cinq minutes plus tard que l'heure fixée.
> 女の子たちは定刻よりも5分遅れて学校に着いた。〈複合過去形〉
> Pascale a dit que des fantômes étaient apparus dans le château.
> その城の中に幽霊が現れたとパスカルは言った。〈過去完了形〉

b. 他動詞の受動態

受動態では、常に主語と過去分詞の性・数を一致させる。

> Les voitures ont été démontées dans l'usine.
> 車はその工場で解体された。
> Ces colis seront transportés au bureau de poste central.
> これらの小包は中央郵便局に運ばれる。

14.5.3. 目的語と過去分詞の一致

過去分詞が名詞を直接限定しておらず、助動詞に avoir を用いる動詞の複合時制形の構成要素として働いている場合、目的語がこの複合時制形に先行する位置にあるときは、過去分詞は目的語の性・数に一致する。

目的語と過去分詞が形態上の一致をしなくても、意味の理解に特に支障はない。フランス語は、名詞が目的語であることを「主語＋動詞＋目的語」という語順によって表す。ところが、何らかの理由で目的語が動詞の前に置かれている場合は、

語順以外の理由で目的語だということを表す必要がある。そのために、目的語と過去分詞が性・数を一致させるという方法がとられているのだと考えることもできる。

a. 目的格関係代名詞が動詞複合形に先行する。

　　Je lui donnerai la photo que j'ai prise hier.
　　私は彼女に昨日撮った写真を渡してあげる。
　　Adrien a mangé des bananes que sa femme avait achetées dans la boutique voisine.
　　アドリアンは、妻が隣の店で買ってきたバナナを食べた。

※関係代名詞が主格で、動詞が受け身形や複合時制形の場合は、文の主語の場合と同様に、過去分詞は主格の関係代名詞と性・数の一致を行う。

　　Je sais des choses sur les filles délinquantes qui ont été arrêtées par la police.
　　警察に逮捕された不良少女たちの話を私は知っている。
　　La dame qui est venue me visiter est la femme du président.
　　私を訪ねてきた女性は、社長の夫人だ。

※関係代名詞が主格でも目的格でもない場合は、後続する過去分詞との性・数の一致はない。

　　Je n'oublierai jamais les trente ans que j'ai vécu avec ma femme.
　　妻と過ごしてきた30年間を、私は決して忘れないだろう。
　　(que の先行詞 trente ans は、自動詞 vivre の目的語ではないし、この動詞の主語は je だから、主語でもない)
　　Les deux heures que Marcel a dormi l'a bien reposé.
　　2時間寝たおかげでマルセルはよく疲れがとれた。
　　(que の先行詞 les deux heures は、自動詞 dormir の目的語ではなく、この動詞の主語は Marcel だから、主語でもない)
　　Pourquoi n'êtes-vous pas sorti dehors avec le beau temps qu'il a fait hier ?
　　昨日のようないい天気に、どうしてあなたは外に出なかったのですか。
　　(il fait beau temps〈天気がいい〉の beau temps が関係代名詞 que の先行詞だが、非人称構文なので、beau temps は faire の主語でも目的語でもない)
　　Marc a payé cinquante mille euros que la Mercedes avait coûté à son amante.
　　恋人がベンツを買うのにかかった5万ユーロをマルクは払ってやった。
　　(「物+coûter+金+à 人」〈物が人にある金額だけかかる〉という構文では、「金」は自動詞 coûter の目的語ではない。主語は「物」だから、「金」は主語でもない。「金」が目的語ではないことは、×Cinquante mille euros ont été coûté のような受動態が作れないことから分かる)

La conférence à laquelle Camille a participé a eu lieu en Suisse.
カミーユが参加した会議はスイスで行われた。
(laquelle は前置詞 à の目的語だが、動詞 participer の目的語ではない。したがって、関係代名詞 laquelle の格は目的格ではない。☞第2章4節、第8章4節)

b. 直接目的格代名詞が動詞複合形に先行する。

① 代名詞が定動詞の目的語

Il y a beaucoup d'ordinateurs dans l'entrepôt. Le fournisseur habituel les a apportés hier.
倉庫にコンピューターがたくさんある。それらはいつもの業者が昨日運んできた。

Charline a rencontré des filles. Elle les avait croisées le jour précédent dans une cathédrale.
シャルリーヌは少女たちに出会った。彼女たちには、その前の日にある聖堂ですれ違っていた。

Annette a fait venir une lampe de chevet. Elle l'avait trouvée en lisant un magazine.
アンネットはベッド用ランプを取り寄せた。彼女はそれを雑誌を読んでいるときに見つけたのだった。

② 代名詞が不定詞や補語の意味上の主語

直接目的格の代名詞が、動詞に支配される不定詞や補語で表される事柄の主体を表す場合も、この代名詞と過去分詞は性・数を一致させる。

Rémy a des amis japonais. Hier il les a vus bavarder dans un café.
レミーには日本人の友人たちがいる。昨日彼は彼らが喫茶店でおしゃべりをしているところを見た。

Philippe a des chiennes chez lui. Il les a laissées courir dans le jardin ce matin.
フィリップは自宅に雌犬を飼っている。今朝彼は、その雌犬たちを庭で好きなように走らせた。

Luc a fait connaissance d'une actrice. Il l'a trouvée très élégante.
リュックはある女優と知り合いになった。彼は彼女のことをとても上品だと思った。

※目的格代名詞が過去分詞に先行していても、それが不定詞の動作の目的語である場合は、過去分詞が代名詞に性・数を一致させることはない。

Étienne a écouté sa fille chanter les chansons.
エティエンヌは娘がその歌を歌うのを聞いた。

→ ○ Étienne les a écouté chanter par sa fille.
　　→ × Étienne les a écoutées chanter par sa fille.
目的格代名詞 les は、不定詞 chanter の目的語。
　　○ C'est la voiture que j'ai vu conduire par Pauline.
　　× C'est la voiture que j'ai vue conduire par Pauline.
　　それはポリーヌが運転しているのを見かけた車だ。
que は目的格の関係代名詞で、conduire の目的語。
　使役動詞 faire の場合は、代名詞が不定詞で表される事柄の主体であっても、過去分詞に一致が起こることはない。
　　Le chef a fait travailler les cuisiniers jusqu'à minuit.
　　料理長は料理人たちを夜中まで働かせた。
　　→ ○ Le chef les a fait travailler jusqu'à minuit.
　　→ × Le chef les a faits travailler jusqu'à minuit.
　faire に続く不定詞が他動詞の場合は、行為の主体が直接目的格代名詞で表されないので、この代名詞と過去分詞の一致はない。不定詞の直接目的語に当たる代名詞と過去分詞が一致することもない。
　　Suzanne a fait appeler les étudiantes à sa secrétaire.
　　シュザンヌは秘書に女子学生たちを呼ばせた。
　　→ ○ Suzanne les lui a fait appeler.
　　→ × Suzanne les lui a faites appeler.
　pouvoir, devoir, vouloir, oser などの助動詞的動詞に続く不定詞が省略されている場合、目的格代名詞は助動詞的動詞ではなく、省略されている不定詞の直接目的語なので、助動詞的動詞の過去分詞は、代名詞と性・数の一致をしない。
　　Le quartier général a essayé de fournir à la troupe tous les vivres qu'il a dû (fournir).
　　司令部はその部隊に、供給すべきすべての食料を供給しようとした。
　　Claudine résoudra tous les problèmes qu'elle aura pu (résoudre) avant de partir.
　　クロディーヌは、出かける前にできる限りすべての問題を解くだろう。
※性の区別をしない代名詞(「中性代名詞」)に属する en と le は、男性でも女性でもないから、動詞複合形に先行していても、過去分詞との一致はしないのが原則(☞第5章 3.2.4. 節、4.1. 節)。
　　Sa dette est beaucoup plus grosse que je ne l'ai cru.
　　彼の借金は私が思っていたよりもずっと大きい。
　　(le は「私が彼の借金をある金額だと思っている」という事柄を表す)

Jacques a mangé de la viande pour le dîner mais sa femme n'en a pas mangé.
ジャックは夕食に肉を食べたが、彼の妻は食べなかった。

ただし、en については、combien, beaucoup, plus などの数量詞が先行しているときには、この代名詞が指示する名詞と過去分詞が一致することは許容されている。

On dit que tu as une bonne collection de poupées japonaises. Combien en as-tu collectionné(es) ?
日本の人形を結構集めてるらしいね。どれくらい集めたの？

Marcelle aime les huîtres. En effet, elle en a beaucoup acheté(es) hier pour faire une cuisine huîtrière.
マルセルは牡蠣が好きだ。実際、彼女は昨日も、牡蠣料理を作ろうと牡蠣をたくさん買った。

c. 疑問詞を含む目的語名詞句が文頭にある。

① 疑問文

Quels films avez-vous vus dans le cinéma ?
その映画館でどんな映画を見たのですか。

Combien de voitures cette actrice a-t-elle achetées l'année dernière ?
その女優は去年何台の車を買ったのだろう。

② 感嘆文

Quelle belle statue ce sculpteur a achevée !
この彫刻家はなんと美しい彫像を完成させたことか。

Que de choses inutiles j'ai ramassées !
役にも立たないものをどれくらい集めたのだろう。

d. 単数形の名詞が、複数形の名詞の集合体や数量を表す。

「集合体、数量 + de + 名詞複数形」という構造の名詞句が関係代名詞の先行詞となっている構文では、後続する名詞と先行する名詞のどちらにも、過去分詞が一致することができる。「学生たちのグループ」という表現では、「学生たち」と「グループ」のどちらにも焦点を当てることができるからである。

La troupe de singes que j'ai vue [vus] dans la montagne habite [habitent] maintenant dans une prairie.
私が山で見た猿たちの群れは、今は草原に住んでいる。

La moitié des réfugiés que le pays voisin a accueillie [accueillis] se déplacera [déplaceront] ailleurs.
隣国が受け入れた難民の半数は、別の場所に移動する。

第4章のまとめ

1. 動詞は事物の間にある関係を表す。動詞は自動詞と他動詞に区分される。自動詞は、主語が他の事物への働きかけをしないことを表し、他動詞は、主語が他の事物に何らかの作用を及ぼしていることを表す。

2. 動詞は、主語の人称と数、時制、アスペクト、法によって語形変化をする。

3. 動詞は、活用に規則性がある「規則動詞」と、活用に規則性がない「不規則動詞」に分類される。規則動詞の多くは、不定詞が -er または -ir で終わる。

4. 「法」は、事柄が現実世界で起きるのか、現実世界以外の世界で起きるのかを表す動詞の形。現実世界の事柄を表す法が「直説法」、現実世界以外の事柄を表すのが「接続法」と「条件法」。接続法は主として従属節で、条件法は主として主節で用いられる。

5. 直説法の時制形は、時制とアスペクトを表す。時制は基準となる時点との関係（前、同時、後）を表し、アスペクトは、事柄の全体または部分を表す。
   現在時制：事柄の部分が現在において起こっていることを表す。
   複合過去時制：事柄の全体が過去において起こったことを表す。
   単純過去時制：事柄の全体が過去において起こったことを表す。書き言葉でのみ使われる。
   半過去時制：事柄の部分が過去において起こっていたことを表す。
   大過去時制：事柄の全体または部分が、ある過去の時点よりも前に起こったことを表す。
   前過去時制：事柄の全体が、ある過去の時点よりも前に起こったことを表す。書き言葉のみで使われる。
   単純未来時制：事柄の全体または部分が、未来において起こることを表す。
   未来完了時制：事柄の全体が、ある未来の時点よりも前に起こったことを表す。

第 4 章のまとめ

　　過去未来時制：事柄の全体または部分が、ある過去の時点よりも後に起こることを表す。
　　複複合過去時制：事柄の全体がある過去の時点よりも前に起こったことを表す。
　　複複合過去完了時制：ある過去の時点よりも前の時点を基準として、それよりも前に起こった事柄を表す。
　　時制形式ではないが、「近接過去」を表す「venir de＋不定詞」、「近接未来」を表す「aller＋不定詞」も用いられる。

6. 接続法は、真実である可能性があるだけの事柄を表し、主として従属節中で用いられる。接続法の時制は、直説法よりも単純で、従属節中の事柄が、主節が表す時点と同時か後に起きる場合には現在時制が、従属節中の事柄が、主節が表す時点よりも前に起きる場合には過去時制が用いられる。ただし、古風な文語では、主節が過去時制のとき、従属節中の事柄が主節と同時または後に起きる場合には半過去時制が、従属節中の事柄が、主節よりも前に起きる場合には過去完了時制が用いられる。
　　名詞節中の接続法：
　　　述語の主要部が形容詞で、「願望」「疑念」「必要」「判断」「感情」「評価」などを表す。
　　　述語が動詞で、「意志」「願望」「疑惑」「否定」「危惧」「禁止」「感情」「評価」などを表す。
　　　名詞節が名詞の内容を具体的に表す同格節で、名詞が「願望」「必要」「義務」「可能性」「危惧」「感情」「評価」などを表す。
　　関係節（形容詞節）中の接続法：節中の事柄が現実のものではなく、成立する可能性があるだけの場合に接続法が現れる。
　　副詞節中の接続法：副詞節が「目的」や「条件」を表したり、原因・様態・比較を表す節が否定的環境にある場合に接続法が用いられる。
　　接続法が主節で用いられる場合は、「命令」や「願望」を表す。この場合、文頭に接続詞 que を置くが、慣用句の場合には接続法が単独で用いられる。

7. 条件法は、事柄の成立が可能であることを主節で表すための動詞形。「Si

＋直説法(半過去または大過去)」という形の条件節を伴う場合、条件法は「もしPならQだろうに」(Qが条件法現在形)、「もしPだったらQだっただろうに」(Qが条件法過去形)という意味を表す。

　条件節以外でも、前置詞句、副詞、不定詞、分詞などが条件節と同じ働きをすることがある。

　条件節を伴わない場合、主節の条件法は、話し手の主張を弱める働きをすることができる。

8. 命令法は、聞き手に対する命令や指示、時に依頼を表す。通常は現在時制が用いられるが、未来の時点よりも前に事柄を完了させることを命令するための過去時制が用いられることもある。

9. 「主語＋動詞＋目的語」という形で「主語が目的語に何かをする」という意味を表すのが「能動態」の文。「主語＋être＋過去分詞＋par [de]＋名詞」という形で「主語が名詞に〜される」という意味を表すのが「受動態」の文。

　受動態の文で、主語に対して作用を及ぼす主体のことを「動作主」と呼ぶ。受動態の動作主は、前置詞 par によって表されるのが原則だが、長期にわたって継続し、開始や終了の時点が明確ではない事柄の場合は、動作主を de で表す傾向がある。

10. 「再帰代名詞＋動詞」という形で一体となって使われる動詞句を「代名動詞」という。代名動詞には、「自分を〜する」という意味の「再帰用法」、「互いに〜する」という意味の「相互用法」、「〜される」という意味の「受動用法」がある。これらのいずれにも分類できない用法を「本来的用法」と呼ぶ。

11. 「Il＋動詞(＋語句)」という形で使われるが、文頭の代名詞 il が具体的な事物を表さないか、後続する語句を指示する構文を「非人称構文」、非人称構文で用いられる動詞を「非人称動詞」と呼ぶ。falloir〈〜しなければならない〉, pleuvoir〈雨が降る〉, neiger〈雪が降る〉などの動詞は非人称構文でしか用いられない。

12. 使役は「ある行為をさせる」という意味で、動詞 faire または laisser を用いて表す。使役構文で、実際に行為を行う主体は「動作主」。
行為を表す動詞が自動詞の時の使役構文：
「主語＋faire＋自動詞の不定詞＋動作主」
「主語＋laisser＋自動詞の不定詞＋動作主」または「主語＋laisser＋動作主＋自動詞の不定詞」
行為を表す動詞が他動詞の時の使役構文：
「主語＋faire＋他動詞の不定詞＋動作の対象＋à [par]＋動作主」
「主語＋laisser＋動作主＋他動詞の不定詞＋動作の対象」または「主語＋laisser＋他動詞の不定詞＋動作の対象＋à [par]＋動作主」

13. 主語の人称・性・数、時制、法による変化をしない動詞形が「不定詞」。不定詞で区別されるのは、全体（完了）と部分（未完了）のアスペクトのみ。不定詞の完了形は「助動詞（avoir, être）＋過去分詞」という形をとる。
　不定詞の未完了形は、不定詞を支配する動詞（定動詞）が表す時点と同時または後に起きる事柄、不定詞の完了形は、定動詞が表す時点よりも前に起きた事柄を表す。
　不定詞は、動詞を名詞として機能させる働きをするが、これ以外にも、形容詞や副詞としての用法がある。
　不定詞が名詞として機能する場合は、文の主語、目的語、être や形容詞の補語としての働きをする。
　不定詞が形容詞として機能する場合は、名詞の内容や性質を表す。
　不定詞が副詞として機能する場合は、目的・理由・条件・譲歩・時・状況などの意味を表す。
　不定詞は、単独で文や述語に近い働きをすることもある。

14. 動詞を形容詞として機能させるための動詞形が「分詞」。分詞には現在分詞と過去分詞がある。
　現在分詞には未完了形と完了形があり、未完了形は述語動詞と同時に成立する事柄、完了形は述語動詞よりも前に成立した事柄を表す。
　現在分詞は、名詞を直接限定する働きをするほか、時や状況を表す副詞節と同じ働きをする「分詞構文」を作る。

「en＋現在分詞未完了形」は「ジェロンディフ（動名詞）」と呼ばれ、分詞構文と同様に時や状況を表すほか、「手段」を表すこともできる。過去分詞は、動詞が表す事柄の結果の状態を表す。自動詞の過去分詞は、主語が動作を行った結果を、他動詞の過去分詞は、目的語が動作を受けた結果を表す。

　過去分詞は、名詞を直接限定する働きをするほか、現在分詞と同様に分詞構文を作る。

　過去分詞は、名詞を直接限定する場合は、名詞と性・数の一致をする。また、助動詞として être をとる自動詞の複合時制形や、他動詞の受動態では、主語と過去分詞が性・数の一致をする。

　助動詞として avoir をとる動詞の過去分詞が複合時制形の要素として用いられている場合は、主語や目的語との一致はしない。しかし、目的格の関係代名詞や直接目的格の代名詞が動詞複合形に先行している場合には、これらの目的語と過去分詞が性・数の一致をする。

第5章
代 名 詞

1. 代名詞の定義

　代名詞は、場面や文脈など、文が使われる状況を参照することによって、何を指し示すのかがはじめて理解できる単語のこと。代名詞 je〈私〉であれば、場面を参照して、そこにいて話をしている人間を知ることで、この代名詞が指示するものが分かり、Pierre や Marie などの名前を持つ人物に対応させることができる。代名詞 cela〈それ〉であれば、場面または文脈を参照して、話し手が意図している事物を正しく知ることで、特定の事物を指し示すことが理解される。

2. 代名詞の種類

a. 人称代名詞
　話し手、聞き手、話し手と聞き手以外という基準によって事物を区別するもの。
b. 指示代名詞
　話し手の領域にあるかそうでないかで事物を区別するもの。
c. 所有代名詞
　話し手、聞き手、それ以外のものが支配する事物であることを表すもの。
d. 疑問代名詞
　話し手が指示する事物を、聞き手に特定化することを要求する働きをするもの。
e. 不定代名詞
　ある範囲に属する任意の事物を表すもの。
f. 関係代名詞
　関係節の先頭に位置し、関係節が限定する事物と同じ事物を指す働きをするもの。
　関係代名詞は、関係副詞とともに「関係詞」の章(第8章)で解説する。

3. 人称代名詞

　話し手を「1人称」、聞き手を「2人称」、話し手と聞き手以外を「3人称」という。人称代名詞は、普通の名詞と違い、主格(〜が)、直接目的格(〜を)、間接目的格(〜に)という格を形態的に区別し、さらに呼びかけや前置詞の目的語として用いられる「強調形」がある。

3. 人称代名詞

	主格	直接目的格	間接目的格	強調形
単数				
1人称	je	me	me	moi
2人称	tu	te	te	toi
3人称	il	le	lui	lui
	elle	la	lui	elle
複数				
1人称	nous	nous	nous	nous
2人称	vous	vous	vous	vous
3人称	ils	les	leur	eux
	elles	les	leur	elles

※主語と同じ対象を指示する「再帰代名詞」は、3人称のみ単数・複数ともに se という特別な形を持つ。se の強調形は soi。

※ je, me, te, le, la, se は、後に母音または無音の h で始まる語が来ると、母音の e, a が脱落する。

je + aime → j'aime, il me + a dit → il m'a dit, il te + a dit → il t'a dit, je la + aime → je l'aime, ils se + aiment → ils s'aiment など。

3.1. 人称代名詞の位置
3.1.1. 平叙文と倒置疑問文のとき

平叙文で、人称代名詞の主格は、普通の名詞が主語の場合と同様、動詞（定動詞・不定詞いずれも）の前に置かれるが、目的格の人称代名詞は、名詞が目的語の場合と違って、動詞や助動詞の前に置かれる。

Je regarde la Tour Eiffel. 私はエッフェル塔を見ている。
→ Je la regarde. 私はそれを見ている。
Elles ont pris le train pour Florence.
彼女たちはフィレンツェ行きの列車に乗った。
→ Elles l'ont pris. 彼女たちはそれに乗った。
Davide veut voir la fille. ダビッドはその女の子に会いたがっている。
→ Davide veut la voir. ダビッドは彼女に会いたがっている。

倒置によって作られる疑問文では、主格の人称代名詞は動詞の後に置かれ、目的格の人称代名詞は動詞の前に置かれる。

Tu connais le temps du départ de l'avion. 君は飛行機の出発時間を知っている。
→ Le connais-tu ? 君はそれを知っているか。

Vous avez mangé les tomates sur la table.
あなたはテーブルの上のトマトを食べた。
→ Les avez-vous mangées ? あなたはそれらを食べましたか。
（目的格人称代名詞 les と過去分詞 mangées の性・数の一致については、第4章 14.5. 節を参照）

3.1.2. 命令文のとき

肯定命令文では、目的格の人称代名詞は命令形の後に置かれる。me と te については、強調形の moi, toi が用いられる。命令形と代名詞の間にはハイフンを置く。

Ouvrez la porte. ドアを開けてください。
→ Ouvrez-la. それを開けてください。
Prenez ces médicaments. これらの薬を飲んでください。
→ Prenez-les. それらを飲んでください。
Réveille-moi à six heures. 6 時に私を起こしてくれ。
Lave-toi les mains. 手を洗いなさい。
Apportez-moi les documents. 私に書類を持ってきてください。

否定命令文では、目的格の人称代名詞は、通常の定動詞の場合と同様、命令形の前に置かれる。

Ne l'ouvrez pas. それを開けないでください。
Ne les prenez pas. それらを飲まないでください。
Ne me réveille pas très tôt. 私をあまり早く起こさないでくれ。
Ne te lave pas les mains. 手を洗うな。
Ne m'apportez pas les documents. 私に書類を持ってこないでください。

3.1.3. voici, voilà

直接目的格の人称代名詞は、voici, voilà の直前に置かれて、代名詞が指示する事物が存在することを表す。

Où est mon chapeau ? — Le voici. 僕の帽子はどこだい。—ここだよ。
Nous voilà à la gare. 駅に着いたよ。

3.2. 人称代名詞の用法
3.2.1. 単数の聞き手に対しては、tu と vous の使い分けがある。

tu は聞き手と距離を置かない場合、vous は聞き手と距離を置く場合に選択する。
家族や友人などの親しい間柄の人間、子供に対しては tu を使い、目上の人間や初対面の人間に対しては vous を使うのが原則。

Maman, tu vas manger quoi ? お母さん、何食べるの。
Je te donnerai la même chose demain, Paul. 明日同じものをあげるよ、ポール。
Qu'est-ce que vous choisissez, Monsieur le Président ?
社長は何をお選びになりますか。
Je suis très heureux que vous ayez accepté ma proposition, Madame.
奥様、私の提案を受け入れてくださってとても嬉しく存じます。

3.2.2. nous には話し手を含む複数の人間を指す以外に、次のような働きがある。

a. 権威ある人間（君主、高官、司教など）が自分を指す〈荘重の nous〉。
    Nous, roi de France, convoquons les États généraux.
    フランス国王である朕は、三部会を招集する。
b. 書物の著者が自分をへりくだって指す〈謙遜の nous〉。
    Nous regrettons que notre documentation soit fragmentaire et incertaine.
    私は自分の資料収集が断片的で不確実であることを残念に思う。
c. 相手への親しみを表すために tu, vous の代わりに用いる〈親しみの nous〉。
    Comment allons-nous ? (医者が患者に)具合はいかがですか。
d. 弁護士が依頼人を指す。
    Nous nions avoir été sur le lieu du crime.
    依頼人は犯行現場にいたことを否認します。

3.2.3. ils が、対立する集団に属する不定・複数の人間を指すことがある。

Ils doivent avoir comme plan d'assaillir la station de télé.
奴らは放送局を襲撃する計画をしているに違いない。
Je ne sais pas comment ils ont obtenu l'appui du peuple.
あいつらがどうやって民衆の支持を得たのかは知らない。

3.2.4. 3人称男性単数形直接目的格の le が、具体的な人間や物を表さない場合もある（中性代名詞の le）。

a. 事柄を表す。
    Mon père me dit d'habiter seul, mais je ne le veux pas.
    私の父は私に1人で住めと言うが、私はそうしたくない。
    (le は「私が1人で住む」という事柄を表す)
    D'après le jugement, il est coupable et je le crois.
    判決では、彼は有罪だそうだが、私はそれを信じる。

(le は「彼が有罪だ」という事柄を表す)

J'irai en Afrique s'il le faut.
そうしなければならないのなら、私はアフリカに行く。
(le は「私がアフリカに行く」という事柄を表す)

Françoise était plus sympathique que je ne l'avais pensé.
フランソワーズは、私が思っていたよりも感じがよかった。
(le は「私はフランソワーズがある程度感じがいいと思っていた」という事柄を表す)

Nolan m'avait promis de venir chez moi à sept heures, mais elle ne l'a pas rempli.
ノランは7時に私の家に来ると約束していたが、そうしてはくれなかった。
(le は「(ノランが)7時に私の家に来る」という事柄を表す)

※動詞が croire, dire, faire, falloir, penser, pouvoir, savoir, vouloir などで、事柄を表す le がその直接目的語になっているときは、le を省略することができる。

Mon père me dit d'habiter seul, mais je ne veux pas.
D'après le jugement, il est coupable et je crois.
J'irai en Afrique s'il faut.
Françoise était plus sympathique que je n'avais [j'avais] pensé.
(比較節で用いられる ne は、いわゆる「虚辞の ne」で、用いなくても構わない。☞第11章10節)

※比較節で用いられる le が、先行する形容詞の代用だと説明されることがあるがそうではない。これは、次の例が適格ではないことからも分かる。

× Françoise était plus sympathique que je n'avais pensé sympathique.

代名詞の le は、1個の形容詞ではなく、形容詞を含む節全体に代わるものだと理解しなければならない。

b. 形容詞または名詞を表す。

先行する名詞や形容詞と同じ語を使う場合には、それを le で置き換えることができる。

Je croyais que Doris était infirmière, mais en fait elle ne l'était pas.
私はドリスが看護士だと思っていたが、実際にはそうではなかった。
(le は名詞 infirmière を表している)

Ils sont très gentils avec moi et je veux qu'ils le soient pour toujours.
モリスは私にとても親切にしてくれていて、ずっとそうであってほしいと思う。
(le は形容詞 gentils を表している)

※名詞や形容詞の性や数が何であっても、常に同じ le を用いる。

4. 複合的代名詞 en と y

複合的代名詞は、前置詞と名詞(語、句、節)が複合された機能を持つ。前置詞の機能に対応した働きをする。動詞の目的語や副詞として用いられ、主語としての働きをすることはできない。

4.1. en: de＋名詞
a. 名詞としての働き

「不定冠詞複数形 des (← de＋les)＋名詞、部分冠詞 du (← de＋le) / de la＋名詞」の代用形

> Fabien a mangé des pommes et j'<u>en</u> ai mangé aussi.
> ↑
> des pommes
> ファビアンはリンゴを食べて、私もリンゴを食べた。

> Germanie veut boire du lait. Didier <u>en</u> a déjà bu.
> ↑
> du lait
> ジェルマニは牛乳を飲みたがっている。ディディエはもう牛乳を飲んだ。

> Si tu achètes de la viande, il vaut mieux <u>en</u> acheter de fraîche.
> ↑
> de la viande
> 肉を買うなら、新鮮な肉を買うほうがよい。

「新鮮な肉」は une viande fraîche だが、先行する de la viande を en で代用し、その後で「新鮮だ(frais)」という限定を加えるという操作になる。この場合は「de＋形容詞」を動詞の後に置く。形容詞は、先行する名詞の性・数に一致させる。

b. 名詞を限定する語句としての働き

「名詞・数量詞＋de＋名詞」中の「de＋名詞」の代用形

    J'ai lu des livres par Sartre. Les suivants en sont les titres.
    私はサルトルの本を読んだ。次に挙げるのがその題名だ。

    (les titres des livres par Sartre (que j'ai lus) の des livres par Sartre を en で代用している)

Mes collègues ont fait de bonnes communications au congrès.
J'en donnerai quelques exemples. / En voici quelques exemples.
私の同僚たちはその会議でいい発表をした。
その例をいくつかあげよう。/ 以下に例をいくつかあげる。
(quelques exemples des bonnes communications (faites par mes collègues) の des bonnes communications を en で代用している)

Connaissez-vous des étudiants étrangers ? — Oui, j'en connais beaucoup.
海外からの留学生を知っていますか。—はい、たくさん知っています。
(beaucoup d'étudiants étrangers の d'étudiants étrangers を en に置き換えている)

Violette a apporté cinq gâteaux chez nous. Nous en avons mangé trois et nous avons mis le reste dans le frigo.
ビオレットは私たちの家にケーキを5個持ってきた。私たちはそのうち3つを食べて、残りは冷蔵庫に入れた。
(trois des cinq gâteaux の des cinq gâteaux を en で代用している)

c. 動詞や形容詞が表す意味を限定する語句としての働き

「動詞・形容詞＋de＋名詞」中の「de＋名詞」の代用形。名詞が表す対象は人間以外の事物であるのが普通。

Juliette a beaucoup d'idées intéressantes et elle en parlera à la conférence.
　　　　　　　　　　　　　　　　　　　　　↑
　　　　　　　　　　(parlera) des idées intéressantes
ジュリエットは興味深い考えをたくさん持っていて、会議ではそれについて話すつもりだ。

Étienne a acheté une nouvelle serviette hier. Il s'en servira ce soir.
　　　　　　　　　　　　　　　　　　　　↑
　　　　　　　　　　(se servira) de la serviette
エティエンヌは昨日新しいタオルを買った。今晩それを使うつもりだ。

L'étudiante a rendu un devoir au professeur mais il n'en est pas très satisfait.
　　　　　　　　　　　　　　　　　　　　　　　　　　↑
　　　　　　　　　　　(n'est pas satisfait) du devoir
その女子学生は教授に宿題を渡したが、彼はその宿題にあまり満足していない。

4. 複合的代名詞 en と y

> Gilles ne rembourse pas l'argent à Jeanne et elle en est fâchée.
> ↑
> de ce que Gilles ne lui rembourse pas l'argent
> ジルはジャンヌにお金を返さない。彼女はそれを怒っている。

「動詞＋de＋不定詞」の構文で、「de＋不定詞」の代用形としても en を用いることができる。

　Je vous remercie d'avoir assisté à ma conférence.
　私の講演に出席してくださったことを感謝します。
　→ Je vous en remercie. 私はあなたにそれを感謝します。
　Ma femme s'occupera de préparer la réception.
　レセプションの準備は私の妻が引き受ける。
　→ Ma femme s'en occupera. 私の妻がそれを引き受ける。

※en が「de＋不定詞」の代用形となることができるのは、動詞が「de＋名詞」を従えることができる場合だけ。de を介さずに名詞だけを目的語とする動詞については、代用形として en ではなく le を用いる。

　Léna regrette d'avoir raté le dernier train.
　レナは終電に乗り遅れたことを後悔している。
　→ ○ Léna le regrette. レナはそれを後悔している。
　　　× Léna en regrette.
　Léna regrette son oisiveté. レナは自分の怠惰を後悔している。
　→ Léna la regrette. レナはそれを後悔している。

de に続く名詞が人間のときは、en ではなく「de＋人称代名詞」を用いる。

　Juliette m'a parlé de ami amusant.
　ジュリエットは私に面白い友人について話をした。
　○ Elle m'a parlé de lui. 彼女は私にその人について話をした。
　× Elle m'en a parlé.

これは「彼女は私にそれについて話をした」という意味であれば正しい文になる。

　Jeanne est fâchée de Gilles. ジャンヌはジルのことを怒っている。
　→ ○ Jeanne est fâchée de lui. ジャンヌは彼のことを怒っている。
　　　× Jeanne en est fâchée.

これは「ジャンヌはそれのことを怒っている」という意味であれば正しい文になる。

d. 事柄の性質を限定する語句としての働き
① 移動の起点を表す。

Tout le monde est sorti de la salle. すべての人がホールから出た。
→ Tout le monde en est sorti. すべての人がそこから出た。
　　　　　↑
　　　de la salle

Thérèse vient de revenir des Pays-Bas.
テレーズはオランダから戻ってきたところだ。
→ Thérèse vient d'en revenir. テレーズはそこから戻ってきたところだ。
　　　　　　　↑
　　　des Pays-Bas

② 事柄の原因や受動態の動作主を表す。

L'homme a été puni d'un cambriolage. その男は窃盗で罰を受けた。
→ L'homme en a été puni. その男はそれで罰を受けた。〈原因〉
　　　　　↑
　　d'un cambriolage

Le monastère est encerclé d'un très haut mur.
その修道院はとても高い壁で囲まれている。
→ Le monastère en est encerclé. その修道院はそれで囲まれている。
　　　　　　↑
　　　d'un très haut mur

4.2. y：à＋名詞

　複合的代名詞 y には、名詞としての働きはない。したがって正確には「代名詞」ではなく「代用形(前置詞句の代わり)」と呼ぶべきだが、慣例に従って代名詞に分類しておく。

a. 動詞や形容詞が表す意味を限定する。

Sa robe correspond bien à la coiffure.
彼女のドレスはヘアスタイルとよく合っている。
→ Sa robe y correspond bien. 彼女のドレスはそれとよく合っている。
　　　　↑
　　à la coiffure

4. 複合的代名詞 en と y

y は「à + 人間以外の名詞」に対応し、人間を表す名詞には対応しない。

La jupe ne va pas à Manon. そのスカートはマノンには似合わない。
→ ○ La jupe ne lui va pas. そのスカートは彼女には似合わない。
　× La jupe n'y va pas.

これは「そのスカートはそれには合わない」という意味なら正しい文。

Marc pensait à la naissance de son enfant.
マルクは自分の子供の誕生のことを考えていた。
→ Marc y pensait. マルクはそのことを考えていた。
Je pense toujours à Clémence. 私はいつもクレマンスのことを考えている。
→ Je pense toujours à elle. 私はいつも彼女のことを考えている。
Les habitants de ce village sont fidèles à la tradition.
この村の住人たちは伝統に忠実だ。
→ Les habitants de ce village y sont fidèles. この村の住人たちはそれに忠実だ。
Le cavalier était fidèle au roi. その騎士は国王に忠実だった。
→ Le cavalier lui était fidèle. その騎士は彼に忠実だった。

「動詞 + à + 不定詞」の構文で、「à + 不定詞」の代用形として y を用いることができる。

Inès consent à partager l'appartement avec moi.
イネスはそのアパートを私と共有することに同意している。
→ Inès y consent. イネスはそのことに同意している。
J'ai réussi à obtenir le doctorat.
私は博士号を取得することができた。
→ J'y ai réussi. 私はそれに成功した。

※「à + 不定詞」を y に置き換えることができるのは、動詞が「à + 名詞」を従えることができる場合だけ。à を介さずに名詞だけを目的語とする動詞の場合は、y ではなく le を代用形として用いる。

Nicole a commencé à travailler à mi-temps. ニコルはアルバイトを始めた。
→ ○ Nicole l'a commencé. ニコルはそれを始めた。
　× Nicole y a commencé.
Nicole a commencé le travail. ニコルはその仕事を始めた。
→ Nicole l'a commencé.

※à に続く名詞が人間を表す場合でも、文脈で明らかな場合は y を用いることがある。

À Marie, j'y pense toujours. マリーのことを、私はいつも考えている。
Je m'intéresse à la comédienne. 私はその女優に興味がある。

→ Je m'intéresse à elle. / Je m'y intéresse. 私は彼女に興味がある。

b. 事柄の性質を限定する。

Paul habite à la ville. ポールは都会に住んでいる。

→ Paul y habite. ポールはそこに住んでいる。

Nous allons au concert ce soir. 今晩私たちはコンサートに行く。

→ Nous y allons ce soir. 今晩私たちはそこに行く。

　事柄が成立する場所を表す場合、y は前置詞 à だけでなく、dans, en, sur, chez などを含む前置詞句の代用形となることができる。

Pierre travaille dans le bureau. ピエールはその事務所で働いている。

→ Pierre y travaille. ピエールはそこで働いている。

Mes grands-parents séjournent en Nouvelle Calédonie.
私の祖父母はニューカレドニアに滞在している。

→ Mes grands-parents y séjournent. 私の祖父母はそこに滞在している。

Son hypothèse se fonde sur des faits inappropriés.
彼の仮説は不適切な事実に基づいている。

→ Son hypothèse s'y fonde. 彼の仮説はそれに基づいている。

Allez chez Madame Leblanc pour prendre le dossier.
ルブランさんのところに行って、その書類を受け取ってください。

→ Allez-y pour prendre le dossier.
そこに行って、その書類を受け取ってください。

※2 人称単数命令形(tu に対する命令)は、直説法現在 2 人称単数形では現れる語尾 -s が、動詞によっては脱落するが、この命令形の直後に en, y が来る場合は、-s が例外的に現れる。

Ajoute du sel. 塩を加えなさい。

→ Ajoutes-en. それを加えなさい。

(Ajoute-en のままだと Ajout'en になってしまい、Ajoute という命令形が分かりにくくなる)

Va au rez-de-chaussée. 1 階に行きなさい。

→ Vas-y. そこに行きなさい。

(Va のままだと、Va-y という母音が連続する形になる。フランス語では母音連続は避けられる)

5. 目的格人称代名詞・複合的代名詞の語順

　直接目的格の人称代名詞と間接目的格の人称代名詞、そして複合的代名詞 en,

y は、2 つまで並べることができる。

5.1. 平叙文・疑問文

平叙文や疑問文では、目的格人称代名詞は、動詞の前に置かれる。

配列の順序は「間接目的格＋直接目的格」（X に Y を）が原則だが、間接目的格代名詞が lui と leur のときは「直接目的格＋間接目的格」（X を Y に）の順番になる。

me, te, se, nous, vous〈間接目的格〉＋ le, la, les〈直接目的格〉
le, la, les〈直接目的格〉＋ lui, leur〈間接目的格〉

Mon ami me donnera sa voiture. 私の友人が自分の車を私にくれる。
→ Mon ami me la donnera. 私の友人が私にそれをくれる。
Mireille s'est lavé les mains avec de l'eau froide.
ミレイユは冷たい水で手を洗った。
→ Mireille se les est lavées avec de l'eau froide.
ミレイユは冷たい水でそれを洗った。
Notre père nous a acheté ces poupées.
私たちの父親はこの人形を私たちに買ってくれた。
→ Notre père nous les a achetées.
私たちの父親はそれらを私たちに買ってくれた。
Le médecin expliquait à la cliente l'état de sa maladie.
医者は患者に患者の病気の状態について説明していた。
→ Le médecin le lui expliquait. 医者はそれを彼女に説明していた。
Rémi raconte l'histoire à ses enfants. レミは子供たちにその物語を語っている。
→ Rémi la leur raconte. レミは彼らにそれを語っている。

5.2. 命令文

肯定命令文では、「命令形＋直接目的格＋間接目的格」という語順になる。

○ Donnez-la-moi. それを私にください。
× Donnez-me-la
○ Lave-les-toi.（自分のために）それを洗いなさい。
× Lave-te-les.
○ Achetez-les-nous. それらを私たちに買ってください。
× Achetez-nous-les.
Expliquez-le-lui. それを彼に説明してください。

Raconte-la-leur. それを彼らに話しなさい。

否定命令文では、目的格の人称代名詞は命令形動詞の前に置かれ、平叙文と同じ語順をとる。

Ne me la donnez pas. それを私に渡さないでください。
Ne te les lave pas. それを(自分のために)洗わないように。
Ne nous les achetez pas. それらを私たちのために買わないでください。
Ne le lui expliquez pas. それを彼に説明しないでください。
Ne la leur racontez pas. それを彼らに話さないでください。

5.3. 直接目的格の me, te, se, nous, vous と間接目的格の lui, leur

直接目的格の me, te, se, nous, vous と間接目的格の lui, leur を組み合わせることはできない。この場合、間接目的格代名詞を à lui, à elle, à eux, à elles に置き換える必要がある。

Christie me présentera au président de son entreprise.
クリスティーは私を彼女の会社の社長に紹介してくれる。
→ ◯ Christie me présentera à lui. クリスティーは私を彼に紹介してくれる。
　 × Christie me lui présentera.
Le bandit va vous vendre à ses complices.
その悪党はお前たちを仲間たちに売ろうとしている。
→ ◯ Le bandit va vous vendre à eux.
　 その悪党はお前たちを彼らに売ろうとしている。
　 × Le bandit vas vous leur vendre.
Mireille s'est sacrifiée à ses parents.
ミレイユは自分の両親に身を捧げた。
→ ◯ Mireille s'est sacrifiée à eux.
　 × Mireille se leur est sacrifiée.
　 ミレイユは彼らに身を捧げた。

5.4. 目的格人称代名詞と複合的代名詞の配列順序

me, te, se, nous, vous, le, la, les, lui, leur + en, y

a. 人称代名詞が直接目的格
　 Monique nous fera sortir de la chambre.
　 モニクは私たちを部屋から出させるだろう。
　 → Monique nous en fera sortir. モニクは私たちをそこから出させるだろう。

Lucien s'est servi de la machine. リュシアンはその機械を利用した。
→ Lucien s'en est servi. リュシアンはそれを利用した。
L'expérience vous conduit au succès. 経験が人を成功に導く。
→ L'expérience vous y conduit. 経験が人をそこに導く。
Anne a mis les oranges sur la table.
アンヌはそれらのオレンジをテーブルの上に置いた。
→ Anne les y a mises. アンヌはそれらをそこに置いた。

b. 人称代名詞が間接目的格

Le scientifique nous donnera des lectures.
その科学者は私たちに講義をしてくれる。
→ Le scientifique nous en donnera. その科学者は私たちそれをしてくれる。
Le boulanger vend du bon pain aux clients.
そのパン屋は客においしいパンを売っている。
→ Le boulanger leur en vend. そのパン屋は彼らにそれを売っている。
Je raconterai trois histoires à mon grand-fils. 私は孫に3つの話をする。
→ Je lui en raconterai trois. 私は彼にそれを3つ話す。

※間接目的格の代名詞が me, te, lui の場合は、y と組み合わせて m'y, t'y, lui y とすることはあまりしない。

Alain me présentera sa sœur au restaurant.
アランはそのレストランで自分の妹を私に紹介してくれる。
→ ?Alain m'y présentera sa sœur.
アランはそこで私に自分の妹を紹介してくれる。
○ Alain me la présentera là-bas. アランはそこで私に彼女を紹介してくれる。
J'ai expliqué la théorie à mon étudiant dans la salle de classe.
私は教室で私の学生にその理論を説明した。
→ ?Je lui y ai expliqué la théorie. 私はそこで彼にその理論を説明した。
○ Je la lui ai expliqué dans la salle de classe.
私は教室で彼にそれを説明した。

c. 命令文

① 肯定命令文

Accompagne la fille à la gare. その女の子を駅まで送ってくれ。
→ Accompagne-l'y. 彼女をそこに送ってくれ。
Fais venir Paul de sa chambre. ポールを自分の部屋から来させてくれ。
→ Fais-l'en venir. 彼をそこから来させてくれ。
Habillez les filles des robes roses.

その女の子たちにはそのピンクのドレスを着せてください。
→ Habillez-les-en. 彼女たちにはそれを着せてください。
Donnez-moi des informations sur l'affaire.
その事件についての情報を私にください。
→ Donnez-m'en. それらを私にください。
（間接目的格 moi の後に en が続くときは、moi が me になり、m'en という形になる）

② 否定命令文
Ne l'y accompagne pas. 彼女をそこまで送らないでくれ。
Ne l'en fais pas venir. 彼をそこから来させないでくれ。
Ne les en habillez pas. 彼女たちにそれを着せないでください。
Ne m'en donnez pas. それらを私にくれないでください。

6. 人称代名詞の強調形

6.1. 他の語句をさらに強調する
a. 人称代名詞が指示する事物を強調する。
　Moi, je ne participerai pas à la réunion. 私の方は、会合には出席しない。
　Vas-tu prendre un taxi, toi ? 君はタクシーに乗るの？
　Je vais aller la voir, elle. 僕は彼女に会いに行くんだ。
　Le directeur lui a adressé la parole, à lui. 部長は彼に向って声をかけたんだよ。
　Lui seul est digne du prix. 彼だけがその賞に値する。
b. 名詞や他の代名詞と並列されている場合。
　Toi et moi, nous serons toujours de bons amis.
　君と僕はずっといい友達でいよう。
　Je vous ai invités tous les deux, ta femme et toi.
　君の奥さんと君と、2人とも招待してあるよ。

6.2. 強調形のみが要求される
　人称代名詞の目的格は、常に強勢を置かずに発音されるので、強勢を置いて発音する必要のある位置では、強調形のみが使用される。
a. 前置詞の目的語
　Le gérant avait une discussion avec lui. 支配人は彼と議論をしていた。
　Alain ne pourrait rien faire sans eux.
　彼らなしでは、アランは何もできないだろう。

À cause de moi, Lydie a dû renoncer à son projet.
私のせいで、リディは自分の計画をあきらめなければならなくなった。

b. 接続詞 que, comme の後

Jean-Paul est beaucoup plus riche que moi.
ジャン＝ポールは私よりずっと金持ちだ。
Je n'aime que toi. 僕は君だけを愛している。
Je veux danser comme lui. 僕も彼のように踊りたい。

c. 命令形の後

Parlez-moi de lui. 私に彼の話をしてください。
Passe-les-moi. 私にそれらを取ってくれ。

d. 述語の主要成分（être の補語）

Le vainqueur du prochain championnat sera lui.
次の選手権大会の勝者は彼だろう。
Celui qui a été nommé président du Sénat était moi.
上院の議長に指名されたのは私だった。

e. 分詞構文や独立して用いられる不定詞の主語

Toi mariée, je ne peux que rester célibataire.
君が結婚したんだから、僕は独身でいるしかない。
Le garçon était obligé de travailler seul, eux restant sans rien faire.
彼らが何もしなかったので、その少年は一人で仕事をすることを余儀なくされた。
Moi parler devant le public ! C'est impossible.
一般の人たちの前で私が話をするって！ そんなことはできないよ。

f. 代名詞が表す人間を限定する語句が後続する。

Je vais vous accompagner, moi qui suis en charge des invités.
私があなた方と一緒に参ります。招待客のお世話をするのは私ですから。
Lui, enfant prodige, il a un avenir très brillant.
彼は天才的な子供だから、彼には輝かしい未来がある。

g. 代名詞が述語なしで事柄を表す。

Qui va chercher le président ? — Moi.
誰が社長を迎えに行くの？ —私が行きます。
Tu dois être économe. — Toi aussi.
君は倹約しなければならない。—君もね。
Je ne supporte pas l'alcool. — Moi non plus.
私は酒が弱いです。—私もです。

6.3. 再帰代名詞目的格強調形 soi

soi は、主語がある集合に属する任意の人間である場合、それに対応する再帰形として用いられる。非再帰形代名詞目的格強調形 lui, elle, eux, elles は、主語が特定の人間を指している場合に使う。

a. 主語が不定代名詞・不定名詞句

　　On ne peut pas toujours être content de soi.
　　人はいつも自分に満足できるわけではない。
　　Personne n'avait assez d'argent sur soi. 誰も十分な金を持ち合わせていなかった。
　　Chacun a confiance en soi. 誰もが自分のことを信頼している。
　　Chacun doit porter un fardeau sur soi.
　　個人はそれぞれ自分の身に重荷を背負わなければならない。
　　Tout le monde doit parler de soi. 誰もが自分について話さなければならない。

※主語が不定の人間を表していても、それが誰でもいい任意の人間でなければ、非再帰形の代名詞を用いる。

　　Un homme est venu me voir. Il m'a dit de venir chez lui.
　　ある男が私に会いにやってきた。彼は私に自分の家に来るように言った。
　　Il は先行する文の un homme と同じ人間を指示し、これは不定の人間である。
　　しかし、任意の人間を指すわけではないので soi ではなく lui を用いる。
　　Il y avait des femmes qui se mariaient malgré elles.
　　自分の意志に反して結婚する女性たちがいた。

elles は、先行する des femmes と同じ女性たちを指しており、どんな女性でもいいということではないので、soi ではなく elles を用いている。

b. 主語がある性質を持つ人間一般を表す。

　　Les savants essaient de trouver la vérité pas pour soi mais pour la vérité elle-même.
　　学者は真理を見つけようとするが、それは自分のためではなく、真理そのもののためだ。

les savants〈学者〉は、特定の複数の学者を指すのではなく、すべての学者を表す。すべての人間だから、eux ではなく soi を用いる。

　　Le savant a vendu des données pour lui-même.
　　その学者は自分自身のためにデータを売った。

le savant が特定の学者を指している場合は、soi ではなく lui を用いる。ただし、lui だけだとその学者以外の特定の男性を指すことになるので、学者自身であることを表すために lui-même を用いる。

　　Un homme médiocre ne se soucie que de soi.
　　凡庸な男は自分のことしか心配しない。

un homme médiocre〈凡庸な男〉のような不定冠詞単数形の付いた名詞句が、この性質を持つ任意の男を表すことがある。任意なのだから、同一の対象を代名詞で表す場合は再帰代名詞を使う。

c. 不定詞の主語が明示されず、任意の人間だと解釈される場合。

 Il n'est pas bon pour la santé de rester toujours chez soi.
 いつも自分の家にいるのは健康によくない。
 Il vaut mieux de ne pas être trop fier de soi quand on est jeune.
 若い間は自分にあまり誇りを持たない方がよい。

7. 指示代名詞

指示代名詞は、話し手と聞き手が作る空間を構成する事物を指示するための形式。日本語では、「これ」が話し手の領域にあるものを、「それ」が聞き手の領域にあるものを、「あれ」が話し手と聞き手、いずれの領域にもないものを指示する。しかし、フランス語ではこのような細かい区別は行われない。話し手と聞き手のいる空間や先行する文脈にあるものを指示する働きをする代名詞と、空間の中で話し手の領域にあるものとそれ以外の領域にあるものを区別する代名詞の2種類があるだけである。

話し手と聞き手が作る空間では、事物を直接指し示すことができるから、これを「直示空間」と呼ぶことにする。事物が直示空間にあることだけを表す代名詞を「一般指示代名詞」、直示空間内で話し手の領域とそれ以外の領域を区別する代名詞を「特殊指示代名詞」と呼ぶ。

7.1. 一般指示代名詞 ce
7.1.1. 直示空間の特定の事物を指す ce

ce は直示空間中に存在する特定の事物を指し、それが何であるのかを示すために用いられる。このため、C'est..., Ce sont... のように、述語動詞が être の構文で使われるのが基本。

— Qui est-ce ? これは誰ですか。
— C'est Sartre. それはサルトルです。

— Qu'est-ce ? / Qu'est-ce que c'est ?
これは何ですか。
— C'est la Tour Eiffel.
それはエッフェル塔です。

— Qui sont-ce ? /Qui est-ce ?
この人たちは誰ですか。
— Ce sont mes parents.
この人たちは私の両親です。

— Qu'est-ce que c'est ? これは何ですか。
— Ce sont des fruits. それらは果物です。

— J'ai vu un grand tableau de Napoléon couronnant la reine à Louvre.
ルーブルでナポレオンが女王に戴冠している大きな絵を見ました。
— Ce doit être un tableau dessiné par Davide.
それはダビッドが描いた絵に違いありません。
— Il y avait de jolies filles devant la porte de votre maison.
あなたの家の門の前に綺麗な女の子たちがいました。
— Ç'auraient pu être mes filles.
それなら私の娘たちだったのかもしれません。

※ce の後に母音 a で始まる助動詞形が来る場合、[s]の発音を維持するため、c' を ç' に置き換える。

7.1.2. 指示対象を持たない ce
a. 名詞節を作る。

　ce が直示空間の事物を指示するのではなく、関係詞や疑問詞を後続させて、名詞節を作る働きをすることがある。これは、一般指示代名詞としての ce が、それだけでは特定の指示対象を持たないことによる。

① 関係節

　　Dis-moi ce qui s'est passé entre les deux hommes.
　　その 2 人の男たちの間に起こったことを言ってくれ。
　　L'agent lui a donné l'information sur ce que l'entreprise voulait faire.
　　その係員は彼に、その企業がしたいと思っていることについての情報をくれた。

　ce は、日本語の「こと」と同じように、特別の意味を表さず、節に名詞としての働きをさせるために使われている。

② 間接疑問節

　間接疑問節の基本形は「動詞＋疑問詞で始まる節」。しかし、例えば demander qui est le plus important だと「誰が最も重要か」という意味を表すことになる。疑問の対象が「誰」ではなく「何」という「もの」であることを明示するために、疑問詞 qui の前に ce を置く。

　　Le garçon me demande ce qui est le plus important pour la société.
　　その少年は私に、社会にとって何が最も重要かを聞いている。

　疑問詞が que の場合も、やはり間接疑問節では ce que ... となる。

　　Alice s'est demandé ce que le vieillard d'en face disait.
　　目の前にいるこの老人は何を言っているのだろうとアリスは思った。

　Alice s'est demandé que le vieillard d'en face disait. だと、「目の前にいる老人が（何か）言っているとアリスは思った」という意味の不完全な文になる。

③ 動詞の目的語にあたる名詞節

　　profiter de〈～で得をする〉、s'étonner de〈～に驚く〉、se plaindre de〈～に不平を言う〉など、目的語の前に de を置く動詞のうち、動詞が表す事柄が起こる原因を名詞節が表している場合には、que の代わりに de ce que を用いることがある。

　　Je m'étonne de ce que Didier a raté l'examen.
　　Je m'étonne que Didier ait raté l'examen.
　　ディディエが試験に落ちるなんて驚きだ。
　　Tout le monde se plaint de ce que tu fais du bruit.
　　Tout le monde se plaint que tu fasses du bruit.
　　君が騒ぐのをみんなが不満に思っているよ。

※感情を表す動詞に支配されている que 節中では接続法を用いるのが原則。ただし、この名詞節中の事柄は実際には成立していることが多いので、de ce que 構文では直説法が用いられるのだと理解しておけばよい。

profiter de については、que 節の使用は許されない。

　　○ Margueritte profitait de ce qu'elle était trilingue.
　　× Margueritte profitait qu'elle était trilingue.
　　マルグリットは 3 カ国語を話せるのが有利だった。

s'apercevoir de〈〜に気づく〉、se souvenir de〈〜を思い出す〉、se persuader de〈〜に納得する〉などの動詞については、de 以下が事柄の原因を表さない。目的節として用いられるのは que 節であって、de ce que 節は許されない。

　　○ Claire s'aperçue qu'un agent de police s'approchait d'elle.
　　× Claire s'aperçue de ce qu'un agent de police s'approchait d'elle.
　　クレールは警察官が自分に近寄ってきていることに気がついた。
　　○ Je me suis souvenu que le jour du match était le lendemain.
　　× Je me suis souvenu de ce que le jour du match était le lendemain.
　　試合の日は翌日だったことを私は思い出した。

④ 感嘆を表す名詞節

日本語の「まあ素晴らしいこと」の「こと」と同様に、「ce que＋文」の形で感嘆を表す。

　　Ce que la vue est belle ! 景色が何と美しいことか。
　　Ce qu'ils ont fait des sottises ! 彼らは何と馬鹿なことをしたんだ。

b. 継続用法の関係節を作る。

「ce＋関係代名詞」は前の文を先行詞とする関係節を作る。文を先行詞とする関係節は、通常は継続用法である（☞第 8 章 9 節）。

　　Marcel ne cesse pas d'être paresseux, ce qui fâche ses parents.
　　マルセルは怠けてばかりいる。それで彼の両親は怒っている。
　　Charline vient toujours en retard, ce que je n'aime pas.
　　シャルリーヌはいつも遅れてやってくる。私はそれが嫌いだ。

7.1.3. 主語を指示する ce

ce には、先行または後続する主語と同一の事物を指示し、その後に「être＋名詞（節）または形容詞」が続いて文を完成させる働きがある。

a. 主語＋ce＋être

　　L'état, c'est moi. 国家、それは私だ。
　　La cause de l'accident, ce sont des défauts de la route.

事故の原因は、道路のいろいろな欠陥だ。

La vie, c'est de supporter des malheurs.
人生とはさまざまの不幸に耐えることだ。

Ce que je pensais, c'était que le passé ne reviendrait pas.
私が考えていたのは、過去は戻ってこないだろうということだった。

b. C'est + 補語 + 主語

C'est agréable, la promenade au matin.
朝の散歩は気持ちがいい。

C'est magnifique, cette vue depuis le sommet de la montagne.
その山の頂上からの眺めはとても素晴らしい。

C'est extravagant (que) de sortir dans la tempête.
嵐の中を出かけるなんて、とんでもないことだ。

※主語が名詞句や不定詞の場合、主語の前に que を置くことがある。

C'est naturel qu'on obéisse aux règles.
＝Il est naturel qu'on obéisse aux règles.
人が規則を守るのは当然のことだ。

※名詞節が主語の場合、c'est と il est のいずれをも文頭に置くことができる。il est の方が文語的。

7.1.4. 強調構文

C'est X qui / C'est X que という形で、要素 X を強調（＝焦点化）する構文を「強調構文」と呼ぶ。

C'est demain que je partirai.〈私が出発するのは明日だ〉という強調構文が使われる場合、「私は未来のある時に出発する」ということは分かっているが、「未来のある時」がいつなのかは聞き手には分かっていない。その聞き手に分かっていない部分（＝焦点）を与えるための構文が強調構文である。

a. 主語の強調 C'est X qui ...

C'est Paul qui conduira la voiture. 車を運転するのはポールだ。

C'est moi qui suis directeur de cette section. この部署の部長は私です。

C'est le langage qui construit les pensées humaines.
人間の思考を構築するのは言語だ。

※強調構文は、qui/que 以下の動詞の時制が何であっても、C'est を使うことができる。ただし、動詞の時制に合わせて半過去形や未来形を使ってもよい。

Ce sera Paul qui conduira la voiture. 車を運転するのはポールだ。

C'était Paul qui a conduit la voiture. 車を運転したのはポールだった。

b. 主語以外の成分の強調 C'est X que ...

C'est un plan de Paris que je veux acheter.
私が買いたいのはパリの地図だ。〈目的語〉

C'est diplomate que mon fils veut devenir.
私の息子がなりたいのは外交官だ。〈補語〉

C'est à Bénédicte que j'enverrai ce paquet.
私がこの小包を送るのはベネディクトだ。〈前置詞句・目的地〉

C'est du Maroc que ces produits sont importés.
これらの製品が輸入されているのはモロッコからだ。〈前置詞句・起点〉

C'était dans cette maison que Mozart est né.
モーツァルトが生まれたのはこの家だ。〈前置詞句・場所〉

C'est à cause de la chaleur que les animaux sont morts.
動物たちが死んだのは、暑さのせいだ。〈前置詞句・理由〉

C'est ici que l'accident est arrivé. 事故が起こったのはここだ。〈副詞〉

Ce fut quand l'armée était sur le point d'envahir la ville qu'il y eut une explosion mystérieuse.
不可解な爆発が起こったのは、軍隊がまさにその町に侵入しようとしていた時だった。〈副詞節〉

※動詞が de を介して目的語を表すときは、que の代わりに dont を用いる。

C'est la silhouette du criminel dont elle se souvient.
彼女が覚えているのは犯人の影だ。(se souvenir de〈～を覚えている〉)

C'est un bon médecin dont le village a vraiment besoin.
その村がとても必要としているのはよい医者だ。(avoir besoin de〈～を必要とする〉)

※強調構文で強調できない語句。

① 動　詞

　フランス語の文には必ず動詞があり、述語を作る要素となる。そして動詞がなければ、そもそもどんな事柄が起こったのかを表すことができない。強調構文を使うためには、何らかの事柄が起こったことを聞き手があらかじめ知っていなければならないが、動詞が言われて初めて事柄が起こったことが分かる。動詞を強調するということは、事柄が起こったことを聞き手が知っていたということに他ならない。ところが強調される要素は、聞き手が知らなかったものなのだから、動詞を強調すると、聞き手は事柄が起こることを知っていて同時に知らなかったという、矛盾した内容を表すことになる。だから、動詞を強調構文で強調することはできない。

7. 指示代名詞　　223

　　× C'est manger une pomme qu'il a fait.
　　× 彼がしたのはリンゴを食べるだ。
　　× C'est être étudiante qu'elle est.
　　× 彼女がそうなのは学生であるだ。
② 形容詞
　形容詞が述語の主要成分になっているときも、動詞の場合と同じ理由で、強調構文で強調することはできない。
　　× C'est belle que la fille est.
　　× その女の子がそうなのは美しいだ。
　　× C'est mauvais qu'il fait.
　　× 天気がそうなのは悪いだ。
③ 時や場所以外の副詞
　vite〈速く〉, haut〈高く〉など事柄の様態を表す副詞、beaucoup〈たくさん〉、peu〈少し〉などの数量や程度を表す副詞、certainement〈確実に〉、naturellement〈当然に〉のような事柄が成立する可能性を表す副詞は、強調構文で強調できない。これらの副詞は、動詞が表す事柄の中核的な性質を限定するから、動詞を強調できないのと同じ理由で、強調構文による焦点化の対象とはならない。一方、副詞であっても、時や場所を表す副詞は、事柄の周辺的な性質を表すだけだから、強調構文で強調することができる。
　　× C'est vite que l'athlète a couru.
　　× その選手が走ったのは速くだった。
　　× C'est beaucoup que la femme pleure.
　　× その女性が泣いているのはたくさんだ。
　　× C'est naturellement que les animaux meurent.
　　× 動物が死ぬのは当然にだ。
　副詞と同じ意味を「前置詞＋名詞」で表すことができる場合には、前置詞句を強調するのと同じように、強調構文で強調することができる。
　　C'est avec une grande rapidité que l'industrie se développe dans notre pays.
　　私たちの国で産業が発展している速度はとても大きい。
　　C'est à une grande altitude dans le ciel que l'avion vole.
　　その飛行機が飛んでいる高度はとても大きい。
c. C'est que
　C'est que は que 以下の事実を聞き手に提示するのが基本的な働きだが、具体的には、ある事柄が起こった「理由」を表す場合と、事柄を強調する場合がある。
① 理　由

J'ai raté le dernier train. C'est que j'ai dû rester au bureau jusqu'à minuit.
私は終電に乗り遅れた。真夜中まで会社にいなければならなかったからだ。
Si Pascal est tombé malade, ce n'est pas qu'il soit faible de constitution.
パスカルが病気になったのだとしても、それは彼の身体が弱いからではない。

※ce n'est pas que のように否定形になると、que 節中の動詞は接続法になる。

② 強　調

C'est qu'il faut attendre longtemps pour réserver une table au restaurant.
そのレストランのテーブルを予約するためには長い間待たなければならないんですよ。

C'est que ma grand-mère est gravement malade.
私の祖母の病状が重いんです。

7.2.　特殊指示代名詞 ceci, cela, ça

（1）話し手の領域とそれ以外の区別

　特殊指示代名詞 ceci と cela が対立的に用いられる場合は、ceci が話し手の領域にある事物を、cela が話し手の領域の外にある事物を表す。

Il y avait de bonnes choses à manger sur la table. La souris des champs prit un peu de ceci et la souris des villes prit un peu de cela.
テーブルの上においしい食べ物があった。田舎の鼠がこれを少しだけ取って、都会の鼠があれを少しだけ取った。

Je n'aime pas ceci, mais cela me plaira
私はこれは好きではないが、あれなら気に入るだろう。

（2）フランス語は、日本語ほど話し手の領域や聞き手の領域を明確に区別しない。つまり、「これ」「それ」「あれ」を区別する必要がない。

a. ceci が話し手の領域にあるものを指すだけで、cela と対立しない。

Donnez-moi ceci. これを下さい。
Faites attention. Ceci est très important.
注意してください。これから言うことはとても大切です。

b. cela が ce と同様に、直示空間にある事物を表す。

　ce は動詞の目的語や être 以外の動詞の主語として使うことができない。このような場合に、ce の代わりに cela が用いられる。

Je prends cela. 私はこれにします。
Cela m'est égal. それは私にはどうでもいいです。

c. ça は口語で、直示空間にある事物を表す cela の代わりに用いられる。

Ne touchez pas ça. それは触らないでください。

Ça ne vous regarde pas. それはあなたには関係ないことです。

Qu'est-ce que ça veut dire ? それはどういう意味ですか。

d. cela にはない ça の用法

① 非人称構文の主語になる。

Ça pleut. 雨が降っている。

Comment ça va ? — Ça va très bien. 調子はいかがですか。—とてもいいです。

Ça me suffit qu'il soit avec moi. 彼が私と一緒にいてくれるだけで十分だ。

② 疑問詞、oui/non の後に置かれて、疑問や応答の文を完成させる。

J'aime Catherine Deneuve. — Qui ça ?

僕はカトリーヌ・ドヌーブが好きだ。—それ誰?

J'ai rencontré Alain Delon. — Où ça ?

アラン・ドロンに会ったよ。—どこで?

Tu vas au concert ? — Oui ça./ Non ça.

コンサート行くの? —うん、行くよ。/ いや、行かない。

③ 人間を指す。この場合、軽蔑や親愛の感情を伴う。

Ça me fâche, ce salaud. こいつには腹が立つ、あのげす野郎め。

C'est très mignon, ça. この子、とても可愛い。

7.3. 特殊指示代名詞 celui

代名詞 celui は、それと同一の対象を指示する名詞に応じて、性・数の変化をする。

	単数	複数
男性	celui	ceux
女性	celle	celles

a. celui は、直前の名詞と同一の対象を指示する。ただし、必ず修飾語句を伴い、単独で使用されることはない。

Ma maison est dans le centre-ville et celle de Céline est dans les faubourgs.

私の家は町の中心にあるが、セリーヌの家は場末にある。

Je préfère les tableaux à l'huile à ceux à l'aquarelle.

私は水彩画より油絵の方が好きだ。

J'ai visité beaucoup de musées et celui que j'aime le mieux est le Musée du Louvre.

私はたくさんの美術館に行ったが、一番好きなのはルーブル美術館だ。

Est-ce que ce sont vos poèmes ? — Non, ce sont ceux écrits par un poète italien.

これはあなたの詩ですか。―いいえ、あるイタリアの詩人によって書かれた詩です。

Parmi les fleurs dans le vase, celle ayant une bonne odeur est la rose.
花瓶にある花のうちで、いい香りがするのはバラだ。

b.「celui + 関係節」だけで、「～のような人」という意味を表すことができる。

Celui qui ne travaille pas n'est pas digne d'être rémunéré.
働かない人間は報酬を受ける資格がない。

J'admire ceux qui pensent toujours au bonheur des autres.
いつも他人の幸福を考えている人を私は素晴らしいと思う。

Nathalie est celle à laquelle tous les hommes s'intéressent.
ナタリーは、すべての男が関心を持つような女性だ。

c. 話し手の領域に属するものとそれ以外のものを区別する celui-ci, celui-là。

話し手の領域とそれ以外の領域を区別する働きをする場合、celui の後に -ci, -là を続ける。

話し手の領域　　celui-ci, ceux-ci, celle-ci, celles-ci
話し手の領域外　celui-là, ceux-là, celle-là, celles-là

Vous voyez deux arbres dans le jardin. Celui-ci est un pin et celui-là est un cyprès.
庭に 2 本の木が見えますね。こちらは松で、むこうのは糸杉です。

Je viens d'acheter deux baguettes. Je garde celle-ci pour moi et celle-là, je la donnerai à ma grand-mère.
私はバゲットを 2 本買ってきた。こっちは自分にとっておいて、そっちは祖母にあげるつもりだ。

d. 先行する 2 つの名詞のうち、celui-ci が「後者」を、celui-là が「前者」を表す。

J'ai visité Florence et Paris. Celle-ci est la capitale de la France et celle-là est la ville natale de Dante.
私はフィレンツェとパリを訪れた。後者はフランスの首都で、前者はダンテが生まれた町だ。

e. celui-ci, celui-là 単独で、先行する名詞と同一の対象を指示する。

Quel téléviseur prenez-vous ? — Celui-ci.
どのテレビをお求めですか。―これです。

Lequel des deux trains va-t-il à Toulouse ? — Celui-là.
2 つの列車のうち、どちらがトゥールーズに行きますか。―これ［あれ］です。

※単独で用いられて、先行する名詞を受ける場合、celui-ci と celui-là のどちらでも使うことができる。

Je n'ai jamais mangé de meilleure tarte que celle-ci.

これほどおいしいタルトは食べたことがない。
Il y a un grand nombre d'immigrants dans notre pays. La plupart de ceux-là viennent de l'Afrique.
私たちの国には数多くの移民がいる。彼らの大部分はアフリカ出身だ。

8. 所有代名詞

　所有代名詞は、「所有形容詞＋名詞」と同一の意味を表す代名詞。同一の名詞が反復されることを避けるために使用される。先行する名詞と同じ対象を表すから、常に定冠詞が先行する。

		男性・単数	男性・複数	女性・単数	女性・複数
単数	1人称	le mien	les miens	la mienne	les miennes
	2人称	le tien	les tiens	la tienne	les tiennes
	3人称	le sien	les siens	la sienne	les siennes
複数	1人称	le nôtre	les nôtres	la nôtre	les nôtres
	2人称	le vôtre	les vôtres	la vôtre	les vôtres
	3人称	le leur	les leurs	la leur	les leurs

a.「所有形容詞＋名詞」と同一の働きをする

Mon ordinateur ne marche pas. Laisse-moi me servir du tien.
　　　　　　　　　　　　　　　　　　　　　　↑
　　　　　　　　　　　　　　　　　　ton ordinateur
私のコンピューターが動かない。君のを使わせてくれ。

La population des États-Unis est le double de la leur.
　　　　　　　　　　　　　　　　　　　　　↑
　　　　　　　　　　　　　　la population de leur pays
合衆国の人口は彼らの国の人口の2倍だ。

La nôtre est une ville pleine de sites magnifiques.
↑
notre ville
私たちの町は、素晴らしい景色にあふれたところだ。

b. 所有代名詞が単独で用いられ「ある人に属するものや人」を表す場合がある。
① 男性単数形が、ある人の財産や能力を表す。
　　J'ai légué tout ce qui était le mien à l'église.
　　私は自分の財産をすべて教会に譲った。
　　Si vous voulez réussir, vous devez y mettre du vôtre.
　　成功したければ、できるだけの努力をしなければならない。
② 男性複数形が、ある人の家族や友人を表す。
　　Voilà une photo de mon oncle entouré des siens.
　　私の叔父が自分の家族に囲まれた写真がある。
　　Je voudrais me joindre aux vôtres.
　　私もあなたの仲間に加わりたいと思っています。
③ 女性複数形が、ある人がいつもする愚かな行動を表す。この意味では常に「faire des + 所有代名詞女性複数形」という形をとる。
　　Jean fait toujours des siennes. ジャンはいつも馬鹿なことばかりやっている。
　　Les habitants du village se permettaient de faire des leurs pendant la fête.
　　その村の住人たちは、祭りの間は馬鹿な振る舞いをしてもいいことにしていた。

9. 疑問代名詞

　疑問代名詞は、話し手には同定できない何らかの事物（人間ともの）を表し、同時に聞き手に対してその事物の正体を明らかにすることを要求する働きを持つ代名詞を言う。
　日本語の「誰」「何」に当たる疑問代名詞は、ある人間やものについて何らかの事柄が起こったことが分かっている場合に使われるが、人間やものの範囲には基本的に限定がない。この種の疑問代名詞を「非限定疑問代名詞」と呼ぶことにする。一方、日本語の「どれ」に当たる疑問代名詞は、ある範囲のものについて何らかの事柄が起こったことが分かっている場合に使われる。このように範囲に限定がある場合に用いられる疑問代名詞を「限定疑問代名詞」と呼ぶことにする。

9.1. 非限定疑問代名詞

　フランス語の非限定疑問代名詞は、人間とものを区別するが、性・数を形式的に区別することはない。単独で使用される場合と、est-ce que [qui] を伴う場合がある。est-ce que を用いるときには、原則として主語と動詞の倒置をしない。

9. 疑問代名詞

	主　語	目的語、補語	前置詞の後
人	qui	qui	qui
	qui est-ce qui	qui est-ce que	
もの		que	quoi
	qu'est-ce qui	qu'est-ce que	

9.1.1.「人」を表す非限定疑問代名詞 qui, qui est-ce qui [que]

a. 主　語

Qui viendra nous aider ? = Qui est-ce qui viendra nous aider ?
誰が私たちを助けに来てくれるのですか。

Qui a fait cette cuisine ? = Qui est-ce qui a fait cette cuisine ?
誰がこの料理を作ってくれたのですか。

Qui a obtenu le prix ? = Qui est-ce qui a obtenu le prix ?
誰が賞をとったのですか。

Qui d'entre eux a commandé un gâteau au fromage ?
彼らの中でチーズケーキを注文したのは誰だ。

※parmi vous〈あなたたちの中で〉, d'entre eux〈彼らの中で〉のような、範囲を限定する語句が文中で用いられていれば、非限定疑問代名詞 qui が表す人間の範囲も限定される。しかし、このような語句が用いられていない場合には、状況を参照して推測する以外には、人間の範囲を限定することができない。

Je ne sais pas qui a dit un mensonge. 誰が嘘を言ったのか私は知らない。

※間接疑問文では、qui が主語の場合、qui est-ce qui を用いることは通常ない。

△ Je ne sais pas qui est-ce qui a dit un mensonge.

b. 補　語

Qui est-elle ?
＝Qui est-ce qu'elle est ?
彼女は誰ですか。

Qui êtes-vous qui dites cela ?
＝Qui est-ce que vous êtes qui dites cela ?
そんなことを言うあなたは誰ですか。

Qui est la femme peinte dans ce tableau ?
＝Qui est-ce qu'est la femme peinte dans ce tableau ?
この絵に描かれている女性は誰ですか。

※主語の名詞句が長い場合は、est-ce que の後でも主語と動詞が倒置される（☞

第 15 章 1.1. 節）。

　　L'homme m'a demandé qui était le chef du restaurant.
　　その男性は私に、そのレストランの料理長は誰なのかと尋ねた。
※間接疑問文では、qui が補語の場合、qui est-ce que を用いることは通常ない。
　　△ L'homme m'a demandé qui est-ce qu'était le chef du restaurant.
c. 目的語
　　Qui recommandez-vous pour le poste ?
　　＝Qui est-ce que vous recommandez pour le poste ?
　　あなたはそのポストに誰を推薦しますか。
　　Qui le comité a-t-il nommé directeur général ?
　　＝Qui est-ce que le comité a nommé directeur général ?
　　委員会は誰を局長に指名したのですか。
　　Le journal a annoncé qui la police cherchait comme le criminel.
　　新聞は、警察が誰を犯人として探しているかを報道した。
※間接疑問文では、qui が目的語の場合、qui est-ce que を用いることは通常ない。
　　△ Le journal a annoncé qui est-ce que la police cherchait comme le criminel.
d. 前置詞の後
　　À qui envoyez-vous ce paquet ?
　　＝À qui est-ce que vous envoyez ce paquet ?
　　あなたは誰にこの小包を送るのですか。
　　Henri m'a dit chez qui l'affaire est arrivée.
　　誰の家でその事件が起こったのかをアンリは私に言った。
※フランス語では、疑問詞が前置詞の目的語の場合は、必ず「前置詞＋疑問詞」という語順が守られる。英語のように、疑問詞だけが文頭に置かれて、前置詞が文末に置かれるような構文は決して使われない。
　　× Qui envoyez-vous ce paquet à ?
　　De qui se plaint Guillaume ?
　　＝De qui Guillaume se plaint-il ?
　　＝De qui est-ce que Guillaume se plaint ?
　　ギヨームは誰に不満を持っているのか。
※疑問文の主語が名詞で表される場合、動詞が自動詞または代名動詞ならば、「動詞＋主語」と「主語＋動詞＋代名詞」のどちらの語順でも倒置できる。
　　Avec qui ira Julie au cinéma ?
　　＝Avec qui Julie ira-t-elle au cinéma ?
　　ジュリーは誰と映画館に行くのか。

De quoi s'est aperçu Clément ?
＝De quoi Clément s'est-il aperçu ?
クレマンは何に気づいたのか。

　動詞が目的語を伴う他動詞または補語を伴う自動詞の場合は、「主語＋動詞＋代名詞」の語順による倒置を用いる。

Sur qui le critique a-t-il rédigé un commentaire ?
＝Sur qui est-ce que le critique a rédigé un commentaire ?
その批評家は誰について論評を書いたのか。
De qui Thérèse est-elle jalouse ?
＝De qui est-ce que Thérèse est jalouse ?
テレーズは誰に嫉妬しているのか。

9.1.2.　「もの」を表す非限定疑問代名詞 que, qu'est-ce qui [que], quoi
a.　主　語

Qu'est-ce qui est arrivé ? 何があったのか。
× Qu'est arrivé ?
Qu'est-ce qui se passe ? 何が起こっているの？
＝Que se passe-t-il ?

※疑問代名詞 que は、単独では文の主語として用いることはできない。これは恐らく、qui と違って que に強勢が置かれることがなく、単独では quoi が用いられるからだろう。ただし、il を形式上の主語とする非人称構文では、que が単独で主語として働くことができる。

Qu'y a-t-il ? ＝Qu'est-ce qu'il y a ? どうしたのですか。
Que vous faut-il ? ＝Qu'est-ce qu'il vous faut ? あなたには何が必要なのですか。
Alain a demandé au professeur ce qui intéressait les étudiants le plus.
△ Alain a demandé au professeur qu'est-ce qui intéressait les étudiants le plus.
× Alain a demandé au professeur qu'intéressait les étudiants le plus.
アランは教師に、何が一番学生たちの興味を引いているのか尋ねた。

※間接疑問文では、ものを表す主語の疑問代名詞は ce qui で表される。qu'est-ce qui は通常は用いられない。

b.　補　語

Qu'est-ce ? ＝Qu'est-ce que c'est ? これは何ですか。
Que deviendra mon fils ? 私の息子は何になるのだろうか。
＝Qu'est-ce que mon fils deviendra ?

※疑問代名詞 que が補語の働きをする場合、主語が名詞のときは「動詞＋主語」

の形の倒置形になる。
　　　× Que mon fils deviendra-t-il ?
　　　Qu'était le rôle des philosophes dans la société grecque ?
　　　＝Qu'est-ce qu'était le rôle des philosophes dans la société grecque ?
　　　ギリシアの社会では、哲学者の役割は何だったのか。
※est-ce que を用いる疑問文では主語と動詞が倒置されないのが原則だが、この例のように主語が長い場合には、主語が動詞の後に置かれることがある（☞第15章 1.1. 節）。
　　　Éliane lui a dit ce que l'athlète est devenu après les Jeux Olympiques.
　　　△ Éliane lui a dit qu'est-ce que l'athlète est devenu après les Jeux Olympiques.
　　　オリンピックの後その選手がどうなっているのかをエリアーヌは彼に言った。
　　　Qu'est-ce que c'est que le dadaïsme ? ダダイスムとは一体何か。
※qu'est-ce que を強調した表現として qu'est-ce que c'est que〈～とは一体何か〉がよく用いられる。
c. 目的語
　　　Que feras-tu pour gagner de l'argent ?
　　　＝Qu'est-ce que tu feras pour gagner de l'argent ?
　　　お金を稼ぐために君は何をするつもりか。
　　　Que mangeait Patrice à la table ?
　　　＝Qu'est-ce que Patrice mangeait à la table ?
　　　× Que Patrice mangeait-t-il à la table ?
　　　テーブルでパトリスは何を食べていたのか。
　　　L'actrice a demandé ce qu'elle devait faire après le maquillage.
　　　△ L'actrice a demandé qu'est-ce qu'elle devait faire après le maquillage.
　　　× L'actrice a demandé qu'elle devait faire après le maquillage.
　　　その女優は、化粧の後何をしなければならないのか尋ねた。
※間接疑問文では、「もの」を表す疑問詞の目的語は ce que になる。que だけだと、名詞節を導く接続詞と区別がつかなくなるからである。
d. 前置詞の後
　　　De quoi parlez-vous ?
　　　＝De quoi est-ce que vous parlez ?
　　　あなたは何の話をしているのですか。
　　　De quoi m'accuse-t-on ?
　　　＝De quoi est-ce qu'on m'accuse ?
　　　私は何で責められているのか（←人は何で私を責めているのか）。

En quoi est faite cette statue ?
= En quoi cette statue est-elle faite ?
= En quoi est-ce que cette statue est faite ?
この像は何でできているのですか。
À quoi Pierre sacrifiait-il sa vie ?
= À quoi est-ce que Pierre sacrifiait sa vie ?
ピエールは自分の人生を何に捧げていたのか。
× À quoi sacrifiait Pierre sa vie ?

※主語が名詞、動詞が他動詞で目的語を伴っている場合は、「動詞＋主語」の形による倒置は行われない。

Le président de la conférence m'a demandé sur quoi j'allais faire ma présentation.
会議の司会者は私に、何について発表をするのか尋ねた。

e. 単独で用いられる quoi

quoi には強勢を置くことができるので、特に会話中で独立して、あるいは前置詞句や不定詞を伴って用いることができる。

Angèle m'a dit une chose amusante. — Quoi ?
アンジェルは私に面白いことを言った。―何？
Quoi de neuf ? — Rien.
何か新しいことある？ ―何もないよ。
Je suis allé à Bruxelles la semaine dernière. — Pour quoi faire ?
先週ブリュッセルに行きました。―何をしにですか。

会話では、主語と動詞の倒置をしないで quoi を用いる疑問文がよく使われる。

C'est quoi, ça ? これは何ですか。
Tu veux devenir quoi après avoir eu ton diplôme ?
卒業した後は何になりたいの。
Tu vas faire quoi ? これから何をするの。
On fait ça avec quoi ? 何を使ってそれを作るの。

f. qui, quoi を含む不定代名詞句

je ne sais qui, on ne sait qui 〈誰だか知らない人〉
je ne sais quoi, on ne sait quoi 〈何だか知らないもの〉

Il y a je ne sais qui devant la porte. ドアの前に知らない人がいる。
Clémence a reçu une lettre d'on ne sait qui.
クレマンスは知らない人から手紙を受け取った。
Ce garçon a je ne sais quoi d'intellectuel.
この少年は何か分からないが知的なものを持っている。

※他の不定代名詞と同様に、形容詞で修飾する場合は、「de + 形容詞」を後続させる。

 n'importe qui〈誰でもいい人〉
 n'importe quoi〈何でもいいもの〉
 N'importe qui a le droit d'entrer dans ce musée.
 この美術館には誰が入ってもよい。
 Ce bébé met n'importe quoi dans sa bouche.
 この赤ん坊は何でも口の中に入れる。
 Arrêtez de dire n'importe quoi.
 どうでもいいことを言うのはやめてください。

9.2. 限定疑問代名詞 lequel

lequel は、ある範囲の事物のうちの不定のものを表し、その正体を聞き手に尋ねる働きをする。範囲の定まった事物を表す名詞の性に合わせて lequel の性が決まり、指示する不定の事物の数に応じて単数か複数かが決定される。

	単 数	複 数
男 性	lequel	lesquels
女 性	laquelle	lesquelles

前置詞 à, de が先行する場合は、定冠詞と同様に au, du などの融合形に変化する。

	単 数	複 数
男 性	auquel, duquel	auxquels, desquels
女 性	à laquelle, de laquelle	auxquelles, desquelles

a. 主　語

 Je connais un professeur très sympathique dans notre faculté. — Lequel ?
 僕たちの学部にいるとても親切な先生を知ってるよ。—誰？
 Lesquelles des quiches sur la table ont été faites par votre fille ?
 テーブルの上にあるキッシュのうちのどれが、娘さんの作ったものなんですか。
 Savez-vous laquelle des bicyclettes qu'il y a ici est la sienne ?
 ここにある自転車のうちのどれが彼のものなのか知っていますか。

b. 補　語

 Médecin ou avocat, lequel veux-tu être ?

医者と弁護士で、君はどっちになりたいか。
c. 目的語
   Voici des vestes qui vous iront.
   Laquelle choisissez-vous ? = Laquelle est-ce que vous choisissez ?
   あなたに似合いそうな上着がこちらです。どれを選びますか。
   J'ignore lesquelles des matières facultatives mon fils prendra dans l'examen.
   試験で、選択科目のうちどれを息子が選択するか、私は知らない。
d. 前置詞の後
   Je vais donner ma voiture à un de mes fils. — Auquel ?
   私は自分の車を息子たちのうちの1人にやる。—どの息子にですか。
   À la culture de laquelle des plantes convient le climat tropical ?
   熱帯の気候は、これらの植物のうちのどれの栽培に適しているのか。
   Avec lesquelles des trois sociétés est-ce que notre président veut établir un contrat de coopération ?
   我が社の社長は、3つの会社のうちのどれと、提携の契約を結びたいと思っているのだろうか。
   Renée m'a dit sur lequel des sujets proposés elle écrirait un mémoire.
   提案された題目のうちのどれについて論文を書くのか、ルネは私に言った。

10. 不定代名詞

　不定代名詞は、ある範囲に属する任意の事物を表す働きをする代名詞。不定代名詞には次の3種類がある。
a. 全称的不定代名詞:「すべての～」を意味する。
b. 否定的不定代名詞:「何も[誰も]～ない」を意味する。
c. 部分的不定代名詞:「～もある」を意味する。

10.1. 全称的不定代名詞
10.1.1. tout
a. tout [tu]:「すべてのもの」
   Chez nous, tout va bien. 私たちのところではすべてが順調です。
   Gilles a tout fini avant son départ. ジルは出発の前にすべてを終わらせた。
   Hommes, femmes, chiens, chats, tout était en bonne santé.
   男も女も犬も猫も、すべてのものが健康だった。
※tout が目的語の場合、複合時制では助動詞と過去分詞の間、不定詞を用いる構

文では不定詞の前に置く。
　　J'ai tout dit. 私はすべて言った。
　　Ma femme va tout préparer. 私の妻がすべて準備する。
　ただし、普通の名詞と同様の位置に置かれることもある。
　　Je veux tout comprendre. = Je veux comprendre tout. 私はすべてを理解したい。
b. tous [tus], toutes [tut]：「すべての人」「すべてのもの」
　　J'ai examiné trente postulants. Tous connaissaient bien la situation présente de mon entreprise.
　　私は30人の応募者の試験をした。誰もがわが社の現状をよく知っていた。
　　La vérité est pour tous. 真実はすべての人のものだ。
　　Nous sommes tous contents du résultat. 私たちはみんな結果に満足している。
　　Les bus sont revenus au dépôt. Tous sont en bonne condition.
　　バスが車庫に戻ってきた。全車がいい状態だ。
　　Voilà les infirmières de cet hôpital. Toutes se plaignent de leurs salaires.
　　この病院の女性看護師たちがここにいます。誰もが給料に不満を持っています。
※文中の名詞複数形を受けて、その名詞が表す事物のすべてを tous が表す場合、助動詞がなければ定動詞の直後、助動詞がある場合は過去分詞の前に置かれる。
　　Les hommes chantaient tous une chanson.
　　= Tous les hommes chantaient une chanson.
　　男たちは皆歌を歌っていた。
　　Les hommes ont tous chanté une chanson.
　　= Tous les hommes ont chanté une chanson.
　　男たちは皆歌を歌った。
　　Les routes vont toutes à Paris. それらの道路はすべてパリに向かっている。

10.1.2. chacun：「それぞれの人・もの」
　tout がある範囲の事物を全体として表しているのに対し、chacun はある範囲の事物の1つ1つを取り上げて、最終的にある性質がすべてのものに当てはまることを表す。
　　Chacun poursuit son bonheur. 誰もが自分の幸福を追求している。
　　La femme a donné un bonbon à chacun des enfants.
　　その女性は、子供たち1人1人に飴を1個ずつやった。
　　Le secrétaire a mis deux dossiers sur chacune des tables dans la salle.
　　秘書は部屋の机の上に、それぞれ2部ずつの書類の束を置いた。

10.1.3.　quiconque：「～する人は誰でも」
a. 修飾する関係節を伴う。ただし、関係代名詞を伴わない。

  Quiconque visite la cathédrale trouve les vitraux splendides.
  その大聖堂を訪れる者は誰でも、ステンドグラスが素晴らしいと思う。
  Je donnerai mon livre à quiconque le voudra.
  ほしい人には誰でも、私の本をやるつもりだ。

b. 単独で任意の人間を表す。文語的で、n'importe qui（肯定文）または personne（否定文）に置き換えられる。

  Quiconque peut aller demander de l'aide au commissariat de police.
  誰もが警察署に助けを求めに行くことができる。
  Je ne parlerai de cette affaire à quiconque.
  ＝Je ne parlerai de cette affaire à personne.
  私はこの事件のことを誰にも言わない。

10.1.4.　on：任意の人間を表す。
a. 人間を全称的に表す。「人間は一般的に～するものだ」

  On vit toujours en cherchant quelque chose de bon.
  人間はいつも何かいいことを求めながら生きている。
  Quand on va bien, on oublie la maladie. 人は健康なときには病気を忘れる。
  Comment dit-on « dog » en français ?
  「dog」はフランス語では何と言うのですか。
  On aime ceux qui nous [vous] aiment.
  人は自分を好きな人たちを好きになるものだ。

※on は主語としてしか機能することができない。目的語としての形は vous または nous を代用する。

  Si l'on fait des efforts, on a de bonnes chances de réussir.
  努力すれば、成功する可能性も高くなる。

※si, et, ou, où, qui などの、発音されるときには母音で終わる接続詞、関係詞の後では、母音の連続を避けるために on ではなく l'on が用いられることがある。

  On veut être dans un endroit où l'on se sent bien.
  人は気分よく感じられる場所にいたいと思うものだ。

　que, quoique, lorsque などの接続詞の後に on が続くと qu'on [kɔ̃] という発音になり、この音が表す卑猥な意味を避けるために l'on が用いられることもある。

  Il se dit que l'on n'est pas si mauvais que l'on ne le pense.
  人は自分が思うほど悪くないと言われる。

b. 不定の人間を表す。

　On vous a donné un coup de téléphone. 誰かがあなたに電話をかけてきました。
　On parle mal de moi. 誰かが私の悪口を言っている。
　On jugera son crime dans l'avenir proche.
　彼の犯罪は近い将来に裁かれるだろう（←誰かが近い将来に彼の犯罪を裁くだろう）。

c. 日常会話で、他の人称代名詞の代わりに用いる。

　On n'est pas content du résultat que tu as eu.
　君があげた成果に私は満足していない。
　On va aller au restaurant turc ce soir. 今晩はトルコレストランに行こう。
　Nous, on fait de notre mieux. 私たちは全力を尽くしています。
　Est-ce qu'on sait où se garer ? どこに駐車したらいいか知ってる？

10.2. 否定的不定代名詞

10.2.1. rien: 否定的な環境で、ある性質を持つものが存在しないという意味を表す。

a. 否定辞 ne を伴う。

　rien は否定辞 ne とともに用いられると、「何も〜ない」という全否定の意味を表す。

　　Rien n'est plus important que la vie. 命より大切なものはない。

※rien が要求するのは ne だけであって、普通の否定文とは違い pas を伴うことはできない。

　　× Rien n'est pas plus important que la vie.
　　Je n'ai rien à faire aujourd'hui. 今日はすることが何もない。
　　Il n'y a rien d'étrange dans son histoire.
　　彼の話には、何も不思議なところはない。

※rien を形容詞で修飾する場合は、他の不定代名詞と同様 de を伴う。

b. 否定的な環境を作る構文中で用いられる。

　rien は否定的な環境に置かれると、「何か」という不定のものを表す。この場合には ne を伴わない。

　　Y a-t-il rien d'injuste dans ce que j'ai fait ?
　　私のしたことに不当なことがありましたか。〈疑問文〉
　　Je ne crois pas que l'avocat possède rien à contester mon hypothèse.
　　私の仮説に反論できるものを弁護士が持っているとは思わない。〈否定文〉
　　Antoine passait des jours sans rien faire.

アントワーヌは何もしないで日々を過ごしていた。〈否定的状況〉
※不定詞の目的語として用いられる場合、rien は不定詞の前に置かれる。

  Je n'ai plus de courage pour rien recommencer.
  何かを再開するための勇気は私にはもうない。
  Le directeur nous a défendu d'en rien dire.
  部長は私たちにそのことについて何か言うことを禁止した。
  Rolande était trop embrouillée pour penser à rien.
  ロランドはとても混乱していたので、何も考えられなかった。〈否定的結果〉
  Si vous dites rien de cette affaire, je vous obligerai à démissionner.
  あなたがこの事件について何か言ったら、私はあなたを強制的に辞職させる。
  〈条件〉

※「もし〜ならば」という意味を表す条件節中の事柄は、仮定されているだけで、現実に起こったものではない。成立しない可能性があるのだから、否定的な環境を作ることになる。

10.2.2. personne

 否定的な環境で、ある性質を持つ人が存在しないという意味を表す。
 personne は rien と同様に、ne を伴う場合には全否定を、否定的な環境を作る構文中では「誰か」という不定の人間を表す。

a. 否定辞 ne を伴い、全否定を表す。
  Personne n'est contre mon avis. 私の意見には誰も反対していない。
  × Personne n'est pas contre mon avis.
  Laurent, s'enfermant dans sa chambre, ne veut voir personne.
  ロランは、自分の部屋に籠もって、誰にも会おうとしない。
  Je ne dirai votre origine à personne.
  私はあなたの素性を誰にも言いません。
  Il n'y avait personne de méchant dans notre club.
  私たちのクラブには意地悪な人は誰もいなかった。

b. 否定的な環境を作る構文中で「誰か」という意味を表す。
  Je doute que personne puisse réussir à résoudre le problème.
  誰かがこの問題を解くことに成功するとは思わない。〈否定文と同等〉
  Le vieillard vivait seul sans voir personne.
  その老人は誰にも会わずに1人で暮らしていた。〈否定的状況〉

※personne は不定詞の目的語の場合、不定詞の後に置かれる。この点が rien と異なる。

Delphine est trop belle pour se laisser aborder par personne.
　　　デルフィーヌは美しすぎて誰からも声をかけられない。〈否定的結果〉
　　　Olivier jouait du piano mieux que personne.
　　　オリビエは誰よりも上手にピアノを弾いた。〈比較〉
※rien と personne は否定的意味を表すが、それは正確には「あるもの（人）が存在しないかもしれない」という性質である。だから、否定辞の ne を伴えば、明確に存在が否定されるから「何［誰］も～ない」という全否定を表す。否定辞がない場合でも、使用される環境は否定的なものに限定され、「あるもの（人）が存在するが、それが何かをしない」という意味を表すことになる。

10.2.3.　aucun

　否定的な環境で、ある人またはものが存在しないという意味を表す。通常は「de＋名詞句」またはこれに対応する代名詞 en を伴い、人やものの範囲を明確に限定する。範囲を限定する名詞の性に応じた変化形を持つ。
　　　Aucun des tableaux exposés n'a attiré l'attention des marchands d'art.
　　　展示された絵のどれも、画商たちの関心をひくことはなかった。
　　　Je n'ai l'intention de visiter aucune des villes dans la région.
　　　私はその地方のどの町にも行くつもりはない。
　　　As-tu lu des livres de cet auteur ? ─ Aucun.
　　　その作家の本を読んだことがあるかい。─いや、1冊もないよ。
※質問に対する返答などで、限定される事物の範囲が分かっている場合には、aucun 単独でも用いられる。
　　　Parmi les étudiantes, il n'y en a aucune qui soit satisfaite de leurs enseignants.
　　　その女子学生たちのうちで、自分の教師たちに満足しているのは誰もいない。
　　　Gustave court plus vite qu'aucun de ses camarades.
　　　ギュスターブは仲間たちの誰よりも足が速い。

10.2.4.　nul

　否定辞 ne とともに用いられ、全否定「誰も～ない」を意味する。文語に属する。主語としての働きしかない。
　　　Nul n'est exempt de son devoir. 誰も自分の義務を免れることはない。
　　　Nul n'est revenu de l'aventure. その冒険から戻った者は誰もいなかった。
　　　Parmi les toilettes, nulle ne me convient.
　　　それらの衣装のうち私に似合うものは1つもない。
※範囲を限定する語句が表現されている場合は、その語句の中の名詞の性に合わ

せて女性形をとる。またこの場合 nul [nulle] は人間だけではなくものを表すこともできる。

10.2.5. pas un

否定辞 ne とともに用いられ、全否定「何も [誰も]〜ない」を意味する。主語または目的語としての働きをする。

 Pas un n'osera courir le risque de prendre une telle assurance.
 そんな保険にわざわざ入るような危険を冒す人は誰もいないだろう。
 Pas une de leurs explications n'a satisfait le président.
 彼らの説明のどれ1つとして、社長を満足させることはなかった。
 Juliette ne connaissait pas un des invités à la soirée.
 そのパーティーに招待された人たちの誰一人としてジュリエットは知らなかった。

10.3. 部分的不定代名詞

10.3.1. quelqu'un

不定の人間「誰か」を表す。単数形と複数形があり、人間の範囲を限定する語句があるときは、その語句中の名詞に合わせて女性形をとる。

	単　数	複　数
男　性	quelqu'un	quelques-uns
女　性	quelqu'une	quelques-unes

 Quelqu'un m'a adressé la parole dans la rue.
 通りで誰かが私に声をかけてきた。
 Quelques-uns expriment des inquiétudes sur la modification.
 変更についての不安を表明している人たちもいる。
 Je connais quelqu'un de très utile pour notre entreprise.
 私たちの事業にとても有用な人を知っている。
 J'irai au parc d'attraction avec quelqu'un.
 私は誰かと遊園地に行くつもりだ。
 On va laisser aller quelques-unes des filles à l'étranger.
 その少女たちのうちの何人かを外国に行かせてやることになっている。
 Georgette a pris quelques-unes des framboises dans le panier.
 ジョルジェットは、かごの中のキイチゴの実をいくつか取った。

※quelqu'un は後続する「de＋名詞句」によって範囲を限定されている場合には、ものを表すこともできる。

　　Pascal est vraiment quelqu'un. Il deviendra un grand entrepreneur.
　　パスカルはまさに大した人物だ。偉大な企業家になるだろう。

※quelqu'un が補語として用いられる場合は「重要な人物、大物」を表すことがある。英語で「誰か」を表す somebody が同じ意味を表すのと共通している。

10.3.2.　quelque chose
　不定のもの「何か」を表す。
　　On voit quelque chose au loin. 遠くに何か見える。
　　Allons faire quelque chose d'amusant. 何か楽しいことをしに行こう。
　　Y a-t-il quelque chose à manger ? 何か食べるものはありますか。
　　L'acteur dans le film hier soir, c'était vraiment quelque chose.
　　昨晩の映画に出ていた俳優は本当に大した者だ。

※quelque chose は quelqu'un と同様「大した人物」という意味を表すことができる。

10.3.3.　un
　ある範囲の事物（人ともの）のうちの不定の1つであることを表す。
　　Un de ses collègues partira demain pour l'Afrique.
　　彼の同僚のうちの1人が明日アフリカに向けて出発する。
　　Je choisirai une des chansons japonaises pour mon récital prochain.
　　次の私のリサイタルのために、日本の歌曲のうちの1曲を選ぶつもりだ。
　　L'un des chefs de bureau assistera à la conférence.
　　課長のうちの1人がその会議に出席します。

※un は定冠詞を付けた l'un という形でも用いられる。
　　L'une des deux questions est très difficile à répondre.
　　2つの問題のうちの1つは解くのがとても難しい。

※範囲の中に事物が2つしかない場合には、常に定冠詞の付いた形を用いる。
　「un＋関係節」で、ある性質を持った不定の人間を表す。
　　Je ne veux pas parler avec un qui n'écoute pas ce que je dis.
　　私の話すことを聞かないような人間とは話したくない。
　　Jacqueline est venue comme une à laquelle nous devons tous nous soumettre.
　　その命令を我々が皆実行しなければならないような人間として、ジャクリーヌはやってきた。

10. 不定代名詞

10.3.4. un autre, d'autres
ある範囲の事物の中で、すでに話題になっている事物を除いた、不定の事物（単数、複数）を表す。

Mon propriétaire possède quatre appartements et il va acheter un autre.
私の大家はアパートを4室所有しているが、もう1室買おうとしている。
Aujourd'hui le gynécologue a donné des consultations à pas mal de femmes. Il ne veut pas examiner une autre.
今日その婦人科医はたくさんの女性を診察した。もう1人も診たくはないと思っている。
J'ai répondu la plupart des questions dans ce manuel scolaire, mais il y a d'autres qui semblent très difficiles.
私はこの教科書の問題をほとんど解いたが、非常に難しそうに見える問題が他にもある。

10.3.5. l'autre
2つの事物のうちで、すでに話題になっている1つの事物を除いた、残りの1つの事物を表す。複数の les autres はある範囲の事物の中で、すでに話題になっている事物を除いた、複数のすべての事物を表す。

Un des jumeaux habite chez ses parents, et l'autre habite avec sa concubine.
双子のうちの1人は両親の家に住んでおり、もう1人は同棲相手と住んでいる。
Cette cravate ne te va pas. Prends l'autre.
このネクタイは君には似合わない。もう1つの方にしなさい。
Lola a jeté une moitié de ses livres et a vendu les autres à un bouquiniste.
ローラは自分の本の半分を捨てて、残りは古本屋に売った。

10.3.6. l'un...l'autre, les uns...les autres
「一方」と「他方」の対立を表す。

L'un est pour nous et l'autre est contre nous.
一方は私たちに賛成だが、他方は私たちに反対している。
Voilà des contrôleuses de train. Les unes travaillent au métro et les autres à la SNCF.
ここに女性の車掌たちがいる。ある人たちは地下鉄で働いているが、別の人たちは国鉄で働いている。
J'ai vu des participants à une course de marathon. Les uns courraient assez

vite, mais d'autres ne faisaient que marcher.
私はマラソン大会に参加している人たちを見た。かなり速く走っている人たちもいたが、歩いている人たちもいた。

※多数の事物によって範囲が構成されているとき、ある集団を取り出し、さらに次の集団を取り出した後、まだ残りの集団がある場合、2番目の集団は d'autres で表される。

L'un et l'autre de mes fils sont diplômés de l'École Normale Supérieure.
私の息子たちの両方ともが高等師範学校を卒業している。
Le directeur va engager l'une ou l'autre des postulantes.
部長は、応募者のうちのどちらかを採用するつもりだ。
Je n'ai répondu à ni l'un ni l'autre des courriers électroniques.
私は、電子メールのどちらにも返事をしなかった。

10.3.7. l'un l'autre [les uns les autres], l'un [les uns]＋前置詞＋l'autre [les autres]

「お互いに」を意味する。

Les deux hommes se regardaient l'un l'autre.
2人の男たちはお互いをじっと見ていた。
Les filles se sont donné des cadeaux les une aux autres.
その女の子たちはお互いにプレゼントを贈り合った。
Ces éléments se correspondent l'un à l'autre.
これらの要素は互いに対応している。
René et Marie sont tombés amoureux l'un de l'autre.
ルネとマリーはお互いを好きになった。
Les chasseurs décollaient l'un après l'autre.
戦闘機は次々に離陸していた。

10.3.8. autrui

文語で不定の「他人」を表す。通常は前置詞とともに用いられる。

Il ne faut pas être jaloux du bien d'autrui. 他人の財産に嫉妬してはいけない。
Le saint a voué sa vie au bonheur d'autrui.
その聖人は他者の幸福に一生を捧げた。

10.3.9. tel

不定の単数の人間を表す。

Monsieur un tel [Monsieur Untel] vous a rendu visite.
何とかという名前の人があなたを訪ねて来られました。
Tel aime la prose, tel préfère la poésie.
ある人は散文が好きだが、ある人は詩の方が好きだ。

10.3.10.　certains
不定の複数の事物を表す。
certains が単独で用いられる場合は、人間のみを表す。
Certains pensent qu'il y aura un énorme tremblement de terre dans peu de temps.
ある人たちは間もなく巨大な地震が起きると思っている。
certains が前置詞句によって限定されている場合は、人またはものを表す。
Thérèse ira en voyage avec certaines de ses amies.
テレーズは友人たちのうちの何人かと旅行に出かける。
Certains de ces bâtiments ont été construits au moyen âge.
これらの建物のうちのいくつかは、中世に建てられた。

10.3.11.　plusieurs
不定の複数の事物を表す。「いくつかの」というそれほど大きくない数の事物を表す場合と、「相当数の」というある程度大きな数の事物を表す場合がある。
plusieurs が単独で用いられる場合は、人間のみを表す。
Je vais partager cette tâche à plusieurs.
私はこの仕事を何人かに分担させるつもりだ。
Plusieurs disent que l'histoire est fausse.
その話はうそだと何人もの人が言っている。
plusieurs が前置詞句によって限定されている場合は、人間またはものを表す。
Plusieurs d'entre eux demandent l'augmentation de leurs salaires.
彼らのうちの何人かは給料を上げることを要求している。
On a trouvé beaucoup de fautes dans plusieurs de ses mémoires.
彼女の論文のいくつもに、たくさんの間違いが見つかった。

第5章のまとめ

1. 「代名詞」は、文が使われる場面や文脈などを参照することで、指示する事物がはじめて理解できる単語。

2. 代名詞には、「人称代名詞」「指示代名詞」「所有代名詞」「疑問代名詞」「不定代名詞」「関係代名詞」がある。

3. 人称代名詞は、話し手（1人称）、聞き手（2人称）、話し手と聞き手以外（3人称）という基準によって事物を区別する代名詞。

4. 複合代名詞 en と y は、前置詞と名詞を複合した働きをする。
　　en は「de＋名詞」と同じ働きをし、「不定冠詞複数形・部分冠詞＋名詞」の代用形、名詞や動詞・形容詞などを限定する「de＋名詞」の代用形として用いられる。
　　y は「à＋名詞」と同じ働きをし、動詞や形容詞などの意味を限定する。

5. 目的格人称代名詞は、平叙文と疑問文、否定命令文では動詞の前、肯定命令文では動詞の後に置かれる。
　　平叙文と疑問文：「間接目的格＋直接目的格＋動詞」が原則だが、間接目的格代名詞が lui と leur のときは「直接目的格＋間接目的格＋動詞」の順番。
　　肯定命令文：「命令形動詞＋直接目的格＋間接目的格」
　　否定命令文：「Ne＋間接目的格＋直接目的格＋命令形動詞＋pas」。間接目的格代名詞が lui と leur のときは直接目的格代名詞の後に置かれる。

6. 人称代名詞の強調形は、代名詞が指示する事物を強調するために用いられるほか、前置詞の目的語、接続詞 que, comme の後、命令形の後、être の補語、分詞構文の主語、単独での使用などの場合には、強調形が義務的に用いられる。
　　再帰代名詞の強調形 soi は、この代名詞が任意の人間を指示する場合に用いられ、特定の人間を指す場合には人称代名詞の強調形を用いる。

7. 指示代名詞は、話し手と聞き手が作る空間を構成する事物を指示する

第5章のまとめ

ために用いられる。

　一般指示代名詞 ce は、話し手と聞き手の両方が事物を直接指し示すことができる「直示空間」に存在する特定の事物を指示する。

　直示空間内の事物を指示するのではない ce の機能としては、以下のものがある。

a. 関係詞や疑問詞を後続させて、名詞節や継続用法の関係節を作る。
b. 「ce＋être＋名詞・形容詞」という形で、先行または後続する主語と同一の事物を指す。
c. 「C'est X qui [que] ...」という形で、Xを強調する強調構文を作る。

　特殊指示代名詞 ceci, cela, ça は、直示空間内で 話し手の領域にあるものと、話し手の領域にないものを区別する。ceci と cela が対立的に用いられる場合、ceci は話し手の領域にある事物を指し、cela は話し手の領域の外にある事物を指す。ceci と対立しない場合は、cela や ça が、単に直示空間内にある事物を指すこともできる。

　特殊指示代名詞 celui は、修飾語句を伴い、直前にある名詞と同一の対象を指示する。話し手の領域にあるものとそうでないものを区別する場合は、celui-ci, celui-là という形になる。

8. 所有代名詞は「所有形容詞＋名詞」と同じ意味を表し、常に定冠詞を伴う。

9. 疑問代名詞は「誰」「何」「どれ」などの意味を表し、話し手が同定できない事物の正体を、聞き手が明らかにすることを要求する働きをする。「誰」に当たる疑問代名詞は qui、「何」に当たる疑問代名詞は que で、単独でも用いられるが、qui est-ce qui [que] や qu'est-ce qui [que] のような、est-ce qui [que] を伴う形もある。疑問代名詞が目的語の時、est-ce que を伴う形では、主語と動詞の倒置が起こらない。前置詞の後では、que ではなく quoi が用いられる。

　疑問代名詞 lequel は「どれ」に当たり、ある範囲に含まれる不定の事物の正体を聞き手に尋ねる働きをする。前置詞 à と de が先行する場合は、これらと融合して auquel, duquel のような形になる。

10. 不定代名詞は、ある範囲に属する任意の事物を表す。

全称的不定代名詞(すべての〜): tout, chacun, quiconque, on
否定的不定代名詞(何も[誰も]〜ない): rien, aucun, nul, pas un
部分的不定代名詞(〜もある): quelqu'un, un ature [d'autres], l'autre [les autres], l'un...l'autre [les uns...les autres], l'un l'autre [les uns les autres], autrui, tel, certains, plusieurs

第6章
形　容　詞

1. 形容詞とその分類

　形容詞は、事物の性質を表す単語をいう。beau〈美しい〉, haut〈高い〉のように程度の違いがある性質を表す形容詞と、mon〈私の〉, ce〈その〉のように程度の違いを持たない性質を表す形容詞がある。

　程度の違いを持つ性質を表す形容詞を「程度性形容詞」、程度の違いを持たない性質を表す形容詞を「非程度性形容詞」と呼ぶことにする。それぞれの形容詞は、さらに次のように分類される。

a. 程度性形容詞

> 属性形容詞：名詞に並列されて名詞とともに名詞句を作る。名詞が表す事物の範囲を限定する働きをする。
> 叙述形容詞：動詞の補語として、動詞とともに述語句を作る。主語である名詞が表す事物がどのような性質を持っているのかという事柄を表す働きをする。

b. 非程度性形容詞

> 所有形容詞：名詞が表す事物を何が所有しているのかを表す。
> 指示形容詞：名詞が表す事物が、話し手の領域にあるのかそうでないのかを表す。
> 疑問形容詞：名詞が表す事物が何であるのかを聞き手に尋ねる働きをする。
> 関係形容詞：名詞が表す事物の性質を表す関係節を、名詞とともに構成する。
> 不定形容詞：名詞が表す事物が、ある範囲の事物の中で任意のものであることを表す。
> 数詞（数形容詞）：名詞が表す事物の個数を表す。

　関係形容詞は、他の関係詞とともに第 8 章で、数詞については、数量を表す他の単語とともに「数量詞」として第 7 章で解説する。

2. 程度性形容詞

2.1. 程度性形容詞と名詞の形態的一致

　程度性形容詞は、性質を表す名詞の性と数に一致して語形変化する。

a. 属性形容詞

　　　J'ai vu un beau garçon. 私は美しい少年を見た。
　　　　　　　↑　　↑
　　　　　　男性・単数

J'ai vu une belle fille. 私は美しい少女を見た。
　　　　　　↑　　↑
　　　　　女性・単数

J'ai vu de beaux garçons. 私は美しい少年たちを見た。
　　　　　↑　　　↑
　　　　　男性・複数

J'ai vu de belles filles. 私は美しい少女たちを見た。
　　　　　↑　　　↑
　　　　　女性・複数

b. 叙述形容詞

　Le garçon est beau. その少年は美しい。
　　↑　　　　　↑
　　男性・単数

　La fille est belle. その少女は美しい。
　　↑　　　↑
　　女性・単数

　Les garçons sont beaux. その少年たちは美しい。
　　↑　　　　　↑
　　男性・複数

　Les filles sont belles. その少女たちは美しい
　　↑　　　　↑
　　女性・複数

2.2. 程度性形容詞の女性形

a. 男性形の末尾に -e を付加して女性形を作るのが原則。

　haut → haute〈高い〉
　grand → grande〈大きい〉
　petit → petite〈小さい〉

男性形が -e で終わっている場合は、女性形も同じ形になる。

　rouge → rouge〈赤い〉
　utile → utile〈有用な〉

b. -e を付加する際に、男性形の末尾にある子音字を重複させる。

　-en, -on, → -enne, -onne,
　ancien → ancienne〈古い〉
　parisien → parisienne〈パリの〉

bon → bonne〈よい〉
　　　mignon → mignonne〈かわいい〉
　　　（paysan → paysanne〈田舎風の〉）
　-el, → -elle
　　　naturel → naturelle〈自然の〉
　　　cruel → cruelle〈残酷な〉
　　　（subtil → subtile〈微妙な〉だが、gentil → gentille〈親切な〉）
　-eil → eille
　　　pareil → pareille〈同様の〉
　　　vermeil → vermeille〈朱色の〉
　-et → -ette
　　　muet → muette〈無言の〉
　　　coquet → coquette〈気を引く〉
　ただし、-et → -ète の場合もある。
　　　inquiet → inquiète〈不安な〉
　　　complet → complète〈完全な〉
　-s → -sse
　　　bas → basse〈低い〉, épais → épaisse〈厚い〉, gras → grasse〈脂ぎった〉, gros → grosse〈太い〉, las → lasse〈疲れた〉, métis → métisse〈混血の〉
　　　（例外的に、faux → fausse〈嘘の〉, doux → douce〈甘い〉）
※上の6語以外は、原則に従って、-s → -se のように女性形を作る。
　　　gris → grise〈灰色の〉, épars → éparse〈散らばった〉, anglais → anglaise〈イギリスの〉
　-ot → -otte
　　　bellot → bellotte〈愛くるしい〉, boulot → boulotte〈ずんぐりした〉, maigrot → maigrotte〈やせぎすの〉, pâlot → pâlotte〈顔が青白い〉, sot → sotte〈愚かな〉, vieillot → vieillotte〈年寄りじみた〉
※上の6語以外は、原則に従って、-ot → -ote のように女性形を作る。
　　　dévot → dévote〈信心深い〉, fiérot → fiérote〈得意げな〉, idiot → idiote〈愚かな〉, manchot → manchote〈不器用な〉, petiot → petiote〈ちびの〉
c. -e を付加する際に、語尾に変化があるもの。
　-er → -ère
　　　léger → légère〈軽い〉
　　　fier → fière〈誇りを持った〉
　-f → -ve

2. 程度性形容詞

    vif → vive〈生き生きした〉
    naïf → naïve〈素朴な〉
    (ただし、bref → brève〈短い〉)
- -c → -que または –cque
    public → publique〈公共の〉, turc → turque〈トルコの〉
    grec → grecque〈ギリシアの〉
- -g → -gue
    long → longue〈長い〉
    oblong → oblongue〈細長い〉
- -gu → -güe
    aigu → aiguë〈鋭い〉
    contigu → contiguë〈隣接した〉
    exigu → exiguë〈狭い〉
- -eur → -euse （動詞から派生した形容詞）
    flatter〈お世辞を言う〉flatteur → flatteuse〈お世辞のうまい〉
    mentir〈嘘をつく〉menteur → menteuse〈嘘つきの〉
    tromper〈だます〉trompeur → trompeuse〈偽りの〉

これには例外もある。
    enchanter〈うっとりさせる〉enchanteur → enchanteresse〈魅惑的な〉
    pécher〈罪を犯す〉pécheur → pécheresse〈罪深い〉

-eur で終わっていても、動詞に由来するのではない形容詞の女性形は、原則に従って –e を付加する。
    antérieur → antérieure〈前の〉, inférieur → inférieure〈劣った〉, intérieur → intérieure〈内部の〉, majeur → majeure〈主要な〉, meilleur → meilleure〈よりよい〉
- -teur → -trice
    destructeur → destructrice〈破壊的な〉
    émetteur → émettrice〈電波を発信する〉

d. 不規則な女性形
    bénin → bénigne〈穏やかな〉, malin → maligne〈悪賢い〉
    blanc → blanche〈白い〉, franc → franche〈率直な〉, frais → fraîche〈新鮮な〉, sec → sèche〈乾いた〉
    favori → favorite〈お気に入りの〉, coi → coite〈じっとしている〉
    tiers → tierce〈第3の〉
beau〈美しい〉, nouveau〈新しい〉, fou〈狂った〉, mou〈やわらかい〉, vieux〈年

取った〉, jumeau〈双子の〉は、母音（無音の h を含む）で始まる名詞の前では、特別の男性単数形を持ち、女性形はこの特別の男性形から作られる。

	母音の前の男性形	女性形
beau	bel	belle
nouveau	nouvel	nouvelle
fou	fol	folle
mou	mol	molle
vieux	vieil	vieille
jumeau	(jumel)	jumelle

※男性の特別形 jumel は、現在では使われない。

 un nouveau bâtiment〈新しい建物〉
 un nouvel appartement〈新しいアパート〉
 une nouvelle maison〈新しい家〉
 un amour fou〈狂おしい愛〉
 un fol amour〈狂おしい愛〉
 une adoratrice folle〈熱狂的な愛好者〉

2.3. 程度性形容詞の複数形

 程度性形容詞の複数形は、単数形に -s を付加するのが原則。女性の複数形は、すべてこの原則に従う。
  un petit chat → de petits chats〈小さなネコ〉
  une petite maison → de petites maisons〈小さな家〉
• 原則に対する例外
a. 単数形が -s, -x で終わるものは、複数形も同じ形をとる。
  gros → gros〈太い〉
  un gros homme → de gros hommes〈太った男〉
  dangereux → dangereux〈危険な〉
  un virage dangereux → des virages dangereux〈危険なカーブ〉
b. -eau → -eaux
  beau → beaux
  un beau tableau → de beaux tableaux〈美しい絵〉
  nouveau → nouveaux
  un modèle nouveau → des modèles nouveaux〈新しい型〉
c. -al → -aux

brutal → brutaux〈乱暴な〉
un homme brutal → des hommes brutaux〈乱暴な男〉
social → sociaux〈社会の〉
un contrat social → des contrats sociaux〈社会的契約〉

ただし、banal〈平凡な〉, bancal〈足の曲がった〉, fatal〈宿命的な〉, final〈最後の〉, naval〈船の〉などは、原則通り –s を付加して複数形を作る。

un avis banal → des avis banals〈平凡な意見〉
un chantier naval → des chantiers navals〈造船所〉

※idéal〈理想的な〉の複数形は、idéaux と idéals どちらでもよい。

d. -eu, -au → -eux, -aux

hébreu → hébreux〈ヘブライの〉
un temple hébreu → des temples hébreux〈ヘブライの神殿〉
esquimau → esquimaux〈エスキモーの〉
un chien esquimau → des chiens esquimaux〈エスキモー犬〉

ただし、bleu〈青い〉と feu〈亡き〉は、原則通り –s を付加して複数形を作る。

un œil bleu → des yeux bleus〈青い目〉

3. 属性形容詞

3.1. 属性形容詞の位置

名詞が表す事物の性質を示す属性形容詞は、名詞に後続するのが基本的な原則。しかし、この原則に従わず、名詞に先行する位置に形容詞が置かれる場合もよくある。

3.1.1. 名詞の前に置かれることが多い形容詞

> bon〈よい〉, meilleur〈もっとよい〉, mauvais〈悪い〉, pire〈もっと悪い〉, grand〈大きい〉, gros〈太い〉, petit〈小さい〉, beau〈美しい〉, joli〈綺麗な〉, jeune〈若い〉など、2 音節以下で日常的に使用頻度の高い形容詞。

un bon enseignant〈よい教師〉
un mauvais temps〈悪い天気〉
une grande maison〈大きな家〉
de jolies filles〈綺麗な娘たち〉
de jeunes arbres〈若木〉

ただし、形容詞が他の語句を伴って長い修飾句を作っている場合は、名詞の後

に置かれる。
　　　un vin millésimé très bon à boire dans une fête
　　　祝宴で飲むのにとてもよい年代もののワイン
　　　Il s'est marié avec une fille beaucoup plus belle que sa première femme.
　　　最初の妻よりはるかに美しい娘と彼は結婚した。

3.1.2. 原則的に名詞の後に置かれる形容詞
a. 4音節以上の長い形容詞
① 主観的評価を表す形容詞
　　　une attitude désagréable〈不愉快な態度〉
　　　une preuve incontestable〈議論の余地のない証拠〉
　　　une idée rafraîchissante〈清新な考え〉
② 客観的性質を表す形容詞
　　　Dieu omnipotent〈全能の神〉
　　　la philosophie existentialiste〈実存主義哲学〉
b. 客観性があり、人によって判断が異なることのない性質を表す形容詞
　　　une veste brune〈茶色の上着〉　［色］
　　　une table ronde〈丸いテーブル〉　［形］
　　　la ligne droite [courbe]〈直線[曲線]〉　［幾何図形］
　　　la chaîne alpine〈アルプス山脈〉　［地理］
　　　la cuisine suisse〈スイス料理〉　［国籍］
　　　des pays chrétiens〈キリスト教諸国〉　［宗教］
　　　un garçon myope〈近視の少年〉　［医学］
　　　le code civil〈民法〉　［法律］

3.1.3. 名詞の前にも後にも位置することができて、位置によって意味の変わらない形容詞
　3音節以下の形容詞で、主観的評価を表す形容詞は、名詞の前にも後にも置くことができて、基本的には位置によって意味が変わることはない。
　　　un climat merveilleux = un merveilleux climat〈素晴らしい気候〉
　　　un film excellent = un excellent film〈優れた映画〉
　　　un monstre charmant = un charmant monstre〈かわいい怪物〉
　　　une scène terrible = une terrible scène〈恐ろしい光景〉

3.1.4. 位置によって意味が変わる形容詞
a. 名詞の後では客観的性質、名詞の前では主観的評価

> une voiture chère〈高価な車〉： ma chère voiture〈私の大切な車〉
> un homme grand〈背の高い男〉： un grand homme〈偉人〉
> un cheval maigre〈やせた馬〉： une maigre rémunération〈わずかな報酬〉
> une famille pauvre〈貧乏な家〉： une pauvre famille〈哀れな家庭〉
> les mains sales〈汚れた手〉： un sale type〈いやな奴〉
> des feuilles vertes〈緑の葉〉： de vertes remontrance〈厳しい叱責〉

※「高価な」であれば価格を見て判断できるし、「背の高い」ならば身長で判断できる。しかし「大切な」「偉大な」は、客観的に判断する基準はない。「やせた」「貧乏な」「汚れた」「緑の」も、誰が見ても同じように判断できる性質を表す。他方「わずかな」「哀れな」「いやな」「厳しい」は、評価する人や状況によって判断が異なる。

b. 名詞の後に置かれた場合に表される意味が、名詞の前に置かれると、さらに特別な意味へと限定される。

> une tradition ancienne〈昔からの伝統〉： un ancien préfet〈元知事〉
> un ami vieux〈年取った友人〉： un vieil ami〈旧友〉
> un homme bon〈いい人〉： un bon homme〈お人好し〉
> un fait certain〈確かな事実〉： un certain fait〈ある事実〉
> un homme honnête〈誠実な男〉： un honnête homme〈紳士〉
> l'année dernière〈去年〉： la dernière année〈最後の年〉
> une solution fausse〈間違った解答〉： un faux passeport〈にせのパスポート〉
> un homme seul〈一人暮らしの男〉： le seul témoin〈ただ一人の証人〉
> une vie simple〈質素な暮らし〉： un simple employé〈ただの使用人〉

※ancien は「現代より前の時代に属する」という意味で、名詞の後ではその意味を表す。名詞の前では、「現在よりも前にある役職についていた」という、より限定された意味になる。

　bon は、一般的に「よい」という意味で、名詞の後ではその意味を表すが、名詞の前では「他人に対して都合のよい行動をとる」という限定された意味にもなる。

　certain は、名詞の後では「話し手にとって存在することが確実だ」という意味を表す。名詞の前では「話し手にとって存在することは確実なのだが、聞き手にはそれを特定しない」というさらに限定された意味を表す。「ある事実」の「あ

る」とはそういう意味である。

　dernier は、「ある時期の最後」という意味を表すのが基本。話をしているのがある年だとすると、その年はまだ終わっていない。だから話し手にとって、これまでの年月のうちの最後の年は「去年」になる。一方、これまでの年月のうちで、ある特定の事柄を取り上げて、それが X 年から Y 年まで継続したとして、その最後の年は Y 年になる。このように、どの事柄が問題になっているのかを決めないと「最後の年」がどの年なのかは分からない。

　faux は「本来あるべき状態とは違う」という意味が基本。名詞の後ではその意味を表すが、名詞の前では「本来あるべき」が「社会や制度が正式に認めた」という、より限定された意味へと変化している。

3.2.　名詞と属性形容詞の形態的一致

　名詞と属性形容詞は、性・数が一致する。注意しなければならないのは、複数の名詞や形容詞が同じ語句の中で用いられている場合である。

3.2.1.　「1 つ(以上)の名詞＋1 つの形容詞」

　名詞の性が同じ→形容詞はその性に一致し、複数形になる。
　　un roman et un poème intéressants〈面白い小説と詩〉
　　une table et une chaise élégantes〈上品なテーブルと椅子〉
　名詞の性が異なる→形容詞は男性複数形
　　une pomme et des raisins frais〈新鮮なリンゴとブドウ〉
　　des médecins et des infirmières travailleurs〈勤勉な医者と女性看護師〉
※同義的な名詞が並列されている場合は、最後の名詞に形容詞の性・数が一致していることがある。
　　Ce qui est important, c'est un esprit, une idée libérale.
　　重要なのは、自由な精神、思想だ。
　　L'autorité requérait la loyauté et la fidélité absolue.
　　当局は絶対的な忠誠と忠実を求めた。
　名詞が ou で並列されているときは、どちらか一方が選択されるということだから、これらを修飾する形容詞は単数形でもよい。性は最後の名詞に一致する。
　　Apportez-moi un pantalon ou une jupe blanche.
　　白いパンツかスカートを持ってきてください。
　ただ、どちらも選択される可能性があるから、形容詞を複数形にすることもできる。
　　Je veux manger une salade ou une bouillabaisse provençales.

私はプロバンス風のサラダかブイヤベースが食べたい。

※色を表す形容詞の中には、日本語の「桃色」「柿色」のように、ものを表す名詞に由来するものがある。このような形容詞は、修飾する名詞と形態的一致をしない。

 des murs orange 〈オレンジ色の壁〉
 des cheveux marron 〈栗色の髪〉
 des boîtes émeraude 〈エメラルド色の箱〉

3.2.2. 「複数名詞＋2つの単数形形容詞」で、名詞の表す事物の下位区分を表す。

 Thierry a une connaissance profonde des philosophies grecque et allemande.
 ＝Thierry a une connaissance profonde de la philosophie grecque et de la philosophie allemande.
 ティエリーは、ギリシアとドイツの哲学に関する深い知識を持っている。
 La société aérienne va importer deux avions américain et français.
 ＝La société aérienne va importer un avion américain et un avion français.
 その航空会社はアメリカとフランスの飛行機を合わせて2機輸入することにしている。

3.2.3. 「名詞1＋前置詞句(前置詞＋名詞2)＋形容詞」という構造の名詞句

同じ名詞句の中に、形容詞に先行する名詞が2つある場合には、形容詞はどちらの名詞も修飾することができる。形容詞が形態的に一致するのは、実際に修飾している方の名詞である。

 J'ai rencontré une bande de militants socialistes.
 私は社会主義者の活動家たちの集団に出会った。
 J'ai rencontré une bande de militants agressive.
 ＝J'ai rencontré une bande agressive de militants.
 私は活動家たちの過激な集団に出会った。
 On voit des villas de millionnaires arabes.
 アラブの富豪たちの別荘が見える。
 On voit des villas de millionnaires somptueuses.
 ＝On voit des villas somptueuses de millionnaires.
 富豪たちの贅沢な別荘が見える。

3.2.4. 2つの形容詞で構成される複合形容詞

a. 両方の形容詞が修飾する名詞の性・数に一致するのが原則。

sourd-muet〈聾唖の〉 des enfants sourds-muets〈聾唖の子供たち〉

aigre-doux〈甘酸っぱい〉 des paroles aigres-douces〈やさしそうだがとげのある言葉〉

※2つの形容詞がハイフン(-)で結ばれていない場合も同じ。

nouveau marié〈新婚の〉 des filles nouvelles mariées〈新婚の娘〉

grand ouvert〈大きく開かれた〉 les fenêtres grandes ouvertes〈大きく開かれた窓〉

b. 前の形容詞の語末が -o, -i になっている複合形容詞の場合は、前の要素は不変化。

franco-italien〈フランスとイタリアの〉 les relations franco-italiennes〈仏伊関係〉

sino-japonais〈中国と日本の〉 la guerre sino-japonaise〈日中戦争〉

héroï-comique〈勇壮で滑稽な〉 des descriptions héroï-comiques〈勇壮だが滑稽な描写〉

c. 前の形容詞が副詞的な働きをしていると見なされる場合には、その形容詞は形態的一致をしない。

court-vêtu〈短いスカートをはいた〉 une fille court-vêtue〈短いスカートをはいた娘〉

mort-né〈死産の〉 des projets mort-nés〈実現しなかった計画〉

nouveau-né〈生まれたばかりの〉 des chattes nouveau-nées〈生まれたばかりの雌ネコ〉

d. 色を表す形容詞が並列されている場合、あるいは色を表す形容詞と別の形容詞が複合されている場合は、修飾する名詞と形態的な一致をしない。

des yeux bleu vert〈緑がかった青色の目〉

des cheveux brun clair〈明るい茶色の髪〉

des jupes vert pétrole〈灰色がかった緑色のスカート〉

3.2.5. 注意すべき形容詞の形態変化

「副詞や前置詞＋形容詞」という構造の修飾表現では、先行する要素は変化できないから、形容詞のみが名詞と形態的一致をする。

des significations sous-entendues〈言外に含まれた意味〉

sa patrie bien-aimée〈彼の愛する祖国〉

des gens mal-logés〈住宅事情の悪い人たち〉

フランス語でものの値段が「安い」という意味を表す語句は bon marché で、形容詞として使われるが、この語句は形態的変化をしない。

Les pommes de terre dans ce magasin sont très bon marché.
この店のジャガイモはとても安い。

これは、もともと à bon marché という形で「安く」という副詞的な意味を表していて、前置詞 à が脱落した結果だと考えられる。

J'ai acheté des baguettes à bon marché dans la boulangerie.
私はそのパン屋で安くバゲットを買った。

※gens〈人々〉の前に置かれる形容詞は女性・複数形、後に置かれる形容詞は男性・複数形になる。

Nous ne sommes que de petites gens. 私たちはつましい庶民に過ぎない。
Les gens instruits préfèrent la vérité à la fortune.
教養のある人々は富より真理を好む。

4. 叙述形容詞

4.1. 叙述形容詞の形態的特徴

叙述形容詞は、述語の主要成分または動詞の補語となる。叙述形容詞は、主語の性質を表し、主語と性・数を一致させる。

Le roi était vieux. その王は年取っていた。〈男性・単数〉
La montagne est très haute. その山はとても高い。〈女性・単数〉
Les travailleurs semblaient fatigués.
その労働者たちは疲れているように見えた。〈男性・複数〉
Les jeunes filles se trouvaient bien heureuses.
その若い娘たちはとても幸せだと思った。〈女性・複数〉

4.2. 叙述形容詞の機能

4.2.1. 自動詞の補語

Béatrice était très mignonne. ベアトリスはとても可愛らしかった。
Olivier est devenu malade. オリビエは病気になった。
Patrice a l'air fâché contre moi. パトリスは私に怒っているように見える。
(avoir l'air は「〜のように見える」という意味で、自動詞と同じ働きをする)

4.2.2. 他動詞の補語

Je trouve l'homme innocent.
＝Je trouve que l'homme est innocent.
私はその男は無実だと思う。

Aurore sentait l'hôtel agréable contre toute attente.
= Aurore sentait que l'hôtel était agréable contre toute attente.
オロールはそのホテルが意外に快適だと感じた。
Le jury a considéré la femme comme coupable.
= Le jury a considéré que la femme était coupable.
陪審団はその女を有罪だと考えた。
La police tenait sa parole pour douteuse.
警察は彼の言葉は疑わしいと思った。

4.2.3. 主語の状態
主語の状態を表す。
Je voudrais mourir heureux. 私は幸せに死にたい。
L'athlète a franchi l'arrivée très épuisé.
その選手はくたくたに疲れてゴールインした。

4.2.4. 同時性
文に並列されて、文が表す事柄と同時的に成立する事柄を表す。
Triste de la mort de son père, la femme n'a pas cessé de pleurer.
父親の死を悲しんで、その女は泣き続けた。〈理由〉
Le savant, conscient des critiques sévères contre sa théorie, n'abandonnait pas sa recherche.
その学者は、自分の理論に対する厳しい批判のことは知っていたが、研究をあきらめなかった。〈譲歩〉
Tout content de sa victoire, le champion a bu un grand verre de bière.
勝利にすっかり満足して、優勝者はビールの大杯を飲んだ。〈状況〉

5. 形容詞の名詞化

　形容詞が指示する対象は、ある性質を持つ事物の集合体である。名詞の指示する対象も同じ特徴を持つから、形容詞が名詞として用いられることもある（以下の例ではイタリック体で示した）。
Régine a donné de l'argent au *pauvre*. レジーヌはその貧しい人にお金をやった。
Notre gouvernement ne pense qu'à l'intérêt des *riches*.
我々の政府は金持ちたちの利益しか考えていない。
Un plus *intelligent* que moi pourrait répondre à cette question.

私より頭のいい奴ならこの問題を解けるだろうよ。
Les mathématiques essaient d'élucider ce qui est l'*infini*.
数学は、無限とは何かを解明しようとしている。
Il faut toujours distinguer le *vrai* du *faux*.
常に真偽を判別するようにしなければならない。

6. 叙述形容詞の内容を限定する語句

　叙述形容詞 content〈満足している〉を述語として使うためには、満足している対象を表す必要がある。prêt〈準備できている〉を使うためにも、何に対する準備ができているのかを表す必要がある。

　形容詞は、動詞と違って直接目的語をとることができないので、前置詞を介してこれらの対象を表現する。ただし、que に先立たれる名詞節であれば、形容詞に直接後続させることができる。

6.1. 前置詞＋名詞・代名詞

Le professeur est favorable à la nouvelle idée.
その教授はその新しい考えに好意的だ。
Une pensée flexible est indispensable à la réforme de la société.
社会の改革には柔軟な考えが不可欠だ。
La duchesse était amoureuse d'un beau prince.
その公爵夫人はある美しい王子に恋していた。
Tu dois être honteux de ta conduite.
君は自分の行動を恥ずかしいと思わなければならない。

6.2. 前置詞＋不定詞

Je suis prêt à partir. 私は出発する準備ができている。
Ce livre est utile à lire. この本は読むと役に立つ。
Je suis très heureux de faire votre connaissance.
お近づきになれて嬉しく存じます。
Claude était fier d'avoir eu le prix.
クロードはその賞をとったことを誇りに思っていた。

6.3. que 節

Mon grand-père était content que tous ses parents soient venus chez lui.

私の祖父は、親戚一同が自分の家に来てくれたことに満足していた。
Cécile est certaine que son fils deviendra un grand homme politique.
セシルは息子が偉大な政治家になると確信していた。

7. 形容詞が要求する前置詞

形容詞が表す内容を限定する対象を示すために用いられる前置詞は、基本的にはàとdeである。どちらの前置詞をとるかは、形容詞ごとに覚えておくしかないが、形容詞が表す意味によって、一定の傾向はある。

7.1. de をとる形容詞

名詞が表す事物が、形容詞が表す状態が生じるための原因や手段を表している。

Il est content du prix. 彼は賞に満足している。←賞が原因で満足している。

Il est fou de musique.
彼は音楽に夢中になっている。←音楽が原因で夢中になっている。

Il est heureux du succès. 彼は成功してうれしい。←成功が原因でうれしい。

Il est honteux de sa conduite.
彼は自分の行動を恥じている。←自分の行動が原因で恥ずかしい。

Il est reconnaissant de l'aide.
彼はその援助を感謝している。←援助が原因で感謝している。

Il est soucieux de son image.
彼は自分のイメージを気にかけている。←自分のイメージが原因で気遣いが生じている。

Il est sûr de sa guérison.
彼は自分の回復を確信している。←自分が回復できる可能性があることが原因で、確信が生じている。

Il est impatient de la voir.
彼は彼女に会いたくてたまらない。←彼が我慢できない状態になっている原因は、彼女に会うことだ。

7.2. à をとる形容詞

形容詞が表す状態が、名詞が表す事物に向かう関係を作り出している。

Je suis disposé à le voir.
私は彼に会う気になっている。←私の気持ちは彼に会うことに向かっている。

Je suis prêt à partir.

私は出発する準備ができている。←私の準備は、出発に向かっている。
Je suis favorable [hostile, opposé, indifférent] à son idée.
私は彼の考えに好意的[敵対的、反対、無関心]だ。←私の好意[敵対心、反対、無関心]は、彼の考えに向かっている。
Je suis fidèle à l'habitude.
私は習慣に忠実だ。←私の忠誠心は習慣に向かっている。
Je suis sensible à la critique.
私は批判に対して神経質だ。←私の注意は批判に向かっている。
Je suis sujet à la migraine.
私はすぐ頭痛がする。←私の傾向が頭痛に向かっている。
Je suis adroit à la chasse.
私は狩りが上手だ。←私のすぐれた適性は狩りに向かっている。
Cette plante est bon [apte, propre] à manger.
この植物は食べるのに適している。←この植物の適性は食べられることに向かっている。
Ce livre est utile [inutile] à lire.
この本を読むと役に立つ[読んでも役に立たない]←この本の有用性[無用性]は読まれることに向かっている。

7.3. de, à 以外の前置詞をとる形容詞

Alice est aimable avec [envers, pour] les vieillards. アリスは老人に親切だ。
L'hypothèse ne semble pas compatible avec les faits.
その仮説は事実と合わないように見える。
Le fleuve est riche [pauvre] en poissons.
その川には魚がたくさんいる[少ししかいない]。
La fille est forte en latin. その少女はラテン語がよくできる。
La ville est connue [célèbre, réputée] pour la cathédrale.
その町は大聖堂で有名だ。

8. 非程度性形容詞

非程度性形容詞は、名詞が表す事物の集合を限定するが、限定の方法が程度性形容詞に比べて明確で、程度性を持たない。以下では、所有形容詞、指示形容詞、疑問形容詞、不定形容詞について解説する。

8.1. 所有形容詞の形態

所有形容詞は、修飾する名詞の性・数に応じて形態変化をする。

	男性・単数	女性・単数	複　数
単　数			
1人称	mon	ma	mes
2人称	ton	ta	tes
3人称	son	sa	ses
複　数			
1人称	notre		nos
2人称	votre		vos
3人称	leur		leurs

女性単数形の名詞を修飾する場合、母音と無音のhの前では、ma, ta, sa ではなく mon, ton, son になる。

mon école〈私の学校〉, ton opinion〈君の意見〉, son adresse〈彼(女)の住所〉, mon habitude〈私の習慣〉, ton histoire〈君の話〉, son ancienne amie〈彼(女)の旧友〉

※sa onzième œuvre〈彼(女)の11番目の作品〉

onze〈11〉の前に定冠詞 le があるときには、母音の脱落が起こらない。le onze mai〈5月11日〉。onze の序数詞形 onzième〈11番目の〉も同様。

le onzième étage〈11階〉, la onzième conférence〈第11回大会〉

このため、ma, ta, sa の後に onzième が続く場合も、mon, ton, son にはならない。

8.2. 所有形容詞の意味

la maison de Paul〈ポールの家〉は sa maison に置き換えることができて、この場合 de と所有形容詞は「所有」を意味する。le travail de Jeanne〈ジャンヌの仕事〉は son travail に置き換えることができて、この場合 de と所有形容詞は「主体」を意味する。これらの名詞句では、Paul〈ポール〉が la maison〈家〉を所有するという主体的な役割を果たしているし、Jeanne〈ジャンヌ〉が le travail〈仕事〉を実行するという、やはり主体的な働きをしている。

le vin de Bordeaux〈ボルドーのワイン〉は「起源」を意味するが、これを所有形容詞を用いた son vin に置き換えることはできない。le problème du cancer〈癌の問題〉も同様に、son problème に置き換えることはできない。これらの名詞句において、Bordeaux〈ボルドー〉や le cancer〈癌〉は、対応する vin〈ワイン〉や problème〈問題〉に対して主体的な作用を及ぼしていない。

このように所有形容詞は、この形容詞が指示する人間(時にもの)が、修飾される名詞が表す事物に対して主体的な働きかけをしているという関係を表す。具体的には以下のような関係である。

a. 所有関係

　Je vais garer ma voiture dans un parking. 私は自分の車を駐車場に駐める。
　Rose a vendu son pantalon à une fripière.
　ローズは自分のパンツを古着屋に売った。
　Ses yeux sont bleu clair. 彼女の目は明るい青色だ。

b. 親族・人間関係

　As-tu vu ta sœur ces jours ? お姉さんに最近会ったかい？
　Son mari est d'origine polonaise. 彼女の夫はポーランドの出身だ。
　Les filles iront au parc d'attraction avec leurs amis.
　その女の子たちは友人たちと遊園地に行く。
　Vincent parle avec son collègue. バンサンは自分の同僚と話をしている。

c. 所属関係

　Mon bureau se situe près de l'Opéra. 私の会社はオペラ座の近くにある。
　Quelqu'un a posé des questions sur notre club.
　私たちのクラブについて誰か尋ねてきた。
　Voulez-vous nous donner votre nationalité ?
　あなたの国籍を私たちに教えてください。

d. 行為の主体

　Marcel m'a dit la date de son départ. マルセルは私に自分の出発の日を言った。
　Nous avons célébré notre victoire. 私たちは自分たちの勝利を祝った。
　Les gens comprennent bien leurs devoirs.
　人々は自分たちの義務のことはよく理解している。

e. 事物の主体

　Ne perdez pas de vue la signification de votre vie.
　あなたの人生の意義を見失わないようにしてください。
　Sabine a raté son train. サビーヌは自分が乗る列車に乗り遅れた。
　Fais-le à ta manière. 自分のやり方でそれをしなさい。

8.3. 3人称の所有形容詞

　3人称単数形の所有形容詞には、son, sa という性の区別があるが、これは修飾されている名詞の性に一致した区別であり、所有者の性の区別を反映するものではない。

Cet homme s'est servi de sa serviette. その男は自分のタオルを使った。
La fille écrit avec son stylo à bille.
その女の子は自分のボールペンで字を書いている。
 所有者の性別を明示したい場合には、名詞の後に à lui, à elle などを付ける。
Rose a proposé à Michel d'avoir une réunion dans sa villa à lui.
ローズはミシェルに、彼の別荘で会合を開くことを提案した。
Les filles n'aiment pas que les parents emportent leurs magazines à elles.
その女の子たちは、親たちが彼女たちの雑誌を持って行ってほしくないと思っている。

8.4. 複数の所有者

 所有者が複数で、それぞれが単数の事物を所有している場合、所有されている事物は単数形でも複数形でもよい。

Les voyageurs doivent avoir leur passeport avec eux.
 ＝Les voyageurs doivent avoir leurs passeports avec eux.
旅行者たちは、パスポートを所持していなければならない。
Nous avons marqué notre nom et prénom sur le dossier.
 ＝Nous avons marqué nos noms et prénoms sur les dossiers.
私たちは書類に氏名を記入した。
※1個ずつの事物が比較されたり交換されたりする場合は、合計で2個の事物が関わるので、比較や交換の対象は複数になる。

Nous avons comparé nos records de la course de cent mètres.
私たちは自分たちの100メートル走の記録を比べた。
Les filles ont échangé leurs adresses électroniques.
女の子たちはメールアドレスを交換した。

8.5. 不定代名詞の所有者

 所有者が不定代名詞で表されている場合、不定代名詞は3人称単数だから、所有代名詞もそれに合わせて son, sa, ses になるのが原則。

On poursuit inévitablement son honneur.
人は必然的に自らの名誉を求めるものだ。
Personne ne veut abonndoner sa fortune.
誰も自分の財産を放棄したいとは思わない。
Le policier a demandé à chacun de présenter ses affaires.
警官はめいめいに、自分の持ち物を見せるように言った。

所有者が 1 人称か 2 人称であることが分かっているときには、それに応じた所有形容詞を用いる。

　　　On va rater notre train. 私たちの乗る列車に遅れるよ。
　　　Vous devez faire chacun votre devoir.
　　　あなたたちはそれぞれ自分の義務を果たさなければならない。
※主節の主語が on で人間一般を表す場合、従属節では notre, votre が使われる。
　　　On ne prend pas en compte même sa propre vie quand notre [votre] enfant est en danger.
　　　自分の子供が危険に陥っているときは、自分の命さえ顧みないものだ。

8.6. 定冠詞＋人間の身体の部分

「私の頭」は ma tête で表すのが当然のはずだが、身体の部分の所有者が文中で明らかである場合、フランス語では la tête と、所有形容詞ではなく定冠詞をつけて表されることがある。

　　　J'ai mal à la tête [aux dents]. 私は頭[歯]が痛い。
　　　André s'est lavé les mains [les pieds]. アンドレは手[足]を洗った。
　　　Le dos me démange. 私は背中がかゆい。
　　　＝Ça me démange au [sur le] dos.
　　　Aglaé s'est mis du fond de teint sur le visage.
　　　アグラエは顔にファンデーションを塗った。
　　　Hélène s'est coupée au doigt.
　　　エレーヌは指を切った。

(1) 定冠詞を用いると、身体の部分の所有者が文中で特定できなくなる場合は、定冠詞ではなく所有形容詞を用いる。
　　　L'esclave a lavé ses pieds. その奴隷は彼の足を洗った。
　　　J'ai trouvé mon nez trop long. 私は自分の鼻が高すぎると思った。
　　　Caroline est en train de dessiner sa main. カロリーヌは自分の手を描いている。
※L'esclave a lavé les pieds.
　　J'ai trouvé le nez trop long.
　　Caroline est en train de dessiner la main.
　　のような文では、誰の足、鼻、手なのか特定できない。

(2) 身体に生じるものであっても、手や足のように必ず身体に備わっている部位でなければ、定冠詞ではなく所有形容詞を用いる。
　　　Mes boutons me démangent. 私はにきびがかゆい。
　　　Ses dents cariées lui faisaient mal. 彼女は虫歯が痛んだ。

Le chirurgien enlèvera sa tumeur. その外科医が彼の腫瘍を切除してくれる。
※Le chirurgien lui enlèvera l'estomac. その外科医が彼の胃を切除する。
「腫瘍」は身体に必ずあるものではないから所有形容詞を用いるが、「胃」は必ず備わっている部位だから定冠詞を付ける。

8.7. 無生物が支配する事物と所有形容詞

所有形容詞の所有者となるのは、普通は意志を持つ人間だが、意志を持たない無生物であっても、他の事物に対して主体的な働きかけをする(つまり、事物の存在や活動の主たる要因となる)場合には、所有形容詞の所有者となることができる。

Le docteur fait des recherches sur la lumière et ses effets physiques.
その博士は、光とその物理的効果について研究をしている。
Les langues humaines et leurs origines sont ce qui intéresse les linguistes.
人間の諸言語とその起源は、言語学者が関心を持つものだ。

ただし、en を用いることができる環境では、所有形容詞ではなく en を用いるのが原則。

en を用いることができる環境:
名詞句 X(従属節、分詞構文、前置詞句など)に「動詞 + de + 名詞句 X」が続いているとき、

動詞 + de + 名詞句　→ en + 動詞句

となる。ただし、名詞句が表すのは無生物である事物。

Quand on fait une cuisine, on en lit minutieusement la recette.
← Quand on fait une cuisine, on lit minutieusement la recette de la cuisine.

　　　　　　　　　　　　　　　　　　　　　　　　　en

料理を作るときには、レシピを丹念に読むものだ。

En employant une théorie, il faut en comprendre l'essence scientifique.
← En employant une théorie, il faut comprendre l'essnce scienfitique de la théorie.

　　　　　　　　　　　　　　　　　　　　　　　　　en

ある理論を用いるときには、その科学的本質を理解しなければならない。

Au sujet de votre opinion, j'en reconnais le bien-fondé.
← Au sujet de votre opinion, je reconnais le bien-fondé de votre opinion.
　　　　　　　　　　　　　　　　　　　　　　　　　　↓
　　　　　　　　　　　　　　　　　　　　　　　　　　en

あなたの意見について、私はその妥当性を認めている。

ただし、関係節については、en ではなく関係代名詞 dont を関係節の先頭に置く。

Mon directeur a accepté ma proposition dont il avait douté de l'efficacité.
× Mon directeur a accepté ma proposition qu'il en avait douté de l'efficacité.
← Mon directuer a accepté ma proposition + il avait douté de l'efficacité de la proposition
　　　　　　　　　　　　　　　　　　　　　　　　　　　　　　　　　　　　　↓
　　　　　　　　　　　　　　　　　　　　　　　　　　　　　　　　　　　　　dont

社長は私の提案の効果を疑っていたが、提案を受け入れてくれた。

en を用いる環境でなければ、所有形容詞を用いる。

Le pays fournit d'autres pays en ressources naturelles produites dans son territoire.
← Le pays fournit d'autres pays en ressources naturelles produite dans le territoire du pays.
↑　　　　　　　　　　　　　　　　　　　　　　　　　　　　　　　　　　　　　↓
主節の主語　　　　　　　　　　　　　　　　　　　　　　　　　　　　　　× en

その国は、自分の国土で産出された天然資源を他国に供給している。

J'aime la beauté de cette région aussi bien que son histoire.
← J'aime la beauté de cette région aussi bien que l'histoire de la région.
　　　　　　↑　　　　　　　　　　　　　　　　　　　　　　　↓
　　　　前置詞の目的語　　　　　　　　　　　　　　　　　× en

私はこの地方の美しさをその歴史と同様に愛している。

9. 指示形容詞

指示形容詞は、直示空間内（☞第5章7節）にある事物を指示するために、その事物を表す名詞の前に置かれる語である。

9.1. 指示形容詞の形態

指示形容詞は、修飾する名詞の性と数に一致して形態変化をする。

男性・単数　　ce, cet　　男性・女性・複数 ces
女性・単数　　cette

男性単数形 cet は、母音または無音の h で始まる語の前で用いられる。
　cet ours〈この熊〉
　cet homme〈この男〉
　cet unique tableau〈この独特の絵〉
　cet honnête commerçant〈この正直な商人〉

9.2. 指示形容詞の働き

　単独で名詞を修飾する場合は、名詞が表す事物が直示空間(☞第 6 章 7 節)にあるということを表すだけで、話し手や聞き手の支配する領域に含まれるかどうかは区別しない。つまり、日本語のような「これ」「それ」「あれ」の区別をしない。
a. 具体的な事物を表す。
　　Prenez cette orange et mangez-la. このオレンジをとって食べてください。
　　Qu'est-ce que tu vas mettre pour la soirée ? Tu va mettre cette robe que tu portes maintenant?
　　パーティーには何を着ていくの？　今着てるそのドレスを着るの？
　　Je ne vois rien de nouveau dans cette chambre.
　　— Regarde ce tableau sur le mur opposé à la porte.
　　この部屋には何も新しいものがないよ。
　　ードアの反対側の壁にあるあの絵を見ろよ。
　　Prêtez l'oreille à cette histoire. Ça vous intéressera beaucoup.
　　これから言う話をよく聞いてください。大いに興味を引きますよ。
b. 現在を基準とする時点を表す。
　　Je me suis levé très tôt ce matin. 今朝私はずいぶん早く起きた。
　　Il fait froid cet été. 今年の夏は寒い。
　　On se verra un de ces jours. 近いうちお目にかかりましょう。
　　Le tonnerre a grondé cette nuit. 昨晩は雷が鳴った。
c. 事物を強調して、驚きや軽蔑などの感情を表す。
　　C'est insupportable, cette chaleur ! この暑さには耐えられないよ。
　　Encore un autre cas de délinquance ! Ce mauvais garçon.
　　また非行か。この不良少年め。
　　Vont-ils faire une autre manifestation ? Oh, cette idée !
　　またデモをするのか？　何という考えなんだ！

Ce monsieur est trop curieux ! あの方は好奇心が強すぎますね！

d. ce ＋ 名詞 ＋ -ci, -là

「ce ＋ 名詞 ＋ -ci」は話し手の領域にある事物、「ce ＋ 名詞 ＋ -là」は話し手の領域外の事物を表す。

    Prends ce macaron-là. Je prends celui-ci.
    君はそのマカロンにしなさい。僕はこっちを取るから。
    Cette veste-ci ne vous ira pas. Essayez celle-là.
    こちらのジャケットはお似合いにはならないようです。あちらをお試しください。

時期を示す名詞に ce...-ci, -là が用いられる場合は、-ci が発話時点（＝現在）に近い時期を、-là が発話時点から隔たった時期を表す。

    Je m'occupe de mon mémoire ces jours-ci. 最近私は論文に取り組んでいる。
    Quentin réussira dans l'examen cette fois-ci.
    カンタンは今度は試験に合格するだろう。
    Mon mari n'était pas à la maison cette nuit-là.
    夫はその晩は家にいませんでした。

10. 疑問形容詞

疑問形容詞は、修飾する名詞が表す不定の事物が何であるのかを聞き手に尋ねる働きをする。

疑問形容詞は、修飾する名詞の性・数に一致して形態変化をする。

| 男性・単数 quel | 男性・複数 quels |
| 女性・単数 quelle | 女性・複数 quelles |

10.1. 名詞句を作る疑問形容詞

疑問形容詞は、名詞に先行し、名詞と一体となって名詞句を作る。

    Quel temps fait-il ? どんな天気ですか。
    Quelle heure est-il ? 何時ですか。
    Quelles photos as-tu prises pendant ton voyage ?
    旅行の間どの写真を撮ったのかい。
    De quel quai part le train ? 列車は何番線から出発しますか。
    Brigitte m'a demandé quel temps il ferait le jour suivant.
    ブリジットは私に翌日どんな天気なのか尋ねた。

Je lui ai dit quelle heure il était. 私は彼に何時かを言った。
Dis-moi quelles photos tu a prises pendant ton voyage.
旅行の間にどの写真を撮ったのか言ってくれ。
Diane a demandé à une employée de gare de quel quai le train partirait.
ディアヌは駅員にその列車が何番線から出発するか尋ねた。

10.2. 述語の成分として働く疑問形容詞

疑問形容詞は、単独で文の述語の成分として働く。

Quelle est votre nationalité ?　あなたの国籍はどちらですか。
Quels sont les tableaux que tu as achetés au marchand d'art?
その美術商から君が買ったのはどの絵なんだい。
Quelle est l'étendue de notre pays ?　私たちの国の面積はどれくらいですか。
L'agent lui a demandé quelle était sa nationalité.
係員は彼女に国籍は何かと尋ねた。
Dis-moi quels sont les tableaux que tu as achetés au marchand d'art.
その美術商から君が買ったのがどの絵なのか教えてくれ。
L'enseignant a demandé aux écoliers quelle était l'étendue de leur pays.
教師は生徒たちに、自分の国の面積はどれくらいなのか尋ねた。

※「〜は誰か」「〜はどんな人間か」という意味では、単独の quel と、疑問代名詞の qui のどちらも用いることができる。

Quelle est cette femme ? = Qui est cette femme ?
この女性は誰ですか。

ただし、主語が代名詞の場合は、quel ではなく qui を用いる。

Qui est-ce ? これは誰ですか。
Qui es-tu ? 君は誰だ。

10.3. 感嘆文で使われる疑問形容詞

「何」「どんな」を意味する疑問詞は、日本語でも感嘆の意味を表すことができるが、フランス語でも同様である。事物がどのようなものなのかを聞き手に知ってほしいという話し手の感情が、感嘆の効果を作り出すものと考えられる。

Quelle chaleur !　何て暑いんだ。
Quel bel homme Louise a trouvé pour son mari !
ルイーズは夫として何と美しい男性を見つけたんだろう。
Quel sera le romords de cet homme !
この男の後悔は相当のものになるだろう。

10.4. 譲歩節を作る疑問形容詞

疑問形容詞を用いて「～が...であろうと」という意味を表す譲歩節を作ることができる。ただし、動詞は être に限定され、接続法をとる。

　　Quel que soit sa réputation, je continuerai de maintenir de l'amitié avec ce journaliste.
　　そのジャーナリストの評判がどんなものであれ、私は彼との友情を保ち続けるつもりだ。
　　La religieuse était charitable avec les filles, quelles qu'elles fussent.
　　どんな娘たちであろうと、その尼は彼女たちに思いやりの心を持っていた。

11. 不定形容詞

「すべての～」（全称）、「何の［誰の］～もない」（否定）、「何らかの～」（部分）を意味し、修飾する名詞が特定の事物を指示することのない形容詞が「不定形容詞」である。意味的には「不定代名詞」と共通の性質を持つ(☞第5章10節)。

11.1. 総称的不定形容詞
11.1.1. tout (toute, tous, toutes)
ある範囲に属するものの全体を表す。

a. tout + 定冠詞 + 名詞
① 名詞が単数形：名詞が表す事物をひとまとまりにして、その全体を表す。
　　Lucie fasait du tricot toute la journée. リュシーは一日中編み物をしていた。
　　Le prêtre a consacré toute sa vie à l'aide des pauvres.
　　その聖職者は貧しい人々を助けることにその一生を捧げた。
　　Tout le village a fêté l'anniversaire du seigneur. 村中が領主の誕生日を祝った。
② 名詞が複数形：名詞が表す、ある範囲の事物のすべてを表す。
　　Je voudrais manger tous les gâteaux dans cette pâtisserie.
　　このケーキ屋にあるケーキを全部食べたいくらいだ。
　　Tous les spectateurs semblaient contents de la pièce de théâtre.
　　すべての観客がその芝居に満足しているように見えた。
　　Isabelle va à l'église tous les dimanches. イザベルは毎週日曜日には教会に行く。
b. tous les + 数詞：数詞だけの数の人間のすべて
　　Tous (les) trois sont venus chez moi. 3人とも私の家に来た。
　　Le patron a fait démissionner tous les huit de ces employés.
　　経営者は従業員の8人とも辞めさせた。

※ 数詞が deux ⟨2⟩, trois ⟨3⟩, quatre ⟨4⟩ までのときは les を省略することができる。cinq ⟨5⟩ 以上では省略できない。

c. tous les + 数詞 + 名詞：〜ごとに

 Les jeux Olympiques ont lieu tous les quatre ans.
 オリンピックは 4 年ごとに開催される。
 On a installé des toilettes provisoires tous les cinq kilomètres sur le parcours du marathon.
 マラソンコースで 5 キロごとに臨時のトイレが設けられた。
 Tous les combien est-ce que le TGV part ?
 TGV はどれくらいの間隔で出発しますか。

d. tous + 複数形名詞：範囲を限定せず、名詞が表しうる事物のすべてを表す。

 La théorie du physicien est parfaite à tous égards.
 その物理学者の理論はあらゆる点で完璧だ。
 Dans le temps, il y avait des brigands en tous lieux.
 その昔は至る所に追いはぎがいた。

e. tout + 不定冠詞 + 名詞：名詞が表す事物の全体を誇張的に表す。

 Romain a dépensé toute une nuit pour finir le rapport.
 ロマンはレポートを仕上げるのに一晩中を費やした。
 C'est toute une histoire. それは大変なことだね。

f. tout + 名詞：名詞が表す任意の事物を表す。

 Tout homme n'est pas sans défaut.
 どんな人間でも欠点がないということはない。
 Je peux me lier d'amitié avec tout autre. 私は他の誰とでも仲良くできる。
 Tu peux venir chez moi à tout moment. いつでも私のところに来ていいよ。
 Nous sommes à votre disposition pour tout renseignement.
 どんなお問い合わせにもお答えいたします。

g. tout + 固有名詞：固有名詞が表す場所の住民全体や、個人の作品全体を表す。

 Toute Rome s'enthousiasmait pour la venue des animaux exotiques.
 ローマ市民全体が、外来の動物たちの到着に熱狂していた。
 Je voudrais lire tout Aristote. 私はアリストテレスの著作を全部読みたい。

h. pour tout + 名詞：ただ 1 つの〜として、〜については…だけだ

 Pour toute fortune, Éric a son corps robuste.
 ただ 1 つの財産として、エリックは丈夫な身体を持っている。
 Pour tout ameublement, Pauline n'a qu'un lit.
 家具と言えば、ポリーヌはベッド 1 つしか持っていない。

i. tout + 指示代名詞：ある範囲で、指示代名詞が表す事物の全体を表す。
   J'informerai mon directeur de tout cela.
   このことはすべて部長に連絡しておきます。
   On ne peut pas avoir tout ce qu'on veut.
   人は欲しいものをすべて持てるわけではない。
   Voici tout ce qu'il y a d'argent. これがあり金のすべてです。
   Pascale est tout ce qu'il y a de plus gentil [gentille].
   パスカルはこの上なく親切だ。
j. tous ceux + 関係節：〜の人はすべて
   On donnera un cadeau à tous ceux qui viendront à l'ouverture du magasin.
   その店の開店に来る人は誰でも贈り物を受け取れる。
   Toutes celles avec qui j'ai fait connaissance étaient sympathiques.
   私が知り合った女性は皆感じがよかった。

• 副詞的な働きをする tout
tout は「全く、非常に」という意味で、形容詞や他の副詞を修飾することができる。
   Allez tout droit jusqu'au carrefour à feux.
   信号のある交差点まで真っ直ぐ行ってください。
   Le musée est tout en face de l'hôtel de ville. 博物館は市庁舎の真正面にある。
   Les scientifiques ont été tout surpris de la découverte de ce nouvel élément.
   その新しい元素の発見に、科学者たちは非常に驚いた。
副詞ならば本来は語形変化をしないはずだが、tout は、子音または有音の h で始まる女性形の形容詞の前では、toute, toutes という女性形をとる。
   J'ai trouvé les peintures tout admirables.
   私はそれらの絵が非常に素晴らしいと思った。
   La duchesse était toute contente de son portrait.
   公爵夫人は自分の肖像画に大いに満足していた。
   C'est une nouvelle toute surprenante.
   それは全く驚くべき知らせだ。
   Les gens habitaient dans des sociétés toutes hiérarchisées.
   人々は極めて階級化された社会で暮らしていた。

11.1.2. chaque
ある範囲に属する任意の事物を表す。「おのおのの、それぞれの」
   Chaque candidat doit porter une carte de candidat.

受験生は各々受験票を携帯しなければならない。
L'avion vole pour l'île chaque mercredi.
毎水曜日に飛行機がその島に向けて飛んでいる。
La fureur surgit en elle à chaque instant.
彼女の中に激しい怒りが絶えず生じてきた。
Je trouve quelque chose d'intéressant chaque fois que je visite le musée.
その博物館に行くたびに、何か面白いものを見つける。
Il y a un service de bateau chaque trois jours.
　＝Il y a un service de bateau tous les trois jours.
船の便は3日ごとにある。

11.1.3. n'importe quel(le)(s)
　ある範囲に属する任意の事物で、存在する可能性があるだけのものを表す。「どんな～でも」。

Je suis disponible à n'importe quel jour. 私はどの日でも手が空いています。
N'importe quelles jeunes filles accepteront volontiers l'invitation à la soirée.
どんな若い娘も、そのパーティーへの招待を喜んで受けるだろう。

11.1.4. quelconque
　ある範囲に属する任意の事物を表す。名詞の後に置かれる。

On va faire résoudre une équation quelconque à ce lycéen.
この生徒には、方程式をどれか解かせよう。
Dessinez un triangle quelconque sur la feuille.
紙の上に何でもいいから三角形を描きなさい。

11.2. 否定的不定形容詞
11.2.1. aucun(e)
　任意の事物について、それを含む事柄が成立しないことを表す。「どんな～もない」。否定辞 ne または前置詞 sans とともに用いられる。

Aucun membre du groupe ne savait la vérité.
その集団のどのメンバーも真実を知らなかった。
La doctrine de ce philosophe n'a exercé aucune influence sur les idées contemporaines.
その哲学者の学説は、同時代の思想には何の影響も与えなかった。
Quel professeur aimez-vous ?

— Aucun. (= Je n'aime aucun professeur.)
あなたはどの教授が好きですか。— 誰も（好きではありません）。
Sa réponse est correcte sans aucun doute. 彼の答えは疑いもなく正しい。
Le jeune homme est parti à l'étranger sans aucune espérance.
その若者は何の希望も持たないで外国に出発した。

※文語的な文章では「sans + 名詞 + aucun」という語順も使われる。

Le vieillard menait sa vie sans croyance aucune.
その老人は何の信仰もなしに人生を送っていた。

疑問や比較など、否定的な環境を作る構文で「何らかの」という意味を表すために用いられることがある。ただし、これは文語的な文体に属する。

Caroline est plus compétente en grammaire latine qu'aucun autre étudiant.
カロリーヌは他のどの学生よりもラテン文法の力がある。
L'avocat a-t-il aucune volonté de démontrer mon innocence ?
あの弁護士は私の無実を証明する意志があるのだろうか。

11.2.2. nul(le)

任意の事物について、それを含む事柄が成立しないことを表す。「どんな〜もない」。否定辞 ne または前置詞 sans とともに用いられる。働きは aucun と同じだが、文語的な文体に属する。

Nul procureur ne sera capable de mettre le criminel en prison.
どんな検事も、その犯罪者を牢屋に入れることはできないだろう。
Le maire n'avait nul intérêt pour construire une autre ligne de tram.
市長は、路面電車の路線をもう1本建設することへの興味は全く持っていなかった。
Sans nul doute, le chef du restaurant inventera une cuisine extraordinairement délicieuse.
そのレストランの料理長は、きっと素晴らしくおいしい料理を発明してくれるだろう。

11.2.3. pas un(e)

「1つ[1人]の〜もない」という全部否定を表す。否定辞の ne とともに用いられる。

Pas un citoyen n'a reconnu la fusion des deux communes.
市民は誰1人として、2つの町の合併を認めなかった。
Camille n'a pas dit un mot durant la réunion.

カミーユは会議中一言も言わなかった。

11.3. 部分的不定形容詞
11.3.1. quelque
名詞が表す事物のうち不定のものを表す。

a. 単数形 quelque

Je crois avoir lu l'événement que vous venez de mentionner dans quelque journal.
あなたが今言った出来事はどこかの新聞で読んだと思う。
La technique sera mise en œuvre quelque jour.
その技術はいつか実用化されるだろう。

※以上の例で「quelque + 名詞」が表す事物は不定だが、話し手も聞き手も特定化することができないという性質を持っている。

J'ai acheté ce rouge à lèvres dans quelque parfumerie.
私はどこかの化粧品店でこの口紅を買った。
Pour le moment, Nadine habite dans quelque appartement avec son ami.
今のところナディーヌは男友達とあるアパートに住んでいる。

※以上の例で「quelque + 名詞」が表す事物は不定で、この場合、話し手は事物を特定化できているが、聞き手には特定化できていない。

b. 複数形 quelques

不定で複数の事物を表すが、その数量は少ない。

Quelques écoliers sont venus chez moi pour me donner leurs devoirs.
私の部屋に何人かの生徒が宿題を渡しにやってきた。
J'ai quelques questions à vous poser.
あなたに尋ねたい質問がいくつかあります。
Il est arrivé un désastre énorme dans cette région il y a quelques années.
数年前この地域で巨大な災害が起こった。
Il y a cinquante et quelques membres (= cinquante membres et quelques) dans cette troupe de théâtre.
この劇団には50名ちょっとの団員がいる。

※「quelque(s) + 名詞 + que + 接続法」で譲歩の構文を作る。

Quelque préparation qu'on fasse, il est possible qu'on commette une erreur.
どんな準備をしても、過りを犯す可能性はある。
Quelques missions que l'on donne à l'espion, il ne les rate jamais.
その諜報員にどんな任務を与えても、失敗することは決してない。
À quelque vitesse qu'un objet se meuve, sa vitesse ne dépasse pas celle de la

lumiére.
物体がどんな速度で動こうと、その速度は光の速度を超えることはない。

11.3.2. certain(e)(s)
名詞が表す事物のうち不定のものを表す。単数形では不定冠詞とともに用いられる。

 Un certain nombre des membres du parti sont contre son orientation.
 党員の一定数は、党の方針に反対している。
 On a envisagé le pire à un certain moment. ある時には最悪の事態を覚悟した。
 Il faut un cetain temps pour réaliser le projet.
 その計画を実現するにはかなりの時間が必要だ。
 Certains prisonniers dans cette prison sont sans doute maltraités.
 この刑務所にいるある囚人たちは恐らく虐待されている。
 Il neige beaucoup plus qu'ailleurs dans certaines régions de notre préfecture.
 私たちの県のいくつかの地域では、他の場所よりもはるかにたくさんの雪が降る。

11.3.3. plusieurs
不定の事物が複数個あることを表す。「いくつもの」という意味で、ある程度大きな個数を表す場合と、単数と対立して「複数の」という意味を表す場合がある。

 Cet homme a eu plusieurs maîtresses dans sa vie.
 この男は一生の間に何人もの愛人を作った。
 J'ai visité le château de Versailles plusieurs fois.
 私はベルサイユ宮殿には何度も行った。
 Relie chaque pictogramme à un ou plusieurs objets.
 それぞれの絵文字を1つまたは複数の実物の絵に結びつけなさい。

11.3.4. je ne sais quel(le)(s), on ne sait quel(le)(s)
不定の事物で、話し手が特定化できないものを表す。「何[誰]だか分からない〜」。

 Emmanuelle parlait avec je ne sais quelle personne au coin de la rue.
 エマニュエルは街角で誰だか分からない人と話をしていた。
 Le garçon s'est fait écrasé par on ne sait quelle voiture.
 その少年は誰のだか分からない車にひかれた。
 Son mémoire de recherche a été rejeté pour on ne sait quelle raison.
 彼の研究論文は何だか分からない理由で拒否された。

Un je ne sais quel homme s'est adressé à moi.
　　　誰だか知らない男が私に話しかけてきた。
※「je ne sais [on ne sait] quel + 名詞」は、前置詞に先立たれる場合には冠詞が付かないが、主語の場合には不定冠詞を付ける。

11.3.5　tel(s), telle(s)
　ある事物に類似した特徴を持つ不定の事物を表す。不定冠詞を用いる場合と、無冠詞で用いる場合がある。

a. 不定冠詞 + tel：すでに話題になっている事物に類似した不定の事物を表す。
　　　L'homme s'est enfui après avoir écrasé un petit enfant. Une telle conduite est impardonnable.
　　　その男は小さな子供を轢いた後で逃げた。そんな行為は許しがたい。
　　　J'ai visité le Parthénon à Athènes. Je n'avais jamais vu de tel temple avant.
　　　私はアテネのパルテノン神殿を訪ねた。それまではそのような神殿は見たことがなかった。
　「不定冠詞 + tel + 名詞 + que + 文」で、「それほど X のようなものだったので〜」という結果の意味を表す。
　　　Yves a un tel talent pour les langues qu'il peut parler cinq langues couramment.
　　　イブはとても語学の才能があるので、5か国語を流暢に話すことができる。
　　　Je ne gagne pas une telle somme d'argent que je (ne) puisse employer une aide ménagère.
　　　私はお手伝いさんを雇えるほどの金を稼いではいない。

b. 無冠詞の tel：名詞に先行して名詞を限定する場合と、述語の成分として用いられる場合がある。

① 「tel + 名詞」：名詞が指し示す対象が特定できないか、特定できてもあえてそれを言わない場合に用いる。
　　　Lucie a rencontré son ex-mari dans tel grand magasin.
　　　リュシーはとあるデパートで元の夫に遭遇した。
　　　Je dois telle somme d'argent à un usurier.
　　　私はある額の金を高利貸しに借りている。
　　　Ma mère a raconté telle et telle histoire. 私の母はこれこれの話をした。

② 「tel + 名詞 1, tel + 名詞 2」という構文では、2つの名詞の間に類似性があるという意味が表される。
　　　Tel pére, tel fils. この父にしてこの息子ありだ。父と息子がよく似ている。
　　　Telle vie, telle fin. 人生とその終わりは似ている。人は生きてきたように死ぬ。

名詞の代わりに文が用いられることもある。
>Telle j'ai laissé ma maison natale, telle je la trouve vingt ans après.
>生家を後にしてから 20 年後でも、家は同じ姿をしている。

c. tel が単独で用いられる。「そのようなもの」。
>Georges n'est pas un homme savant, mais tout le monde le croit tel.
>ジョルジュは博識な人間ではないが、誰もが彼をそうだと考えている。
>C'est une statue vraiment magnifique. Je n'ai jamais rien vu de tel.
>これは本当に素晴らしい彫像だ。私はこんなものを見たことがない。

「Tel + être + 補語」という形で、tel が先行する文の内容を表す。
>Telle est la pensée du psychologue. 以上がその心理学者の考えだ。
>Tel sera l'avenir hypothétique de notre planète.
>それが我々の惑星の推測されている未来だ。

d. 「tel que...」という形で、que 以下で表される事物や事柄に類似した性質を持つことを表す。「～のような」。
>Je voudrais être un médecin tel que lui. 私は彼のような医者になりたい。
>Dans ce parc il y a des animaux tels que le mouton, la chèvre et l'âne.
>この公園には、羊や山羊や驢馬のような動物がいる。
>La fille n'est pas telle que vous pensez.
>その女の子はあなたが考えているような人ではない。

e. tel quel: あるがままの、もとのままの
>Voilà les paroles du président telles quelles.
>これが社長の言ったありのままの言葉だ。
>Zoé est sortie de chez elle en laissant la cuisine telle quelle.
>台所をそのままにしたままゾエは自分の家を出た。

11.3.6. autre(s)

ある範囲の事物の中で、特定の事物以外の事物を表す。「他の、別の」

a. 不定冠詞 + autre

ある範囲の事物の中で、特定の事物以外の、単数または複数の不定の事物を表す。
>Je vais essayer une ature veste. 私は別の上着を試着する。
>Notre équipe pourra gagner le match une autre fois.
>次の機会には私たちのチームは試合に勝てるだろう。
>Il doit y avoir beaucoup d'autres secrets qu'il garde.
>彼が隠している秘密が他にもたくさんあるはずだ。

b. 定冠詞 + autre

ある事物以外の特定の事物を表す。

Les animaux de ce type vivent dans l'autre hémisphère.
この種類の動物はもう一方の半球に住んでいる。

Florence est venue te voir l'autre jour.
フロランスが先日君に会いにやって来た。

Le saint homme a consacré sa vie aux autres personnes.
その聖者は他のすべての人々のために人生を捧げた。

Le garçon peut courir plus vite que les autres élèves de sa classe.
その少年はクラスの他のどの生徒よりも速く走ることができる。

c. 述語の成分として用いられる autre

L'apparence de la ville est devenue aurtre. その町の外観は変わってしまった。
Le manteau que j'ai déposé est autre. 私が預けたコートは別です。

d. 「X 以外の〜」は autre que X で表す。

J'ai reçu un autre article que celui que j'avais commandé.
私は頼んでおいたのとは別の品物を受け取った。

Les rhinocéros autres que ceux-ci vivent en Afrique.
ここにいるもの以外の犀はアフリカに生息している。

Valentine est tout ature personne qu'elle (ne) l'était il y a dix ans.
バランティーヌは10年前とはすっかり別人だ。

e. 不定代名詞を autre が修飾する場合は「不定代名詞 + d'autre」という形をとる。

Faites venir quelqu'un d'autre à mon bureau.
私の事務所には別の人を来させてください。

Il n'y a rien d'autre que je peux vous offrir.
私があなたに提供できるものは他にありません。

f. 人称代名詞 nous, vous（時に eux）を、他の人間と特に区別するために nous autres, vous autres のような形が用いられる。

Nous autres Français sommes très fiers de notre culture traditionnelle.
我々フランス人は自分の伝統的な文化をとても誇りに思っている。

Vous autres pouvez vous en aller après avoir fini vos travaux.
あなた方の方は、仕事が終わったら帰っていいです。

11.3.7. différent(e)s, divers(es)

無冠詞、複数形で「いろいろな、さまざまの」という意味を表す。

Il y a différentes plantes du monde dans ce jardin botanique.

この植物園には世界のいろいろな植物がある。
Ce fantaisiste peut imiter les voix de divers comédiens.
その寄席芸人は、さまざまの俳優の声を真似できる。

※différent は通常の形容詞として用いられる場合は、冠詞を必要とする。

Daniel a un avis tout à fait différent du mien.
ダニエルは私のとは全く違う意見を持っている。
Je vais te donner des questions différentes plus tard.
後で君には違う問題を出してやろう。

11.3.8. même

ある事物と同一または同一の性質を持つ事物を表す。

Hugo et moi, nous avons le même âge. ユーゴーと私は同い年だ。
Elles sont diplômées de la même université. 彼女たちは同じ大学の出身だ。
Nous vivons ensemble pour un même souhait : ne plus être seuls.
私たちは同じ望みのために一緒に生活している。それはもうこれ以上孤独ではいないということだ。

a. 同一だとされる事物は que で表される。

Céline habite dans le même arrondissement que moi.
セリーヌは私と同じ区に住んでいる。
Éliane a choisi le même sujet que Victor pour sa recherche.
エリアーヌは研究のためにビクトールと同じテーマを選んだ。

b. même が名詞や代名詞の直後に置かれると、事物を強調する働きをする。

C'est la personne même que je veux avoir comme collaborateur.
その人はまさに、共同制作者として私がとりたい人物だ。
Ferdinand est né le jour même de la mort de son grand-père.
フェルディナンは、祖父が亡くなったまさにその日に生まれた。
Honorine est la bonté même. オノリーヌは善良そのものだ。
Les gendarmes mêmes étaient incapables d'arrêter le jeune délinquant.
憲兵たちでさえ、その不良少年を捕まえることはできなかった。

c. 人称代名詞強調形 + -même

単独で用いられると、事物を強調する働きをする。

C'est lui-même qui a violé la règle qu'il a établie.
自分が作った規則を破ったのは彼自身だった。
Le président lui-même a assisté à la lecture de l'économiste.
社長もまたその経済学者の講義に出席した。

La princesse a fait la cuisine elle-même.
王女は自分で料理を作った。

※même が前置詞とともに用いられて、副詞的な働きをする。

Le linguiste considère le langage en lui-même.
言語学者は言語それ自体を考察する。
Cet ordinateur s'éteint de lui-même en deux heures.
このコンピューターは2時間で自動的に電源が切れる。
Philippe a établi sa société par lui-même.
フィリップは独力で自分の会社を設立した。

第 6 章のまとめ

1. 形容詞は事物の性質を表す。形容詞は、程度の違いがある性質を表す「程度性形容詞」と、程度の違いを持たない性質を表す「非程度性形容詞」に分類される。
   程度性形容詞：属性形容詞、叙述形容詞
   非程度性形容詞：所有形容詞、指示形容詞、疑問形容詞、関係形容詞、不定形容詞、数詞(数形容詞)

2. 程度性形容詞は、修飾される名詞の性と数に一致して語形変化する。
   程度性形容詞の女性形は、男性形の末尾に -e を付加して作るのが原則だが、男性形が -e で終わっている場合には男女同形であり、その他語尾のつづりに変化が生じるもの、女性形の形態が不規則なものなどがある。
   程度性形容詞の複数形は、単数形に -s を付加するのが原則だが、単数形が -s, -x で終わっている場合には単複同形であり、この他、単数形の語尾によっては、-x を付加して複数形を作るものもある。

3. 属性形容詞は、名詞に後続するのが原則だが、2 音節以下で使用頻度の高い形容詞は名詞の前に置かれることが多い。名詞の前にも後にも置くことができる形容詞もあるが、位置によって意味に変化が生じるものもある。

4. 叙述形容詞は、述語の主要成分または動詞の補語としての働きをし、主語と性・数を一致させる。

5. 形容詞は、それが表す性質を持つ事物を表す名詞として用いることができる。

6. 叙述形容詞の内容を限定する語句としては、前置詞句と que 節がある。

7. 形容詞が表す内容を前置詞句で表す場合、用いられる前置詞は à または は de であることが多いが、それ以外の前置詞が用いられることもある。

8. 所有形容詞は、所有関係のほか、親族・人間関係、所属関係、行為の主体、事物の主体などを表す。所有者や関係の主体は人間だけでなく、無生物の場合もある。
　　3人称単数形の所有形容詞の性は、それが修飾する名詞の性に一致し、所有者の性を表すことはない。

9. 指示形容詞は、話し手と聞き手が事物を直接指示することができる直示空間内のものを表す名詞の前に置かれる。
　　指示形容詞の働きは、事物が直示空間内にあることを表すだけであり、「これ」「それ」「あれ」のような区別をすることはない。

10. 疑問形容詞は、修飾している名詞が表す事物が何であるのかを聞き手に尋ねる働きをする。
　　疑問形容詞を用いて、感嘆文や譲歩節を作ることがある。

11. 不定形容詞は、「すべての～」を意味する「総称的不定形容詞」、「何の(誰も)～ない」を意味する「否定的不定形容詞」、「何らかの～」を意味する「部分的不定形容詞」に分類される。
総称的不定形容詞: tout, chaque, n'importe quel, quelconque
否定的不定形容詞: aucun, nul, pas un
部分的不定形容詞: quelque, certain, plusieurs, je ne sais [on ne sait] quel, tel, autre, différents, divers, même

# 第7章
数量詞

数量詞は事物の数量を表す働きをする。数量詞には、事物の具体的な個数や量を表す「数詞（数形容詞）」と、「たくさん」「少し」のような、不定の数量を表す「不定数量詞」がある。

1. 数　詞

数詞は、事物の具体的な数量を表す。事物の数量を直接表す数詞を「基数詞」、配列された事物が最初から何番目にあるかを表す数詞を「序数詞」と呼ぶ。

1.1. 基数詞

0 zéro　1 un, une　2 deux　3 trois　4 quatre　5 cinq　6 six　7 sept　8 huit　9 neuf　10 dix　11 onze　12 douze　13 treize　14 quatorze　15 quinze　16 seize　17 dix-sept　18 dix-huit　19 dix-neuf
20 vingt　21 vingt et un　22 vingt-deux　30 trente　31 trente et un　32 trente-deux　40 quarante　41 quarante et un　42 quarante-deux
50 cinquante　51 cinquante et un　52 cinquante-deux　60 soixante　61 soixante et un　62 soixante-deux
70 soixante-dix　71 soixante et onze　72 soixante-douze　73 soixante-treize　74 soixante-quatorze　75 soixante-quinze　76 soixante-seize　77 soixante-dix-sept
80 quatre-vingts　81 quatre-vingt-un　82 quatre-vingt-deux　83 quatre-vingt-trois　84 quatre-vingt-quatre
90 quatre-vingt-dix　91 quatre-vingt-onze　92 quatre-vingt-douze　93 quatre-vingt-treize　94 quatre-vingt-quatorze
100 cent　101 cent un　102 cent deux　103 cent trois　110 cent dix　173 cent soixante-treize　199 cent quatre-vingt-dix-neuf
200 deux cents　201 deux cent un　505 cinq cent cinq　777 sept cent soixante-dix-sept　995 neuf cent quatre-vingt-quinze
1.000 mille　1.001 mille un　2.000 deux mille　10.000 dix mille　100.000 cent mille
100万 un million　200万 deux millions　1000万 dix millions　1億 cent millions　2億 deux cents millions
10億 un milliard　100億 dix milliards　1000億 cent milliards
1兆 un billion　10兆 dix billions　100兆 cent billions

1. 数詞

1.2. 基数詞の形態

a. 「1」を表す un は、後続する名詞の性に合わせて男性形と女性形をとる。
   un livre〈1冊の本〉　une table〈1台のテーブル〉
   vingt et un soldats〈21人の兵士〉　quarante et une revues〈41冊の雑誌〉

b. 21 から 71 までは、vingt et un, trente et un のように、un の前に et を置く。
   vingt-et-un, trente-et-un のようにハイフン (-) で結合することもある。

c. それ以外の 99 までの数詞は、構成する要素をハイフンで結合する。
   vingt-deux〈22〉, soixante-huit〈68〉, soixante-dix-sept〈77〉, quatre-vingt-cinq〈85〉

d. 80 から 99 までに含まれる vingt〈20〉の形態
   80 は quatre-vingts で複数形になるが、vingt の後に他の数詞が後続する 81 以上 99 までは、単数形の vingt になる。
   88 quatre-vingt-huit, 96 quatre-vingt-seize

e. cent の形態
   200 以上 900 までの 100 の倍数では、deux cents〈200〉, trois cents〈300〉, cinq cents〈500〉のように、cents という複数形になる。
   100 の倍数以外の、cent の後に別の数詞が後続する数の場合は、単数形 cent になる。
   236 deux cent trente-six, 592 cinq cent quatre-vingt-douze
   1 万以上 100 万未満は、「10 以上の数詞 + mille」という形で表されるが、この場合も cent は単数形をとる。mille は複数形にはならない。
   10.001 dix mille un　100.000 cent mille　400.000 quatre cent mille
   999.999 neuf cent quatre-vingt-dix-neuf mille neuf cent quatre-vingt-dix-neuf

f. vingt と cent の複数形を用いるべき数詞でも、名詞の後で用いられる場合は、単数形をとる。
   la page quatre-vingt〈80 ページ〉, la chambre cinq cent〈500 号室〉

g. mille〈1000〉は、西暦年を表すときで他の数詞が後続する場合には mil と表記されることもある。
   La Révolution française a éclaté en mil sept cent quatre-vingt-neuf.
   フランス革命は 1789 年に勃発した。
   L'an deux mille appartient au vingtième siècle.
   西暦 2000 年は 20 世紀に属する。

h. million〈100万〉, milliard〈10億〉, billion〈1兆〉の数詞は名詞であり、2 以上の数詞が先行していれば複数形をとる。また事物の個数を表す場合には、前置詞 de を介在させる。

La guerre civile a entraîné deux millions de morts.
その内戦は 200 万の死者をもたらした。
Le budget de cette année remonte à huit billions d'euros.
今年の予算は 8 兆ユーロに上る。

ただし、これらの数詞の後に別の数詞が続くときには、個数を表すために de を用いることはない。

L'acteur a dépensé au casino deux millions cinq cent mille dollars.
その俳優はカジノで 250 万ドル使った。

i. 1100 から 1999 までの数については、mille ではなく cent を使って表すこともある。

1100 onze cents　　1400 quatorze cents　　1800 dix-huit cents
1799 dix-sept cent quatre-vingt-dix-neuf

この方法は、現在では年号についてのみ用いられるのが普通である。

j. アラビア数字で数値を表記する場合

日本やアメリカでは 1000 を 1,000 のように「,」を用いて表記するが、フランスでは 1.000 のように「.」を用いて表記する。

小数点以下の数値がある場合、日本では 12.6 のように「.」を用いるが、フランスでは 12,6 のように「,」を用いる。

1.3. 基数詞の働き

a. 名詞の前に置かれて、名詞が表す事物の個数を表す。

Il y a trois mille cinq cents animaux dans ce zoo.
この動物園には 3500 頭の動物がいる。
Les vingt mille participants à la manifestation réclamaient la réduction des impôts.
そのデモへの 2 万人の参加者たちは減税を要求していた。
Le magasin est ouvert vingt-quatre heures sur vingt-quatre.
その店は一日中 24 時間開いている。

b. 述語の成分として、主語が表す事物の個数を表す。

Nous sommes trente-sept au total. 我々は全員で 37 名だ。
Mon salaire est un million d'euros par an. 私の給料は年間 100 万ユーロだ。
La dépense mensuelle s'élève à dix millions de yen(s).
月ごとの支出は 1 千万円に上る。

※euro〈ユーロ〉, dollar〈ドル〉, livre〈ポンド〉, rouble〈ルーブル〉, yuan〈元〉などの通貨名は単数形と複数形を区別するが、yen〈円〉は複数であっても複数形にな

らない場合がある。
c. 名詞として、数値計算を表現するために用いられる。
   Onze et trente-sept font quarante-huit. 11 足す 37 は 48 だ。
   Trois fois cinq font quinze. 5 の 3 倍は 15 だ。
d. 名詞を伴わずに、事物の個数を表す代名詞的な働きをする。
   Quatre étudiants appartiennent à notre section. Parmi eux, trois font de la philosophie et un fait de la psychologie.
   4 人の学生が私たちの学科に所属している。彼らのうち 3 人は哲学をやっていて、1 人は心理学をやっている。
   Un de mes collègues ira à la succursale en Suisse.
   私の同僚のうちの 1 人がスイスの支店に行く。
   Des villes de notre pays, il n'y en a qu'une dont la poplulation dépasse un million.
   我が国の都市のうち、人口が 100 万を超しているのは 1 つしかない。
e. 名詞の後に置かれて、序数詞的に順番を表す。
   La guerre franco-allemande a entraîné l'abdication de Napoléon III (trois).
   普仏戦争はナポレオン 3 世を退位に導いた。
   C'était le pape Urbain II (deux) qui a convoqué un concile pour commencer une croisade.
   十字軍を始めるために公会議を招集したのは法王ウルバヌス 2 世だった。
   On trouve la phrase à la page 56 (cinquante-six) du tome I (un).
   その文句は、第 1 巻の 56 ページにある。
※国王や法王の「1 世」は premier で表す。Napoléon 1er (premier)〈ナポレオン 1 世〉
「第 1 巻」「第 1 章」などは、tome [chapitre] premier でも tome [chapitre] I (un) でもよいが、「1 ページ目」は la page 1 (un) を使う。
f. 数詞が比喩的に「たくさん」「少し」を表す場合がある。
   Je t'ai répété la même chose cent fois [mille et une fois].
   お前には何度も同じことを繰り返して言ったぞ。
   Timéo a raconté les mille et un ennuis de la vie.
   ティメオは人生のあらゆる苦悩を語った。
   Les moyens, il n'y en a pas trente-six. 方法はたくさんはない。
   Attendez deux minutes. ちょっと待ってください。
   Je reviendrai dans cinq minutes. すぐ戻ってきます。

1.4. 序数詞

> 1 番目 premier, première　2 番目 deuxième [second, seconde]
> 3 番目 troisième　4 番目 quatrième　5 番目 cinquième　6 番目 sixième
> 7 番目 septième　8 番目 huitième　9 番目 neuvième　10 番目 dixième
> 11 番目 onzième ...　21 番目 vingt et unième　61 番目 soixante et unième
> 71 番目 soixante et onzième　81 番目 quatre-vingt-unième
> 91 番目 quatre-vingt-onzième　100 番目 centième
> 101 番目 cent unième　何番目 ? combientième

a.「1 番目の」は premier, première という特別の語形をとるが、それ以外は、基数詞に -ième を付加することで序数詞が作られるのが原則。ただし、cinq + -ième → cinquième〈5 番目の〉, neuf + -ième → neuvième〈9 番目の〉は例外。
※数詞が -e で終わる場合、-ième が付くと、この -e は脱落する。quatre + -ième → quatrième〈4 番目〉, trente + -ième → trentième〈30 番目〉など。

b.「21 番目の」「31 番目の」などを表す序数詞は、原則に従って作られる。
　　vingt et un + -ième → vingt et unième〈21 番目の〉
　　cent cinquante et un + -ième → cent cinquante et unième〈151 番目の〉

c.「2 番目の」にも特別の語形 second(e) があり、これも原則に従った語形 deuxième と同様によく使われる。
　　Monique est sa seconde [deuxième] femme. モニクは彼の 2 番目の妻だ。
　　Nicolas a acheté un billet de sconde [deuxième] classe.
　　ニコラは 2 等車の切符を買った。

d.「3 番目の」を表す特別の語形として tiers, tierce があったが、現在では特別の場合にしか使われない。
　Le tiers monde comprend principalement des pays africains et asiatiques.
　第三世界には、主としてアフリカやアジア諸国が含まれる。
　L'allocation compensatrice pour tierce personne concerne les frais occasionnés pour l'aide d'une tierce personne.
　第三者への補償手当は、第三者の救助に要した臨時的経費に関わるものである。

e.「4 番目の」「5 番目の」を表す古い語形 quart(e), quint(e) も、特別の語句に限って用いられる。
　　Donnez-moi un quart de vin. ワインの 4 分の 1 リットル入り瓶を下さい。
　　Le quart de finale aura lieu demain. 準々決勝は明日行われる。
　　Charles Quint est devenu empereur du Saint-Empire romain en mille cinq cent dix-neuf.

カール5世は1519年に神聖ローマ帝国の皇帝になった。

1.5. 序数詞の働き
a. 名詞の前に置かれて、事物が全体で何番目に位置するのかを表す。
　　C'est ma première visite dans cette ville.
　　私がこの町に来たのは今回が初めてです。
　　Votre siège est à la quinzième rangée à gauche.
　　あなたの席は左側の第15列目です。
b. 単独で順序を表す名詞としての働きをする。
　　Henri était le premier en littérature classique. アンリは古典文学で首席だった。
　　L'inspectrice était la seconde sur le lieu de l'accident.
　　その女性刑事は2番目に事故現場に着いた。
　　René a fait son voyage en seconde (classe). ルネは2等車で旅行した。
　　Lucienne est élève de cinquième.
　　リュシエンヌは第5学年の生徒だ。（日本の中学1年または2年に当たる）
c. 分数を表す。
　　Le quatrième de douze est trois. 12の4分の1は3だ。
　　Une cinquième partie de la région est montagneuse.
　　その地域の5分の1は山地だ。
d. ある事物が全体で何番目にあるかを尋ねるためには、combientième〈何番目の〉を使う。
　　La République est la combientième station depuis l'Hôtel de Ville ?
　　共和国広場駅は市役所駅から何番目の駅ですか。
　　Tu es le combientième de la classe ? 君はクラスで何番なの？

※「〜歳代」を表す形容詞
　　quinquagénaire〈50歳代の〉, sexagénaire〈60歳代の〉, septuagénaire〈70歳代の〉
　これらの形容詞は、「50歳代の人」のように名詞としても使われる。

※「第1番目に」「第2番目に」など、事物を順序づけて列挙するために使われる副詞的序数詞。いずれもラテン語起源。

```
primo 第1番目に   secundo 第2番目に   tertio 第3番目に   quarto 第4番目に
quinto 第5番目に   sexto 第6番目に   septimo 第7番目に   octavo 第8番目に
nono 第9番目に   decimo 第10番目に
```

　これらの副詞は「序数詞＋-ment」に置き換えることができる。

premièrement 第 1 番目に　deuxièmement 第 2 番目に　troisièmement 第 3 番目に　quatrièmement 第 4 番目に

1.6.　数量名詞

基数詞に -aine を付けた数量名詞が、「約～」という概数を表す。

huitaine 約 8　dizaine 約 10　douzaine 約 12　quinzaine 約 15　vingtaine 約 20　trentaine 約 30　quarantaine 約 40　cinquantaine 約 50　soixantaine 約 60　centaine 約 100

「約 1000」は millier で -aine が付かない。
-aine で終わる数量名詞は女性だが、millier は男性。

Charles habite à Lyon depuis une vingtaine d'années.
シャルルは 20 年ほど前からリヨンに住んでいる。
Apparemment la femme a une quarantaine d'années.
見たところその女性は 40 歳ぐらいだ。
Il y a plusieurs milliers de poissons de toutes sortes dans cet aquarium.
この水族館には数千ものいろいろな魚がいる。

douzaine には「1 ダース」という意味もある。

J'ai acheté une douzaine d'œufs pour faire des omelettes.
オムレツを作るために、私は卵を 1 ダース買った。
Une demi-douzaine de macarons coûte huit euros.
マカロン半ダースで 8 ユーロだ。

※huitaine, quinzaine には「(約)1 週間」「(約)2 週間」の意味もある。

Gaspard reviendra dans une huitaine. ガスパールは 1 週間後に戻ってくる。
La première moitié de décembre voit la grande quinzaine des prix littéraires.
12 月の前半には文学賞週間が開催される。

1.7.　倍数を表す数量詞

double 2 倍　triple 3 倍　quadruple 4 倍　quintuple 5 倍　sextuple 6 倍　septuple 7 倍　octuple 8 倍　nonuple 9 倍　décuple 10 倍　centuple 100 倍

le double [triple]〈2 倍 [3 倍]〉のような名詞としての働きと、「名詞 + double [triple] + de ...」〈～の 2 倍 [3 倍] の名詞〉のような形容詞としての働きがある。

Le prix de cette voiture-ci est le double de celle-là.
この車の値段はあの車の値段の倍だ。

Didier gagne le décuple de ce que je gagne.
ディディエは私の 10 倍も稼いでいる。
Ce quadrangle a une superficie sextuple de celle de ce triangle.
この四角形はこの三角形の 6 倍の面積がある。
Michel est un athlète de triple saut. ミシェルは 3 段跳びの選手だ。

1.8. 数や数式の読み方

a. 整　数

－5 moins cinq　＋12 plus douze

b. 小　数

小数点以下 3 桁までは、小数点（virgule）の後の数字は、1 桁から 3 桁までの自然数として読む。

0,7 zéro virgule sept

4,259 quatre virgule deux cent cinquante neuf

15,78 quinze virgule soixante-dix-huit

小数点以下が 4 桁以上になると、数字をそのまま発音する。

2,71828 deux virgule sept un huit deux huit

c. 分　数

$\frac{1}{2}$ un demi　$\frac{1}{3}$ un tiers　$\frac{1}{4}$ un quart　$\frac{2}{3}$ deux tiers　$\frac{3}{4}$ trois quarts

5 分の 1 以上は「分子の基数詞＋分母の序数詞」という形で発音する。

$\frac{1}{5}$ un cinquième　$\frac{2}{5}$ deux cinquièmes　$\frac{3}{5}$ trois cinquièmes

$\frac{4}{5}$ quatre cinquièmes

$\frac{1}{73}$ un soixante-treizième　$\frac{37}{73}$ trente-sept soixante-treizièmes

$\frac{72}{73}$ soixante-douze soixante-treizièmes

分母、分子ともに数が大きくなると「分子の基数詞＋sur＋分母の基数詞」という形で発音する。

$\frac{143}{567}$ cent quarante-trois sur cinq cent soixante-sept

d. 百分率

89% quatre-vingt-neuf pour cent

J'ai emprunté de l'argent avec un intérêt de dix pour cent par an.

私は年利 10％ で金を借りた。
e. 面積、体積
   120 m² cent vingt mètres carrés 〈120 平方メートル〉
   1800 km³ mille huit cents kilomètres cubes 〈1800 立方キロメートル〉
f. べき乗
   5^2 cinq puissance deux, le carré de cinq
   5^3 cinq puissance trois, le cube de cinq
   5^4 cinq puissance quatre
   a^4 a puissance quatre, a quatre
   Élevez sept au carré [à la puissance six]. 7 を 2 乗[6 乗]しなさい。
g. 根　号
   $\sqrt{7}$　la racine carrée de sept 〈7 の平方根〉
   $\sqrt[3]{9}$　la racine cubique de neuf 〈9 の立方根〉
   $\sqrt[4]{18}$　la racine quatrième de dix-huit 〈18 の 4 乗根〉
   $\sqrt[n]{x}$　la racine enième de x 〈x の n 乗根〉
h. 四則演算（加減乗除）
   5＋7＝12　Cinq et sept font douze. / Cinq plus sept égale [égalent] douze.
   13－4＝9　Treize moins quatre font [égale] neuf.
   6－9＝－3　Six moins neuf font [égale] moins trois.
   5×6＝30　Cinq fois six font [égale] trente. / Cinq multiplié par six font [égale] trente.
   27÷3＝9　Vingt-sept divisé par trois font [égale] neuf.
   (a＋b)(c＋d) a plus b facteur de c plus d
   x：y＝p：q　x est à y ce que p est à q.
i. 関数、集合
   f(x) fonction de x, f de x 〈x の関数〉
   sinx sinus x 〈x の正弦〉
   cosinx cosinus x 〈x の余弦〉
   tanx tangente x 〈x の正接〉
   e^x　e puissance x 〈e の x 乗〉
   log x　logarithme de x 〈x の対数〉
   a＜b　a est inférieur à [est plus petit que] b 〈a は b より小さい〉
   a＜b　a est supérieur à [plus grand que] b 〈a は b より大きい〉
   P∩Q　p inter q 〈P と Q の共通部分〉
   P∪Q　p union q 〈P と Q の和〉

P⊂Q p est inclus dans q ⟨P は Q に含まれる⟩
P⊃Q p contient q ⟨P は Q を含む⟩
$e^{ix} = \cos x + i \sin x$ e puissance ix égale cosinus x plus i sinus x

2. 不定数量詞

不定数量詞は、「たくさん」「少し」のような具体的な値が分からない数量を表す単語。名詞としての働きと副詞としての働きがある。

2.1. beaucoup: たくさん(の)、数多く(の)

L'écrivain a écrit beaucoup de romans. その作家はたくさんの小説を書いた。
Notre pays importe beaucoup de pétrole des pays arabes.
私たちの国はアラブ諸国からたくさんの石油を輸入している。
Beaucoup soutiennent l'idée de l'idéologue.
たくさんの人間がその思想家の考えを支持している。
Il y a beaucoup à préparer pour la cérémonie.
式典のために準備しなければならないことがたくさんある。
On a beaucoup mangé ce soir. 今晩はたくさん食べた。
Brigitte parle beaucoup quand elle est avec ses amies.
ブリジットは友達と一緒にいるときはたくさん話をする。

2.2. bien: たくさん(の)

Notre fils nous donne bien du souci.
息子は私たちにずいぶんと心配をかけている。
J'ai expériencé bien des choses dans la vie universitaire.
私は大学生活でたくさんのことを経験した。

※beaucoup では beaucoup de choses ⟨たくさんのこと⟩ のように de に続く名詞は無冠詞であるのに対し、bien は bien des choses ⟨たくさんのこと⟩ のように、de の後の名詞には定冠詞を付けるのが普通。

Le problème est bien difficile à résoudre.
その問題は解くのがとても難しい。
Iphigénie s'est bien entraînée avant de participer à la compétition.
イフィジェニーは、競技会に参加する前にたくさん練習をした。

bien は beaucoup と違って、単独で名詞の働きをすることはできない。
 × Bien parlent de lui. たくさんの人が彼のことを話している。

○ Beaucoup parlent de lui.
× J'ai donné bien à mes enfants. 私は子供たちにたくさんのものを与えた。
○ J'ai donné beaucoup à mes enfants.

2.3. pas mal: たくさん(の)
口語的な文体で使われる。

J'ai pas mal de bouquins à lire. 私には読む本がたくさんある。
Pas mal de gars jouent au football dans le terrain.
たくさんの若者たちがグランドでサッカーをしている。
La femme de ménage travaille pas mal tous les jours.
その家政婦は毎日たくさん働いている。
Nous avons pas mal bavardé dans un café.
私たちは喫茶店でずいぶんおしゃべりをした。

※ne ... pas mal のように否定辞 ne を伴うと「悪くない、かなりよい」という意味を表し、形容詞的な働きをする

La nouvelle œuvre du romancier n'est pas mal.
その小説家の新しい作品はなかなかの出来だ。
Comment est la fille ? — Elle n'est pas mal.
その女の子はどうですか。—なかなかの美人です。

2.4. assez: 十分な、十分に

La troupe avait assez de vivres pour continuer la bataille.
その部隊は闘いを続けるのに十分な食料を持っていた。
Le directeur a déjà parlé très longtemps. J'en ai assez.
部長はもうずいぶん長く話している。もううんざりだ。
Mes parents ont assez économisé pour leur vieillesse.
私の両親は老後のために十分貯金をしている。
Je cherche un appartement assez large pour ma famille.
私は自分の家族にとって十分に広いアパートを探している。

2.5. trop: あまりに多くの、あまりに

L'humanité a trop de problèmes compliqués à résoudre.
人類には解決しなければならない複雑な問題があまりにも多い。
Il peut gâter ta santé de prendre trop de produits féculents.
でんぷんを含んだ食べ物を取り過ぎると健康を損なうかもしれない。

Mathis était trop fatigué pour dire un mot.
マティスはあまりに疲れていたので、一言も言えなかった。
La fille est trop belle pour qu'on puisse s'adresser à elle.
その娘はあまりに美しくて誰か話しかけることもできない。

2.6. autant：〜と同じだけ(の)

autant は同等比較級と同じ働きをする文を作る(☞ 10 章 2.4. 節)。

Nous espérons autant de participants au festival cette année que l'année dernière.
今年の音楽祭には、去年と同じくらいの参加者を期待している。
Il y a autant d'étudiants étrangers dans cette section que d'étudiants français.
この学科にはフランス人の学生と同じ数の外国人学生がいる。
Florence travaille beaucoup, mais je n'ai pas autant d'enthousiasme.
フロランスはよく働くが、私にはそれほどの熱心さはない。
Jérôme lit des livres autant qu'il écoute de la musique.
ジェロームは音楽を聴くのと同じくらい本を読む。

• autant を含む表現
a. d'autant plus [moins]... que X：X であるだけにますます〜
　La question est d'autant plus facile à répondre pour Marie qu'elle est intelligente.
　マリーは頭がいいだけに、彼女にとってその問題に解答するのはますますやさしい。
　L'atmosphère est d'autant moins pure que l'industrie fait des progrès.
　産業が進展しているだけに、大気はますますきれいではなくなっている。
b. autant que + 直説法：〜の範囲内で
　Je te rembourserai ma dette autant que je gagne.
　私が稼ぐ範囲で君に借金を返してやる。
c. autant [pour autant, d'autant] que + 接続法：〜の限りでは
　Vincent est l'homme le plus utile pour l'entreprise autant que je sache.
　バンサンは、私の知っている限りでは、その事業に最も役に立つ男だ。
　On ne voyait rien que du sable pour autant que nos regards puissent atteindre.
　視線が届く限りは、砂の他には何も見えなかった。

2.7. tant：(それほど)たくさん(の)

tant と autant は語形が似ているが、tant は比較の対象がなく単に数量が大きい

ことを表すのに対し、autant は、ある対象と比較して数量が同じだということを表す。

 Il y a tant de bouteilles de vin dans cette cave.
 この地下室にはワインの瓶がたくさんある。
 J'ai tant de choses à vous raconter. ＝ J'ai tant à vous raconter.
 あなたに話をすることがたくさんあります。
 Le peuple dans ce pays a tant souffert de la tyrannie.
 この国の人々は圧政にひどく苦しんできた。
 Claude a tant bu du cognac qu'il a eu une maladie du foie.
 クロードはコニャックを飲み過ぎたので肝臓の病気にかかった。
 Tant était la prospérité de l'empire qu'il attirait des produits du monde entier.
 その帝国の繁栄は大変なものだったので、世界中の産物を引き寄せた。

2.8.　peu：少ししか〜ない、ほとんど〜ない

 peu は、期待・希望していた数量よりも実際の数量がはるかに少ない場合に用いる。

 Peu de gens comprennent la valeur de la littérature classique.
 ＝Peu comprennent la valeur de la littérature classique.
 古典文学の価値を理解している人はほとんどいない。
※peu 単独で名詞として働き「ごく少数の人々」という意味を表すことができる。
 Il est arrivé trois accidents sur la même rue en peu de temps.
 わずかの間に同じ道路で事故が3件起こった。
 Voilà le peu que j'ai appris de la mécanique quantique.
 私が量子力学について学んだのはわずかにこれだけだ。
 On connaît peu sur ce qui s'est passé dans la maison au jour de la nouvelle lune.
 新月の日にその家で何が起こったのかについては少ししか知られていない。
 L'argent est peu important pour mener une vie heureuse.
 幸福な生活を送るために、お金はほとんど重要ではない。

2.9.　un peu：少しはある

 un peu は、初めからあまり多くない数量を予期していて、その通りに少ない場合に用いる。

 Nous avons un peu de temps avant le départ de notre train.
 私たちが乗る列車の出発までに少し時間があります。

2. 不定数量詞

J'ai mangé du pain avec un peu de fromage pour le petit-déjeuner.
私は朝食にパンと少しのチーズを食べた。

Discutons un peu sur le sujet de ta présentation à la conférence.
学会での君の発表のテーマについて少し議論しよう。

Il est un peu difficile d'avoir confiance dans une personne comme lui.
彼のような人間を信頼するのは少し難しい。

第7章のまとめ

1. 数詞は、事物の具体的な数量を表す。具体的な数量を直接表す数詞を「基数詞」、配列された事物が最初から何番目にあるかを表す数詞を「序数詞」と呼ぶ。

2. 「たくさん」「少し」のような、不定の数量を表す語句が「不定数量詞」。不定数量詞には、beaucoup, bien, pas mal, assez, trop, autant, tant, peu, un peu がある。

第8章
関係詞と関係節

1. 関係詞と関係節

「関係節」は、文または文に近い形で名詞が表す事物の性質を限定（＝修飾）する働きをする節である。関係詞は、関係節の先頭に置かれて、限定される事物と同じ事物、または同じ事物とその文法的働きを同時に表す単語である。性質を限定される事物を表す名詞を「先行詞」と呼ぶ。

関係詞には「関係代名詞」「関係形容詞」「関係副詞」の3種類がある。

関係代名詞： 先行詞と同じ事物を表し、主語、目的語、前置詞の目的語の働きをする。
関係形容詞： 先行詞の性と数だけを表し、後続する名詞が先行詞と同じ事物を表す。
関 係 副 詞： 先行詞と同じ事物を表し、その事物が場所、時、状況を表す働きをしていることを示す。

2. 関係代名詞

関係代名詞には、形態変化をしないものと、先行詞の性・数によって形態変化をするものがある。

2.1. 無変化の関係代名詞

	先行詞	関係節中での働き
qui	人または物	主語
que	人または物	目的語
前置詞 + qui	人	前置詞の働き
前置詞 + quoi	物	前置詞の働き
dont	人または物	de の働き

2.2. 形態変化をする関係代名詞

	男性・単数	男性・複数	女性・単数	女性・複数
単独形	lequel	lesquels	laquelle	lesquelles
à と結合	auquel	auxquels	à laquelle	auxquelles
de と結合	duquel	desquels	de laquelle	desquelles

3. 無変化の関係代名詞

3.1. qui
関係節中で、先行詞が主語であることを表す。関係節の動詞（複合形も含む）は、先行詞の人称・数に一致する。先行詞は人でも物でもよい。

Saussure est le linguiste qui a fondé la linguistique moderne.
ソシュールは現代言語学を確立した言語学者だ。
Martine a raconté une histoire qui nous a beaucoup plu.
マルティーヌは私たちをとても喜ばせる話をしてくれた。
J'aime celui qui ne se soucie pas de sa gloire.
私は自分の名声を気にかけない人が好きだ。
André n'a trouvé personne qui lui serve de secrétaire.
アンドレは、秘書として役立つような人間を見つけられなかった。
La fille qui est venue vous voir ce matin est ma sœur.
今朝あなたに会いに来た女の子は私の妹です。

qui で始まる関係節は、先行詞なしで「〜のような人」という意味を表すことがある。古風な文体に属する。

Qui aime bien, châtie bien.
十分に愛している者は、十分に罰する。→ 可愛い子には旅をさせよ。
Qui chante jeudi, pleure vendredi.
木曜に歌う者は、金曜に泣く。→ 楽あれば苦あり。

3.1.1. qui で始まる関係節中での動詞の人称・数
先行詞の人称と数に一致するのが原則。

C'est moi qui suis en charge de l'entreprise.
この事業の責任者は私です。
Je dis cela à vous qui avez le plus besoin de conseil.
助言を最も必要としているあなたにこのことを言うのです。

ただし、主語が1人称または2人称のとき、補語である名詞の性質によっては、動詞が3人称形ではなく1人称または2人称形になる場合がある。

a. 補語が不定の事物を表す。

Je suis un savant qui ai [a] toujours respecté l'originalité de recherches.
私は研究の独創性をいつも尊重してきた学者だ。
Nous sommes deux [plusieurs, quelques uns] qui vous protégeons [protègent].
我々2人[何人も、数人]があなたを守っている。

※Je suis un savant.〈私は学者だ〉のように、補語が不定の事物である場合は、その事物は「私」に備わっている属性を表していて、その属性の所有者つまり支配者は「私」である。このことから、主語である「私」の力が関係節にまで及んで、関係節の動詞が主語の人称と数に一致することになるのだと考えることができる。

補語が不定の事物であっても、否定文であれば、主語の補語への支配力が否定されているのだから、主語が関係節の動詞を支配することができない。このため、関係節の動詞は 3 人称形になる。

  Vous n'êtes pas un scientifique qui fait un plagiat.
  あなたは剽窃をするような科学者ではない。
b. 補語が唯一の事物を表す。
  Je dois être le seul avocat qui sois capable de prouver votre innocence.
  あなたの無実を証明できる唯一の弁護士は私に違いありません。
  Vous êtes le seul qui gardez la mémoire de ma grand-mère.
  私の祖母についての記憶を持ってくれているのはあなただけです。
※「ある人が〜である唯一の X」であれば、主語とその「唯一の X」は同じ人間である。このため、関係節の主語である X がとる動詞形を決める働きを、主節の主語がすることになる。
c. 先行詞が複数形であっても、qui に続く動詞が単数形になる場合。
・「un de + 複数形名詞 + qui . . . 」では、関係節の動詞が un に一致して単数形をとることがある。
  Rose était une de mes collègues qui est devenue ma fiancée.
  ローズは私の同僚の 1 人で、私の婚約者になった。
  Sébastien est un des travailleurs qui fabriquent des vis dans cette usine.
  セバスチャンは、この工場でねじを作っている労働者の 1 人だ。
※複数の同僚の中で「私」の婚約者になることができるのは 1 人だけだから、関係節の動詞は単数形をとる。一方、工場でねじを作っている労働者は何人もいるから、関係節の動詞は複数形をとる。

ただし、「un de ceux qui . . . 」では、ceux qui . . . が全体として「〜する人々」という意味を表す慣用句的表現を作るので、qui に続く動詞はいつも複数形になる。
  Denis est un de ceux qui ne pensent qu'à leurs profits.
  ドニは、自分の利益しか考えていないような人間の 1 人だ。

3.2. 前置詞＋qui

関係節中での事物の働きを前置詞が表す。関係代名詞 qui が前置詞に先行されている場合、先行詞は人でなければならない。

La personne à qui Jeanne a consacré toute sa vie était son fils unique.
ジャンヌが一生を捧げた人間は一人息子だった。
Connaissez-vous le nom de l'homme politique avec qui le président parle ?
大統領と話をしている政治家の名前を知っていますか。
Dis-moi l'adresse électronique de la madame pour qui j'ai fait cette redingote.
私がこのコートを仕立てたご夫人のメールアドレスを言ってくれ。
Je ne déteste pas la fille de qui Éloise parle mal.
エロイーズが悪口を言っている女の子を、私は嫌いではない。

※de qui は dont に置き換えることができる。

Je ne déteste pas la fille dont Éloise parle mal.
Monsieur Delon est un des professeurs de qui j'ai une bonne mémoire.
= Monsieur Delon est un des professeurs dont j'ai une bonne mémoire.
ドロン先生は、私がよい思い出を持っている教師のうちの1人だ。

ただし、「前置詞＋名詞＋de qui」という構造の de qui を dont に置き換えることはできない。

Fermi est le physicien sur la théorie de qui j'ai disserté dans ma thèse.
× Fermi est le physisien dont sur la théorie j'ai disserté dans ma thèse.
フェルミは、私が論文でその理論について論じた物理学者だ。
Madame Laforgue est le médecin par le traitement de qui mon père a maîtrisé sa maladie.
× Madame Laforgue est le médecin dont par le traitement mon père a maîtrisé sa maladie.
ラフォルグ先生は、その治療のおかげで私の父が病気を克服できた医者だ。

dont は必ず先行詞の直後に置かれなければならないから、de qui を dont に置き換えると、「dont＋前置詞」という、フランス語では許容されない単語の配列ができてしまう。

3.3. que

関係節中で先行詞が表す事物が目的語または補語であることを表す。先行詞は人でも物でもよい。

a. 先行詞が目的語

Nadine n'est pas le type de personne que je veux choisir comme partenaire au travail.
ナディーヌは、仕事の相棒として私が選びたいタイプの人間ではない。
Philippe aime les plats que sa femme fait pour lui tous les jours.

フィリップは、妻が毎日自分のために作ってくれる料理が好きだ。
C'est justement la maison que je veux habiter dans ma vieillesse.
これはまさに私が老後に住みたい家だ。

b. 先行詞が補語

Maxime n'est plus l'ingénieur habile qu'il était il y a dix ans.
マクシムはもう十年前のような熟達したエンジニアではない。
Les années dures ont changé Léa en une femme triste qu'elle est maintenant.
辛い年月がレアを今のような寂しい女性に変えてしまった。

c. 時間や距離を表す語句の性質を漠然と表す que

que は、時間や距離を表す名詞に後続して、その内容を表す関係節を作る働きをすることがある。英語の関係代名詞 that がさまざまの働きをするのに似ている。

L'écrivain a décrit les années de sa jeunesse qu'il se dévouait à la science.
その作家は、学問に没頭した青春時代の年月を描写した。
Je me souviens très bien du jour que la guerre a éclaté soudainement.
戦争が突然に始まった日のことをとてもよく覚えている。
La quarantaine de kilomètres qu'il avait couru dans la course n'était pas grand-chose pour l'athlète.
レースで走った約 40 キロは、その選手にとっては大したものではなかった。

3.4. 前置詞＋quoi

関係節中での事物の働きを前置詞が表す。

3.4.1. quoi と lequel

先行詞が無生物の場合、前置詞の後で用いられるのは形態変化する関係代名詞 lequel であるのが原則。このため、quoi の先行詞となるのは、指示代名詞 ce や不定代名詞 quelque chose, rien、名詞 chose などに限定される。

La religion était ce à quoi le peuple se dévouait au moyen âge.
中世に人々が身を捧げたものが宗教だった。
C'est une chose par quoi on peut remplacer l'énergie pétrolière.
それが石油エネルギーに替えることができるものだ。
Je ne trouve rien sur quoi je puisse fonder mon argumentation.
自分の論証の基礎となるものが何も思いつかない。

※voilà や c'est の後では「前置詞＋quoi 関係節」だけで「〜するもの」という意味を表すことができる。

Voilà à quoi on aspire pour assurer le succès de notre expérimentation.

我々の実験が成功するためには、それはどうしてもほしいものです。
C'est avec quoi on peut nettoyer la baignoire.
それで浴槽を洗うことができる。

3.4.2. 「前置詞＋quoi」は、前の文全体の事柄を表すことができる。通常は、前置詞の前に「,」が置かれる。

Faites une bonne préparation, sans quoi vous ne pourrez pas avoir de résultat suffisant.
十分に準備をしてください。そうでないと、満足できる結果が得られません。
Il y a quelques affirmations invérifiables dans cet article, en quoi il ne mérite pas d'être accepté par les juges.
この論文には証明不可能な主張がいくつかある。この点で審査員に受け入れてもらう資格がない。

3.4.3. 前置詞が de の場合、de quoi ではなく dont が用いられる。

La liberté d'expression est le droit de l'homme dont on a le plus besoin de tous les autres droits de l'homme.
表現の自由が、あらゆる人間の権利の中でもっとも必要なものだ。
Il n'y avait rien dont le duc voulait s'emparer que la richesse du comté voisin.
公爵が自分のものにしたかったのは、隣の伯爵領の富以外の何物でもなかった。

3.4.4. 「de quoi＋不定詞」で、不定詞が表す事柄が成立するために必要なものや、成立する理由を表す。

Je voudrais de quoi manger. 何か食べるものがほしいのですが。
Sa femme lui a donné de quoi essuyer les vitres.
彼の妻は彼に窓ガラスを拭くためのものを渡した。
Il n'y a pas de quoi (remercier).
お礼する理由はありません。→ お礼には及びません。(状況によって明らかな場合は、不定詞を省略できる)

3.5. dont

関係節中で、事物が de の目的語であることを表す。

3.5.1. 先行詞が関係節中の動詞（句）・形容詞に支配される。

L'employé dont le directeur veut se débarrasser est mon ami intime.
　← Le directeur veut se débarrasser d'un employé. L'employé est mon ami intime.
部長が厄介払いしたいと思っている従業員は私の親友だ。
Je connais l'événement dont le journal a fait mention hier.
　← Le journal a fait mention d'un événement hier. Je connais l'événement.
その新聞が昨日言及した事件のことを私は知っている。
L'explorateur a découvert une cataracte dont tout le monde était ignorant.
　← L'explorateur a découvert une cataracte. Tout le monde était ignorant de la cataracte.
その探検家は誰もが知らなかった滝を発見した。
Richard a eu un grand succès dont ses amis sont très jaloux.
　← Richard a eu un grand succès. Ses amis sont très jaloux du succès.
リシャールは大変な成功を得たが、それを彼の友人たちはとても妬んでいる。
※関係節が表す事柄が、主節の事柄よりも後に起こる場合、日本語に訳すときは、関係節の内容を後に置いた方がよい。上の例を「彼の友人たちがとても妬んでいる大変な成功をリシャールは得た」と訳すのは不自然。

3.5.2. 先行詞が関係節中の名詞と何らかの関係にある。

La police cherche un homme dont la nationalité est inconnue.
　← La police cherche un homme. La nationalité de l'homme est inconnue.
警察は、国籍不明の男を追っている。
C'est un problème dont on ne doit pas sous-estimer l'importance.
　← C'est un problème. On ne doit pas sous-estimer l'importance du problème.
それは、重要性を過小評価してはならない問題だ。
Emmanuelle a une amie riche dont la maison natale ressemble à un palais royal.
　← Eammuelle a une amie riche. La maison natale de son amie ressemble à un palais royal.
エマニュエルには金持ちの友人がいて、その生家は王宮のように見える。
※関係節が表す事柄が、主節の事柄と同時に成立している場合も、日本語に置き換えるときには、関係節の内容を後に置くと自然になる場合がある。「エマニュエルには、その生家が王宮のように見える金持ちの友人がいる」でも悪くはないが、関係節を後で訳した方がより自然になる。

Le professeur a instruit beaucoup de scientifiques dont plusieurs ont obtenu le prix Nobel.
← Le professeur a instruit beaucoup de scientifiques. Plusieurs des scientifiques ont obtenu le prix Nobel.
その教授はたくさんの科学者を指導したが、そのうち何人もがノーベル賞をもらった。
Quelques hommes politiques ont assisté à la cérémonie dont le ministre de l'Éducation.
その式典には何人かの政治家が出席したが、その中に教育大臣もいた。
※「複数形名詞 + dont + 名詞 X」で、主節で提示された事物の集合の中に、名詞 X が表す事物が含まれていることを表す。

3.5.3. 先行詞が、関係節が表す事柄全体と何らかの関係にある。

Dites-moi l'affaire dont il s'agit.
どの事件が問題になっているのか教えてください。
La région dont il vient est connue pour de grandes précipitations en été.
彼の出身の地方は、夏に降水量が多いことで知られている。
La télévision a fait un reportage de la carence de vivres dont meurent un grand nombre d'enfants.
テレビは、大勢の子供たちが死ぬ原因になっている食料の欠乏について現地報告をした。

3.5.4. 従属節に含まれる名詞を先行詞とする関係節では dont を用いる。

Alain a interviewé une comédienne dont on dit qu'elle se mariera avec un entrepreneur.
← Alain a interviewé une comédienne. On dit que la comédienne se mariera avec un entrepreneur.
ある実業家と結婚するという噂の女優にアランはインタビューをした。
Le musée possède des fossiles très précieux dont il est important qu'on les garde avec une grande précaution.
← Le musée possède des fossiles très précieux. Il est important qu'on garde les fossiles avec une grande précaution.
その博物館はとても貴重な化石を収蔵しているが、それらの化石は非常に用心をして保管することが重要だ。
Je fais des études sur un philosophe dont je pense qu'il a provoqué une révolu-

tion dans l'histoire de la pensée.
← Je fais des études sur un philosophe. Je pense que le philosophe a provoqué une révolution dans l'histoire de la pensée.
思想の歴史に革命を起こしたと私が思っている哲学者について私は研究している。

※同じ内容を、英語では次のように言う。
I am making studies on a philosopher who I think brought about a revolution in the history of thought.
これに引きずられて、フランス語で次のような文を作ってはならない。
× Je fais des études sur un philosophe qui je pense a provoqué une révolution dans l'histoire de la pensée.

4. 形態変化する関係代名詞 lequel

　lequel は先行詞の性・数に一致して形態変化をする。関係代名詞が主語や目的語の働きをする場合は qui, que を用いればよいので、lequel は通常、前置詞とともに用いられる。

4.1.「前置詞＋lequel」で、先行詞が物
　先行詞が物を表す名詞である場合は、quoi ではなく lequel を用いる。
Le marchand d'art essaie d'obtenir un tableau auquel il s'attache depuis longtemps.
その美術商は、以前から愛着を持っている絵を手に入れようとしている。
Rome fut la capitale impériale vers laquelle les routes principales s'orientaient.
ローマは帝国の首都であり、主要な道路はそこに向かっていた。
L'anthropologue poursuit l'origine de l'humanité au sujet de laquelle d'autres chercheurs font des études assidues.
その人類学者は人類の起源を追い求めているが、それに関しては他の研究者も熱心に研究している。
On ne sait pas la raison pour laquelle Hélène a quitté notre pays.
エレーヌが私たちの国を去った理由は分からない。

4.2.「前置詞＋lequel」で、先行詞が人
　先行詞が人間の場合は、前置詞の後では lequel と qui の両方を用いることができる。

L'agent de police auquel [à qui] Olivier s'est adressé était devant la porte du palais de Justice.
オリビエが話しかけた警官は裁判所の門の前にいた。
La fille avec laquelle [avec qui] Bernard est allé au cinéma travaille dans mon bureau.
ベルナールが一緒に映画に行った女の子は、私の会社で働いている。
Rose est avec les jumelles pour lesquelles [pour qui] elle fait des pull-overs.
ローズは双子の女の子と一緒にいて、彼女たちのためにローズはセーターを編んでいる。

※前置詞が dans, entre, parmi の場合は、常に lequel を用いる。

L'écrivain dans lequel on trouve la phrase est Marcel Proust.
その文句が見つかる作家はマルセル・プルーストだ。
Il est venu une foule de travailleurs parmi lesquels j'ai aperçu le directeur du syndicat.
労働者の集団がやってきて、その中には組合の指導者がいるのに私は気づいた。

4.3. duquel と dont

「de + 関係代名詞」が要求される構造では、dont（関係代名詞が人を表す場合には dont または de qui）が用いられるのが普通。

Ma paresse dont le chef de service me blâme est une histoire sans fondement.
△ Ma paresse duquel le chef de service me blâme est une histoire sans fondement.
課長は私が怠慢だと責めるが、それは根拠のない話だ。
Je connais le jeune homme dont [de qui] Élène est tombée amoureuse.
△ Je connais le jeune homme duquel Élène est tombée amoureuse.
エレーヌが好きになった若者を私は知っている。

「前置詞 + 名詞 + de + 関係代名詞」が現れる構造で、関係代名詞が物を表す場合は、dont を用いることはできない。関係代名詞が人を表すならば、de qui を用いることはできる。

On voit une grande maison en face de laquelle il y a l'ambassade de la Grande-Bretagne.
大きな家が見えるが、その正面にはイギリス大使館がある。
Le petit pays s'est fait annexer à l'empire sous l'oppression duquel les gens vivront sans liberté.

その小国は帝国に併合され、帝国の圧制のもと、人々は自由のない生活を送ることになる。
Je lis un livre du philosophe à l'instar duquel [à l'instar de qui] la pensée de la nouvelle génération s'est formée.
私はある哲学者の本を読んでいるが、その哲学者にならって、次の世代の思想が形成された。

4.4. 主語の働きをする lequel

lequel は前置詞とともに用いられるのが原則だが、先行詞の前に名詞が複数個あって、それらのうちのどれかが関係節の主語であるとき、先行詞を明示するために lequel が用いられることがある。

J'aime la peinture de l'artiste, laquelle est beaucoup admirée dans notre pays.
私はその画家の絵が好きで、その絵は我が国では非常に賞賛されている。
Le bâtiment est à côté de l'église, lequel a été construit il y a plus de deux cents ans.
その建物は教会の隣にあり、200 年以上前に建てられた。

5. 関係形容詞

関係形容詞は「lequel + 名詞」という形で用いられる。名詞は先行詞と同じ語、またはその類義語であり、lequel は名詞と性・数の一致をする。法律や行政に関わる文章で使われる。

Notre entreprise a investi deux millions d'euros, laquelle somme a été déposée entre les mains de Monsieur Durand.
我が社は 200 万ユーロを投資し、その金額はデュラン氏の手に委ねられた。
L'héritier a déclaré la succession comportant des immeubles ou droits immobiliers, lesquels immeubles sont gérés par une société immobilière.
相続人は、不動産と不動産の権利を含む相続を申告した。当該不動産は、不動産会社によって管理されている。

6. 関係副詞 où

関係副詞 où は、場所、時、状況などを表す名詞を先行詞とするが、関係節中には主語や目的語が現れることができる。

6. 関係副詞 où

6.1. 場　所

Valentine est allée à Londres où elle a visité le Musée britannique.
バランティーヌはロンドンに行き、そこで大英博物館を訪れた。
Ce carrefour est l'endroit où l'enfant s'est fait écraser par un camion.
この交差点はその子供がトラックに轢かれた場所だ。
Paris est la ville où je veux aller le plus.
パリは私が一番行きたい町だ。

※「場所」を表す名詞であれば、いつでも où による関係節で修飾できるわけではないことに注意。先行詞が関係節中で主語や目的語の働きをしていれば、qui や que を用いなければならない。

J'ai visité la ville qui avait été la capitale du pays pendant mille ans.
× J'ai visité la ville où avait été la capitale du pays pendant mille ans.
千年の間その国の首都だった町を私は訪れた。
Paris est la ville que je veux visiter un jour.
× Paris est la ville où je veux visiter un jour.
パリは私がいつか訪れたいと思っている町だ。

visiter は他動詞で la ville はこの他動詞の目的語だから、目的語を表す関係代名詞 que を用いなければならない。où は名詞ではなく副詞の働きをするから、目的語になることができない。

6.2. 時

Julie pensait au jour où elle avait donné naissance à sa fille.
娘を産んだ日のことをジュリーは考えていた。
L'historien fait une description de l'ère où la prospérité de la dynastie était à sa culmination.
その歴史家は、その王朝の繁栄が絶頂に達していた時期の記述をしている。
Marc est rentré chez nous en décembre dernier où il faisait exceptionellement froid.
マルクはこの12月に私たちのところに戻ってきたのだが、その月は例外的に寒かった。

※先行詞が「時」を表す名詞の場合も、関係節中で主語や目的語の働きをするのであれば、qui や que を用いなければならない。

Je retiens bien ce qui se passait dans la période qui est considérée〔que l'on considère〕comme la période provocatrice du changement.
変化を引き起こした時代だと見なされている時代に起こったことを私はよく

覚えている。
先行詞が表す時が不定の場合は、où ではなく que が用いられることが多い。
Alexandre a quitté son village un jour qu'il neigeait sans cesse.
アレクサンドルは、雪が絶え間なく降っている日に自分の村を去った。

6.3. 状況

Nous étions dans une circonstance où tous les autres étaient contre nous.
我々は他の誰もが我々に反対しているという状況にあった。
Le président a offert aux membres du syndicat une condition où ils seraient confortablement payés.
社長は組合員たちに、彼らが十分な給料をもらえるような条件を提供した。
J'aimerai une atmosphère où je puisse parler librement à n'importe qui.
誰にでも自由に話ができるような雰囲気がほしいと思う。

6.4. là où：〜の場所で、〜の時に

Ma femme souhaite habiter là où elle peut facilement aller faire des courses.
私の妻は、簡単に買い物に行けるような場所に住むことを望んでいる。
Là où tu te trouves égaré, va demander au bureau de renseignements.
迷ったら、案内所に行って尋ねなさい。

là は表現されないこともある。

On va aller où on peut avoir de l'air pur.
きれいな空気があるところに出かけよう。
Où il y a de la volonté, il y a un chemin.
やる気があれば道は開ける。

6.5. où＋不定詞

「〜できるような場所」を表す。

Le peuple errant a finalement trouvé où s'établir.
その流浪の民はやっと定住できる場所を見つけた。
Jean Valjean cherchait où passer la nuit dans le village.
ジャン・バルジャンはその村で夜を過ごせるところを探していた。

6.6. 前置詞＋où

先行詞が表す事物が、ある事柄の起点、通過点、終点などであることを表す。
a. d'où：その場所から、その事柄が原因で

La Sicile est une île d'où un bon nombre de gens ont émigré aux États-Unis.
シチリア島はそこから多数の人々がアメリカに移住した島だ。
Je suis monté au sommet de la montagne d'où j'ai pu avoir une vue de la plaine entière.
私はその山の頂上に登った。そこからは平野の全体が見渡せた。
Son argumentation ne tenait pas debout, d'où il resulte que son article a été rejeté.
彼の論証は誤っていた。そのため彼の論文は却下された。
D'où il résulte [suit] que la stratégie économique du gouvernement n'est pas efficace.
従って、政府の経済政策は効率的でないという結論になる。
Il y a eu assez de précipitation cet été, d'où la bonne récolte cette année.
夏に十分な降水量があった。そのおかげで今年の収穫はよかった。

b. par où〈そこを通って〉, jusqu'où〈そこまで〉

La gare est le point par où les trains de plusieurs lignes passent.
その駅はいくつもの路線の列車が通過するポイントだ。
Rome était la ville jusqu'où on transportait des produits depuis l'Inde et la Chine.
ローマは、インドやアジアから産物が輸送されてくる都市だった。

7. 関係節に修飾される名詞と冠詞

　関係節は、形容詞よりもさらに狭い範囲へと事物を限定する。このため、関係節によって修飾された名詞が表す事物は、同種の他の事物と明らかに異なることが多い。この場合には、名詞の前に定冠詞を置く。

La cuisine que Michelle a faite ce soir est vraiment excellente.
ミシェルが今晩作ってくれた料理は本当に素晴らしい。
La police a interrogé les gens qui se trouvaient sur le lieu du meurtre.
警察は、殺人の現場にいた人たちに尋問した。
Je ne comprends pas le contenu de l'article auquel un chimiste a présenté une sévère réfutation.
ある化学者が激しい反論を提示した論文の内容を私は理解できない。

　関係節が表す性質を持つ事物が複数個あって、その一部が取り上げられていることが明らかな場合には、関係節が修飾する名詞には不定冠詞を付けることもある。

J'ai vu des trains qui passaient sur le pont enjambant la rivière.
その川にかかる橋の上を通過する列車を見た。
Perrine va acheter une baguette que la boulangère fait tous les matins.
ペリーヌは、そのパン屋が毎朝作るバゲットを買いに行く。

関係節が限定する事物は、ある性質を持つものとして限定されている何らかの事物を表す。このため、関係節が修飾する名詞には、定であれ不定であれ冠詞が付くのが原則で、無冠詞になることはない。

× Monique a mangé un gâteau avec riz qui se produit au Japon.
×モニクは日本で生産される米での菓子を食べた。
○ Monique a mangé un gâteau fait avec le riz que sa mère lui avait envoyé.
モニクは母親が送ってくれた米で作った菓子を食べた。
× Il faisait chaud qui nous ennuyait beaucoup.
×とても嫌になる暑かった。
○ Le chaud qu'il faisait était tel qu'il nous ennuyait beaucoup.
○あまりの暑さだったので、私たちはひどく嫌になった。

8. 関係節中の法

関係節が表す事柄の成立が確実だと判断される場合には直説法を用いるが、そうでない場合には、接続法や条件法を用いる。

Je connais un étudiant qui est capable de comprendre des textes védiques.
ベーダ語のテキストを理解できる学生を知っている。
(ある学生がベーダ語のテキストを理解できるのは事実 → 直説法)
Je cherche quelqu'un qui soit capable de comprendre des textes védiques.
ベーダ語のテキストを理解できる人を探している。
(ベーダ語のテキストを理解できる人がいるかどうかは知らない → 接続法)
C'est une découverte qui peut faire une révolution scientifique.
科学の革命を起こすことができる発見だ。
(科学の革命を起こすことを確信している → 直説法)
C'est une découverte qui puisse [pourrait] faire une révolution scientifique.
科学の革命を起こすことができるような(できるかもしれない)発見だ。
(科学の革命を起こすかどうかはまだ分からない → 接続法、条件法)
L'acteur a eu un accident qui a gâté sa carrière théâtrale.
その俳優は自分の演劇人生を台無しにする事故を起こした。
(その俳優の演劇人生が台無しになったことは事実 → 直説法)

L'acteur a eu un accident qui aurait pu gâter sa carrière théâtrale.
その俳優は自分の演劇人生を台無しにしたかもしれない事故を起こした。
（その俳優の演劇人生は実際には台無しにならなかった → 条件法）

9. 先行する文が表す事柄全体を受ける関係節

　先行する文全体の内容を受けて、さらにその内容に関わる事柄を追加する関係節を作る場合には、関係節の先頭に ce を置く。

L'élève a séché plusieurs classes, ce qui a beaucoup fâché Madame Lecomte.
その生徒は授業をいくつもサボった、それがルコント先生をひどく怒らせた。
Didier avait gardé le secret pendant longtemps, ce que l'avocat a révélé au tribunal.
ディディエはその秘密を長い間隠してきたが、それを弁護士が法廷で暴露した。
On doit considérer le problème de la sécurité nationale, ce à quoi s'ajoute l'aspect économique.
国の安全についての問題を考慮しなければならないが、それに経済の側面も加わってくる。

　関係副詞 où の前には ce を置くことができない。したがって、où で始まる関係節が名詞の表す事物を限定するのか、それとも事柄を追加するのかは、先行詞と関係節の間に「, 」があるかないかで区別するが、「, 」がない場合でも、関係節が事柄を追加する働きをしている場合もある。

Roland est allé au bureau où sa femme travaille.
ロランは自分の妻が働いている会社に行った。
L'armée de la croisade est allée à Jérusalem, où elle a fondé un empire chrétien.
十字軍の軍隊はイェルサレムに行き、そこでキリスト教の帝国を創設した。
Françoise est partie pour la cour où elle plaidera pour l'accusée.
フランソワーズは裁判所に出かけたが、そこで被告の弁護をすることになっている。

10. 先行詞と関係節の遊離

　関係節は先行詞の直後に置かれるのが原則だが、関係節がどの名詞を修飾しているのかが明らかな場合は、先行詞と関係節の間に他の語句（特に述語）が介在す

ることができる。

 Le savant est venu dans la salle qui présidera le colloque.
 学会の司会をする学者が部屋に入ってきた。
 La cause est inconnue dont le lancement de la fusée a échoué.
 ロケットの打ち上げが失敗した理由は分からない。
 Je crois que le temps viendra un jour où l'humanité maîtrisera toutes les épidémies.
 人類があらゆる伝染病を克服する時がいつかはやって来ると思う。

第8章のまとめ

1. 関係節は、文または文に近い形で名詞が表す事物の性質を限定する節。関係詞は、関係節の先頭に置かれて、限定される事物と同じ事物を表す単語。

    関係詞には、関係代名詞、関係形容詞、関係副詞がある。
    関係節によって性質を限定される名詞を「先行詞」という。

2. 関係代名詞には、形態変化をしない無変化のものと、先行詞の性・数によって形態変化をするものがある。
    無変化の関係代名詞：qui, que, dont
    　qui は前置詞の目的語になることができるが、que が前置詞の目的語になる場合は quoi という形になる。
    形態変化する関係代名詞：lequel (laquelle)
    　lequel は前置詞 à, de に後続する場合には、auquel, duquel のような融合形を作る。

3. a. 関係代名詞 qui は、関係節中で先行詞が主語であることを表す。先行詞は人でも物でもよい。関係節中の動詞形は先行詞の人称・数に一致する。
    b. 関係節中で qui が主語以外の働きをしている場合は、関係節の先頭に「前置詞＋qui」を置く。この場合、先行詞は人でなければならない。
    c. 関係代名詞 que は、関係節中で先行詞が目的語または補語であることを表す。先行詞は人でも物でもよい。que が、時間や距離を表す語句の性質を漠然と表す関係節を導くこともある。
    d. 関係節中で、先行詞が指示代名詞や不定代名詞であり、これが主語または目的語以外の働きをしている場合には、「前置詞＋quoi」が関係節の先頭に立つ。
    e. 関係代名詞 dont は、関係節中で先行詞が前置詞 de の目的語であることを表す。

4. 関係代名詞 lequel は、通常は前置詞とともに用いられる。
    　先行詞が物の場合は、「前置詞＋lequel」が用いられ、「前置詞＋

quoi」は用いない。

　　先行詞が人の場合は、「前置詞＋lequel」と「前置詞＋qui」の両方が用いられる。

　　前置詞が de の場合は、duquel ではなく、普通は dont が用いられる。

5. 関係形容詞は「lequel＋名詞」という形をとり、この名詞は、先行詞と同じ単語か、先行詞の類義語である。

6. 関係副詞 où は、場所・時・状況などを表す名詞を先行詞とし、関係節は通常の文と同じ構造をとることができる。

　　「前置詞＋où」は、先行詞がある事柄の起点・通過点・終点などであることを表す。

7. 関係節に修飾された名詞には、それが表す事物が同種の事物と明らかに異なる場合には定冠詞が、同様の性質を持つ事物が他にもある場合には不定冠詞が付く。無冠詞になることはない。

8. 関係節が表す事柄の成立が確実だと判断される場合、関係節中の法は直説法になるが、事柄の成立が確実ではないと判断される場合には、接続法や条件法が用いられる。

9. 先行する文全体を先行詞とする関係節の先頭には ce を置く。

10. 関係節が先行詞に直接後続するのではなく、先行詞と関係節の間に他の語句が介在する構文もある。

第9章
副　　詞

1. 副詞が修飾する要素

　副詞は、事柄や事柄を構成する要素のうち、名詞が表す事物以外の性質を表す働きをする。このため、名詞の表す事物を限定する形容詞と違って、副詞が修飾する要素はいくつかある。複数の単語を組み合わせて、副詞と同じ働きをする「副詞句」もあるが、以下では副詞と副詞句を同様に取り扱う。関係副詞については、第8章「関係詞と関係節」で解説する。

a. 文が表す事柄の全体を修飾する副詞

① 事柄が成立する可能性を表す。
　　certainement〈確実に〉, certes〈確かに〉, assurément〈間違いなく〉, sans doute〈きっと〉, probablement〈多分〉, peut-être〈～かもしれない〉, décidément〈全く〉

② 事柄が成立する時を表す。
　　maintenant〈今〉, avant〈以前〉, après〈後で〉, alors〈その時〉, bientôt〈間もなく〉, tout de suite〈すぐに〉, sans délai〈直ちに〉, tout à coup〈突然〉, hier〈昨日〉, aujourd'hui〈今日〉, demain〈明日〉, encore〈まだ〉, souvent〈しばしば〉, toujours〈いつも、まだ〉, de nouveau〈再び〉

③ 事柄が成立する場所を表す。
　　ici〈ここで〉, là〈そこで〉, ailleurs〈別の場所で〉, là-bas〈あそこで〉, loin〈遠くに〉, devant〈前に〉, derrière〈後ろに〉, en arrière〈後方に〉, dedans〈中で〉, dehors〈外で〉, dessus〈上に〉, dessous〈下に〉

④ 事柄が成立しないことを表す（否定）。
　　ne … pas [point, jamais, guère], ne … plus, ne … que, ne … nullement

※否定に関しては第11章「否定」で解説する。

⑤ 事柄が真実か虚偽かに対する判断を表す。
　　oui, non, si

⑥ 事柄の構成要素で不定のものの正体を尋ねる（疑問副詞）。
　　comment〈どのようにして〉, de quelle façon [manière]〈どのような方法で〉, où〈どこで〉, quand〈いつ〉, pourquoi〈なぜ〉, combien〈どれくらい〉

b. 動詞が表す動作などを修飾する副詞

① 動作の様態を表す。
　　vite〈速く〉, lentement〈ゆっくり〉, fort〈強く〉, ensemble〈一緒に〉, bien〈よく〉, mal〈悪く〉, facilement〈楽に〉, à l'aise〈くつろいで〉, élégamment〈上品に〉, vivement〈いきいきと〉, cordialement〈心から〉, exprès〈わざと〉, de force〈無理に〉

② 動詞が表す動作や形容詞が表す性質の程度を表す。

beaucoup〈非常に〉, très〈非常に〉, trop〈あまりにも〉, tellement〈それほど〉, assez〈十分に〉, tant〈それほど〉, aussi〈同じくらい〉, plus〈もっと多く〉, moins〈もっと少なく〉, considérablement〈相当に〉, extrêmement〈極めて〉, peu〈ほんの少しだけ〉

※副詞が表す事柄や動作・状態の性質に程度の違いがある場合には、その程度の違いをさらに副詞で表すことができる。

très certainement〈非常に確実に〉, très bien〈とてもよく〉, très à l'aise〈非常にくつろいで〉, aussi clairement〈同じくらい明確に〉, assez facilement〈十分に簡単に〉

このような場合、副詞がさらに別の副詞を修飾すると言われるが、正確には事柄や動作・状態が持つ性質の程度を限定するのだから、文や動詞句(=動詞+副詞)を修飾すると考えなければならない。

2. 副詞の形態

副詞は形態変化をしない。

vite〈速く〉や maintenant〈今〉のように、最初から副詞として用いられているものと、fort〈強く〉や droit〈まっすぐに〉のように、形容詞の形をそのまま副詞として用いる場合以外に、形容詞に派生接辞 -ment を付けて副詞を作る場合がある。

形容詞に -ment を付けて作る場合は、次の原則に従う。

a. 男性形が子音字で終わっている場合は、女性単数形に -ment を付ける。

　　fort → forte → fortement　　強く
　　vif → vive → vivement　　生き生きと
　　sec → sèche → sèchement　　冷淡に
　　minutieux → minutieuse → minutieusement　　綿密に

b. 男性形が母音字で終わっている場合は、男性形に -ment を付ける。

　　joli → joliment　　綺麗に
　　poli → poliment　　丁寧に
　　vrai → vraiment　　本当に

男性形が -u で終わっている場合は、-ment を付けると u が û に変わる。

　　assidu → assidûment　　熱心に
　　cru → crûment　　露骨に

※dû〈支払うべき〉には、直接 -ment を付けて副詞 dûment〈正式に〉が作られる。ちなみに、形容詞 dû の男性複数形は dus、女性形は due(s) である。

c. 男性形と女性形が共通の形容詞については、そのまま -ment を付けて副詞を作る。
    drôle → drôlement　面白く
    vague → vaguement　曖昧に
    juste → justement　まさに

d. -ement が -ément になる副詞がある。
  形容詞（男性形または女性形）の語末が -me, -ne（発音は[m] [n]）, -nd, -nse で終わる。
- 女性形が -me, -ne で終わる。
    commun(e) → communément　一般に
    importun(e) → importunément　しつこく
- 男性形が -nd で終わる。
    profond(e) → profondément　深く
- 男女同形で、-me, -ne, -nse で終わる。
    conforme → conformément　～に応じて
    énorme → énormément　甚だしく
    intense → intensément　激しく
    immense → immensément　非常に
- 形容詞の男性形がもともと -é で終わっていれば、副詞の語末もそのまま -ément になる。
    aisé〈簡単な〉→ aisément〈簡単に〉
    séparé〈分離された〉→ séparément〈別々に〉
    momentané〈一時的な〉→ momentanément〈一時的に〉
    proportionné〈つり合いのとれた〉→ proportionnément〈比例して〉
- その他
    aveugle〈盲目の〉→ aveuglément〈盲目的に〉
    commode〈便利な〉→ commodément〈快適に〉
    confus(e)〈混乱した〉→ confusément〈漠然と〉
    obscure〈薄暗い〉→ obscurément〈曖昧に〉
    précis(e)〈正確な〉→ précisément〈正確に〉

e. 男性形が -ant, -ent で終わる形容詞は、-amment, -emment という形の副詞形になる。
    abondant〈豊富な〉→ abondamment〈豊富に〉
    brillant〈輝く〉→ brillamment〈輝かしく〉
    vaillant〈勇敢な〉→ vaillamment〈勇敢に〉

apparent〈明らかな、見かけ上の〉→ apparemment〈見かけは、どうやら〉
fréquent〈頻繁な〉→ fréquemment〈頻繁に〉
insolent〈横柄な〉→ insolemment〈横柄に〉

f. 対応する形容詞と形態的に異なるか、対応する形容詞がない。
gentiment〈親切に〉　※ gentil〈親切な〉
brièvement〈短く〉　※ bref〈短い〉
journellement〈毎日〉　※ journal は古語で「毎日の」という意味の形容詞だが、現代語では「新聞」という意味の名詞。
nuitamment〈夜中に〉　※古フランス語では nuitant という形容詞が使われていたと考えられる。現代フランス語には、文語的だが nuiteux〈夜の〉という形容詞がある。
prodigalement〈みだりに〉　※prodigieux〈驚異的な〉
sciemment〈承知の上で〉　※ラテン語の sciens〈知っている〉に由来するが、関連する形容詞はない。

3. 副詞の働き

3.1. 文が表す事柄全体の性質を表す
3.1.1. 事柄の成立可能性を表す

Les prix monteront certainement l'année prochaine.
きっと来年は物価が上がるだろう。
Il est peut-être facile de trouver la solution à ce problème.
この問題に対する解答を見つけるのは多分やさしいだろう。
Certes Pascale semble douce, mais elle est méchante au fond.
確かにパスカルは優しそうに見えるが、実際には意地が悪い。

※peut-être, probablement, sans doute が文頭に置かれるときには、2 通りの構造がある。
① 主語と動詞が倒置される(疑問文の場合と同じ倒置)。文語的な表現。
② 主語と動詞の倒置が起きない。
③ 副詞の後に que が来て、主語と動詞の倒置が起きない。

Peut-être notre train arrivera-t-il en retard.
＝Peut-être notre train arrivera en retard.
＝Peut-être que notre train arrivera en retard.
多分私たちの乗る列車は遅れて到着するだろう。
Sans doute la chatte est-elle grosse.

= Sans doute la chatte est grosse.
　　= Sans doute que la chatte est grosse.
　　恐らくこの猫は妊娠している。
　certainement と assurément については、特に口語で「certainement [assurément] que + 倒置のない文」という構造が用いられる。
　　Certainement [Assurément] que la dépression qui vient causera une grande quantité de précipitation.
　　今来ている低気圧はきっと大量の降雨を引き起こすだろう。
　même〈～でさえ〉は、ある対象について、それに関わる事柄が成立する可能性が最も低いと予想されていたことを表す。
　　Même le parti extrémiste a approuvé le projet de loi.
　　= Le parti extrémiste même a approuvé le projet de loi.
　　過激な政党ですらその法案を承認した。
　　(「過激な政党がその法案を承認する」という事柄が成立する可能性は最も低いと思われていた)
　　Pauline m'a même invité à sa cérémonie de mariage.
　　ポリーヌは私を自分の結婚式に招待さえした。
　　(「ポリーヌが私を自分の結婚式に招待する」という事柄が成立する可能性は最も低いと私は思っていた)
　　Le médecin est allé sauver des blessés même quand sa famille était en danger.
　　その医者は、家族が危険なときですら、怪我人を救助に行った。
　　(「家族が危険な時にその医者が怪我人を救助に行く」という事柄が成立する可能性は最も低いと予想される)

3.1.2. 事柄が成立する時・場所や真偽を表す

a. 事柄が成立する時を表す。
　　Napoléon appartenait alors au régiment d'artillerie.
　　その当時ナポレオンは砲兵連隊に属していた。
　　Il va bientôt commencer à pleuvoir dans notre région.
　　私たちの地方では間もなく雨が降り始めるだろう。
　　Mon fils joue toujours aux jeux vidéo dans sa chambre.
　　息子は自分の部屋でいつもコンピューターゲームをしている。
b. 事柄が成立する場所を表す。
　　René a lancé la balle dessous.
　　ルネはボールを投げ下ろした。

Nous nous sommes rencontrés avant le carrefour.
私たちは交差点の手前で出会った。
Je me sens plus à l'aise ici qu'ailleurs.
私は他の場所よりもここの方がくつろぐ。

c. 事柄が真実か虚偽かに対する判断を表す。

Êtes-vous professeur à ce lycée ? — Oui, je le suis. / Non, je ne le suis pas.
あなたはこのリセの教師ですか。—はい、そうです。/ いいえ、違います。
Ne connaissez-vous pas la capitale de la Suisse ? — Non, je ne la connais pas. Ce n'est pas Genève ?
スイスの首都を知らないのですか。—はい、知りません。ジュネーブではないのですか。
Madame Magloire ne viendra-t-elle pas à la soirée ? — Si, elle y viendra.
マグロワール夫人はそのパーティーには来ないのですか。—いいえ、来ますよ。

※フランス語での真偽疑問文に対する返答は、返答文が肯定文であれば oui または si、返答文が否定文であれば non を用いる。oui は疑問文が肯定形であって、返答文も肯定形の場合、si は疑問文が否定形であって、返答文が肯定形の場合に用いる。

日本語の「はい」と「いいえ」については、疑問文と肯定・否定の形が同じであれば「はい」を、疑問文と肯定・否定の形が逆であれば「いいえ」を使う。

3.1.3. 事柄の構成要素で不定のものの正体を尋ねる（疑問副詞）

Comment puis-je arriver à l'Opéra ?
オペラ座にはどうやって行ったらいいですか。〈方法〉
Quand est-ce que César a vaincu l'armée de Cléopâtre ?
カエサルがクレオパトラの軍隊を打ち負かしたのはいつですか。〈時〉
Pourquoi est-il impossible de résoudre ce type d'équations ?
どうしてこの型の方程式を解くのは不可能なのですか。〈理由〉
Combien crois-tu avoir bu hier soir ? 〈数量〉
昨日の夜君はどれくらい飲んだと思っているのか。

3.1.4. 場所や時間、数量や様態が不定であることを表す副詞

je ne sais [on ne sait] + 疑問副詞：いつ [どこ、どれくらい、どのようにして、どうして] だか知らないが

Odile est partie pour je ne sais où.

オディールはどこか分からないところに出かけた。
Le ménestrel est venu au château d'on ne sait où.
その吟遊詩人はどこか分からない場所からその城にやってきた。
Guillaume reviendra je ne sais quand.
ギヨームはいつか分からないが戻ってくるだろう。
Mon voisin habite dans ce quartier depuis on ne sait quand.
私の隣人はいつか分からない時からこの地区に住んでいる。
Je veux boire je ne sais combien un jour.
私はいつか自分でも分からないくらい飲んでみたい。
Yves a trouvé cette méthode je ne sais comment.
イブは何だか分からないやり方でその方法を見つけた。

3.2. 動詞が表す動作などを修飾する
3.2.1. 動作の様態を表す

Diane comprend vite les fonds de tous les problèmes.
ディアヌはすべての問題の核心をすぐに理解する。
Alexandre le Grand a facilement conquis un vaste territoire de l'Asie.
アレクサンドロス大王はアジアの広大な領域をやすやすと征服した。
L'artiste a vivement dépeint ce qui se passait dans la fête.
その画家は祭りで起こっていたことを生き生きと描いた。
La fille a escorté la comtesse jusqu'à la sortie du palais d'une manière élégante.
その娘は伯爵夫人を宮殿の出口まで上品にエスコートした。

3.2.2. 動詞が表す動作や形容詞が表す性質の程度を表す

L'étudiant a beaucoup travaillé pour l'examen final.
その学生は最終試験のためにたくさん勉強した。
Je ne sais que peu de ce que le comité a décidé d'exécuter.
委員会が実行すると決めたことを私はほんの少ししか知らない。
Frédéric a mangé tant qu'il a eu mal à l'estomac.
フレデリックはずいぶん食べたので、お腹が痛くなった。
À Moscou il fait très froid dans cette saison de l'année.
モスクワでは１年のこの季節には非常に寒くなる。
Il était extrêmement difficile de creuser un tunnel sous la montagne.
その山にトンネルを掘るのは極めて困難だった。

3.2.3. 文や動詞句が表す事柄や動作を限定する。

La vie dans ce village serait très certainement plus confortable s'il y avait une épicerie de type quelconque dans la proximité.
もし近所にどんな種類のものでもいいから食品スーパーがあったら、この村での生活は絶対確実にもっと快適だろうに。

Le physicien a expliqué la théorie de la relativité assez clairement pour pouvoir se faire comprendre par l'audience.
その物理学者は聴衆に理解してもらえるくらい十分明確に、相対性理論を説明した。

Le conférencier a parlé trop lentement pour que nous puissions nous concentrer sur son discours.
その講演者はあまりにゆっくり話をしたので、私たちは彼の話に集中できなかった。

4. 補語をとる副詞

副詞の中には、補語を伴って副詞節と同じ働きをするものがある。

Contrairement à ce qu'il avait dit avant, Henri a manifesté un avis tout à fait différent du nôtre.
前に言っていたのとは逆に、アンリは私たちの意見とは全く異なる意見を表明した。

La taxe est imposée conformément au revenu.
収入に応じて税金が課される。

J'ai atteint la conclusion indépendamment des recherches faites dans son laboratoire.
彼の研究所で行われている研究とは独立に、私はその結論に達した。

5. 副詞の位置

　副詞は、文、動詞、形容詞、副詞を修飾する。修飾する要素に近接する位置に副詞が置かれるのが原則だが、どの位置に置かれるかは、どの要素を修飾するかによって異なる。

5.1. 文を修飾する副詞
　文頭、動詞の後、文末

Peut-être (que) la politique financière du gouvernement n'est pas correcte.
Peut-être la politique financière du gouvernement n'est-elle pas correcte.
La politique financière du gouvernement n'est peut-être pas correcte.
La politique financière du gouvernement n'est pas correcte, peut-être.
政府の経済政策は多分正しくない。
Certainement (que) la théorie s'applique dans tous les cas.
La théorie s'applique certainement dans tous les cas.
La théorie s'applique dans tous les cas, certainement.
その理論は確実にあらゆる場合に当てはまる。
Alors le peuple vivait tranquillement.
Le peuple vivait alors tranquillement.
Le peuple vivait tranquillement alors.
その当時人々は静かに暮らしていた。
Dedans il n'y a rien de spécial.
Il n'y a dedans rien de spécial.
Il n'y a rien de spécial dedans.
中には何も特別なものはない。

5.2. 定動詞を修飾する副詞

定動詞の直後、助動詞がある場合は助動詞の直後に置くことができる。

Claude parlait lentement dans le colloque.
クロードは学会でゆっくり話をしていた。
Claude a lentement parlé dans le colloque.
Claude a parlé lentement dans le colloque.
クロードは学会ではゆっくり話をした。
La baronesse se comportait gracieusement en face de la reine.
男爵夫人は女王の前で優雅に振る舞っていた。
La baronesse s'est gracieusement comportée en face de la reine.
La baronesse s'est comportée gracieusement en face de la reine.
男爵夫人は女王の前で優雅に振る舞った。
Lucie buvait beaucoup avec ses amies.
リュシーは友人たちとたくさん飲んでいた。
Lucie a beaucoup bu avec ses amies.
Lucie a bu beaucoup avec ses amies.
リュシーは友人たちとたくさん飲んだ。

※bien〈よく〉, mal〈悪く〉, déjà〈もう〉, encore〈まだ〉, jamais〈決して〜ない〉, longtemps〈長い間〉, souvent〈しばしば〉のような、短くて使用頻度の高い副詞は、助動詞の直後に置かれるのが普通。

 J'ai bien travaillé cette semaine.
 私は今週よく働いた。
 Le train était déjà parti.
 列車はもう出発していた。
 Victoire a souvent visité le musée.
 ビクトワールはよくその美術館に行った。

5.3. 不定詞を修飾する副詞

a. 未完了形不定詞を修飾する副詞は、不定詞の前に置かれる。
 Philippe va probablement passer l'examen.
 フィリップは多分試験を受けるだろう。
 Florence peut bien parler anglais.
 フロランスは英語を上手に話すことができる。

※副詞が並列されているなどして、修飾語句が長い場合は、不定詞句（＝不定詞＋目的語）の後に置かれる。

 Florence peut parler anglais très bien [exceptionnellement bien].
 フロランスは英語をとても［例外的に］上手に話すことができる。

b. 完了形不定詞を修飾する副詞は、過去分詞の前に置かれる。
 Je crois avoir bien compris son explication.
 私は彼女の説明を十分理解したと思う。
 Le juge a reproché à l'accusé d'avoir intentionnellement menti.
 裁判官は被告を、意図的に嘘をついたと非難した。

5.4. 分詞を修飾する副詞

a. 現在分詞を修飾する副詞は、その後に置かれるのが原則。
 L'analyste financier a recueilli des articles mentionnant minutieusement ces phénomènes économiques.
 その財務分析家は、その経済現象に詳細に言及している論文を集めた。
 J'ai entendu un homme riant bruyamment.
 ある男がげらげら笑っている声が聞こえた。

b. 過去分詞を修飾する副詞は、その前と後のいずれにも置くことができる。
 Nous avons très besoin d'ouvriers hautement qualifiés.

我々は高度に熟練した作業員を非常に必要としている。
Les branches des arbres dans ce jardin sont taillées joliment.
この庭にある木の枝はきれいに剪定されている。

※bien〈よく〉と mal〈悪く〉は、常に過去分詞の前に置かれる。

Une femme promène son chien bien coiffé.
女の人が毛並みをよく整えた犬を散歩させている。
Éric laissait son appartement toujours mal nettoyé.
エリクは自分のアパートをいつも掃除のできていないままにしておいた。

5.5. 疑問副詞

疑問副詞は、文頭に置かれるのが原則。

Comment peut-on cultiver ces microbes ?
この細菌はどのようにしたら培養できるのですか。
Quand croyez-vous que l'affaire se résoudra ?
その事件はいつ解決するとあなたは思いますか。
Où vas-tu passer tes vacances ?
君は休暇をどこで過ごすつもりですか。

ただし口語では、疑問副詞を文末に置いて、主語と動詞を倒置しない文が日常的に用いられる。英語では、口語でも疑問詞を文末に置く文は、特別の場合を除いてはあまり好まれないが、フランス語では特に問題のある構文だとは見なされない。

On peut cultiver ces microbes comment ?
Vous croyez que l'affaire se résoudra quand ?
Tu vas passer tes vacances où ?

口語ではまた、文頭に疑問副詞があっても、主語と動詞の倒置が起きないこともある。

Comment ça va ? 元気かい。
Quand vous partirez ? いつ出発するんですか。
Pourquoi tu pleures ? どうして泣いてるの。

5.6. 強調のために文頭に置かれる副詞

文が表す事柄を修飾する副詞は、文頭に置かれても特にその意味が強調されることはないが、それ以外の副詞については、文頭に置かれてその意味が強調されることがある。

Fortement le vent soufflait toute la nuit.

風が一晩中強く吹いていた。
Avidement l'étudiant a lu des livres de philosophie.
その学生は哲学の本をむさぼるように読んだ。
Dedans sont entrés les manifestants qui réclamaient l'annulation de la loi.
その法律の撤廃を要求していたデモ隊の人々が中に入っていった。

※副詞が文頭に置かれていて、主語が関係節などを伴って長くなっている場合は、主語と動詞が単純に倒置されることもある。特に時と場所を表す副詞が文頭に置かれると倒置が行われる(☞第15章1.2.節)。

第 9 章のまとめ

1. 副詞は、事柄の全体や動作など、名詞が表す事物以外の要素を修飾する。

2. 副詞は形態変化をしない。形容詞に接尾辞 -ment を付加して作られる副詞が多い。

3. a. 文が表す事柄全体の性質を表す副詞は、事柄の成立可能性、事柄が成立する時を表すほか、時・理由・方法・数量などを聞き手に尋ねる働きもする。
   b. 動作を修飾する副詞は、動作の様態や、動作や性質の程度を表したり、事柄や動作の限定などの働きをする。

4. 副詞の中には補語を伴って「〜とは逆に」「〜とは独立に」のような、副詞節と同じ働きをするものもある。

5. 副詞の文中での位置
   文を修飾する副詞: 文頭、動詞の後、文末
   定動詞を修飾する副詞: 定動詞の直後または助動詞の直後
   不定詞を修飾する副詞: 未完了形の場合は不定詞の前、完了形の場合は過去分詞の前
   分詞を修飾する副詞: 現在分詞の場合はその後が原則、過去分詞の場合は前か後
   疑問副詞: 文頭が原則だが、口語では文末に置かれることもよくある。疑問副詞が文末にある場合は、主語と動詞の倒置は起きない。
   　文を修飾する副詞以外の副詞が文頭に置かれると、その意味が強調されることが多い。

第10章
比　　較

1. 比較とは何か

「比較」とは、性質の程度を比べる操作であり、2つの物を比べる操作ではない。「ゾウ」と「イヌ」がいたとして、これら2つの動物を比べると言っても、どの点について比べるのかが決まらなければ、比べることはできない。

ゾウとイヌをその「大きさ」について比べるとする。この時比較されるのは「ゾウはxという程度で大きい」と「イヌはyという程度で大きい」という2つの事柄である。

L'éléphant est grand au degré x 対 Le chien est grand au degré y

---

x が y より大きい： L'éléphant est grand > Le chien est grand
↓
plus
L'éléphant est plus grand que le chien est grand.
↓
L'éléphant est plus grand que le chien (ne) l'est.
↓
L'éléphant est plus grand que le chien.
ゾウはイヌより大きい。

---

x が y と同じ： L'éléphant est grand = Le chien est grand
↓
aussi
L'éléphant est aussi grand que le chien l'est.
↓
L'éléphant est aussi grand que le chien.
ゾウはイヌと同じくらい大きい。

---

y が x より小さい： Le chien est grand < L'éléphant est grand
↓
moins
Le chien est moins grand que l'éléphant est grand.
↓
Le chien est moins grand que l'éléphant (ne) l'est.
↓

> Le chien est moins grand que l'éléphant.
> イヌはゾウより小さい

　異なった性質の程度を表すのは、典型的には形容詞と副詞である。数量詞も、名詞の数量・程度の違いや事柄全体の性質の程度の違いを表す。したがって、比較という操作の対象になるのは、形容詞、副詞、数量詞である。

① 形容詞の比較

　　Marie est plus belle que Lucie. マリーはリュシーより美しい。

　　Étienne est moins riche que Marcel.

　　エティエンヌはマルセルより金持ちではない。

② 副詞の比較

　　Le train y arrive plus tôt que le bus. そこにはバスより列車の方が早く着く。

　　Les lions courent aussi vite que les cerfs.

　　ライオンはシカと同じくらい速く走る。

③ 数量詞の比較

　　Catherine a acheté plus de légumes aujourd'hui qu'hier.

　　カトリーヌは昨日よりたくさんの野菜を今日は買った。

　　Nous avons moins de liberté que le peuple du pays.

　　我々の自由はその国の人々の自由より少ない。

　比較には、比較される性質の程度の大小に応じて、次の等級がある。XとYを2つの物や事柄、Pを任意の性質とする。

a. 比較級

　優等比較級：XがPである程度が、YがPである程度より大きい。

　（「比較級」と言えば、優等比較級を指すことが多い）

　同等比較級：XがPである程度と、YがPである程度が等しい。

　劣等比較級：XがPである程度が、YがPである程度より小さい。

b. 最上級：ある範囲の事物の中で、XがPである程度が最も大きい。

2. 程度性形容詞の比較

　程度性形容詞は、程度に大小の違いがある性質を表すから、比較級と最上級を持つ。

2.1. 比較級、最上級の形態

優等比較級：plus＋形容詞＋que...
同等比較級：aussi＋形容詞＋que...
劣等比較級：moins＋形容詞＋que...
最上級：定冠詞＋plus［moins］＋形容詞（＋de＋名詞）

※フランス語には、英語やドイツ語のような特別の最上級の形はない。比較級に定冠詞を付けることで最上級であることを表す。

2.2. 比較される要素
2.2.1. 異なる主体の性質

 Marc est plus fort que Lucien. マルクはリュシアンより強い。
 Marc est aussi fort que Lucien. マルクはリュシアンと同じくらい強い。
 Marc est moins fort que Lucien. マルクはリュシアンより弱い。
 Claudia est plus discrète que je（ne）le suis.
 ＝Claudia est plus discrète que moi.
 クローディアは私よりも控えめだ。

※「X は Y より P だ」では、Y が P である程度は X が P である程度よりも劣るのだから、「Y が P だ」という事柄には否定的な意味合いが生じる。このことから、比較級構文の que 節で述語動詞が用いられる場合に、否定辞の ne が現れるのだと考えることができる（☞第 11 章 10 節）。日本語でも「私が行くよりも早く」の代わりに「私が行かないよりも早く」と言うことがある。

 Je crois que le loup est plus vorace que l'ours.
 ＝Je crois le loup plus vorace que l'ours.
 私は狼の方が熊よりも貪欲だと思う。
 Françoise trouvait que Tacite était plus difficile à comprendre que Tite-Live.
 ＝Françoise trouvait Tacite plus difficile à comprendre que Tite-Live.
 フランソワーズは、タキトゥスはティトゥス・リビウスよりも理解するのが難しいと思った。
 Le jardin zoologique de cette ville n'est pas si［aussi］fréquenté que celui qui est dans la capitale.
 この町の動物園は、首都にある動物園ほど人が集まらない。

※同等比較級が否定文で用いられて「X は Y ほど〜ではない」という意味を表す場合は、aussi の代わりに si が用いられることが多い。

2.2.2. 程度の差、程度の倍数

長さや大きさなど、数値によって程度を表すことができる場合、程度の差を「de + 数詞」で表す。

 Hugo est de dix centimètres plus grand que Richard.
 = Hugo est plus grand que Richard de dix centimètres.
 ユゴーはリシャールより 10 センチ大きい。
 Ugolin est de deux ans plus âgé que son frère.
 = Ugolin est plus âgé que son frère de deux ans.
 ユゴランは弟よりも 2 歳年上だ。

程度が何倍あるかは「数詞 + fois + 比較級」で表す。

 L'Everest est deux fois plus haut que le mont Blanc.
 エベレストの高さはモンブランの 2 倍だ。
 La population de Londres est quatre fois plus grande que celle de Paris.
 ロンドンの人口はパリの人口の 4 倍だ。

2.2.3. 同じ主体の性質

 Delphine est plus belle qu'elle l'était il y a dix ans.
 = Delphine est plus belle qu'il y a dix ans.
 デルフィーヌは 10 年前より美しい。
 Le vent est plus fort aujourd'hui qu'il l'était hier.
 = Le vent est plus fort aujourd'hui qu'hier.
 風は昨日より今日の方が強い。
 Il fait moins chaud à Lille qu'à Nice.
 ニースよりもリールの方が暑くない。
 La question était plus difficile que je (ne) l'avais cru.
 その問題は、私が思っていたよりも難しかった。

2.3. 比較の対象が表現されない場合

状況によって比較の対象が明らかである場合は、que 節が表現されないこともある。

 Je voudrais une veste plus chic.
 もっと洒落た上着がいいです。（形容詞 chic は語形変化しない）
 （店で言うのならば、今見ている上着と比べていることが分かる）
 Il fera moins froid demain.
 明日はもっと暖かいでしょう。（今日の寒さと比べていることはすぐ分かる）

Il doit y avoir un autre hôtel dont le prix soit aussi raisonnable.
同じくらい料金が妥当なホテルはあるはずだ。
（今考えているホテルと比べていることは明らか）

2.4. autant を用いる同等比較

autant〈同じ程度の〉は、2つの事柄に関わる程度が同じだという意味を表す。

Perrine est sympathique autant que généreuse.
ペリーヌは感じがいいし、また寛大でもある。

Son nouvel article est original autant que plein d'imagination.
彼の新しい論文は独創的であると同時に想像力に満ちている。

Le raisonnement du logicien n'était pas persuasif autant qu'on l'avait imaginé.
その論理学者の推論は、想像されていたよりも説得的ではなかった。

※autant を用いる同等比較では、形容詞の前に autant を置くことはできない。

× Jean est autant riche que Paul.
○ Jean est aussi riche que Paul.
ジャンはポールと同じくらい金持ちだ。

先行する文の形容詞を代名詞 le で受けて「同じくらい...だ」という意味を表す場合には、autant を用いる。

○ Marie est belle. Sa sœur l'est autant qu'elle.
× Marie est belle. Sa sœur l'est aussi qu'elle.
マリーは美しい。彼女の姉も彼女と同じくらいそうだ。

2.5. tant を用いる同等比較

Les gens, tant vieux que jeunes, sont venus à la fête.
人々は、年寄りも若者も、祭りにやってきた。

J'ai trouvé le livre tant instructif qu'intéressant.
その本はためになると同時に面白いと私は思った。

2.6. 不規則な比較級形

bon〈よい〉, mauvais〈悪い〉, petit〈小さい〉には、plus を伴う規則的な（優等）比較級形以外に、meilleur, pire, moindre という不規則な比較級形があるが、規則形と不規則形には使い分けがある。

2.6.1. plus bon と meilleur

「もっとよい」という意味では、普通は meilleur が用いられる。

2. 程度性形容詞の比較

Le climat de la région méridionale est meilleur que celui de la région septentrionale.
南の地域の気候は北の地域の気候よりいい。
La cuisine était meilleure ce soir qu'hier soir.
料理は昨晩より今晩の方がおいしかった。
次の場合に、plus bon を用いる。
a. 他の形容詞と比較される場合
Sylvain est plus bon qu'ouvert. シルバンは開放的というより善良なのだ。
b. 「bon + 名詞」で1個の形容詞として働いている場合。
Cécile est plus bon vivant [plus bon enfant] que toi.
セシルは君よりも楽天的[純朴]だ。
ただし、bon marché〈安い〉の比較級は meilleur marché になる。
Véronique veut louer un appartement meilleur marché.
ベロニクはもっと安いアパートを借りたいと思っている。

2.6.2. plus mauvais と pire

「もっと悪い」という意味では、普通は plus mauvais を用いる。
Nadine est d'un plus mauvais caractère que Paulette.
ナディーヌの性格はポレットより悪い。
Le temps était plus mauvais aujourd'hui qu'il l'était hier.
今日の天気は昨日の天気より悪かった。
pire の使用は、古風な言い回しの場合に限られる。
Les femmes sont meilleures ou pires que les hommes.（La Bruyère）
女は男より善良か悪辣かのどちらかだ。
Rien ne peut arriver de pire que cette indifférence.（Mauriac）
この無関心ほど悪いことが起こるはずはない。
※pire は le pire という形で「最悪のこと」という最上級の意味を表す名詞として用いられることが多い。
Il faut toujours s'attendre au pire.
いつも最悪のことを予期していなければならない。
Le pire est que mon entreprise a fait faillite.
最悪なのは、私の会社が倒産したことだ。

2.6.3. plus petit と moindre

具体的なものについて「もっと小さい」という意味を表す場合は、plus petit

を用いる。

  Mon appartement est plus petit que le tien.
  僕のアパートは君のより小さい。
  Manon veut une chatte plus petite que celle qu'elle avait avant.
  マノンは、以前飼っていたのよりも小さい雌ネコをほしいと思っている。
 moindre の使用はまれではないが、抽象的な対象について用いられるのが普通。この場合は「より小さい」という意味ではなく「劣っている、わずかだ」という意味も表す。

  La peine que je sens doit être moindre que la sienne.
  今私が感じている苦痛は、彼女の苦痛よりは小さいに違いない。
  Ce vin est de moindre qualité que celui que j'ai bu dans le restaurant.
  このワインは、そのレストランで飲んだものよりも質が劣っている。

2.7. 比較級を強める語句

 「ずっと」「はるかに」のように、比較された対象の間の程度に大きな違いがあることを意味する語句は、bien, beaucoup, de beaucoup, autrement, infiniment などである。

  La sagesse est infiniment plus précieuse que l'argent.
  知恵は金よりもはるかに貴重だ。
  Il fait bien moins chaud cet été que l'été dernier.
  今年の夏は去年の夏よりもずっと涼しい。

2.8. 比較級形にならない形容詞

a. supérieur〈上方の〉, inférieur〈下方の〉, antérieur〈前方の〉, postérieur〈後方の〉, intérieur〈内部の〉, extérieur〈外部の〉などの形容詞は、もともとラテン語の比較級形に由来するものであり、最初から「... より上」「... より前」のような比較の意味が含まれている。このため、比較級形をとることはない。
  ただし、「X は Y より上 [下、前、後ろ、内側、外側]」などの比較の意味を表す文を作ることができて、この場合は、比較の対象を à で表す。
  Son idée sur le changement social est supérieure à celle de mon collègue.
  社会的変化についての彼女の考えは、私の同僚のものよりも優れている。
  Chez nous, l'histoire antérieure au sixième siècle est inconnue.
  我が国では 6 世紀以前の歴史は分かっていない。

b. excellent〈極めてすばらしい〉, parfait〈完全な〉, extrême〈極端な〉, fameux〈とてつもない〉など、最上級に近い意味を持つ形容詞は、程度がそれ以上にはな

らないので、比較級をとることはない。

    × Son œuvre est plus excellent que la mienne.
    ×彼の作品は私のものより極めて素晴らしい。
    × On ne peut pas dire des paroles plus extrêmes.
    ×さらに極端な言葉は言えない。

2.9.　比較級を含む表現

a. ne ... pas plus A que B：B と同様に A ではない

    Didier n'est pas plus intelligent que Pascal.
    ディディエはパスカルと同様頭がよくない。
    La récolte n'est pas plus suffisante cette année que l'année dernière.
    今年の収穫は、去年と同様十分ではない。

b. de plus en plus [de moins en moins] ... ：ますます〜（でなくなる）

    Le climat devient de plus en plus chaud ces dernières années.
    気候は近年だんだん暑くなってきている。
    On trouve la qualité des produits de cette usine de moins en moins satisfaisante.
    この工場の製品の質は、ますます満足できないものになっている。

c. 事柄の性質の程度の比例的変化

plus [moins] ... , (et) plus [moins] ... ：〜であればあるだけますます〜（でない）

    Plus l'économie d'une nation est stable, plus le peuple s'y sent heureux.
    ある国家の経済が安定していればいるほど、そこの国民はますます幸福だと感じる。
    Plus le dictateur était autoritaire, et moins il était populaire.
    その独裁者が威圧的であればあるほど、ますます人気を失った。
    Moins il fait chaud, moins d'énergie se consomme.
    暑くなければないほど、エネルギーの消費は少なくなる。
    Moins l'orateur parlait éloquemment, plus les auditeurs étaient bruyants.
    演説者の語り口が雄弁でなくなるほどに、聴衆はますますうるさくなった。

※上の2つの例のように、前半または後半で、形容詞だけでなく、名詞や副詞の比較級を用いることもできる（☞第10章3.4.節）。

※英語で同じ意味を表す表現は「the + 比較級, the + 比較級」だが、比較級が more, less を用いて表される場合、これらと形容詞を分離することはできない。

    The more stable is the economy of a nation, the happier feel the people there.

The more authoritarian was the dictator, the less popular he was.
これに対してフランス語では、通常 plus や moins だけが文頭に置かれる。

2.10. 程度形容詞の最上級

　程度形容詞の最上級形は、比較級形(優等比較級と劣等比較級)に定冠詞を付けて作られる。比較される対象の範囲(「～の中で」)は前置詞の de によって表す。

　　Le chien est le plus fidèle à l'homme de tous les animaux.
　　すべての動物の中で犬が最も人間に忠実だ。
　　Le chien est l'animal le plus fidèle à l'homme.
　　犬は最も人間に忠実な動物だ。

※形容詞の最上級形が属性形容詞として名詞を修飾するときは、「定冠詞＋名詞＋最上級形(定冠詞＋比較級形)」という形をとる。

　　Henri était le plus intelligent de sa classe.
　　アンリはクラスで一番頭がよかった。
　　Henri était l'étudiant le plus intelligent de sa classe.
　　アンリはクラスで一番頭のよい学生だった。

※最上級の範囲を表すために用いられる前置詞 de の後には de tous les animaux のように主語が属する事物の種類を表す名詞か、de la classe のように、主語が存在する場所を表す名詞が来る。

　　La baleine est le plus grand des animaux.
　　鯨は動物の中で最も大きい。
　　La baleine est l'animal le plus grand du monde.
　　鯨は世界中で一番大きな動物だ。
　　Marcel est le moins paresseux de mes collègues.
　　マルセルは同僚たちの中で最も怠けない。
　　Marcel est le travailleur le moins paresseux de l'usine.
　　マルセルは工場で最も怠けることがない労働者だ。

2.11. 最上級と定冠詞

　所有形容詞が名詞に先行している場合は、その前にさらに定冠詞を付けることはない。

　　Georges est mon meilleur ami.
　　× Georges est le mon meilleur ami.
　　ジョルジュは私の一番よい友人だ。

「所有形容詞＋名詞」の後に「定冠詞＋最上級形」が来ることもない。

× Colette est mon amie la plus tendre.
コレットは一番優しい私の友人だ。
○ Colette est l'amie la plus tendre de mes amies.
コレットは私の友人の中で一番優しい。

1つの事物について、ある状況で「最も〜だ」という意味を表す場合には、定冠詞は性・数にかかわらず常に le のままにする。

Les manifestants sont devenus le plus agressifs quand ils se trouvaient en face de la police.
デモ隊の人々は、警察に直面したときに最も過激になった。
La femme se sentait le moins heureuse dans sa propre maison.
その女性は、自分のうちにいるときが一番幸せではないと感じていた。

ただし、形容詞が être の補語である場合には、主語の性・数に応じた冠詞が用いられることも多い。

La princesse est la plus belle dans cette robe.
このドレスを着ているときが、王女は最も美しい。

2.12. 最上級を含む表現

a. des plus [moins] + 形容詞：最も〜なもの[最も〜でないもの]のうちの1つ
　　Le juge était des plus fidèles à la loi.
　　その判事は法に最も忠実な者の1人だった。＝極めて法に忠実だった。
　　Le diamond est une matière des plus dures.
　　ダイヤモンドは最も硬い物質のうちの1つだ。＝極めて固い物質だ。
　　L'idée est des moins appréciées du public.
　　その考えは大衆に最も好まれていないものに属する。
※形容詞は、単数形になることもある。
　　L'idée est des moins appréciée du public.
　主語が指示代名詞 ce や cela の場合は、形容詞は単数形になる。
　　C'est des plus provocateur. それは極めて挑発的だ。

b. 「X番目に〜だ」のように、順序を表したい場合は、「序数詞＋最上級形」を用いる。
　　Le Brésil est le cinquième pays le plus large du monde.
　　ブラジルは世界で5番目に大きな国だ。
　　Lyon est la seconde plus grande ville de France.
　　リヨンはフランスで2番目に大きい町だ。

2.13. 最上級と同じ意味を表す表現

a. 「他の何よりも～だ」「他の誰よりも～だ」のような意味を表す表現は、比較級を用いていても、最上級と同じ意味を表す。

Le Nil est plus long que les autres fleuves. ナイル川は他のどの川よりも長い。
= Le Nil est le fleuve le plus long.

Les végétariens ont une meilleure santé qu'aucun autre.
= Les végétariens ont la meilleure santé.
菜食主義者は、他の誰よりも健康だ。

b. personne, rien を用いても最上級と同じ意味を表すことができる。

Personne n'est considéré comme plus vénérable que le viellard dans ce village.
= Le vieillard est considéré comme le plus vénérable dans ce village.
この村ではその老人ほど崇拝されている人はいない（＝その老人が最も崇拝されている）。

Laurent est plus informé des ovnis que personne.
= Laurent est le plus informé des ovnis.
ロランは誰よりも UFO のことを知っている（＝一番 UFO のことを知っている）。

Rien n'est plus fort que l'amour.
= L'amour est le plus fort.
愛よりも強いものはない（＝愛が一番強い）。

2.14. 最上級形をとらない形容詞

a. 程度性のないもの

triangulaire〈三角形の〉, rectangulaire〈長方形の〉, carré〈正方形の、四角い〉, perpendiculaire〈垂直〉, premier〈最初の〉, dernier〈最後の〉, unique〈唯一の〉, double〈2倍の〉, triple〈3倍の〉

b. 「最高」「絶対」など、最上級の意味がすでに含まれているもの

absolu〈絶対的な〉, éternel〈永遠の〉, excellent〈極めて優れた〉, extrême〈極端な〉, parfait〈完全な〉, impossible〈不可能な〉, suprême〈最高の〉, universel〈普遍的な〉, rarissime〈ひどく稀な〉, richissime〈大金持ちの〉

c. 比較級の意味しかないもの

aîné〈年上の〉, cadet〈年下の〉, intérieur〈内部の〉, extérieur〈外部の〉, supérieur〈上位の〉, inférieur〈下位の〉, antérieur〈前方の〉, postérieur〈後方の〉

3. 数量詞の比較

数量詞の比較級・最上級を含む表現は、事物の数量や程度だけでなく、事柄の性質や程度の比較も表す。

3.1. 数量詞の比較級・最上級の形態
a. 名詞の数量・程度の比較
　　優等比較級: plus de ＋名詞＋que (de)...
　　同等比較級: autant de ＋名詞＋que (de)...
　　劣等比較級: moins de ＋名詞＋que (de)...
　　最上級: le plus [moins] de ＋名詞 (＋de ＋名詞)
b. 事柄の性質の程度の比較
　　plus ... que, autant ... que, moins ... que
　　aussi ... que, autant ... autant ... [tant ... tant ...]
c. 事柄の性質の程度の比例的変化
　　plus [moins] ... plus [moins] ...

3.2. 名詞の数量・程度の比較
3.2.1. 優等比較級

　　Georges a plus d'amies que Lucien.
　　ジョルジュにはリュシアンよりも多くの女友達がいる。
　　Il y a plus d'éléphants que de lions dans ce jardin zoologique.
　　この動物園にはライオンよりも象の方がたくさんいる。
　　J'ai plus de confiance en Sophie qu'en Mathilde.
　　私はマチルドよりもソフィーを信頼している。
　　Il faut plus de patience que de talent pour accomplir le projet.
　　その計画を達成するには才能よりも忍耐が必要だ。
程度の倍数は「数詞＋fois＋比較級」で表す。
　　Isabelle a répondu deux fois plus de questions que moi.
　　イザベルは私の2倍の問題を解いた。
数量の差は「数量＋de plus, de moins」(〜だけ多い、〜だけ少ない) で表す。
　　Mon frère a trois an de plus que moi. 私の兄は私より2つ年上だ。
　　Pierre gagne cent euros de moins que sa femme.
　　ピエールの稼ぎは妻より100ユーロ少ない。

3.2.2. 同等比較級

Mon chien mange autant de viande qu'un tigre.
私の犬は虎と同じくらいの肉を食べる。
Le gaz contient autant d'hélium que d'oxygène.
その気体は酸素と同量のヘリウムを含んでいる。
Le roi montrait autant de charité au peuple que l'archevêque.
国王は大司教と同じくらいの慈悲を民衆に示していた。
Le soldat avait autant de courage que de dévotion à sa patrie.
その兵士は祖国への忠誠心と同じくらいの勇気も持っていた。

※tant は、肯定文では tant (de) ... que ... で「非常に ... なので ... 」という意味を表すが、否定文 ne ... pas tant (de) A que (de) B は、「B ほど A ではない[A を ... しない]」「A よりは B だ」という、同等比較の否定と同様の意味を表す。

Le pays n'exporte pas tant de pétrole qu'autrefois.
その国は以前ほど石油を輸出していない。
Je ne fais pas tant de mathématiques que de philosophie.
私は哲学ほど数学を勉強していない。

3.2.3. 劣等比較級

Il fallait dépenser moins d'argent qu'auparavant.
以前よりも支出を減らさなければならなかった(← 以前よりも少ない金を使わなければならなかった)。
J'ai lu moins de romans que de poèmes.
私は小説よりも詩の方を多く読んだ(← 私は詩よりも少ない数の小説を読んだ)。
On trouve moins de génie dans sa nouvelle œuvre que dans les précédantes.
彼女の最新作には以前の作品に比べて才気が感じられない(←彼女の最新作には以前の作品よりも少ない才気がある)。
Les étudiants veulent moins de discipline que de liberté.
学生たちは規律よりも自由を望んでいる(← 学生たちは自由よりも少ない規律を望んでいる)。

3.2.4. 最上級

La région produit le plus de vin en France.
フランスではその地方が最も多くのワインを生産している。
Le secrétaire d'État voulait le plus d'information possible sur l'affaire.

国務長官はその事件についてできるだけ多くの情報をほしがっていた。
Les mathématiciens déploient le plus de talent dans leur jeunesse.
数学者は若いときに最も才能を発揮する。
Le mouvement à vélocité uniforme consomme le moins d'énergie.
等速運動のときが最もエネルギーの消費が少ない。

3.2.5. 最上級と同じ意味を表す表現

数量詞の比較級形や同等比較級形を用いて、最上級と同じ意味を表すことができる（☞ 第 10 章 2.13. 節）。

L'équipe de football attire plus de supporteurs que les autres.
そのサッカーチームは他のどこよりも多くの支持者を集める。
＝L'équipe de football attire le plus de supporteurs.
そのサッカーチームが最も多くの支持者を集める。
Le duc possédait plus de générosité qu'aucun autre seigneur dans le pays.
その公爵はその国のどの領主たちよりも寛大だった。
＝Le duc possédait le plus de générosité parmi les seigneurs dans le pays.
その公爵はその国の領主たちの中で最も寛大だった。
Frédéric a répondu plus de questions que personne.
フレデリックは誰よりも多くの問題に答えた。
＝Frédéric a répondu le plus de questions.
フレデリックが一番多くの問題に答えた。
Personne n'a acquis autant de popularité que l'homme politique.
その政治家ほどの人気を得た人は誰もいなかった。
＝L'homme politique a acquis le plus de popularité.
その政治家は最も多くの人気を得た。
Rien ne donne plus de bonheur que la paix.
平和ほど大きな幸福をもたらすものはない。
＝La paix donne le plus de bonheur. 平和が最も大きな幸福をもたらす。
Il n'y a rien qui produit tant d'oxygène que les plantes.
植物ほど多くの酸素を作り出すものはない。
＝Les plantes produisent le plus d'oxygène. 植物が最も多くの酸素を作り出す。

3.2.6. 数量詞の比較級を含む表現

- de plus en plus [de moins en moins] de ... : ますます多くの［少ない］...
  Le pays accepte de plus en plus d'immigrants.

その国はますます多くの移民を受け入れている。

De moins en moins de pétrole se produit dans ce pays.
この国での石油産出量は減少してきている。

3.3. 事柄の性質の程度の比較
3.3.1. 優等比較級

Georges est plus éditeur qu'écrivain.
＝Georges est plus éditeur qu'il est écrivain.
ジョルジュは作家というよりも編集者だ。
「ジョルジュが編集者である程度」が「ジョルジュが作家である程度」より大きい。

Anne est plus avare qu'économe.
＝Anne est plus avare qu'elle est économe.
アンヌは倹約家というよりもけちなのだ。
「アンヌがけちである程度」が「アンヌが倹約家である程度」より大きい。

3.3.2. 同等比較級

René est aussi brave qu'audacieux.
ルネは大胆であると同時に勇敢だ。
「ルネが大胆である程度」と「ルネが勇敢である程度」が等しい。

J'aime Catherine autant que toi.
僕は君と同じくらいカトリーヌを愛している。
「私がカトリーヌを愛している程度」と「君がカトリーヌを愛している程度」が等しい。

Le français se parle tant en Europe qu'en Amérique du Nord.
フランス語は、ヨーロッパでも北アメリカでも話されている。
「フランス語がヨーロッパで話されている程度」と「フランス語が北アメリカで話されている程度」が等しい、という内容から「フランス語がヨーロッパで話されていることと、フランス語が北アメリカで話されていることが、同様の程度に事実である」という意味を表す。

Ce n'est pas tant le talent que la motivation qu'il lui faut.
彼女に必要なのは、才能ではなくてやる気だ。
「彼女が才能を必要としている程度」は「彼女がやる気を必要としている程度」ほど大きくない。

Autant les prix augmentent, autant la volonté de consommation s'abaisse.

物価が上がれば上がるほど、購買の意欲は下がる。
(この構文では、比較される前後の節が対立する事柄を表す場合が多い)

3.3.3. 劣等比較級

Thérèse est moins discrète que timide vis-à-vis des garçons.
男の子を前にすると、テレーズは控えめというより臆病になる。
L'homme semblait moins un homme politique qu'un escroc.
その男は、政治家というよりは詐欺師に見えた。
Le climat est moins confortable dans la saison des pluies que dans la saison sèche.
気候は雨季の方が乾季より快適ではない。

3.4. 事柄の性質の程度の比例的変化

a. plus A, plus [moins] B：A であればあるほど B になる [B でなくなる] (← A の程度の増加に比例して B の程度が増加する [減少する])

Plus on gagne de l'argent, plus on en veut.
金を稼げば稼ぐほど、もっと金がほしくなる。
Plus la température monte, moins les animaux ont d'énergie.
温度が上がれば上がるほど、動物たちの元気がなくなる。
英語で同じ意味を表すと、次のようになる。

The more money you have, the more of it you want.
× The more you have money, the more you want some.
The higher the temperature rises, the less energy animals have.
× The higher the temperature rises, the less animals have energy.

英語では more money, more of it, less energy という語句は一体なので、これらを分離することは許されない。しかしフランス語では、文頭に置くことができるのは plus と moins だけで、残りの語句は分離しなければならない。

× Plus d'argent on gagne, plus on en veut.
× Plus la température monte, moins d'énergie ont les animaux.

b. moins A, moins [plus] B：A でなければないほど B でなくなる [もっと B になる] (← A の程度の減少に比例して、B の程度が減少する [増加する])

Moins on a de connaissance, moins on s'intéresse au monde.
知識が少なければ少ないほど、世界に対する関心がなくなる。
Moins il arrive de conflits, plus on peut espérer de prospérité.
争いが少なければ少ないほど、大きな繁栄を期待することができる。

c. d'autant plus [moins] A que B： BであるだけにますますAだ[Aでない]
　　La question est d'autant plus difficile qu'une connaissance profonde des mathématiques est requise pour y répondre.
　　解答するためには数学の深い知識が要求されるだけに、この問題はますます難しい。
　　Le scientifique était d'autant moins content des réactions de la sociéte qu'il était sûr de l'excellence de sa théorie.
　　自分の理論の素晴らしさを確信していただけに、その科学者は社会の反応にますます満足できなかった。

3.5. 事柄の比較に関わる表現
a. pas plus A que B ne ...： Bと同様にAも...でない
　　Pas plus le médecin que le patient ne savait la vraie cause de la maladie.
　　医者も患者も同様にその病気の本当の原因を知らなかった。
　　La fortune, pas plus que le pouvoir, n'est capable de rendre les gens heureux.
　　権力と同様富も人々に幸福を与えることはできない。
b. à moins de+不定詞、à moins que+接続法： 〜でなければ
　　Violette assistera à la cérémonie d'ouverture à moins d'avoir mal pris votre volonté.
　　あなたの意図を悪くとったのでなければ、ビオレットは開所式に出席するだろう。
　　Le train arrivera à temps à moins qu'il (ne) soit arrivé un accident.
　　事故が起きたのでなければ、列車は時間通りに着くだろう。
c. moinsと否定の組み合わせ
　moinsは「より〜でない」「〜より劣る」という否定の意味を含む。moins を含む表現が否定辞と組み合わされると、否定が否定されて肯定の意味を強調することもあれば、「劣ることはない」つまり「同じくらいだ」という意味を表すこともある。
① ne [n'en] ... pas moins X： それでもなおXだ
　　Il ne reste [demeure] pas moins essentiel que les banques mettent en place une gestion appropriée.
　　銀行が適切な経営を実行することは、それでもなお必要不可欠だ。
　　Je ne gagne pas beaucoup, mais je n'en suis pas moins heureux.
　　私の収入は多くないが、それでも幸せだ。
　　Gisèle avait mal à la tête. Elle n'en est pas moins allée au bureau.

ジゼルは頭が痛かった。彼女はそれでも会社に行った。
Ferdinand n'a pas moins apprécié la valeur de la religion bien qu'il soit athée.
フェルディナンは、無神論的考えを持っていたが、それでも宗教の価値を認めた。

② ne . . . rien moins que X：まさしく X だ
Thierry n'est rien moins qu'un génie.
ティエリーはまさしく天才だ。
Tu n'as fait rien moins qu'une trahison.
君がしたのはまさに裏切りだ。

③ ne . . . pas moins X que A：A に劣らず X だ
Marine n'est pas moins jolie que Mathilde.
マリーヌはマティルドに劣らず可愛らしい。
Frédéric ne fait pas moins d'efforts que moi.
フレデリックは私と同じくらい努力している。

④ non moins A：同じくらい A だ、それでもやはり A だ
Ma famille est devenue pauvre, mais elle reste non moins noble.
私の家族は貧乏になったが、それでも高貴だ。

4. 副詞の比較

　動作の様態や数量など、程度に違いのある性質を表す副詞は、比較級や最上級によって程度を比較することができる。
　副詞の比較級は「plus [moins] + 原級」、同等比較級は「aussi + 原級」、最上級は「le plus [moins] + 原級」という形式をとる。ただし、bien〈よく〉, beaucoup〈たくさん〉, peu〈少なく〉の比較級形や最上級形には、不規則なものがある。

	優等比較級	劣等比較級	同等比較級	最上級
bien	mieux	moins bien	aussi bien	le mieux
beaucoup	plus	moins	autant	le plus
peu	moins		aussi peu	le moins

※beaucoup と peu は反対語だから、beaucoup の劣等比較級は peu の優等比較級に等しくなる。また peu はもともと「少なく」という意味を表すから、それより少ないことを表す劣等比較級は存在しない。

4.1. 優等比較級

Le TGV va plus vite que le train rapide japonais.
TGVは日本の高速列車よりも速く走る。

Notre troupe est arrivée à la frontière plus tôt que les autres.
私たちの部隊は他の部隊よりも早く前線に到着した。

Brigitte a dessiné le paysage beaucoup mieux que moi.
ブリジットはその風景を私よりもずっと上手に描いた。

Marcel faisait des expériences en s'y concentrant plus que ses rivaux.
マルセルは、自分のライバルたちよりももっと集中して実験を行っていた。

4.2. 劣等比較級

Le sénateur âgé a parlé moins éloquemment que le jeune député.
年輩の上院議員の話し方は、若い下院議員よりも雄弁ではなかった。

Gilles visite des aquariums moins souvent que des zoos.
ジルが水族館に行く回数は動物園に行く回数よりも少ない。

Denis a envoyé le javelot moins loin que Nicolas.
ドゥニはニコラほど遠くまで槍を投げられなかった。

Sylvie chante l'aria de Mozart moins bien que Jeanne.
シルビが歌うモーツァルトのそのアリアは、ジャンヌよりも上手くはない。

4.3. 同等比較級

Une conclusion contraire se déduit de la même prémisse aussi logiquement que la vôtre.
同じ前提から、あなたの結論とは反対の結論も同じく論理的に導出される。

On peut raffiner le pétrole aussi effectivement avec la méthode traditionnelle qu'avec celle nouvellement inventée.
伝統的な方法でも、最近考案された方法と同じくらい効率的に石油を精製することができる。

L'étudiant travaille autant à l'université qu'il travaillait pour passer au baccalauréat.
その学生は、大学入学資格試験［バカロレア］を受けるために勉強したのと同じくらい、大学でも勉強している。

La maquilleuse n'a pas fait d'exécution aussi [si] bien que l'actrice avait pensé.
そのメイク係は、女優が思っていたほど上手な腕前ではなかった。

※同等比較 aussi . . . que が否定される場合には、aussi の代わりに si も用いられる。

4.4. 最上級

Romain a atteint l'arrivée le plus tard de la classe.
ロマンはクラスの中で一番遅くゴールに着いた。
L'homme politique du parti a accusé le président le plus agressivement.
その政党の政治家は、最も激しく大統領を非難した。
Charlotte mange le moins de mes quatre sœurs.
私の4人の姉妹のうちで、シャルロットが一番食が細い。

※英語では副詞の最上級には定冠詞を付けないが、フランス語では副詞であっても最上級には定冠詞を付けるという違いがある。

4.5. 比較級・最上級をとらない副詞

a. 程度性のない様態を表す。
droit〈まっすぐに〉, directement〈直接〉, carrément〈四角に〉, perpendiculairement〈垂直に〉, premièrement〈第一に〉, dernièrement〈最後に〉, uniquement〈ただ、単に〉, doublement〈二重に、2倍に〉, intérieurement〈内部で〉, extérieurement〈外部は〉, antérieurement〈前に〉, postérieurement〈後に〉など。

b. 非常に高い程度を表す。
extrêmement〈極めて〉, infiniment〈限りなく〉, très〈非常に〉, beaucoup〈とても〉, fort〈ひどく〉, trop〈あまりに〉, tellement〈非常に〉, drôlement〈すごく〉, supérieurement〈見事に〉, merveilleusement〈素晴らしく〉など。

c. 最高の程度を表す。
absolument〈絶対に〉, éternellement〈永遠に〉, excellemment〈この上なく〉, parfaitement〈完全に〉, suprêmement〈最高度に〉, universellement〈普遍的に〉など。

4.6. 最上級副詞と同じ意味を表す表現

副詞についても、形容詞や数量詞と同様に、比較級形や同等比較級形を用いて、最上級と同じ意味を表すことができる。

Pauline court plus vite que les autres filles dans sa classe.
ポリーヌはクラスの女の子の誰よりも足が速い。
= Pauline court le plus vite parmi les filles dans sa classe.
ポリーヌはクラスの女の子の中で一番足が速い。
Dans le récital, la chanteuse chantait mieux qu'aucune autre.

360 第10章 比　　較

そのリサイタルでは、その女性歌手が他のどの女性歌手よりも上手に歌っていた。
＝Dans le récital, la chanteuse chantait le mieux.
そのリサイタルでは、その女性歌手が一番上手に歌っていた。
Joséphine s'est levée plus tôt que personne.
ジョゼフィーヌが誰よりも早く起きた。
＝Joséphine s'est levée le plus tôt. ジョゼフィーヌが一番早く起きた。
Rien ne se répand aussi largement qu'une mauvaise rumeur.
悪い噂ほど広範囲に広がるものはない。
＝Une mauvaise rumeur se répand le plus largement.
悪い噂が最も広範囲に広がる。

4.7.　副詞の比較級を含む表現

a. plus [moins] X, plus [moins] Y：Xであればあるほど[Xでなければないほど]ますますYだ[Yでなくなる]

　　Plus tôt le soleil se couche le soir, plus tard André rentre à la maison.
　　夕方日が沈むのが早くなればなるほど、アンドレの帰宅は遅くなる。
　　Moins vite on va en voiture, moins dangereusement on peut arriver à destination.
　　車をゆっくり運転すればするほど、ますます安全に目的地に到着することができる。

b. d'autant plus [moins] X que Y：Yであればあるだけますますxだ[Xでなくなる]

　　Axelle souhaite de le voir d'autant plus ardemment qu'elle habite loin de sa ville.
　　彼の町とは遠く離れたところに住んでいるだけに、アクセルはますます彼に会いたいと願っている。
　　Mathis buvait d'autant plus qu'il se sentait solitaire.
　　孤独だと感じれば感じるほど、マティスの酒量は増えた。
　　J'aime Jacques d'autant moins qu'il se flatte toujours de sa naissance.
　　ジャックはいつも自分の家柄を自慢しているので、一層彼のことが好きではなくなっている。

c. le plus [moins] X possible：できるだけXになるように[Xでないように]

　　Demain matin je dois me lever le plus tôt possible pour prendre le premier train.

明日の朝は、始発電車に乗るためにできるだけ早く起きなければならない。
Le médecin parlait le moins vite possible pour que le vieillard comprenne son explication.
その医者は、老人が自分の説明を理解できるように、できるだけゆっくり話していた。

d. ne ... pas moins X que Y：Y に劣らず X だ

Le disciple n'a pas présenté son discours moins savamment que le maître.
弟子は師匠に劣らず巧みに弁論を行った。
Dans la vallée, le vent ne souffle pas moins fort que sur le sommet de la montagne.
その谷では、山の頂上に劣らず風が強く吹く。

e. n'en ... pas moins X：それでもなお X だ

L'assassin était une jeune fille, mais le procureur ne l'en a pas moins sévèrement accusée.
殺人者は若い娘だったが、それでもなお検事は彼女のことを激しく非難した。
Les esclaves, opprimés durement par le tyran, n'en travaillaient pas moins assidûment.
奴隷たちは、暴君に厳しく虐げられたが、それでもなおせっせと働いた。

第10章のまとめ

1. 比較は、性質の程度を比べる操作であり、2つの物を比べる操作ではない。つまり、ある性質Pについて「XがPである程度」と「YがPである程度」を比べる操作のことである。比較に関わる品詞は、形容詞、副詞、数量詞である。

    比較の等級には、比較級（優等比較級、同等比較級、劣等比較級）と最上級がある。

2. 程度性形容詞の比較
    優等比較級：plus＋形容詞＋que...
    同等比較級：aussi＋形容詞＋que...
    劣等比較級：moins＋形容詞＋que...
    最上級：le plus [moins]＋形容詞（＋de＋名詞）
    bon, mauvais, petit には、規則的な優等比較級形以外に、不規則な比較級形があり、それぞれ異なった意味を表す。
    ラテン語の比較級形に由来する形容詞や「最も〜」「極めて〜」という意味を表す形容詞には、比較級形がない。
    最上級形は定冠詞を伴うのが原則だが、所有形容詞が名詞に先行している場合は、定冠詞を付けない。
    程度性のない性質を表す形容詞、最上級や比較級の意味を表す形容詞は、最上級形を持たない。

3. 数量詞の比較
- 名詞の数量・程度の比較
    優等比較級：plus de ＋名詞＋que (de)...
    同等比較級：autant de＋名詞＋que (de)...
    劣等比較級：moins de＋名詞＋que (de)...
    最上級：le plus [moins] de＋名詞（＋de＋名詞）
- 事柄の性質の程度の比較
    優等比較級：plus...que,
    同等比較級：aussi...que, autant...que, tant...tant..., autant...autant
    劣等比較級：moins...que...

- 事柄の性質の程度の比例的変化
  plus [moins] ... plus [moins] ...

4. 副詞の比較
   程度に違いのある性質を表す副詞には、比較級・最上級がある。
   比較級は「plus [moins, aussi / autant] ＋原級」、最上級は「le plus [moins] ＋原級」という形になる。ただし、不規則な比較級・最上級形を用いる副詞もある。

第11章
否　　定

1. 否定の定義

「否定」は、文が表す事柄が真実ではないことを表すための操作。通常は、ある事柄が本当かどうかが問題になっているような状況で、それが本当でないことを伝えるために否定文は使われる。

 Est-ce qu'Éliane est vraiment malade ?
 — Non, elle n'est pas malade.
 エリアーヌは本当に病気なんですか。
 —いいえ、彼女は病気ではありません。
 Je doute que Richard ait raison.
 — Voilà. Il n'a pas raison.
 リシャールが正しいとは思えないんだけど。
 —そうだよ。正しくはないね。

2. 否定を表す語句

2.1. 否定文の基本

否定文の基本的な構造は「主語 + ne + 動詞 + pas」「主語 + ne + 助動詞 + pas + 過去分詞」である。

 Les hindous ne mangent pas de bœuf.
 ヒンズー教徒は牛を食べない。
 Lucie n'est pas allée au bureau hier.
 リュシーは昨日会社に行かなかった。

pas の代わりに他の語を用いることができるが、否定の程度や意味が異なる。

 ne . . . jamais〈決して〜ない、一度も〜ない〉, ne . . . guère〈ほとんど〜ない〉,
 ne . . . plus〈もはや〜ない〉, ne . . . nullement [aucunement]〈全く〜ない〉
 Je ne suis jamais allé en Islande.
 私は一度もアイスランドには行ったことがない。
 Jamais on ne répétera la même erreur. 同じ過ちは二度と繰り返さない。
 L'audience n'a guère entendu les paroles de la vieille actrice.
 聴衆は、その年取った女優の言葉がほとんど聞き取れなかった。
 Notre pays n'est plus une nation démocratique.
 私たちの国はもはや民主国家ではない。

※文語では pas の代わりに point〈点〉, mie〈パンくず〉, goutte〈水滴〉という、微細なものを表す名詞に由来する否定辞が使われることもあるが、現代ではまず使

われない。

　　Va, je ne te hais point. (Corneille) 行け、私はお前のことを嫌ってはいない。
　　Je n'y vois goutte. 私には何も見えない。

※不定詞を否定する場合には「ne pas + 不定詞」のように ne pas 全体が不定詞に先行する。

　　Il est difficile de ne pas être séduit par le charme de la fille.
　　その娘の魅力に惹きつけられないのは難しい。
　　Je regrette de ne pas avoir accepté son invitation.
　　彼女の招待に応じなかったことを後悔している。
　　Tu peux ne pas passer l'examen.
　　君は試験を受けないこともできる。

※jamais は、ne ... jamais という形以外に、疑問文や条件節中で使われることがある。疑問文は、事柄が成立しないかもしれないという前提で用いられるし、条件節も、事柄が成立しない可能性を含意するからである。

　　Avez-vous jamais rencontré ce danseur ?
　　あなたはその舞踊家に会ったことがありますか。
　　Si jamais une guerre éclate, je participerai au combat.
　　もし仮に戦争が起こったとしたら、私は戦闘に加わる。

2.2. ne ... que

　　ne ... que X は「X しか～ない」という意味を表す。
　　Marie ne lit que des bandes déssinées. マリーは漫画しか読まない。
　この文は、「マリーは漫画を読む」という肯定の事柄と、「マリーは漫画以外の本は読まない」という否定の事柄の両方を表すという点で、普通の否定文とは異なる。動詞と目的語の間にある関係は否定されていないから、目的語の不定冠詞を de にすることはない。

　　Olivier ne sort que quand il fait beau.
　　オリビエは天気がいい時にしか出かけない。←オリビエはある時に出かける。
　　＋オリビエは天気のいい時以外は出かけない。

※ne ... que は動詞しか修飾できないので、「主語しか～ない」のように、主語だけが何かをするという意味を表すために、ne ... que を用いることはできない。この意味を表すためには、次のような表現を用いる。

　　Alice seule m'a aidé. アリスだけが私を助けてくれた。
　　× Seulement Alice m'a aidé.
　　Ce n'était que Nathan qui a réussi à l'examen.

ナタンだけが試験に合格した（＝試験に合格したのはナタンだけだった）。
Personne ne m'a donné de cadeau sauf [excepté] Florence.
フロランスだけが私に贈り物をくれた（＝フロランス以外は誰も私に贈り物をくれなかった）。

2.3. ne...que と他の否定辞の組み合わせ
a. ne...pas que X： X だけ〜するのではない
　　Thierry ne parle pas que le français.
　　ティエリーはフランス語しか話せないわけではない。
　　L'article ne se vend pas que dans ce magasin.
　　その商品はこの店でしか売っていないわけではない。
b. ne...jamais que X： X にすぎない、X してばかりいる
　　Julien n'est jamais qu'un politicien incompétent.
　　ジュリアンは無能な政治屋にすぎない。
　　La fille ne fait jamais que bavarder ave ses amies.
　　その女の子は友達と無駄話をしてばかりいる。
c. ne...plus que X： もはや X しか〜ない
　　Il ne nous reste plus que la maison où nous habitons.
　　私たちにはもはや今住んでいる家しか残っていない。
　　Le président ne demande plus conseil qu'au directeur du service des affaires générales.
　　社長はもはや総務部長にしか助言を求めない。

※ne...pas que では「〜だけではない」のように、que による 1 つの対象だけへの限定が否定される。一方、ne...jamais que, ne...plus que では、「〜しか〜ない」という que の限定を jamais が強調したり、plus が補足したりするだけで、さらに否定の操作が加わるわけではない。

d. ne...que trop： 十分に〜だ
　　L'explorateur ne connaissait que trop les dangers de la montagne hivernale.
　　その探検家は冬山の危険は十分に知っていた。
　　Manon ne s'est régalée que trop de la cuisine du restaurant.
　　マノンはそのレストランの食事を十分堪能した。

2.4. ni： 否定される要素を並列する（☞第 12 章 2.1.3. 節）
a. ni X ni Y： X でも Y でもない
　　Pascal n'est ni imbécile ni inculte.

パスカルは愚かでも無教養でもない。
Marjorie ne mange ni viande ni poisson.
マルジョリーは肉も魚も食べない。

※ni の後に直接目的語が置かれる場合、不定冠詞と部分冠詞は表現されない。
François ne se sentait en sécurité ni sur les routes ni chez lui.
フランソワは、路上でも自宅でも安全だとは感じられなかった。
Ni la veste ni le pantalon qu'elle a choisi(s) ne vont [va] à Catherine.
カトリーヌが選んだ上着もパンツも彼女には似合わない。

※ni X ni Y が主語である場合、動詞や過去分詞の形が複数形になるのが普通だが、単数として取り扱うこともできる。ただし、X または Y が personne や aucun のような否定の意味を含む不定代名詞や不定形容詞の場合は、単数として取り扱われる。

Ni elle ni personne ne pourra satisfaire le metteur en scène.
彼女でも誰でもその演出家を満足させることはできないだろう。

X または Y に 1 人称または 2 人称代名詞が含まれている場合は、動詞は 1 人称複数形または 2 人称複数形になる。
Ni Solange ni moi (nous) ne sommes capables de répondre à votre question.
ソランジュも私もあなたの質問に答えることができません。

b. ne...pas, ni...：〜でないし...でもない
Brigitte ne dit pas son avis, ni prête l'oreille au mien.
ブリジットは自分の意見を言わないし、私の意見にも耳を貸さない。
René n'a pas pris le bus, ni le taxi.
ルネはバスに乗らなかったし、タクシーにも乗らなかった。

c. sans X ni Y：X も Y もなしに
Les habitants de la ville, encerclés par l'ennemi, ont dû vivre sans vin ni viande.
その町の住民たちは、敵に包囲されていたので、ワインも肉もなしに暮らさなければならなかった。

2.5. pas のみによる否定
a. 話し言葉では、ne を用いずに pas だけで否定文を作ることが多い。
Je veux pas aller à l'école. 学校に行きたくない。
Il fait pas beau aujourd'hui. 今日は天気がよくない。
Qui est cet homme ? — Je sais pas. この人は誰？ —知らないよ。
b. 話し言葉以外でも、pas のみによる否定文が用いられることがある。

① 返答の文で、否定される要素以外が省略される場合
　　Tu as fini ton devoir ?
　　— Pas encore. (= Je n'ai pas encore fini mon devoir.)
　　宿題は終わった？　—まだだよ。
　　Croyez-vous la nouvelle ?
　　— Absolument pas. (= Je ne crois absolument pas la nouvelle.)
　　あなたはそのニュースを信じますか。—絶対に信じません。
　　Allons faire un pique-nique. — Pourquoi pas ?
　　ピクニックに行こう。—もちろん。
② 名詞を修飾する形容詞が否定される場合
　　Louise a trouvé un appartment pas loin de la gare.
　　ルイーズは駅から遠くないアパートを見つけた。
　　Théo est un garçon pas très intelligent. テオはそれほど頭のよくない男の子だ。
③ 感嘆や命令を表す場合
　　J'ai acheté cette maison à trente mille euros. — Pas possible !
　　私はこの家を3万ユーロで買いました。—まさかそんな！
　　Pas de discussion ! 文句を言うな。
④ 先行する語句と対立する語句を表す場合
　　Didier en prendra charge, pas Catherine.
　　ディディエがそれを担当します。カトリーヌではありません。
　　J'irai à Lille, pas à Strasbourg.
　　私はリールに行くのであって、ストラスブールではありません。
　　Tu est content ou pas ? 君は満足しているの、それとも違うの？

3. 否定される要素

Sylvie n'a pas acheté de pain à la boulangerie hier.
この否定文は、否定される要素がどれなのかによって、次のような意味がある。
(1) シルビが昨日そのパン屋で買ったのは「パン」ではなかった。
(2) シルビが昨日パンを買ったのは「そのパン屋」ではなかった。
(3) シルビがそのパン屋でパンを買ったのは「昨日」ではなかった。
否定される要素を明確にするためには、強調構文を用いる。
　　Ce n'est pas du pain que Sylvie a acheté à la boulangerie hier.
　　シルビが昨日そのパン屋で買ったのはパンではなかった。
　　Ce n'est pas à la boulangerie que Sylvie a acheté du pain hier.

シルビが昨日パンを買ったのは、そのパン屋ではなかった。
Ce n'est pas hier que Sylvie a acheté du pain à la boulangerie.
シルビがパンをそのパン屋で買ったのは昨日ではなかった。
　強調構文を使えば、通常の否定文では否定できない主語も、否定の対象にすることができる。
Ce n'est pas Sylvie qui a acheté du pain à la boulangerie hier.
昨日そのパン屋でパンを買ったのはシルビではなかった。

4. 否定される要素を明示する non

4.1. 肯定される要素との対立
　肯定される要素と対立させて、否定される要素を表現する場合は、（et [mais]）non（pas）を否定される要素の前に置く。
Sylvie a acheté un croissant à la boulangerie hier, (mais) non (pas) du pain.
シルビは昨日そのパン屋ではクロワッサンを買ったのであって、パンではない。
Sylvie a acheté du pain à l'épicerie hier, (mais) non (pas) à la boulangerie.
シルビは昨日そのパンをその食品スーパーで買ったのであって、そのパン屋ではない。
Sylvie a acheté du pain à la boulangerie aujourd'hui, (mais) non (pas) hier.
シルビは今日そのパン屋でパンを買ったのであって、昨日ではない。
Jean a acheté du pain à la boulangerie hier, (et) non (pas) Sylvie.
昨日そのパン屋でパンを買ったのはジャンであって、シルビではない。
※口語では、non の代わりに pas が用いられることが多い。
Vous pouvez entrer dedans par ici, pas par là.
ここを通って中に入れます、あそこからではありません。

4.2. 形容詞・副詞の否定
　形容詞や副詞が否定されていることを明示するために、その前に non を置く。この場合、動詞を ne ... pas で否定しない。
Je veux construire un édifice non gigantesque.
私が建てたい建造物は巨大なものではない。
La fille a dansé non élégamment. その女の子の踊り方は上品ではなかった。
Service non compris. サービス料は含まれていません。

4.3. 文や節全体

文や節全体が否定文であることを non 単独で表すことができる。

Est-ce que le magasin est ouvert le dimanche ?
— Je crois que non.（＝Je crois que le magasin n'est pas ouvert le dimanche.）
その店は日曜日に開いていますか。
―開いていないと思います。

Je sais que Diane va participer au concourt, mais elle dit que non.
私はディアヌがそのコンクールに参加することを知っているのだが、彼女は違うと言っている。

Vous n'êtes pas opposé à notre parti, n'est-ce pas ?
— Bien sûr que non.
あなたは我々の党に反対ではないですよね。
―もちろん反対ではありません。

5. 否定の意味を含む語句

5.1. 不定代名詞、不定形容詞

Le chauffeur ne voyait rien dans le brouillard.
その運転手は、霧の中で何も見えなかった。

Personne n'a compris l'idée de l'historien scientifique.
その科学史家の考えを誰も理解してくれなかった。

Il n'y a aucune erreur dans votre mémoire.
あなたの論文には1つも間違いがありません。

Je ne te cache quoi que ce soit.
私は君に何1つ隠していない。

L'alpiniste n'a trouvé âme qui vive dans le refuge.
その登山家は、山小屋の中では1人も見かけなかった。

※rien, personne, aucun は pas とともに用いることはできないが、jamais, plus であれば一緒に使うことができる。

× Je n'ai pas rien volé.
○ Je n'ai jamais rien volé.
私は何も盗んでなんかいない。

× Lucie ne veut pas voir personne.
○ Lucie ne veut jamais voir personne.
リュシーは誰とも会いたくないと思っている。

× Le peuple n'avait pas aucun espoir de survivre.
○ Le peuple n'avait plus aucun espoir de survivre.
人々はもはや生き延びる希望を持っていなかった。

5.2. 副詞(句)

Marcel n'a légué peu à son fils.
マルセルは息子に財産をほとんど残さなかった。

Je regarde très rarement la télévision.
私はめったにテレビを見ない。

Il n'y a pas d'épicerie dans ce village. Tu dois aller ailleurs pour en trouver une.
この村にコンビニはない。見つけたければ他のところに行かなければならない。

Olivier peut à peine comprendre le patois de la région.
オリビエはその地域の言葉がほとんど理解できない。

Il te faut travailler très dur. Sinon [Autrement] tu ne réussiras pas dans l'examen.
君は一生懸命勉強しなければならない。さもないと試験には受からない。

5.3. 前置詞

Pauline a quitté Paris sans avoir visité la Tour Eiffel.
ポリーヌは、エッフェル塔に行かないでパリを去った。

Ils se sont mariés sans que leurs parents y consentent.
自分たちの両親が同意していないのに、彼らは結婚した。

Sans son secours, les gens n'auraient pas pu atteindre le pied de la montagne.
彼の救助がなければ、その人たちは山のふもとにはたどり着けなかっただろう。

6. 部分否定

「すべての〜」を意味する語句の前に否定辞が置かれると、「すべて〜であるわけではない」（一部は〜する）という部分否定を意味する。

Roland n'a pas lu tout le livre.
ロランはその本を全部読んだわけではない。

Alice ne se promène pas tous les matins.
アリスは毎朝散歩をするわけではない。

Bertrand n'est pas toujours gentil avec les autres.
ベルトランは他人に対していつも親切だというわけではない。
Dans ce pays, on ne peut pas aller partout.
この国ではどこにでも行けるとは限らない。
L'autorité municipale ne satisfait pas entièrement [totalement, complètement] les demandes des habitants.
市当局は住民の要求を全部満足させているわけではない。

「多くの」「過度の」を意味する語句の前に否定辞が置かれると、「あまり[たいして]～ではない」という部分否定的な意味を表す。

Je n'aime pas beaucoup les œuvres de l'écrivain.
私はその作家の作品はあまり好きではない。
Rose ne semble pas trop travailleuse.
ローズはたいして働き者ではないように見える。

※「ne（pas）savoir trop + 不定詞」は、「いくら～してもしすぎることはない」という意味を表す。

On ne saurait（pas）trop souligner l'importance du problème.
その問題の重要性はいくら強調してもしすぎることはないだろう。

7. 否定の強調

ne ... jamais は「決して～ない」という否定の強調を表すが、他にも否定を強調する表現がある。

Rémi ne veut pas du tout vivre à la campagne.
レミは田舎に住みたいとは全然思っていない。
Je ne reviendrai ici（jamais）de la vie.
私はここには決して戻ってこない。
L'explication du ministre n'est nullement [aucunement] persuasive.
大臣の弁明は全く説得力がない。
Ce type d'homme n'écoute les paroles des autres en aucune façon [manière].
こういう種類の人間は、他人の話を全く聞かない。
On ne voit une telle scène nulle part ailleurs.
そのような景色は、他のどこでも見られない。

8. 二重否定

　日本語には「太郎は賢くないわけではない」のように「ない」が繰り返される「二重否定」と呼ばれる構文がある。二重否定は肯定の意味を表すが、単なる肯定ではなくて、肯定の意味をいくらか弱める効果がある。

　フランス語では、rien, personne のような否定の意味を持つ語句の前に ne が置かれても、単なる否定を表すだけだし、ne ... pas とともに用いて二重否定のような意味を表すことはできない。ただし、二重否定的な効果を持つ、次のような表現は用いられる。

　　Quentin a réussi dans son entreprise non sans difficulté.
　　カンタンは事業に成功したが、苦労がなかったわけではない。
　　Les étudiants protestent contre la rénovation du programme d'enseignement non sans raison.
　　学生たちは教育課程の改革に反対しているが、正当性がないわけではない。
　　Cette méthode est difficile à employer, mais non moins efficace.
　　この方法を使うのは難しいが、だからと言って有効でないわけではない。
　　Je ne peux pas ne pas consentir au mariage de ma fille.
　　私は娘の結婚に同意しないわけにもいかない。

9. pas を省略することができる否定文

　否定文は動詞に先行する ne と動詞に後続する pas, jamais などの否定辞または rien, personne, aucun などの不定代名詞・形容詞を組み合わせて作られるのが原則だが、用いられる動詞や構文によっては ne だけで否定文を作ることができる場合がある。ただし、話し言葉での否定は pas 単独で表されることが多いので、ne だけによる否定文は文語的である。

a. cesser de〈～するのをやめる〉, oser〈あえて～する〉, pouvoir〈できる〉が不定詞の目的語をとる。

　　Les prix ne cessent (pas) de s'élever.　物価は上がり続けている。
　　La femme n'osait (pas) dire la vérité à la police.
　　その女性は警察に本当のことを言う勇気がなかった。
　　Même la richesse ne peut (pas) créer le vrai bonheur.
　　富でさえ本当の幸福を作り出すことはできない。

b. savoir〈できる〉の条件法形が不定詞の目的語をとる。この場合は、pas を使わないのが普通。

On ne saurait remettre la date de la cérémonie.
式典の日程を延期するわけにはいかないだろう。

Je ne saurais protester contre le pouvoir.
権力に反対することは私にはできそうにない。

c. savoir〈知っている〉が間接疑問節を目的語にしている。

Marc ne sait (pas) si sa déduction est bien-fondée ou non.
マルクは自分の推論が正しいのかどうか分からない。

Je ne sais (pas) comment trouver de solution à cette situation.
この状況への打開策をどうやって見つけたらいいのか私は知らない。

d. 成立する可能性があるだけの事態を表す文や節中

① 主節が否定形または疑問形で、関係節中に接続法が用いられている。

Il n'y avait rien que le génie ne comprenne (pas).
その天才が理解できないものはなかった(→ その天才は何でも理解できる力がある)。

Connaissez-vous quelqu'un qui ne veuille (pas) voir la chanteuse ?
その女性歌手に会いたくない人を誰か知っていますか(→ 誰もがその女性歌手に会いたいだろう)。

② si で始まる条件節

Si mes parents n'y sont (pas) opposés, je veux aller à l'université.
両親が反対でなければ、私は大学に行きたい(→ 私の進学に両親が反対するかもしれない)。

Florence ira dans ce pays, si la situation n'y est (pas) dangereuse.
危険な状況が起きるのでなければ、フロランスはその国に行くだろう(→ 危険な状況がその国で起きるかもしれない)。

③ 反語的疑問文

Qui n'admire (pas) cette œuvre magnifique ?
この素晴らしい作品を賞賛しない人がいるだろうか(→ 誰もがこの作品を賞賛するだろう)。

Que le tribunal n'a-t-il prononcé un verdict coupable ?
裁判所はどうして有罪の判決を下さなかったのだ(→ 裁判所が有罪の判決を下してほしかった)。

※que はここでは「理由」を問う疑問詞の働きをしている。この場合は pas を使わないのが普通。

④ 時間的経過を表す語句に続く que 節

Il y a [Voici, Voilà] dix ans que je n'ai (pas) vu Cécile.

セシルに会わなくなって10年になる（→ これからセシルに会うかもしれない）。
Henri s'est bien rétabli depuis qu'il n'avait (pas) bu.
酒を飲まなくなって以来、アンリはずいぶん健康を取り戻した（→ それ以前は酒を飲んでいた）。

⑤ d'autre ... que の前

On n'imagine (pas) d'autre choix que d'accepter sa proposition.
彼の提案を受け入れる以外の選択肢は想像できない（→ 彼の提案を受け入れる事態が想像できる）。

e. 定型表現

Je n'ai cure de la protestation de la foule. 私は群衆の抗議など気にかけない。
La sentinelle n'avait garde de laisser personne pénétrer dans la forteresse.
歩哨は、砦の中に誰も侵入させないように細心の注意を払っていた。
Il n'empêche que nous devons maintenir de bonnes relations avec notre voisin.
それでも私たちは隣国とよい関係を維持しなければならない。
À Dieu ne plaise que mon fils subisse une peine de prison.
息子が懲役に服することなどありませんように。

10. 虚辞の ne

　口語ではあまり使われないが、書き言葉では、完全に成立が否定されているわけではなく、成立しない可能性があると判断される事柄を表す従属節中で、動詞や助動詞の前に単独で ne が置かれる場合がある。pas を伴わず、完全な否定の働きをするわけではないので、使わなくてもよい否定辞という意味で「虚辞の ne」と呼ばれる。成立しない可能性がある事柄について用いられるから、虚辞の ne を伴うのは接続法の動詞が多いが、比較表現などでは直説法の動詞が虚辞の ne を伴うこともある。

10.1. 接続法と虚辞の ne （☞第 4 章 6.3.2. 節）
10.1.1. 不安や恐れを表す語句に伴う従属節

Je crains qu'il n'arrive un tremblement de terre dans quelques jours.
数日中に地震が起きるのではないかと心配している。（私は地震が起きなければいいと思っている）
L'empereur avait peur que le premier ministre ne se révoltât contre lui.
皇帝は、宰相が自分に対して反乱を起こすのではないかと恐れていた。
（皇帝は宰相の反乱が起きなければいいと思っていた）

第11章 否　　定

　　Léa a caché les poissons de peur [dans la crainte, de crainte] que le chat ne les mange.
　　猫が食べるといけないので、レアはその魚を隠した。(レアは猫が魚を食べなければいいと思っている)
※主節が否定されている場合は、従属節中の事態が成立しても構わないということだから、虚辞の ne は使わない。
　　Je ne crains pas qu'il arrive un tremblement de terre.
　　私は地震が起きることなど恐れてはいない。
　事柄が成立しないことを恐れている場合には、従属節の動詞は、通常の方法で否定される。
　　Je crains que Gilles ne réussisse pas dans l'examen.
　　ジルが試験に受からないのではないかと心配している。

10.1.2.　疑いや否認を表す語句が否定されている構文中の従属節

　　Ma mère ne doute pas que je ne devienne vétérinaire.
　　私の母親は私が獣医になることを疑っていない。
　　(私が獣医にならない可能性もあるが、母親はなると思っている)
　　L'autorité n'a pas nié que l'information ne soit vraie.
　　当局はその情報が真実であることを否定しなかった。
　　(その情報が真実ではないかもしれないと思われていたが、当局は真実だと言った)

10.1.3.　事柄が成立しないように働きかける語句に伴う従属節

　　Prenez garde que vous ne ratiez le train.
　　列車に乗り遅れないように気をつけてください。
　　(列車に乗り遅れないことを希望している)
　　La banque centrale doit éviter que la déflation ne s'aggrave.
　　中央銀行は、デフレが悪化しないようにしなければならない。
　　(デフレが悪化しないことを期待している)
　　Le médecin a empêché que la maladie ne progresse.
　　その医者は病気がこれ以上進行しないようにした。
　　(病気がこれ以上進行しないことが望まれていた)

10.1.4.　事柄の未実現を含意する接続語句に伴う que 節

　　La pollution se répandra à moins que les usines ne cessent l'évacuation des

eaux sales.
その工場群が汚水の排出を止めるのでなければ、汚染は拡大するだろう。
（工場はまだ汚水の排出を止めていない）
Alain a quitté l'hôpital avant que le traitement ne soit complètement fini.
治療が完全に終わる前に、アランは病院を出た。
（治療はまだ完全に終わっていなかった）
Louise ne rentre pas chez elle sans que quelqu'un ne l'accompagne.
ルイーズが家に戻るときには、いつも誰かが送ってくれる。
（「誰かが送らないではルイーズは家に帰らない」ということ）
Il s'en faut de peu [Peu s'en faut] que la société ne fasse faillite.
その会社はもう少しで倒産するところだ。
（倒産する可能性があるだけで、実際には倒産していない）

10.2. 直説法と虚辞の ne
10.2.1. 比較の基準を表す従属節中

Hubert est plus sage qu'il ne l'était dans sa jeunesse.
若い頃に比べて、ユベールは思慮深くなっている。
（若い頃はあまり思慮深くなかった）
Karine mange trois gâteaux plus vite qu'elle ne boit une bouteille de lait.
カリーヌは、牛乳を1瓶飲むよりも速くケーキを3個食べる。
（カリーヌが牛乳を1瓶飲むのはそれほど速くない）

※主節が否定されている場合は、虚辞の ne は使わない。従属節の事柄が現実に成立しているからである。

Hubert n'est pas plus sage qu'il l'était dans sa jeunesse.
ユベールは若い頃に比べて思慮深くない。（若い頃の方が思慮深かった）

10.2.2. 除外や相違を表す plutôt que〈〜よりはむしろ〉, autrement que〈〜とは違って〉の後

Le directeur grondait sa secrétaire plutôt qu'il ne la persuadait.
部長は秘書を諭しているというよりはむしろ叱責していた。
（部長は秘書を諭してはいなかった）
Diane pense au fond autrement qu'elle ne parle.
ディアーヌが心の底で思っていることは口で言っているのとは違う。
（口では思っていることを言わない）

第 11 章のまとめ

1. 「否定」は、文が表す事柄が真実ではないことを表す。否定文が使われるためには、ある事柄の真実性が問題となっているような状況が要求される。

2. 否定文は、動詞または助動詞を ne ... pas ではさむのが基本の形。
   基本形以外の否定表現: ne ... jamais 〈決して〜ない〉, ne ... guère 〈ほとんど〜ない〉, ne ... plus 〈もはや〜ない〉, ne ... nullement [aucunement] 〈全く〜ない〉, ne ... que 〈〜しかない〉
   話し言葉では pas のみによる否定文がよく使われる。また、返答の文で語句を省略したり、先行する要素との対立を表す場合などでも、pas のみによる否定文が用いられる。

3. 否定文では、動詞が表す動作だけでなく、目的語が表す事物、動作の場所や時なども否定の対象になる。強調構文を使えば、否定の対象がどれであるのかを明確に表すことができる。

4. 肯定文に続けて、(et [mais]) non (pas) を語句の前に置くことで、否定の対象がその語句であることを明示することができる。

5. 否定の意味を含む語句
   a. 不定代名詞・不定形容詞: rien, personne, aucun, quoi que ce soit, âme qui vive
   b. 副詞(句): peu, rarement, ailleurs, à peine, sinon, autrement
   c. 前置詞: sans

6. 「すべての〜」を意味する語句の前に否定辞が置かれると、「すべて〜であるわけではない」という部分否定の意味になる。

7. 否定を強調する語句
   ne ... pas du tout, ne ... (jamais) de la vie, ne ... nullement [aucunement], ne ... en aucune façon [manière], ne ... nulle part

第 11 章のまとめ

8. フランス語には「〜ないわけではない」という二重否定を表す特別の構文はない。ただし、non sans, non moins のような否定語の連続は、二重否定と同様の意味を表す。

9. 口語では、動詞・助動詞に pas を後続させるだけで、ne を用いない否定文も普通に用いられる。
    文語的な文体では、以下のような場合に ne のみを用いる否定文を用いることができる。
    a. cesser, oser, pouvoir が不定詞の目的語をとる。
    b. savoir の条件法形が不定詞の目的語をとる。
    c. savoir が間接疑問節を目的語にする。
    d. 成立する可能性があるだけの事柄を表す文や節中（主節が否定形または疑問形で、関係節中の法が接続法、si で始まる条件節、反語的疑問文、時間的経過を表す語句に続く que 節、d'autre ... que の前）
    e. n'avoir cure [garde], il n'empêche que ... などの定型表現

10. 成立しない可能性がある事柄を表す従属節中では、事柄を完全に否定するわけではないが、否定的環境にあることを表す働きをする ne が単独で用いられることがある。これを「虚辞の ne」と呼ぶ。
    虚辞の ne が用いられるのは以下のような場合：
    a. 不安や恐れを表す語句に伴う従属節（接続法）
    b. 疑いや否認を表す語句が否定されている構文中の従属節（接続法）
    c. 事柄が成立しないように働きかける語句に伴う従属節（接続法）
    d. 事柄の未実現を含意する接続語句に伴う que 節（接続法）
    e. 比較の基準を表す従属節（直説法）
    f. 除外や相違を表す plutôt que ..., autrement que の後

第12章
接続詞と節

1. 接続詞の分類

　接続詞は、文や文を構成する語句を並列したり、従属関係を表したりする働きなどをする語のこと。同種の語句を並列する「等位接続詞」と、従属関係を表す「従位接続詞」に分類される。従位接続詞は、名詞節と副詞節を構成する。本章では主な接続詞について解説する。名詞を修飾する働きをする関係節（＝形容詞節）は、接続詞ではなく関係代名詞・関係副詞によって構成される（☞第8章）。

2. 等位接続詞

a. 文または文より小さい単位を並列させる。

　et〈連結〉, ou, soit〈選択〉, ni〈否定的添加〉, mais〈対立〉

b. 文を並列させる。

　car〈理由〉, donc, aussi, partant〈結果〉, or〈話題の転換〉

2.1. 文または文より小さい単位を並列させる接続詞
2.1.1. et

　　Les sciences naturelles élucident les mécanismes des phénomènes naturels et les sciences humaines éclairent l'essence des idées et des comportements humains.
　　自然科学は自然現象の機構を解明し、人文科学は人間の思考と行動の本質を明らかにする。
　　Thomas s'est levé, s'est brossé les dents et s'est lavé la figure.
　　トマは起きて、歯を磨き、顔を洗った。
　　（3つ以上の語句を連結する場合は、A, B et C のように、最後の語句の前だけに et を置く）
　　Hélène a mangé du steak et des pommes frites pour le déjeuner.
　　エレーヌは昼食にステーキとフライドポテトを食べた。
　　Maxime achète beaucoup de livres et il ne les lit que très rarement.
　　マクシムは本をたくさん買うのに、それらを滅多に読むことがない。〈対立する2つの事柄の連結〉
　　Dépêchez-vous et vous pourrez prendre le train.
　　急げば列車に乗れるでしょう。〈条件と結果の連結〉
　　Et la promesse que tu m'as faite alors ?

2. 等位接続詞

あの時にお前が私にした約束はどうなったんだ。〈事物の強調〉
Je veux visiter et le musée du Louvre et l'Opéra et la tour Eiffel.
私はルーブル美術館もオペラ座もエッフェル塔も行きたい。
(連結される語句をそれぞれ強調したい場合は、et A et B et C のように、個々の語句の前に et を置く)
Il y a vin et vin. ワインと言ってもいろいろある。
(同じ無冠詞名詞を et で連結する)

2.1.2. ou, soit

Ce soir, tu feras la cuisine ou nous commanderons des pizzas.
今晩は、君が料理をするか、ピザを注文するかにしよう。
Vous pouvez aller à pied ou prendre un autobus.
歩いて行くか、バスに乗ることができます。
Je vais me spécialiser en mathématiques ou (bien) en physique.
私は数学か物理学を専攻するつもりです。
(選択の意味を強調するために、ou の代わりに ou bien を用いることができる)
Ouvrez la fenêtre, ou la température dans la salle s'élèvera.
窓を開けてください、そうでないと部屋の温度が上がります。
Ou (bien) de l'argent liquide ou (bien) des actions sont valables pour l'achat de ces biens immobiliers.
現金または株式がこの不動産の購入には有効です。
Deux cent trente-quatre est un nombre pair ou un nombre entier divisible par deux.
234 は偶数、つまり 2 で割り切れる整数だ。
On peut choisir soit la chimie soit la physique. 化学か物理を選択できます。
Soit audace, soit ignorance, Claude a protesté contre le président.
大胆さからか、あるいは無知からか、クロードは社長に反論した。

2.1.3. ni (☞第 11 章 2.4. 節)

a. ni A ni B: A でも B でもない

Pauline n'aime ni le poisson ni la viande.
ポリーヌは魚も肉も好きではない。
Olivia n'est ni élégante ni charmante.
オリビアは上品でも魅力的でもない。
Ni l'argent ne crée le bonheur ni la pauvreté n'amène le malheur.

金が幸福を作り出すのでもないし、貧困が不幸を導くのでもない。
Ni le maire ni le président n'approuveront [n'approuvera] le projet.
市長も議長もその計画を認めないだろう。

※ ni A ni B が主語である場合、動詞は複数形または単数形。ただし、主語となることができる事物が1つに限られる場合や、B が personne, rien, aucun など否定的意味を持つ語句の場合は、動詞は単数形になる。

Ni Jean ni Lucien ne pourra se marier avec Pauline.
ジャンもリュシアンもポリーヌとは結婚できないだろう。
Ni le président ni personne ne pourra la dissuader de démissionner.
社長だろうが誰だろうが、彼女が辞職するのを思いとどまらせることはできないだろう。

b. ne pas A ni B：A でないし、B でもない

Je ne comprends pas sa logique ni sa mentalité.
私は彼女の論法も精神状態も理解できない。
L'homme ne vient pas de l'Afrique ni de l'Europe.
その男はアフリカから来たのでも、ヨーロッパから来たのでもない。

c. sans A ni B：A も B もなしに

Richard est parti sans argent ni carte.
リシャールはお金もカードも持たないで出かけた。
Camille a couru tout le marathon sans boire d'eau ni prendre de casse-croûte.
カミーユは水も飲まず軽食も摂らないでマラソンを完走した。

2.1.4. mais

Le grec est difficile à apprendre, mais il y a un magnifique trésor d'œuvres grecques.
ギリシア語は学ぶのが難しいが、ギリシア語作品の素晴らしい宝庫がある。
Napoléon était de taille modeste, mais d'une grande intelligence.
ナポレオンは身体は小さかったが、知性は優れていた。
Le sac n'est pas le mien, mais celui de mon frère.
その鞄は私のではなく、私の弟のだ。
Certes [Sans doute, Il est vrai que] la méthode est efficace, mais une machine coûteuse est nécessaire pour l'employer.
なるほどその方法は効率的だが、それを使うためには高価な機械が必要だ。
Non seulement la voiture est bon-marché mais (encore) elle consomme peu d'essence.

その車は安いだけでなく、燃費もいい。

2.2. 文を並列させる接続詞
2.2.1. car

André n'est pas allé au parc d'attraction, car il n'aime pas les montagnes russes.
アンドレはそのテーマパークには行かなかった。というのも彼はジェットコースターが嫌いだからだ。

Caroline se guérira en peu de temps, car en effet son médecin traitant est très compétent.
カロリーヌはすぐによくなるだろう。何しろ彼女の主治医はとても有能だから。

※car は、主節の後で理由を付け足すために用いられることから、等位接続詞に分類される。同様に理由を表す接続詞 parce que, puisque は従位接続詞に分類される。

2.2.2. donc, aussi, partant

Il est arrivé un accident, donc on a appelé la police.
事故が起こったので、警察を呼んだ。

※donc は、2 番目の文の先頭ではなく、文中に置かれることがある。この場合、働きは同じだが副詞に分類される。

Il y a eu une forte tempête de neige. Rose n'est donc pas allée au bureau.
とても激しい吹雪だった。それでローズは会社に行かなかった。

La construction du pont sur le fleuve est terminée. Aussi est-il devenu plus facile de se rendre en ville de l'autre côté de celui-ci.
川を渡る橋の建設が終わった。そのため、こちら側から向こう側の町に行きやすくなった。

※aussi が文頭に置かれているときには、主語と動詞の倒置が起きる (ainsi の場合は倒置しなくてよい。☞本章 2.3.2. 節)。

Les hommes sont nés coupables, partant ils doivent être punis.
人間は罪を負うて生まれた。ゆえに罰を受けなければならない。
(partant は文語で用いられる)

2.2.3. or

Charles a été admis à la faculté des sciences, or il n'est pas très fort en physique.

シャルルは理学部への入学を許可された。ところが彼は物理学があまり得意ではない。

Tout homme est mortel ; or Socrate est un homme ; donc Socrate est mortel.
人間はすべて死ぬ。ところでソクラテスは人間である。したがってソクラテスは死ぬ。

2.3. 等位接続詞と同様の働きをする副詞(句)
2.3.1. 並　列

puis〈それから〉, ensuite〈次に〉, de [en] plus〈さらに〉, en outre〈その上〉, d'ailleurs〈しかも〉, ainsi que〈同様に〉, aussi bien que〈同様に〉

Marielle est entrée dans la chambre, puis elle a allumé la lumière.
マリエルは部屋の中に入って、それから電気をつけた。
J'ai prêté de l'argent à Romain, (et) de plus je lui ai offert un poste dans mon entreprise.
私はロマンにお金を貸してやり、さらには、私の会社のポストを提供してやった。
Cet article est vendu dans les supermarchés ainsi que dans les grands magasins.
この商品はデパートで売っているし、同様にスーパーでも売っている。

2.3.2. 結　果

alors〈それで〉, ainsi〈だから、そうすれば〉, enfin〈結局〉, par conséquent / en conséquence / par suite〈したがって〉

Ma voiture était en panne, alors je suis allé à la faculté à vélo.
私の車は故障していた。それで大学に自転車で行った。
Mathilde a fait grands efforts. Ainsi elle a réussi dans les affaires.
マティルドは非常な努力をした。だからその事業で成功を収めた。
Les Romains ont vaincu le pays, par conséquent le territoire en a été dévasté.
ローマ人たちはその国を打ち破った。その結果、その領土は荒廃させられた。

2.3.3. 理　由

en effet〈実際〜だから〉, du reste〈そもそも、それに〉

Gilberte n'est pas présente aujourd'hui, en effet elle avait l'air un peu grippée

hier.
ジルベルトは今日出席していない。実際昨日は少し風邪を引いているような様子をしていた。
Je ne suis pas allé à la réunion, du reste, j'avais autre chose à faire ce jour-là.
私はその会合に行かなかった。それにその日は他にやることがあった。

2.3.4. 対　立

cependant / toutefois / pourtant〈しかしながら〉, néanmoins〈それでも〉, au contraire / par contre / en revanche〈それに反して、逆に〉

Je n'ai pas trouvé de graves erreurs dans cet article, cependant le procès de déduire la conclusion n'est pas tout à fait persuasif.
この論文に重大な誤りは見つからなかったが、それでも結論を導く過程は完全に説得的だとは言えない。
Les esclaves n'étaient pas mal traités en Grèce, au contraire ils constituaient un noyau important de la société.
ギリシアでは奴隷は悪い待遇を受けてはいなかった。それどころか彼らは社会の重要な中核を構成していた。

2.3.5. 選　択

tantôt A tantôt B〈ある時は A ある時は B〉

Tantôt Antoine est ardu à la peine, tantôt il se fatigue facilement.
アントワーヌはある時は疲れを知らず働くが、ある時はすぐに疲れる。

2.3.6. 限　定

du [au] moins〈少なくとも〉, seulement〈ただし〉

La situation économique s'améliore, du moins le déficit financier baisse.
景気は回復しつつある。少なくとも財政赤字は減少している。
Le garçon est très intelligent, seulement il est paresseux.
その男の子はとても頭がいい。ただ怠け者だ。

3. 従位接続詞

3.1. 名詞節を作る従位接続詞

名詞節は、文の主語と補語、名詞の同格節、動詞の目的語、形容詞の補語としての働きをする。名詞節を作る従位接続詞は que と si である。

3.1.1. que

名詞・動詞・形容詞の具体的内容を表す名詞節を導く。

Que la démonstration soit incorrecte est certain.
= Il est certain que la démonstration est incorrecte.
その証明が正しくないことは確かだ。〈主語〉

※名詞節が主語として働いているときは、文頭に il を置く非人称構文をとるのが普通だが、que 節を文頭に置くこともできる場合がある。ただしその場合、節中の動詞は接続法をとる。

Il s'ensuit que la date où la révolution a éclaté doit être rectifiée.
革命が起こった日付は修正しなければならないという結果になる。〈主語〉

※Il faut que〈～しなければならない〉, Il vaut mieux que〈～した方がよい〉, Il importe que〈～が重要だ〉, Il s'ensuit que / Il en résulte que〈～という結果になる〉などの定型的な非人称表現は、必ず il を文頭に置く構文を使わなければならない。

L'information que le journal a donnée est que l'avion disparu vient d'être localisé.
新聞が伝えた情報は、消えた飛行機の位置が分かったということだ。〈補語〉

La demande du peuple était que la construction de l'autoroute soit immédiatement reprise.
人々の要求は、高速道路の建設が即座に再開されるというものだった。〈補語〉

Laura avait l'idée que le monde s'anéantirait un jour.
ローラはいつか世界が消滅するという考えを持っていた。〈名詞の同格節〉

Le juriste en a conclu que la justice gouverne toutes les activités humaines.
その法学者はそこから、人間のすべての行動を正義が支配していると結論した。〈動詞の目的語〉

Le tyran craignait que le peuple ne se révoltât contre lui.
その暴君は、人民が自分に反逆するのではないかと恐れていた。〈動詞の目的語〉

Nous sommes fiers que notre entreprise ait eu un grand succès.
我々の事業が大きな成功を収めたことを我々は誇りに思う。〈形容詞の補語〉

3. 従位接続詞

3.1.2. à ce que, de ce que

動詞や形容詞が前置詞àまたはdeを介して目的語・補語をとる場合、目的語・補語の名詞節がà [de] ce queという形で表されることがある。à ce queの後では接続法、de ce queの後では直説法が用いられる。

a. 動詞・形容詞＋à ce que＋接続法

  La police veille à ce que le témoin soit bien protégé.
  警察は、証人がきちんと保護されているように注意している。
  Je m'attends à ce que le pire puisse arriver.
  最悪の事態が起こりうることは予期している。
  Louis était résolu à ce que l'autorité usât de violence.
  ルイは当局が暴力を用いることは覚悟していた。

b. 動詞・形容詞＋de ce que＋直説法

  Je m'étonne de ce que rien n'est arrivé pendant la fête.
  祭りの間に何も起こらなかったことに驚いている。
  Mireille s'est réjouie de ce que son fils lui avait donné un cadeau.
  ミレイユは息子が贈り物をくれたことを喜んだ。
  Le professeur est content de ce que tous les étudiants ont eu des notes de passage.
  その教師は、生徒が全員合格点をとったことを喜んでいる。
  Annette était fâchée de ce que son mari avait oublié son anniversaire.
  アンネットは、夫が彼女の誕生日を忘れたことを怒っていた。

※「de ce que＋直説法」は「que＋接続法」に置き換えることができる。

  Je m'étonne que rien ne soit arrivé pendant la fête.
  Mireille s'est réjouie que son fils lui ait donné un cadeau.
  Le professeur est content que tous les étudiants aient eu des notes de passage.
  Annette était fâchée que son mari ait oublié son anniversaire.

3.1.3. si

「～かどうか」という内容の、真偽が不明の事柄を表す名詞節を作る。

  On ne sait pas si ce que Damien dit est vrai.
  ダミアンが言うことが本当かどうかは分からない。
  L'avocat a demandé au témoin s'il connaissait l'accusé.
  弁護人は証人に、被告人を知っているかどうか尋ねた。
  Il n'est pas certain si ce tableau est un vrai Picasso.
  この絵が本物のピカソの絵かどうかは確かではない。

※英語にはsiに対応する接続詞としてifとwhetherがあり、whetherを使えば、

名詞節を文頭に置く次のような文を作ることができる。
　　Whether the story is true or not is unknown.
　　その話が本当かどうかは知られていない。
しかし、フランス語には si しかないので、si で始まる名詞節を主語にした、上の英文に対応する文は正しくない。
　　× Si l'histoire est vraie ou non est inconnu.

3.2. 副詞節を作る従位接続詞・接続句

　副詞節は、副詞と同様の働きをする節のことで、主節が表す事柄の性質をさらに限定する働きをする。副詞節は、quand〈〜のときに〉のような単独の接続詞だけでなく、pendant que〈〜の間〉のような、前置詞や名詞などと que を結合する形の接続句によっても構成される。「場所」を表す副詞節についてのみ、que ではなく関係副詞の où を伴う接続句を用いる。

3.2.1. 「時」を表す接続詞・接続句

> quand / lorsque / comme〈〜のときに〉, pendant que / tandis que〈〜の間に〉, avant que〈〜の前に〉, après que〈〜の後に〉, depuis que〈〜して以来〉, jusqu'à ce que〈〜まで〉, dès que / à peine que / aussitôt que〈〜するとすぐに〉など

　　Quand la guerre a éclaté, mon père travaillait dans une usine de guerre.
　　戦争が起こったとき、私の父は軍需工場で働いていた。
　　Comme il faisait la vaisselle, un facteur a sonné.
　　彼が食器を洗っているときに、郵便配達がベルを鳴らした。
　　（comme が「時」を表す場合、動詞の時制は半過去であるのが原則）
　　Caroline lisait une revue pendant que son mari préparait le dîner.
　　夫が夕食の準備をしている間、キャロリーヌは雑誌を読んでいた。
　　L'industrie ne cesse de se développer depuis que le nouveau système technologique a été introduit.
　　新しい科学技術の体制が導入されて以来、産業は発展し続けている。
　　Paul et Marie se sont embrassés aussitôt qu'ils sont entrés dans la chambre.
　　部屋に入るとすぐに、ポールとマリーは抱擁し合った。
　　À peine a-t-il fini sa lecture que le conférencier est descendu de l'estrade.
　　＝Le conférencier est à peine descendu de l'estrade qu'il a fini sa lecture.
　　講演を終えるとすぐに、講演者は演壇を降りた。
※à peine は文頭に置かれることが多い。この場合、疑問文と同様の主語と動詞

の倒置が起こり、後続する文の前に que が置かれる。

　　Restez ici jusuqu'à ce que je revienne.
　　私が戻ってくるまでここにいてください。
　　Finissez votre travail avant que je revienne.
　　私が戻ってくるまでに仕事を終えてください。

※日本語の「まで」と「までに」は違う。「X まで Y」は、Y という事柄は、X が起きる時点でようやく終わる。「X までに Y」は、X が起きる時点よりも前に Y が終わる。フランス語でもきちんとこの違いが区別されていて、「まで」に当たるのが jusuqu'à ce que であり、「までに」に当たるのが avant que である。両者を混同すると間違いになる。

　　× Restez ici avant que je revienne.
　　× Finissez votre travail jusqu'à ce que je revienne.

3.2.2.「理由・原因」を表す接続詞・接続句

parce que, puisque, comme, étant donné que, du fait que, vu que, attendu que

　いずれも「〜だから」という、主節の事柄が成立する理由を表す。vu que, attendu que は、日本語で「〜のゆえに」に置き換えられるくらいの、古めかしい表現。

　　Fabien a été licencié parce qu'il avait commis un détournement de fonds.
　　資金を横領したため、ファビアンは解雇された。
　　C'est parce qu'il a gagné énormément d'argent que Timéo a acheté une résidence de luxe.
　　ティメオが豪邸を購入したのは、莫大な金を稼いだからだ。

※parce que は理由を表す従属節を作る。理由の従属節は 1 つの文を構成する要素だから、強調構文で強調することができる。一方、同じように理由を表す car は等位接続詞で、対等の文を並列する働きをする。car 以下は主節と同じだから主節の一部ではなく、強調構文で強調することができない。

　　Gabrielle chante très bien, car c'est une fille d'une chanteuse célèbre.
　　ガブリエルは歌がとてもうまい。というのも彼女は有名な歌手の娘だからだ。
　　→ × C'est car elle est une fille d'une chanteuse célèbre que Gabrielle chante très bien.
　　Puisque vous êtes Parisien, je suis sûre que vous connaissez des quartiers intéressants de cette ville.
　　あなたはパリの人間なのだから、この町の興味深い界隈をきっと知っていらっ

しゃると思います。

※puisque は、相手も知っている事柄が理由になっていることを表す。parce que にはそのような限定はない。

Comme la méthode d'argumentation était loin d'être persuasive, l'article de Didier a été sévèrement critiqué.
論証の方法が全く説得的ではなかったため、ディディエの論文は厳しく批判された。
Étant donné que sa maladie est grave, il est absolument nécessaire que Chloé soit hospitalisée.
病気が重いのだから、クロエが入院することは絶対に必要だ

3.2.3.「目的」を表す接続句

pour que / afin que 〈〜のために〉, de (telle) manière [façon, sorte] que 〈〜するように〉など

On a installé une grande enceinte acoustique pour que toute l'audience puisse entendre la musique.
聴衆全員に音楽が聞こえるように、大きなスピーカーシステムを設置した。
J'ai fait la cuisine de (telle) manière que mes enfants en soient contents.
子供たちが満足するように料理を作った。

3.2.4.「結果」を表す接続句

de (telle) sorte [manière, façon] que 〈それで〜になる〉, si bien que 〈その結果〜〉, tellement ... que 〈とても...なので〜だ〉, trop [assez] ... pour que 〈あまりに[十分]...なので〜だ〉など

Diane est tombée malade, de (telle) sorte qu'elle n'a pas pu participer à l'excursion.
ディアヌは病気になった。それで遠足には参加できなかった。

※de (telle) sorte [manière, façon] que は「目的」と「結果」の両方を表すことができるが、「目的」の場合は接続法、「結果」の場合は直説法をとる。

L'écrivain a achevé une œuvre monumentale, si bien qu'il a obtenu un grand prix littéraire.
その作家は記念碑的な作品を書き上げて、その結果大きな文学賞をとった。
Je me suis réveillé tellement tôt ce matin que j'ai très sommeil maintenant.

今朝はとても早く目が覚めたので、今とても眠い。
Isabelle était trop belle pour que les hommes osassent s'approcher d'elle.
イザベルはあまりに美しかったので、男たちは彼女に近づく勇気もなかった。

3.2.5. 「比較」を表す接続詞・接続句

> comme〈～のように〉, comme si〈まるで～のように〉, ainsi que〈～であるように〉, de même que〈～と同様に〉など

☞ plus, moins, aussi, si, autant, tant を用いる比較表現については、第10章を参照。

Éric a parlé à ses étudiants comme son maître lui avait appris.
エリックは、自分の先生が教えてくれたように、学生たちに話をした。
Alice se comporte comme si elle était une vraie actrice.
アリスは、まるで本物の女優であるかのような振る舞いをしている。
Les Français aiment le vin, de même que les Russes aiment le vodka.
ロシア人がウオッカを好むのと同様に、フランス人はワインを好む。

3.2.6. 「比例」を表す接続句

> (au fur et) à mesure que〈～につれて、～に応じて〉, selon que〈～に従って〉, à proportion que〈～に比例して〉など

La température baisse (au fur et) à mesure que l'altitude augmente.
高度が増すにつれて、気温は下がる。
La récolte varie selon que le sol est plus ou moins riche.
土壌の豊かさの度合いに従って、収穫量も変わる。

3.2.7. 「譲歩」を表す接続詞・接続句

「譲歩」には、「対立」と「極限」という2つの種類がある。「対立」は「XにもかかわらずY」のように、Yが成立する条件としてXの成立の可能性が最も低いと判断されるという意味を表す。「極限」は「どんなにXしてもY」のように、Xの程度が極限に達しても、Yの程度には届かないという意味を表す。

> ① 対立: quoique / bien que / encore que / malgré que〈～にもかかわらず〉, alors [même] que / tandis que / au lieu que〈～であるのに〉, lors même que〈仮に～だとしても〉, quand (bien) même〈たとえ～でも〉, (bien) loin que〈～どころか〉など

Pierre n'est pas sorti de la maison pour aller se promener quoiqu'il fasse très beau.
天気がとてもよかったのに、ピエールは家の外に出て散歩に行くことはしなかった。
Bien que son territoire ne soit pas large, le pays produit une grande quantité de ressources naturelles.
領土は広くないにもかかわらず、その国は大量の天然資源を産出している。
Brigitte est devenue médecin, tandis que son frère a pris la succession de son père.
ブリジットは医者になったが、一方彼女の弟は父親の家業を継いだ。
Ferdinand veut aller à Harvard quand (bien) même sa famille serait pauvre.
たとえ家が貧しくても、フェルディナンはハーバードに行きたいと思っている。
※譲歩を表す quand (bien) même の後では条件法を用いる。
Bien loin qu'elle ait demandé pardon, Hélène a affirmé la légitimité de sa conduite.
エレーヌは謝るどころか、自分の行動の正当性を主張した。

② 極限: tout X que / quelque X que〈たとえ X であっても〉(X は形容詞、副詞、名詞), aussi [si, pour] X que〈どれくらい X であろうと〉(X は形容詞、副詞)

Tout intelligent que tu es [sois], tu ne pourras pas trouver la solution de cette équation.
君がどんなに頭がよくても、この方程式の解答を出すことはできないだろう。
Tout loin que les esclaves s'enfuirent [s'enfuissent], les chasseurs les attrapèrent.
奴隷たちがどんなに遠くまで逃げようと、追っ手が彼らを捕まえた。
Quelque grand succès qu'il ait eu, l'homme d'affaires ne s'est pas senti satisfait.
どんなに大きな成功を得ようと、その実業家は満足を感じなかった。
Quelques séismes qu'il arrive dans notre pays, les bâtiments ne se détruiront jamais.
我が国にどんな地震が起きようと、建物は決して壊れないだろう。
Pour exacte que son argumentation semble, elle a des défauts insurmontables.
彼女の立論がどんなに正確に見えようと、そこには乗り越えがたい欠陥がある。
Aussi vite que la tortue coure, elle ne pourra pas rattraper le lièvre.
亀がどんなに急いで走っても、兎には追いつけないだろう。
※この文の意味を、次の文が表す意味と混同してはならない。

3. 従位接続詞

Bien que la tortue coure vite, elle ne pourra pas rattraper le lièvre.
亀は急いで走っているが、それでも兎には追いつけないだろう
　この文の la tortue coure は「亀が急いで走っている」という事柄が現に成立していることを表している。ところが、aussi vite que la tortue coure は、「亀がどんなに急いで走っても」、つまり亀が走る速度が極限に達するという事柄が、まだ起きる可能性があるだけに過ぎないということを表している。

3.2.8.「条件」を表す接続詞・接続句

a. 条件節が直説法

　si〈もし～ならば〉（主節は直説法または条件法）

　　Si le temps est à la pluie, on renoncera à faire un pique-nique cet après-midi.
　　雨が降りそうだというのなら、今日の午後ピクニックをするのはあきらめよう。
　　Si l'Empire romain n'avait pas existé, la langue française telle qu'on la voit aujourd'hui ne serait pas née.
　　ローマ帝国が存在しなかったならば、今日見ているようなフランス語は生まれていなかったことだろう。

b. 条件節が条件法

　au [dans le] cas où〈～の場合は〉, pour le cas où〈～する場合に備えて〉

　　Au cas où vous auriez un accident, appelez notre bureau n'importe quand.
　　事故に遭ったら、いつでもわが社にお電話ください。
　　Fais des économies pour le cas où tu établirais une boutique.
　　店を開く場合に備えて、貯金をしておきなさい。

c. 条件節が接続法

　supposé que / à supposer que〈～だと仮定すると〉, si tant est que〈仮に～ならば〉, à condition que〈～という条件で〉, pourvu que〈～しさえすれば〉, à moins que〈～でなければ〉

　　Supposé que l'hypothèse soit correcte, la situation économique s'améliorera dès l'année prochaine.
　　その仮説がもし正しいとすると、景気は来年からすぐに改善するだろう。
　　J'accepte votre proposition à condition que je ne fasse pas de dette.
　　私が債務を負わないという条件で、あなたの提案を受け入れます。
　　À moins que mes parents (ne) soient contre, nous célébrerons le mariage six mois plus tard.
　　私の両親が反対しなければ、私たちは6か月後に結婚式をあげる。

3.2.9. 「場所」を表す接続句

> là où〈～で〉, ici où〈～というこの場所で〉, à l'endroit où〈～の場所で〉, partout où〈どこで～しても〉

Les éléphants vivent là où il y a de l'herbe et de l'eau.
象は草と水があるところで暮らしている。
Il est arrivé un autre accident à l'endroit où deux enfants se sont faits écraser par un camion.
子供が 2 人トラックに轢かれた場所で、また事故が起こった。
Partout où on allait dans ce pays, on voyait des gens prier le Bouddha.
この国ではどこに行っても、人々が仏を拝む姿を目にした。

3.2.10. 単独で副詞節を作る que

que は単独で名詞節を作ったり、他の語句とともに副詞節を構成する接続句を作ったりするほか、単独で副詞節を作り、さまざまの意味を表すことができる。ただし、他の接続詞の代わりに自由に用いられるというわけではなく、使用される環境には制限がある。

a. 時

Guillaume n'était pas encore arrivé à sa maison qu'il a commencé à pleuvoir.
＝Guillaume n'était pas encore arrivé à sa maison lorsqu'il a commencé à pleuvoir.
ギヨームがまだ家に着いていないときに、雨が降り出した。
Je suis arrivé à la gare que le TGV est parti.
＝Je suis à peine arrivé à la gare que le TGV est parti.
私が駅に着くとすぐに TGV が出発した。
Tu ne rentreras pas à la maison que tu n'aies fini ton devoir.
＝Tu ne rentreras pas à la maison avant que tu n'aies fini ton devoir.
宿題を終えるまでは、君は家に帰ってはいけない。
Il y a [Voilà, Voici, Cela fait] dix ans que je travaille dans ce bureau.
＝Je travaille dans ce bureau depuis dix ans.
私はこの会社で働いて 10 年になる。
Cela fait deux mois que j'ai vu Cécile [je n'ai (pas) vu Cécile].
＝J'ai vu Cécile il y a deux mois. / Je n'ai pas vu Cécile depuis deux mois.
セシルに会ってから 2 か月になる[セシルには 2 か月も会っていない]。

b. 理　由

Le chat n'a pas maigri qu'il a été bien nourri.
＝Le chat n'a pas maigri puisqu'il a été bien nourri.
餌をきちんともらっていたのだから、猫はやせていない。
J'ai démissioné, non (pas) que j'aie été mécontent de mon salaire, mais je détestais le directeur.
＝J'ai démissioné non parce que j'ai été mécontent de mon salaire, mais parce que je détestais le directeur.
私が辞めたのは、給料が不満だったからではなく、部長が嫌いだったからだ。
※non (pas) que の後では接続法が用いられる。

c. 目　的

Enregistrez la conversation qu'on puisse l'examiner pour le procès.
＝Enregistrez la conversation pour qu'on puisse l'examiner pour le procès.
訴訟のために分析できるように会話を録音してください。

d. 条　件

Qu'il le veuille ou non, je suis résolu à envoyer mon fils à l'internat.
＝Soit qu'il le veuille, soit qu'il ne le veuille pas, je suis résolu à envoyer mon fils à l'internat.
本人が望もうと望むまいと、私は息子を寄宿学校に送ることに決めている。
André ne voit pas sa mère qu'elle ne lui dise quelques gronderies.
＝André ne voit pas sa mère sans qu'elle ne lui dise quelques gronderies.
アンドレが母親に会うと、必ず母親はいくつか小言を言う。

e. 接続詞の反復を避けるために、先行する従位接続詞の代用形としての働きをする。

Quand j'ai faim et qu'il n'y a rien à manger chez moi, je vais à l'épicerie.
お腹がすいていて、家に食べるものがないとき、私は食品スーパーに行く。
Comme la forteresse était bien solide et que les provisions étaient abondantes, la troupe a décidé de s'y renfermer.
砦は十分に堅牢で、食料の備蓄も豊富にあったので、その部隊は砦に立てこもることに決めた。
Quoiqu'il ait beaucoup travaillé et que les questions fussent faciles, le candidat n'a pas réussi dans l'examen.
熱心に勉強したし、問題も簡単だったのに、その受験生は試験に合格できなかった。
Si son idée avait été moins agressive et qu'il fût plus docile, le révolutionnaire n'aurait pas été guillotiné.

その革命家は、思想があまり急進的ではなく、自身ももっと従順だったなら、ギロチンにかかることもなかっただろう。

※que が si の代わりに用いられる場合には、動詞は接続法が用いられる。

第 12 章のまとめ

1. 接続詞には「等位接続詞」と「従位接続詞」がある。
   等位接続詞: 同種の語句を並列する。
   従位接続詞: 従属関係を表し、名詞節と副詞節を導く。

2. 等位接続詞

   文または文より小さい単位を接続させる接続詞に et, ou, ni, mais がある。et は要素の並列、ou は要素の選択、ni は否定される要素の追加、mais は対立する要素の並列を表す。

   文を並列させる接続詞に car, donc, or がある。car は先行する部分の理由を、donc は先行する部分の結果を表し、or は話題を転換させる働きをする。

3. 従位接続詞
   a. 名詞節を作る従位接続詞は que と si。

      que は、名詞・動詞・形容詞の具体的内容を表す名詞節を導く。動詞や形容詞の目的語や補語の前に前置詞の à, de が置かれる場合には、que の前にもこれらの前置詞が置かれ、à [de] ce que となることがある。

      si は、真偽が不明の事柄(「～かどうか」)を表す名詞節を導く。
   b. 副詞節を作る従位接続詞は「時」(quand, lorsque, comme, avant que, après que など)、「原因・理由」(parce que, puisque, comme など)、「目的」(pour que, afin que, de manière que など)、「結果」(de sorte que, si bien que, tellement que など)、「比較」(comme, comme si, ainsi que など)、「比例」(à mesure que, selon que など)、「譲歩」(quoique, bien que, alors que, tout ... que, quelque ... que など)、「条件」(si, à condition que, supposé que など)、「場所」(où, à l'endroit où など)を表す。
   c. que は単独で副詞節を導き、「時」「理由」「目的」「条件」などを表すことがあるほか、先行する従位接続詞の代用として使われることがある。

第13章
話　法

1. 話法とは何か

「話法」とは人の発言や主張を引用する表現技法のこと。発言をそのままの形で表現する「直接話法」と、発言や主張の内容を、伝達動詞に支配される名詞節の形で表現する「間接話法」がある。

a. 直接話法　Hubert a dit : « Je suis très fatigué ».
　　　　　　ユベールは「僕はとても疲れた」と言った。
　　　　　　Thérèse m'a dit : « Irez-vous à l'école ? ».
　　　　　　テレーズは私に「あなた、学校に行くの」と言った。
b. 間接話法　Hubert a dit qu'il était très fatigué.
　　　　　　ユベールはとても疲れたと言った。
　　　　　　Thérèse m'a demandé si j'irais à l'école.
　　　　　　テレーズは私に私が学校に行くのか尋ねた。

2. 時制の一致

　日本語では、「『私は学生だ』と太郎は言った」という直接話法でも、「自分は学生だと太郎は言った」という間接話法でも、従属節(引用節)にある「学生だ」という動詞の時制は変わらない。しかしフランス語の間接話法では、直接話法では現在時制であっても、主節の動詞が過去時制であれば、それに合わせて従属節の時制も過去時制になるという「時制の一致」(「時制の照応」とも呼ばれる)の規則がある。

　従属節の時制は、従属節中の事柄が成立する時と、主節の伝達行為が成立する時との前後関係で決定される。

2.1. 従属節が直説法

主節の時制	従属節の時	従属節の時制
現在・未来	主節よりも前	複合過去・半過去・単純過去
	主節と同時	現在
	主節よりも後	未来
過去	主節よりも前	大過去
	主節と同時	半過去
	主節よりも後	過去未来・過去未来完了

　　Paul dit [dira] qu'il est allé au jardin.

ポールはその庭園に行ったことがあると言っている [言う]。
Paul dit [dira] qu'il pleuvait ce matin.
ポールは今朝雨が降っていたと言っている [言う]。
Paul dit [dira] que son père naquit en 1945.
ポールは自分の父親が 1945 年に生まれたと言っている [言う]。
Paul dit [dira] que sa femme fait la vaisselle.
ポールは妻が皿を洗っていると言っている [言う]。
Paul dit [dira] que sa femme viendra plus tard.
ポールは妻が後で来ると言っている [言う]。
Paul a dit qu'il était allé à Naples.
ポールはナポリに行ったことがあると言った。
Paul a dit que son fils allait à l'université.
ポールは息子が大学に通っていると言った。
Paul a dit qu'il visiterait Pompéi un jour.
ポールはいつかポンペイに行くと言った。
Paul a dit qu'il aurait préparé le dîner quand sa femme rentrerait.
妻が戻ってくるときには夕食の準備を終えているとポールは言った。

2.2. 従属節が接続法

主節の時制	従属節の時	従属節の時制（[ ]内は文語風）
現在・未来	主節よりも前	過去
	主節と同時か後	現在
過去	主節よりも前	過去 [過去完了]
	主節と同時か後	現在 [半過去]

Marie dit [dira] qu'elle ne croit pas que Jean ait fini le travail.
ジャンがその仕事を終えたとは思わないとマリーは言っている [言う]。
Marie dit [dira] qu'elle ne croit pas que l'histoire soit vraie.
その話が本当だとは思わないとマリーは言っている [言う]。
Marie dit [dira] qu'elle ne croit pas que Jean vienne la voir.
ジャンが自分に会いに来るとは思わないとマリーは言っている [言う]。
Marie a dit qu'elle ne croyait pas que Jean ait [eût] dit la vérité.
ジャンが本当のことを言ったとは思わないとマリーは言った。
Marie a dit qu'elle ne croyait pas que l'homme soit [fût] employé de banque.
その男が銀行員だとは思わないとマリーは言った。

Marie a dit qu'elle ne croyait pas que Jean aille [allât] outre-mer.
ジャンが海外に行くとは思わないとマリーは言った。

2.3. 従属節が条件法

主節の時制	従属節の時	従属節の時制
現在・未来	主節よりも前	過去
	主節と同時か後	現在
過去	主節よりも前	過去
	主節と同時か後	現在

René dit [dira] qu'il aurait pu échapper à l'accident s'il avait été plus attentif au trafic.
もっと交通に注意していれば事故に遭わなくてすんだだろうにとルネは言っている[言うだろう]。
René dit [dira] que le monde serait calme s'il n'y avait pas d'armes.
武器がなければ世界は平穏だろうにとルネは言っている[言うだろう]。
René a dit qu'il aurait fallu partir tout de suite.
すぐに出発すべきだったのにとルネは言った。
René a dit qu'il faudrait partir tout de suite.
すぐに出発すべきだろうとルネは言った。

2.4. 時制の一致の原則に従わない場合

主節の動詞が過去時制である場合、伝達される事柄の性質によっては、時制の一致の原則が守られないこともある。

2.4.1. 従属節中の事柄が、現在においても成立している、または未来において成立することがわかっている場合。

Je vous ai répété plusieurs fois que je ne suis pas capable de vous aider financièrement.
私はあなたに経済的な援助をすることはできないと、もう何度も繰り返し言った。
Les prévisions météorologiques disaient que le typhon atteindra la région demain.
天気予報では、台風は明日その地方に上陸すると言っていた。

2.4.2. 従属節中の事柄が、客観的な真理である場合。時制は現在形をとる。

Galilée affirma que la terre tourne autour du soleil.
地球は太陽の周りを回っているとガリレオは主張した。
Le mathématicien a écrit dans son livre qu'il n'existe pas de racines générales pour l'equation quintique.
その数学者は本の中で、五次方程式には一般的な解が存在しないと書いた。

2.4.3. 従属節中の事柄が、歴史的な事実である場合。動詞の時制は過去形をとる。

Le professeur a dit aux écoliers que César battit l'armée gauloise dans le milieu du premier siècle avant Jésus-Christ.
カエサルは紀元前1世紀の半ばにガリアの軍勢を破ったと、その教師は生徒たちに言った。
L'historien ajouta que Jeanne d'Arc fut brûlée vive à Rouen en 1431.
その歴史学者は付け加えて、ジャンヌダルクは1431年にルーアンで生きたまま焼かれたと言った。

3. 直接話法と間接話法

　直接話法と間接話法の違いは、間接話法では、主節の主語の視点で動詞の時制や人称代名詞、時や場所を表す副詞が決定されるということである。
　間接話法で、主節と従属節（＝引用節）の間に時制の一致が起きるのはこのためである。時制の一致以外にも、次のような違いがある。

3.1. 人称代名詞

　従属節中に、主節の主語や目的語と同一の対象を指示する代名詞がある場合、その代名詞は、対応する主節の代名詞と同一になる。

　　直 Tu m'as dit：《Je suis fâché de Sébastien.》
　　　　君は僕に「僕はセバスチャンに怒っている」と言った。
　　間 Tu m'as dit que tu étais fâché de Sébastien.
　　　　君は僕に自分がセバスチャンに怒っていると言った。
　　直 Vous m'avez dit：《Vous ne comprenez pas ce que je vous dis.》
　　　　あなたは私に「あなたは私があなたに言っていることを理解していない」と言った。
　　間 Vous m'avez dit que je ne comprenais pas ce que vous me disiez.

あなたは私に、私はあなたが私に言っていることを理解していないと言った。

直 Jean m'a répondu：《Je vous enverrai votre machine que vous m'avez prêtée.》
ジャンは私に「あなたが私に貸してくれた機械を送ります」と言った。

間 Jean m'a répondu qu'il m'enverrait ma machine que je lui avais prêtée.
ジャンは私に私が彼に貸してやった機械を送ると言った。

3.2. 時・場所の副詞

直接話法中で使われる aujourd'hui〈今日〉, hier〈昨日〉, demain〈明日〉, ici〈ここ〉などの副詞は、発話の時点を基準としたものであるが、間接話法では、主節が表す伝達行為が成立する時点を基準として、時の副詞が決まる。

直接話法	間接話法
maintenant〈今〉	alors, à ce moment-là〈その時〉
aujourd'hui〈今日〉	ce jour-là〈その日〉
hier〈昨日〉	la veille, le jour précédent〈前日〉
demain〈明日〉	le lendemain, le jour suivant〈翌日、次の日〉
avant-hier〈おととい〉	l'avant-veille〈前々日〉
après demain〈あさって〉	le surlendemain〈翌々日〉
ce matin〈今朝〉	ce matin-là, le matin〈その朝〉
ce soir〈今晩〉	ce soir-là, le soir〈その晩〉
hier soir〈昨晩〉	la veille au soir〈前日の晩〉
cette semaine〈今週〉	cette semaine-là〈その週〉
la semaine dernière〈先週〉	la semaine précédente〈その前の週〉
la semaine prochaine〈来週〉	la semaine suivante〈翌週〉
il y a [voilà] deux mois〈2か月前〉	deux mois avant [auparavant]〈その2か月前〉
dans une année〈1年後に〉	une année après, une année plus tard〈その1年後に〉
ici〈ここ〉	là〈そこ〉

直 Odile a dit：《Il fait très beau aujourd'hui.》
オディールは「今日はとても天気がいいわね」と言った。

間 Odile a dit qu'il faisait très beau ce jour-là.
オディールはその日とても天気がいいと言った。

直 Le secrétaire a dit au président：《La soirée aura lieu mercredi prochain.》
秘書は社長に「パーティーは来週の水曜日に開催されます」と言った。

間 Le secrétaire a dit au président que la soirée aurait lieu le mercredi suivant.
秘書は社長にパーティーは翌週の水曜日に開催されると言った。
直 Anne a dit：《Je suis venue ici il y a dix ans.》
アンヌは「私は十年前にここに来たのよ」と言った。
間 Anne a dit qu'elle était venue là dix ans avant.
アンヌは自分がそこに十年前に来たと言った。

3.3. 不定詞を用いる間接話法

dire〈言う〉, affirmer〈断言する〉, avouer〈白状する〉, déclarer〈宣言する〉, prétendre〈主張する〉, promettre〈約束する〉などの動詞については、主節の主語と従属節の主語が同一の場合は、que 節の代わりに不定詞を用いることができる。

Jacques dit qu'il est gravement malade.
＝Jacques dit être gravement malade.
ジャックは自分が重い病気だと言っている。
L'homme avouera qu'il a volé le coffre-fort.
＝L'homme avouera avoir volé le coffre-fort.
その男は自分がその金庫を盗んだと白状するだろう。
L'empereur déclara qu'il avait établi un nouveau régime.
＝L'empereur déclara avoir établi un nouveau régime.
皇帝は新しい体制を樹立したことを宣言した。
Le ministre promet au peuple qu'il mettra la politique en œuvre.
＝Le ministre promet au peuple de mettre la politique en œuvre.
大臣は国民に対して政策を実行すると約束している。

3.4. 疑問文の間接話法

疑問文の間接話法とは、間接疑問文のうち、主節の動詞が demander または dire であるものである（☞第 5 章 9 節）。

3.4.1. 真偽疑問文

従属節の先頭に接続詞 si を置く。

直 L'enseignant a dit aux élèves：《Avez-vous des questions sur ce que je vous ai expliqué?》
教師は生徒たちに「私が説明したことについて質問がありますか」と言った。
間 L'enseignant a demandé aux élèves s'ils avaient des questions sur ce qu'il

leur avait expliqué.
教師は生徒たちに、自分が説明したことについて質問があるかどうか尋ねた。

直 Socrate a dit à ses disciples：《Les athéniens ont-ils de bonnes raisons de me condamner?》
ソクラテスは弟子たちに「アテーナイの人々には私を非難する正しい理由があるのだろうか」と言った。

間 Socrate a demandé à ses disciples si les athéniens avaient de bonnes raisons de le condamner.
ソクラテスは弟子たちに、アテーナイの人々が自分を非難する正しい理由があるのかと尋ねた。

直 Pascal s'est dit：《Est-ce que le train partira du quai numéro dix?》
パスカルは「列車は 10 番線から出るのだろうか」と思った。

間 Pascal s'est dit si le train partirait du quai numéro dix.
パスカルは列車が 10 番線から出るのだろうかと思った。

3.4.2. 疑問詞疑問文

疑問詞を従属節の先頭に置き、主語と動詞や助動詞の倒置をしないのが原則である。ただし、疑問詞の que については、同形の接続詞と区別するために、ce que という形になる。

直 Le médecin a dit：《Qui est le premier à qui je donnerai ma consultation?》
医者は「私が最初に診察するのは誰ですか」と言った。

間 Le médecin a demandé qui était le premier à qui il donnerait sa consultation.
医者は最初に自分が診察するのは誰かと尋ねた。

直 Luc m'a dit：《Quel temps fait-il à Genève?》
リュックは私に「ジュネーブの天気はどうなんだい」と言った。

間 Luc m'a demandé quel temps il faisait à Genève.
リュックはジュネーブがどんな天気なのか私に尋ねた。

直 Une femme m'a dit：《Où sommes-nous?》
ある女性が私に「ここはどこですか」と言った。

間 Une femme m'a demandé où nous étions.
ある女性が私に自分たちはどこにいるのか尋ねた。

直 Victoria lui a dit：《Que dois-je faire aujourd'hui?》
ビクトリアは彼に「私は今日何をしなければならないのですか」と言った。

間 Victoria lui a demandé ce qu'elle devait faire ce jour-là.
ビクトリアは彼に自分がその日何をしなければならないか尋ねた。

従属節では主語と動詞・助動詞の倒置が行われないので、est-ce que [qui]が用いられることはない。

直 Ma mère a dit：《Qui est-ce qui est venu me voir?》
私の母は「誰が私に会いに来たの」と言った。

間 Ma mère a demandé qui était venu la voir.
私の母は誰が自分に会いに来たのかと尋ねた。

直 J'ai dit à l'agent：《À qui est-ce que je vais demander une consultation ?》
私は担当者に「誰に相談したらいいでしょうか」と言った。

間 J'ai demandé à l'agent à qui j'allais demander une consultation.
私は担当者に誰に相談したらいいか尋ねた。

直 Le maréchal a dit au général：《Quand est-ce que l'armée partira pour la frontière?》
元帥は将軍に「軍隊はいつ国境に向けて出発するのか」と言った。

間 Le maréchal a demandé au général quand l'armée partirait pour la forntière.
元帥は将軍に軍隊がいつ国境に向けて出発するのか尋ねた。

3.5. 命令文の間接話法

命令文の間接話法は、「dire (à + 人) de + 不定詞」という形で表す。

直 Karine a dit：《Apporte-moi le document tout de suite.》

間 Karine a dit de lui apporter le document tout de suite.
カリーヌはすぐに自分のところに書類を持ってくるように言った。

直 J'ai dit à l'homme：《Allez tout droit jusqu'au carrefour à feux.》
私はその男性に「信号のある交差点までまっすぐ行ってください」と言った。

間 J'ai dit à l'homme d'aller tout droit jusuqu'au carrefour à feux.
私はその男性に信号のある交差点までまっすぐ行くように言った。

「de + 不定詞」の代わりに「que + 接続法」を用いることもできる。

直 L'entraîneur a dit aux joueurs：《Faites de votre mieux dans ce match.》
監督は選手たちに「この試合で全力を尽くせ」と言った。

間 L'entraîneur a dit aux jouers qu'ils fassent de leur mieux dans ce match.
監督は選手たちにその試合で全力を尽くすように言った。

直 Marie-Antoinette dit aux gens：《Mangez des gâteaux au lieu du pain.》
マリー・アントワネットは人々に「パンの代わりにケーキを食べなさい」

と言った。

　間 Marie-Antoinette dit aux gens qu'ils mangeassent des gâteaux au lieu du pain.
　　マリー・アントワネットは人々にパンの代わりにケーキを食べるようにと言った。

　「命令文」と呼ばれていても、フランス語の命令文は本当の意味での命令を表していないことが多い。他人に道を教えるときにも Allez のような命令形を使うことができる。しかし、本当の命令をしている場合には、ordonner, commander のような「命令する、指令する」という意味を表す動詞を用いることはできる。

　直 Le général a dit aux soldats：《Ne reculez jamais.》
　　将軍は兵士たちに「決して退却してはならない」と言った。
　間 Le général a ordonné aux soldats de ne jamais reculer.
　　将軍は兵士たちに決して退却するなと命令した。
　直 Le professeur a dit à ses élèves：《Soyez plus tranquilles.》
　　先生は生徒たちに「もっと静かにしなさい」と言った。
　間 Le professeur a commandé à ses élèves d'être plus tranquilles.
　　先生は生徒たちにもっと静かにしているように命じた。

3.6. 感嘆文の間接話法

　感嘆文は、疑問形容詞・副詞や comme, ce que を文頭に置き、主語と動詞・助動詞の倒置をしない形で表される。このため、感嘆文をそのままの形で従属文にしても、形式的に感嘆文であることが理解できない。このため、感嘆文については、これを間接話法で表す特別の形式はない。形容詞や副詞の前に「非常に」を意味する程度副詞 très, bien, fort などを置いて、感嘆に近い意味を表す程度である。

　直 Juliette a dit：《Quelle belle lune je vois de cette terrasse!》
　　ジュリエットは「このテラスから何て美しい月が見えるのかしら」と言った。
　間 Juliette a dit qu'elle voyait une très belle lune de cette terrasse-là.
　　ジュリエットは、そのテラスからとても美しい月が見えると言った。
　直 Thierry a crié à son fils：《Combien de fois je dois te répéter la même chose!》
　　ティエリーは「何度同じことをお前に繰り返して言わなければならないんだ！」と息子に向って叫んだ。
　間 Thierry a crié à son fils qu'il devait lui répéter la même chose beaucoup de fois.

ティエリーは息子に向って、何度も同じことを繰り返さなければならないと叫んだ。

直 Je me suis dit：《Comme cet homme est stupide!》
私は心の中で「この男は何て馬鹿なんだ」と思った。

間 Je me suis dit que cet homme-là est très stupide.
私は心の中でその男はとても馬鹿だと思った。

直 Les filles disent：《Ce que c'est beau, ce paysage!》
その女の子たちは「この景色は何て美しいの！」と言っている。

間 Les filles disent que ce paysage est fort beau.
その女の子たちはこの景色がとても美しいと言っている。

3.7. 自由間接話法

　物語や報告文などの文章中では、間接話法の従属節に当たる表現が、伝達動詞を伴わずに用いられる例がしばしば見られる。動詞の時制や人称代名詞の点では間接話法であっても、従属節ではなく主節、つまり動詞に支配されない自由な表現として使用されているということで、このような表現を「自由間接話法」と呼ぶ。

自由間接話法：Diane le disait toujours. Si elle était plus jolie, elle pourrait devenir comédienne.
ディアーヌはいつもこう言っていた。もしもっと綺麗だったら、女優になれるのに。

直接話法：Diane disait toujours：《Si j'étais plus jolie, je pourrais devenir comédienne.》

間接話法：Diane disait toujours que, si elle était plus jolie, elle pourrait devenir comédienne.

自由間接話法：Le professeur se mit alors en colère. Il ne supportait plus la paresse de son élève. Il finirait par ne plus s'en occuper si celui-ci trouvait sans arrêt des excuses pour ne pas faire ses devoirs.
そこで教師は怒り出した。もうこの生徒が怠けるのは我慢できない。こいつが宿題をしなくてすむような理由をいつも探し出すようであれば、もう面倒なんか見てやらないぞ。

直接話法：Le professeur a dit：《Je ne supporte plus la paresse de mon élève. Je finirai par ne plus m'en occuper si celui-ci trouve sans arrêt des excuses pour ne pas faire ses devoirs.》

間接話法：Le professeur se mit en colère en disant qu'il ne supportait plus la paresse de son élève et qu'il finirait par ne plus s'en occuper si celui-ci trouvait sans arrêt des excuses pour ne pas faire ses devoirs.

自由間接話法：Il met bas son fagot, il songe à son malheur. Quel plaisir a-t-il eu depuis qu'il est au monde ?（Jean de la Fontaine）
彼は薪の束を置いて、自分の不幸を思った。この世に生まれてから、どんな幸せがあったというのだろう。

直接話法：Il se dit：《Quel plaisir ai-je eu depuis que je suis au monde ?》

間接話法：Il se dit quel plaisir il a eu depuis qu'il est au monde.

次の例では直接話法と自由間接話法が使われている。

Un fermier d'à côté leur offrit ce conseil : « Vous devriez avoir un chien. » C'était vrai, cela ; elles devraient avoir un chien, quand ce ne serait que pour donner l'éveil. Pas un gros chien, Seigneur ! Que feraient-elles d'un gros chien ! Il les ruinerait en nourriture.（Guy de Maupassant）
脇にいた農夫が忠告をしてくれた。「犬を飼うといいのではないですか」。本当だわね。起こしてくれるだけでもいいから、犬を飼わなくちゃね。でも大きな犬は駄目だわ。大きな犬なんかどうしようもないから。餌をやるだけで私たちが干上がっちゃうわ。

第 13 章のまとめ

1. 発言や主張を引用する表現技法が「話法」。
   直接話法：発言をそのままの形で表現する。
   間接話法：発言や主張の内容を、伝達動詞に支配される名詞節の形で表現する。

2. 時制の一致：主節の動詞が過去時制であるとき、主節の動詞に支配される従属節の時制も過去時制にする規則。間接話法でも発言内容を表す従属節は時制の一致に従う。ただし、従属節の法が接続法のときには、文語的な文体の場合を除いては時制の一致は起こらない。従属節が条件法の場合も時制の一致はない。

   従属節中の事柄が、現在または未来に成立する場合、客観的な真理である場合、歴史的な事実である場合には、時制の一致をしなくてもよい。

3. a. 間接話法では、主節の主語の視点で動詞の時制、人称代名詞、時や場所の副詞が決まる。
   b. 主節の主語と従属節の主語が同じで、伝達動詞が dire, avouer, promettre などの場合、que 節の代わりに不定詞を用いることができる。
   c. 真偽疑問文の間接話法では、従属節の先頭に si を置く。疑問詞疑問文の間接話法では、疑問詞が従属節の先頭に来るが、主語と動詞・助動詞の倒置は起きず、疑問詞が que である場合は ce que になる。
   d. 命令文の間接話法は「dire (à＋人) de＋不定詞」という形をとる。
   e. 感嘆文を直接的に間接話法に置き換える規則はない。
   f. 物語や報告文では、間接話法の従属節に当たる表現が、伝達動詞を伴わずに用いられることがある。これを「自由間接話法」という。

第14章
間 投 詞

第14章　間 投 詞

間投詞は、「ああ」「おお」のように、自然にわき上がってくる感情を表出するための語句のこと。単に感情や感覚を表出する場合と、呼びかけや制止のような、他人への働きかけを目的とする場合がある。通常は、1つの間投詞がさまざまの働きをする。

間投詞にはもともと間投詞として作られたものと、別の品詞に属する単語が、間投詞として使われるようになったもの（派生的間投詞）がある。

1. 感情を表す間投詞

1.1. 本来の間投詞
Ah ああ，Oh, Ô おお（一般的な感情や感覚）
Ouf ふう、やれやれ（安堵）
Hélas [elɑ:s] ああ、なんということだ（悲嘆、苦悩、後悔）
Hourra 万歳、フレー（英語またはロシア語からの借用）

1.2. 派生的間投詞
Ça alors いやまったく、なんてこった
Chic やった、いいぞ（満足）< chic（洒落た、素敵な）
Chiche よし見てろ、やってやるぞ < chiche = capable（～できる）
Eh bien えっ、それで、さあ、では、ええと、あの（驚き、失望、激励、躊躇）

2. 感覚を表す間投詞

2.1. 本来の間投詞
Aïe [ai] 痛い！　いやはや
Beurk うぇっ、おえっ（嫌悪、不愉快）
Brrr ぶるぶる、ひゃー（寒さ、恐怖）

3. 驚き・嫌悪を表す間投詞

3.1. 本来の間投詞
Ha [a] [ha] ああ、おや、あれっ（驚き、苦痛、安堵、喜び）
Hé [e] [he] おやおや、さてさて
Eh えっ、へえ、まあ、おや、まさか
Pouah [pwa] うっ、あっ（嫌悪、軽蔑、恐怖）

Zut ちぇっ、ちくしょう、いまいましい(悔しさ、怒り、いらだち)

3.2. 派生的間投詞

Au diable とっとと消え失せろ、くそくらえ < diable（悪魔）
Comment 何だって、何(驚き、憤り)
Malheur しまった、ちくしょう(驚き、失望、落胆)
Ma parole へえ、おやまあ(驚き、憤慨)
Merde くそ！
Mince ええっ、ちぇっ、くそっ(驚き、怒り、悔しさ)
Scrogneugneu ちぇっ、ちくしょうめ (sacré nom de Dieu〈こんちくしょう〉の変形)
Saperlotte, Saperlipopette ちぇっ、なんてこった、ちくしょう(古風、会話体) < sacré Dieu, sacré nom de Dieu
Tiens おや(驚き)
Tiens donc なんてこった、駄目だよ(不賛成、拒絶)

4. 笑い・泣き声を表す間投詞

4.1. 本来の間投詞

Hi ひっひっ、ひひひ
Hi hi ひいひい

5. かけ声を表す間投詞

5.1. 本来の間投詞

Han [ã] [hã] えいっ、やっ(力を入れる時)、ふうっ(楽になった時)
Hue [y] [hy] (馬に対して)はいどう、はいしい

6. 呼びかけを表す間投詞

6.1. 本来の間投詞

Chut しっ(静かに)
Eh おい、ねえ
Hé おい、ねえ、ほら、さあ
Hein ねえ、さあ、おい

Hem [ɛm] [hɛm] おい、ちょっと、えへん、おほん
Holà [ɔla] [hɔla] おい、ちょっと
Hop [ɔp] [hɔp] それっ、そらっ（注意、激励）
Hou ちぇっ、やあい、ええい（冷やかし、脅かし、からかい）
Ohé [ɔe] おい、おおい
Pst, Psit, Psitt さあ、おい（注意喚起）

6.2. 派生的間投詞

Adieu さようなら < À Dieu（神かけて）
Allez, Allons さあ、ほら（激励、勧誘、不信、いらだち）
Attention 気をつけて、危ない
Au secours 助けてくれ
Bravo いいぞ、うまいぞ、万歳 < bravo（イタリア語で「勇敢な」）
Courage 頑張れ、しっりしろ < courage（勇気）
Debout 立て、起きろ < debout（立っている）
Dis donc ねえ、ちょっと、まったく
En avant 前へ進め
Hardi がんばれ、しっかり（古風）< hardi（大胆な）
La paix 静かに
Ma foi 確かに、本当に
Olé しっかり、がんばれ < スペイン語 ole, olé（もともとは、アンダルシアの舞踊）
Silence 静かに
Stop 止まれ、やめろ
Tenez さあどうぞ（物を差し出すとき）、ほら、さあ、いいですか（相手の注意を喚起する）
Tout beau 落ち着いて、よしよし
Tout doux まあ落ち着いて（古風）

7. 反応を表す間投詞

7.1. 本来の間投詞

Bah ふうん（無関心）
Bof まあね、ふうん、やれやれ（無関心、軽蔑、懐疑）
Euh [ø] うーむ、あのー、えっーと、まあ（困惑、不信、驚き）

Hein？ええ、なんですって（聞き返し）、えっ？（驚き）、ね、そうでしょう（同意を求める）、どんなもんだい（満足）
Hem ふうん、へえ、さあ（疑い、あざけり）
Hum [œm] [hœm] ふむ、さあ（疑念、ためらい、いらだち）、えへん、おほん
Miam-miam うーんうまそう、わーおいしそう、うーんいいねえ
Ouais へえ、ほほう、なるほど、そうかい（皮肉、疑い、困惑）
Peuh [pø] ふん、へえ、ちぇっ（無関心、軽蔑）

7.2. 派生的間投詞

Bon よし、結構（同意、承認）
Merci ありがとう < merci（慈悲）
Mon Dieu へえ、ああ、まあね、そう
Pardi もちろん、その通り < par dieu
Par exemple まさか、とんでもない

8. オノマトペ（擬態語、擬音語）

　自然に生じる音、動物の鳴き声などを表す「擬音語」、事柄の様態を副詞的に表す「擬態語」を合わせて「オノマトペ」と呼ぶ。日本語は「ワンワン」（犬の鳴き声）、「ヒューヒュー」（風の音）、「そろそろ」（ゆっくりした動き）など、非常に多種多様なオノマトペを持っているが、フランス語のオノマトペは、日本語ほど数は多くないし、使用される頻度もはるかに低い。

　日本語でオノマトペを用いて表す事柄でも、フランス語ではオノマトペを使わないことが多い（オノマトペに由来する語でも、そのままの形ではなく動詞として用いるのが普通）。

La neige tombait en légers flocons. 雪がちらちら降っていた。
Patrice jetait des regards furtifs à la fille.
パトリスはその女の子を横目でちらちら見ていた。
J'ai la gueule de bois et la nausée. 私は二日酔いでむかむかする。
Jeanne a des cheveux lisses. ジャンヌの髪はさらさらしている。
Le ruisseau susurre. 小川がさらさら流れている。
Damien marchait à pas pressés. ダミアンはせかせか歩いていた。
La mère a grondé son enfant d'un ton hargneux. 母親は子供をがみがみ怒った。
Le garçon mâchonnait de la viande. その少年は肉をむしゃむしゃ食べていた。
Le vent a soufflé en rafales. 風がピュウピュウ吹いた。

第14章　間　投　詞

Une vache a meuglé. 牛がモーと鳴いた。
Un cheval hennissait. 馬がヒヒンと鳴いていた。
Un cochon grognait. 豚がブーブー鳴いていた。
Une poule a gloussé. 雌鳥が(雛を呼んで)コッコと鳴いた。
(雄鳥が鳴く場合は、オノマトペの cocorico を使って、Un coq fait cocorico.〈雄鳥がコケコッコーと鳴く〉と言う)
Des pigeons roucoulent. 鳩がクックと鳴いている。
Des corneilles croassent. 烏がカーカー鳴いている。
Une grenouille coasse. カエルがケロケロ鳴いている。

フランス語のオノマトペとしては、以下のようなものがある。

8.1. 動物の鳴き声

cocorico コケコッコー(雄鳥)
coin-coin ガーガー(家鴨)
coucou ククー、カッコー(郭公)
cui-cui ピーピー(小鳥)
hi-han [iɑ̃] イオオン(驢馬)
meuh モー(牛)
miaou ニャー(猫)
ouaf-ouaf ワンワン(犬)

8.2. 自然の音

badaboum どしん、どすん、ごろごろ(物が落ちて転がる音)
bang バーン(爆発音)
boum ドン、パン(落下音、爆発音)
crac ポキッ、メリメリ、ピシ、ガチャン(物が割れたり裂けたりする音)
flic flac ピシピシ、ピシャピシャ(鞭、平手打ちの音)、ヒタヒタ(波の音)、ビシャビシャ(水たまりを歩く音)、コツコツ(靴の音)
flop ベシャン、バシャン(柔らかい物が落ちる音)
glouglou ごぼごぼ、とくとく(口から液体が流れ出る音)
patatras [patatra] ドスン、バタン(物が落ちたり、倒れたりする音)
plouf ポン、ポチャン、ピチャ、ポトン(軽い破裂音、水面や柔らかい面に物が落ちる音)
paf ドスン、バタン、パン、パチン、ピシャ(落下音、殴打音)

8.3. 人間の活動に伴う音

atchoum ハクション（くしゃみの音）
clac ピシッ、ピシャリ、パチン、カッカッ（鞭、平手打ち、馬の蹄などの音）
clic(-) clac ピシッ、ピシャ、カチリ（鞭打ち、平手打ち、馬の蹄の音）
vlan ポカッ、ピシャ、パタン（殴打、ドアの開閉）
flonflon ブカブカドンドン（楽器を鳴らす音）
pin-pon ピーポー（緊急自動車の警笛音）
rataplan ドンドン（太鼓の音）
sniff クンクン、フンフン（においを嗅ぐ音）
tic-tac チクタク、コチコチ、カチカチ（時計などの機械が規則的にたてる音）
toc toc コツコツ、コンコン（物がぶつかる音、ドアのノックの音）
vroum-vroum ブルンブルン（エンジンの音）

第14章のまとめ

1. 間投詞は自然にわき上がってくる感情を表出するための語句で、感情や感覚を表出する場合と、呼びかけや制止のような、他人への働きかけを目的とする場合がある。

2. 自然に生じる音、動物の鳴き声を表す「擬声語」と、事柄の様態を副詞的に表す「擬態語」を合わせて「オノマトペ」と呼ぶ。日本語には多種多様なオノマトペがあるが、フランス語にはそれほどたくさんはない。しかし、動物の鳴き声や打撃や爆発の音などを表すオノマトペはある程度用いられる。

第15章
表現の技法

第 15 章　表現の技法

フランス語の文章を理解し、自分でフランス語の文章を書く場合には、句点に当たる「．」(ポワン)、読点に当たる「，」(ヴィルギュル)の使い方をはじめとして、注意すべき表現の技法がある。

1. 倒　置

主語と動詞の倒置は、疑問文を作るときに義務的に要求される操作だが、文体的な効果をあげることを目的とする、文法的には義務的ではない倒置もある。

1.1. 動詞＋主語
主語の名詞句が長い場合には、動詞の後ろに置かれることがある。

Vint la troupe des soldats revenant du front de la bataille.
戦いの前線から戻ってきた兵士の部隊がやって来た。

Régnait dans cette région du pays un esprit de réformer la pensée traditionnelle.
その国のこの地域では伝統的な思想を改革しようという精神がみなぎっていた。

Éclata ensuite une révolution qui devrait changer tout le système social.
それから社会体制全体を替えることになる革命が勃発した。

Seront punis de cinq ans d'emprisonnement et de 45.000 euros d'amende ceux qui auront directement provoqué à commmettre l'une des infractions suivantes ...
以下の違反を犯すように直接的な教唆を行った者は5年の懲役と45,000ユーロの罰金に処する。(名誉毀損に関する法律の文章)

1.2. 前置詞句や副詞＋動詞＋主語

Ici commence l'Auvergne, ici finit la France.
ここでオーベルニュが始まり、ここでフランスが終わる。

Au fond de la mer se trouvait le château du dragon.
海の底に龍の城があった。

Peu de temps après apparut la principale actrice sur la scène.
すぐ後に主役の女優が舞台に登場した。

1.3. 補語＋主語

Très scandaleuse est l'affaire amoureuse concernant le président.

社長に関わる情事は大変けしからぬことだ。
Telle était son explication sur le problème.
その問題についての彼の説明は以下の通りだった。
Beaucoup plus compliquée est la situation politique de ce pays.
この国の政治状況はそれより遙かに複雑だ。

1.4. 補語＋目的語

Le roman a rendu célèbre cet écrivain qui avait longtemps vécu dans une partie obscure de la société.
その小説は、長い間社会の暗い片隅で生きてきたその作家を有名にした。
Je trouve très curieux le fait que la découverte n'a pas été révélée au public.
その発見が一般に明らかにされなかったという事実は非常に奇妙だと思う。

1.5. 目的語＋主語＋動詞

目的語の名詞句や名詞節を強調するために、これらを文頭に置くことがある。ただしこの場合、目的語を改めて代名詞で表す必要がある。

La maison et l'argent que son père a légués à Claude, il les a donnés à l'église.
クロードは、父親が自分に遺してくれた家と金を教会に寄付した。
Sa proposition sur l'aménagement de notre magasin, je n'y consens pas.
我々の店の改装について彼が提案していることに、私は賛成しない。
Que Daniel dise la vérité, tout le monde en est sûr.
ダニエルが本当のことを言っているということについては、誰もがそれを確信している。
Que Hugo aime Napoléon, je n'y vois pas d'inconvénient.
ユゴーがナポレオンのことを好きでも不都合はないと私は思う。

1.6. 伝達動詞＋主語

« J'ai une très bonne idée à te dire » dit-il.
「君に言いたいとてもいい考えがあるんだ」と彼は言った。
« Donne-lui tout de même à boire » dit mon père.
「とにかく彼に飲み物をやれ」と私の父は言った。

1.7. 従属節中の倒置
1.7.1. 関係節

Florence conserve précieusement la poupée que lui a donné son père pour cé-

lébrer son anniversaire.
父親が誕生日を祝って贈ってくれた人形を、フロランスは大切にとってある。
Le mathématicien a finalement résolu le problème auquel se sont affrontés depuis longtemps des spécialistes de l'algèbre.
代数の専門家たちが長い間取り組んでいた問題を、その数学者がやっと解決した。
Il y a une grande statue de Christ sur la colline dont se vantent les habitants de la ville.
丘の上にキリストの大きな像があり、それをこの町の住民は自慢に思っている。
Kant a profondément considéré l'essence de la cognition humaine qu'est la raison pure.
カントは、純粋理性という人間の認識の本質を深く考察した。

1.7.2. 副詞節

Dès qu'arriva le train omnibus à la gare, le rapide en partit à destination de Perpignan.
普通列車が駅に到着するとすぐに、特急がペルピニャンに向けて駅を出発した。
Comme dit le savant dans son livre, la philosophie grecque est la base de toutes les disciplines aussi littéraires que scientifiques.
その学者がその本で言っているように、ギリシア哲学は、文科系と理科系を合わせたすべての分野の基礎である。
※主語と動詞・助動詞を倒置することにより、接続詞 si を用いないで条件節の働きをさせることがある。
Faisait-il froid, le vieillard ne sortait de chez lui toute la journée.
寒いと、その老人は一日中家から出なかった。
Vienne la pluie, (et) les fleurs de cerisiers tomberont.
雨が来れば、桜の花は散るだろう。
Eussé-je dit mille fois qu'il fallait m'écouter, cela n'eût servi à rien.
私の話を聞かなければならないと何度言ったとしても、それは役には立たなかっただろう。
Je les repousserai tous, fussent-ils des amis très chers.
たとえ彼らが大切な友達だったとしても、私は彼らを全員はねつけるだろう。
Philippe dût-il partir sur le champ, je ferai tout pour le retenir.

たとえフィリップがすぐに出発しなければならなくても、彼を引き留めるために私は何でもするつもりだ。

2. 省略

状況や文脈を参照することで容易に復元できる語句は省略できる。特に文章中では、前後の表現を実際に確かめることができるし、冗長な表現は好まれないので、語句が省略されることが多い。

2.1. 主語または主語と動詞の省略
2.1.1. 等位接続詞によって並列される文の主語が同一の場合

Adèle s'est brossé les dents, (elle) s'est lavé la figure et (elle) s'est habillée.
アデルは歯を磨いて、顔を洗って、そして服を着た。
Le comédien n'est pas beau, mais (il est) excellent dans ses interprétations.
その俳優は男前ではないが、演技は素晴らしい。
Vous pouvez écrire un mémoire ou (vous pouvez) faire une présentation orale.
あなたは論文を書いてもいいし、口頭での発表をしてもいい。

2.1.2. 従属節の主語が主節の主語と同一の場合

Quoique [Quoiqu'il soit] jeune, Julien a déjà trois enfants.
ジュリアンは若いがもう子供が3人もいる。
Le sol restait stérile pour longtemps, parce que [parce qu'il avait été] dévasté par la guerre.
その土地は、戦争で荒廃したために、長い間不毛のままだった。

2.2. 動詞の省略
2.2.1. 反復を避けるための省略

Le ciel était bleu et le soleil (était) jaune.
空は青く、太陽は黄色だった。
Olivier mange des cerises, Rose (mange) des fraises.
オリビエはサクランボを食べていて、ローズは苺を食べている。
Je n'avance guère. Le temps (avance) beaucoup. (Eugène Delacroix)
私はほとんど進まないが、時間はたくさん進む。
Les mains cessent de prendre, les bras (cessent) d'agir, les jambes (cessent) de marcher. (Jean de la Fontaine)

手は掴むのをやめ、腕は動くのをやめ、足は歩むのをやめる。

2.2.2. ou non による否定文の省略

Tu viens ou non ? = Tu viens ou tu ne viens pas ?
君は来るのか、それとも来ないのか。
Je me demande si Bernard acceptera ou non.
＝Je me demande si Bernard acceptera ou qu'il n'accepte pas.
ベルナールが承諾するかどうか分からない。
Fatigué ou non, tu dois travailler.
＝Si tu es fatigué ou que tu ne sois pas fatigué, tu dois travailler.
疲れていようがいまいが、お前は働かなければならない。
Méchanceté ou non, voilà ce que Camille a dit.
悪意があったかどうかは別にして、カミーユはこう言った。

2.2.3. 事柄の帰結を表す「d'où＋名詞句」

Son mari a fait un voyage sans le lui dire, d'où la colère de Lilou.
＝Son mari a fait un voyage sans le dire à Lilou. Elle est donc en colère.
夫が自分には言わないで旅行をしたので、リルーは怒っている。
La concentration en bioxyde de carbone dans l'air augmente, d'où le réchauffement de la planète.
＝La concentration en bioxyde de carbone dans l'air augmente, d'où vient le réchauffement de la planète
大気中の二酸化炭素濃度が上昇している。だから地球が温暖化しているのだ。

2.3. ニュースのタイトル

新聞・雑誌やインターネット上のニュースのタイトルは、簡略に表す必要があるために、理解できると想定される語句は省略されることが多い。

Assurance moto : bientôt le constat amiable sur smartphone.
バイク保険：スマートホンでの事故報告が間もなく可能に
El Niño, le retour d'un monstre météo.
エル・ニーニョ、気象の怪物の再来
Avant sa fermeture, la boutique de Plus belle la vie à Marseille prise d'assaut
閉店間際、マルセイユの店「プリュ・ベル・ラ・ビ」が襲撃被害

3. 遊離

修飾語と被修飾語、動詞と目的語のように、本来は直接隣接しているはずの語句の間に、他の語句が挿入されて、両者が遊離した表現が作られることがある。修飾語や目的語が長い場合に、長い語句はできるだけ文の後方に置きたいという配慮の表れだと考えることができる。

Son idée est magnifique que nous prendrons en considération des phénomènes exceptionnels.
＝Son idée que nous prendrons des phénomènes exceptionnels en considération est magnifique.
例外的な現象も我々は考慮するという彼の考えは素晴らしい。
〈名詞と内容節、動詞と目的語の遊離〉
La chance est venue brusquement qui changerait complètement ma vie.
＝La chance qui changerait ma vie complètement est venue brusquement.
私の人生を全く変えることになる機会がやって来た。
〈名詞と関係節、動詞と目的語の遊離〉
J'ai vu une troupe de camions sur l'autoroute montagnarde qui portaient des chevaux de course.
＝J'ai vu une troupe de camions qui portaient des chevaux de course sur l'autoroute montagnarde.
山間の高速道路で競走馬を運んでいるトラックの一群を見た。
〈名詞と関係節の遊離〉
L'intention du gouvernement est très claire d'imputer à la banque centrale l'échec de sa politique économique.
＝L'intention du gouvernement d'imputer l'échec de la poltique économique à la banque centrale est très claire.
経済政策の失敗を中央銀行のせいにしようという政府の意図は非常にはっきりしている。
〈名詞とその内容を表す不定詞句、動詞と目的語の遊離〉
Nous devrions chercher ailleurs qu'ici le chien qui s'est échappé de chez nous avant-hier.
＝Nous devrions chercher le chien qui s'est échappé de chez nous avant-hier ailleurs qu'ici.
一昨日家から逃げて行ったイヌは、ここ以外の場所で探した方がいいだろう。
〈動詞と目的語の遊離〉

La coopération est absolument nécessaire de notre pays avec nos voisins en Europe.
　＝La coopération de notre pays avec nos voisins en Europe est absolument nécessaire.
我が国がヨーロッパの近隣諸国と協力することが絶対に必要だ。
〈名詞と前置詞句の遊離〉
La reconstruction est achevée de la cathédrale qui a été complètement détruite pendant la guerre.
　＝La construction de la cathédrale qui a été complètement détruite pendant la guerre est achevée.
戦争の間に完全に破壊された大聖堂の再建は終わっている。
〈名詞と前置詞句の遊離〉
※語句の挿入により、隣接している要素が遊離することがある。
La veste que tu portes, dit-elle, vient d'Italie.
あなたが着ている上着はイタリア製よ、と彼女は言った。
Mon grand-père, il est vrai, prétendait que je me trompe toujours.
私の祖父は、実際のところ、私がいつも間違えると言い張っていた。
J'ai rencontré, savez-vous, des artistes incroyables de rue.
ねえ、信じられないような大道芸人たちに会ったんだよ。
Que de peines pour parvenir aux résultats qu'obtient, disons, Hemingway.
例えばヘミングウェーのような人間が得る結果に到達するには、どれだけの苦労があるのだろう。
Si la raison s'oppose au dogme, et c'est, il me semble, le cas, l'Église est contrainte d'évoluer avec la raison.
理性が教義に対立するのなら、そしてまさにそうだと私には思えるのだが、教会は理性とともに進化せざるを得ない。

4. 無生物主語

「授業がある」「台風が来る」のように、日本語でも無生物が主語としての働きをする文はいくらでもある。しかし「20世紀は2度の戦争を見た」「タバコは人を殺す」のような文は、日本語ではあまり使われない。なぜならば「見る」「殺す」のような動作の主語となるのは人間に限定されるのが普通だからである。

ところがフランス語では、無生物であっても人間と同様に主語となる文がよく使われる。このような種類の文を「無生物主語文」と呼ぶ。無生物主語文は、そ

のまま無生物を主語とする日本語に置き換えても、文法的には問題がないが、「20世紀には2度の戦争が起きた」「タバコを吸うと命を落とす」のような、主語が無生物ではない文に置き換えるなどの操作をした方が、自然な日本語になることが多い。

　Le vingtième siècle a vu deux guerres mondiales.
20世紀には世界大戦が2度起こった。←20世紀は2度の世界大戦を見た。
　Le tabac vous tue.
タバコを吸うと命を落とします。←タバコはあなたを殺す。
　La pauvreté de sa famille a obligé François à quitter l'école.
家が貧しかったので、フランソワは学校を辞めなければならなかった。←家庭の貧しさがフランソワに学校を辞めることを強制した。
　Un travail dur te permettra de réussir dans l'examen.
熱心に勉強すれば、君は試験に合格できる。←熱心な勉強が君が試験に合格することを許す。
　La nécessité crée l'invention.
必要から発明は生まれる。←必要が発明を作る。
　La vie avec son fils a rendu la vieille femme heureuse.
息子と一緒に暮らせたので、その老女は幸せを感じた。←息子と一緒の暮らしがその老女を幸せにした。
　Ces vestiges découverts témoignent de l'existence d'une civilisation antique.
発見された遺跡は、古代文明が存在したことの証拠となる。←発見された遺跡が古代文明の存在を実証する。
　Ses paroles ont persuadé l'autorité de revoir le règlement.
彼女の言葉に説得されて、当局は規定を修正した。←彼女の言葉が規定を修正するように当局を説得した。

5. 句読法（書記法）

　日本語の文章を書くときには、「私の会社は東京に、私の妻の会社は横浜にあります。」のように、1つの文の末尾には句点「。」を置き、文の途中に切れ目がある場合には読点「、」を置き、また文が引用されていることを表すためには、文の前後に括弧(「　」)を置く。

　このように、語句の区切りや語句が文章中で持つ働きを表すために使用される句点や読点などの書記記号を用いる方法を「句読法」または「書記法」と呼ぶ。

フランス語の書記記号
.　句点 point
,　読点 virgule
:　ドゥポワン（コロン）deux-points
;　ポワン・ビルギュル（セミコロン）point-virgule
?　疑問符 point d'interrogation
!　感嘆符 point d'exclamation
...　中断符 point de suspension
—　ティレ（ダッシュ、ダーシ）tiret
« »　引用符 guillemets
( )　丸括弧　parenthèses
[ ]　鉤括弧 crochets
A, B...　大文字 majuscule
A, B...a, b...　斜体（イタリック体）italique

5.1. 句点「.」
平叙文がそこで終わることを表す。

　　Florence est une ville pleine de survivances de la Renaissance.
　　フィレンツェはルネサンスの遺物が豊富にある町だ。
　　Il fait beau, mais il fait froid. 天気はいいが寒い。

略語の終わりにも句点を置いて、それが略語であることを表す。

　etc. = et cætera〈～など〉, ibid. = ibidem〈同じ文献にある〉, n. = neutre〈中性（名詞）〉, M. = Monsieur〈～氏〉, p. = page〈ページ〉

　かつては、O.N.U. = Organisation des Nations Unies〈国際連合〉, F.M.I. = Fonds monétaire international〈国際通貨基金〉, T.V.A. = taxe sur la valeur ajoutée〈付加価値税〉などの略語を構成する大文字のそれぞれに句点を付けていたが、現在では ONU, FMI, TVA のように大文字を並べるだけの表記にするのが普通。

5.2. 読点「,」
文中で語句の切れ目を表し、文の理解を助けるために用いられる。

5.2.1. 節と節の間
a. 従属節が文頭に置かれている場合。
　　Quand il se sent bien, Marcel se promène dans le bois.

5. 句読法（書記法）   435

気分がいいときには、マルセルは林の中を散歩する。
Si tu veux avoir un bon fromage, il vaut mieux aller au magasin.
いいチーズを手に入れたければ、あの店に行くのがいいよ。
Quoique pauvre, je ne perdrai pas ma confiance en moi.
貧しくはあるが、私は自信を失うことはない。

※従属節が主節に後続している場合は、主節と従属節の間に読点を置く必要はない。

Il faut finir la préparation du dîner avant que notre invité vienne.
客が来る前に夕食の準備を終えなければならない。
Vous n'avez pas besoin d'assister à la cérémonie si vous n'avez pas de temps.
時間がないのであれば、その式典に出席なさる必要はありません。

b. 分詞構文で、分詞と主節の間。

Honoré par tout le monde, le philosophe menait une vie heureuse.
みんなに賞賛されて、その哲学者は幸福な人生を送っていた。
Pauline est partie très tôt, arrivant à son bureau bien avant l'heure prévue.
ポリーヌはとても早く出発したので、決められた時間よりもずいぶん前に会社に着いた。

※分詞節が文中に置かれている場合は、その前後に読点を置く。

La fille, élégamment habillée, entra dans la salle de banquet.
その娘は、優雅に着飾って、宴会場に入ってきた。

c. 非制限的関係節と主節の間。

J'ai rencontré sur la rue le président du Sénat, qui était avec sa famille.
通りで上院の議長に会ったが、彼は自分の家族と一緒にいた。
La banque est tombée en faillite, ce qui a causé des difficultés à un grand nombre de sociétés.
その銀行が倒産し、そのことで多数の会社が困難に陥った。

d. car, mais, donc などの等位接続詞に後続する節と主節の間。

Hugo n'a pas accepté l'invitation de Nadine, car il était en colère contre elle.
ユゴーはナディーヌのことを怒っていたので、彼女の招待を受けなかった。
L'expérimentation n'a pas réussi, donc le scientifique a abandonné la recherche.
その実験は成功しなかった。そのためその科学者は研究をあきらめた。

※等位接続詞でも et, ou, ni については、その前に読点を置く必要はない。

Richard est dans sa chambre ou il est allé à l'ècole.
リシャールは自分の部屋にいるか、学校に行ったかのどちらかだ。

5.2.2. 文や節の内部にある語句の間

a. 挿入句の前後。

Le roman récemment publié de cet écrivain, dit-il, n'est pas très intéressant.
彼が言うには、その作家が最近出版した小説は、あまり面白くない。

Il y avait, je m'en souviens, beaucoup de poissons dans ce ruisseau.
この小川にたくさんの魚がいたことを、私は思い出す。

b. 名詞とその同格節の間。

J'ai visité Bratislava, capitale de la Slovaquie.
私はスロバキアの首都、ブラチスラバに行った。

C'est le portrait de George Washington, le premier président des États-Unis.
これは、合衆国初代大統領ジョージ・ワシントンの肖像画だ。

c. 等位接続詞なしに並列された名詞(句)の間。

J'ai mangé des escargots à la bourguignonne, du foie gras de canard poêlé et des ris de veau braisés.
私はブルゴーニュ風エスカルゴと鴨のフォワ・グラのソテーと子牛の胸腺肉の蒸し煮を食べた。

Où voulez-vous aller ? Paris, Marseille, Lyon ?
あなたはどこに行きたいですか。パリですかマルセイユですかリヨンですか。

d. 比較的長い前置詞句や副詞句が文頭に置かれている場合。

Du point de vue psychiatrique, le criminel est schizophrène.
精神医学的な観点からすると、その犯人は統合失調症患者だ。

Plus évidemment que vous ne le croyez, vous êtes responsable de l'accident.
あなたがその事故に責任があるのは、あなたが考えているよりも明白だ。

e. 呼びかけや返答に用いられる語句の前または後。

Soyez le bienvenu, Monsieur Attal.
ようこそいらっしゃいました、アタル様。

Madame, qu'est-ce que vous voulez ?
奥様、何をお望みでしょうか。

Oui, c'est vrai. はい、それは本当です。

5.3. ドゥ・ポワン(コロン)「 : 」

5.3.1. 等位接続詞と同様の、理由(car)、結果(donc)、対立(mais)を表す働きをする。

Pascal a accepté la proposition : il n'avait d'autre choix.
パスカルはその提案を受け入れた。他に選択肢はなかったからだ。

5. 句読法（書記法）

Le jour de la prononciation de la sentence est enfin venu : la cour du tribunal était pleine de journalistes.
判決の言い渡しの日がとうとうやってきた。そのため裁判所の中庭は報道関係者で一杯だった。
La syntaxe analyse l'ordre des mots : la sémantique considère la signification des mots et des phrases.
統語論は語順を分析するが、意味論は単語や文の意味を考察する。

5.3.2. 先行する語句の内容をさらに説明する。

Il y avait des plats délicieux sur la table : du foie gras, du turbot au beurre blanc, de la poitrine de pigeon rôtie, un gargouillou de légumes.
テーブルの上には、おいしい料理があった。フォアグラ、平目のバターソース添え、鳩の胸肉のロースト、温野菜の盛り合わせだ。
Trouver l'amour sur Internet : à quoi faut-il faire attention ?
インターネットで愛を見つける。その時何に注意しなければならないのか。

5.3.3. 直接話法で、《 》で括られた引用文の前に置かれる。

Le réceptionniste m'a dit : « Le petit-déjeuner sera servi dans le restaurant. »
フロント係は私に「朝食はレストランでお召し上がりください」と言った。

5.4. ポワン・ビルギュル（セミコロン）「；」

緩い関係のある内容を表す文や語句を結合する。
La planète se réchauffe ; les glaciers reculent d'année en année.
地球は温暖化しつつあり、氷河は年ごとに後退している。
Ma voiture est tombée en panne au milieu de la campagne ; heureusement un fermier passait par là.
私の車は田舎の真ん中で故障したが、折良く農夫がそこを通りかかった。
Acheter à l'épicerie :
— 3 oranges ;
— 2 pamplemousses ;
— 4 citrons.
食料品店で買う物。オレンジ3個、グレープフルーツ2個、レモン4個。

5.5. 疑問符「？」

疑問文の末尾に置く。

Es-tu allé au Canada ? 君はカナダに行ったことがあるかい。
Où habitez-vous ? あなたはどちらにお住まいですか。
J'ai dit à la femme : « Qu'est-ce que vous ferez demain ? »
私はその女性に「明日は何をなさいますか」と言った。
間接疑問文の末尾には用いない。
J'ai demandé à la femme ce qu'elle ferait le lendemain.
私はその女性に翌日何をするか尋ねた。
(?) のように丸括弧で括り、情報が不確実であることを表す。
Homère est un poète grec de la fin (?) du huitième siècle avant Jésus-Christ.
ホメーロスは紀元前8世紀末(?)のギリシアの詩人だ。

5.6. 感嘆符「!」

感嘆文、強い感情を表す文や語句の末尾に用いられる。
Que cette fleur est belle ! この花は何て綺麗なんだ。
Va-t'en tout de suite ! すぐに出ていけ。
Pourvu que mon cadeau plaise à Charlotte !
私の贈り物をシャルロットが気に入ってくれればいいんだが。
Tiens ! Il pleut. おや、雨が降っている。
Elle s'avança doucement, et crac ! elle tomba.
彼女はゆっくり前に進んだが、何と、転んでしまった。

5.7. 中断符「...」

文が完結せずに中断していることを表す。
Attends que je . . . Il va me rendre fou !
待ってくれ私が...。気が狂いそうだよ。
Denis est . . . euh, parti hier soir.
ドニは、ええっと、昨日の夕方出発したよ。
Au Musée d'Orsay, vous pourrez admirer les œuvres de nombreux peintres : Cézanne, Corot, Klimt, Delacroix, Picasso, Toulouse-Lautrec . . .
オルセー美術館では、たくさんの画家の作品を鑑賞することができます。セザンヌ、コロー、クリムト、ドラクロワ、ピカソ、トゥルーズ＝ロートレックなどです。
語句をあえて全部言わない場合にも中断符が用いられる。
Monsieur L . . . m'a raconté cette étrange histoire.
ル何とかという人が私にこの不思議な話をしてくれた。

L'événement est arrivé en l'an 200...
その出来事は 2000 何年かに起こった。
※「2000 何年か」は「20XX」とも表記する。

5.8. ティレ(ダッシュ、ダーシ)「—」

a. 会話の描写で、話者が交替することを表す。
    — Bonjour ! Comment allez-vous ce matin ?
    — Très bien merci. Et vous ?
    — J'ai un peu mal à la tête.
「おはようございます。今朝はお元気ですか」
「とても元気です。あなたはどうですか」
「ちょっと頭が痛いんですよ」

b. 項目をあげたリストで、それぞれの項目を示す場合に用いられる。
    Pour la rentrée scolaire, acheter :
    — deux cahiers à spirales, gros carreaux ;
    — des crayons à mine ;
    — des stylos de couleurs ;
    — une gomme ;
    — une règle.
新学期に購入するもの
・スパイラルノート、大きなマス目のもの 2 冊
・鉛筆
・色ボールペン
・消しゴム
・定規

c. 語句の説明のために、( )と同様に用いられる。
    Les Vikings — de hardis navigateurs — ont vraisemblablement découvert l'Amérique bien avant Christophe Colomb.
バイキング、この大胆な航海者たちは、恐らくクリストフォルス・コロンブスよりはるか前にアメリカを発見したようだ。

5.9. 引用符「« »」

現代では、英語と同様に「" "」という形の引用符もよく用いられる。

a. 直接話法で、引用節の範囲を示す。
    Le juge a dit : « L'accusé est condamné aux travaux forcés à perpétuité. »

裁判官は「被告人を無期懲役に処す」と言った。
Marie a dit : « Que puis-je faire pour lui ? »
マリーは「私は彼に何ができるかしら」と言った。
L'écrivain dit : "J'ai très envie d'écrire aujourd'hui."
その作家は「今日はとても書きたい気分だ」と言っている。

b. 使用されている語句が、他人の使ったものであることを表す。

J'ai vu des « motards en colère » faisant une manifestation contre la baisse de la vitesse sur les routes secondaires.
私は「怒れるオートバイ乗り」たちが、脇道での減速に反対するデモをしているのを見た。

Après une séance de yoga, je me sens tellement « cool. »
ヨガを1回分やったので、私はとても「クール」な気分だ。

5.10. 丸括弧「( )」、鉤括弧「[ ]」

a. 丸括弧は、文の途中で説明やコメントを加えるための語句を挿入する場合に用いられる。

Le comédien n'a pas pu se présenter à son entretien (ce n'était d'ailleurs pas la première fois) et n'a même pas pris la peine de s'excuser.
その俳優は会見に出席できなかったが(そしてそれは初めてのことではなかったのだが)、あえて弁解するようなこともしなかった。

Le musicien a fait quelques confidences sur le rapport de ses trois enfants (Ben, 17 ans, Alice, 14 ans, et Joe, 3 ans) à la célébrité de leurs parents.
そのミュージシャンは自分の3人の子供たち(ベン17歳、アリス14歳、ジョー3歳)と両親が著名であることとの関係について、いくつか打ち明け話しをした。

b. 名詞の性や数に複数の形式がありうる場合にも、丸括弧を使う。

Passioné(e)s de littérature, cet ouvrage saura vous séduire.
文学がとても好きな人間であれば、この作品に惹きつけられることだろう。
Le ou les responsable(s) sont attendus dans le bureau du proviseur.
責任者の方または方々は、校長室へおいでください。

c. 鉤括弧は、丸括弧の中に、さらに説明のための語句を挿入する必要がある場合に用いられる。

L'étudiant a écrit un mémoire sur l'Après-midi d'un faune (poème de Mallarmé [1842–1898] paru en 1876).
その学生は『牧神の午後』(1876年刊のマラルメ[1842–1898]の詩)につい

ての論文を書いた。
引用節の中で用いられている語句を、書き手の立場から説明する場合にも鉤括弧を用いる。

 Jeanne a dit : « Il [son mari] reviendra tout de suite. »
 ジャンヌは「あの人（彼女の夫）はすぐに戻ってくるわ」と言った。

5.11. 大文字
a. 文の先頭にある文字は大文字で表記される。大文字を使用することによって、文の区切りが視覚的に明らかになる。

 Le joueur d'échecs, comme le peintre ou le photographe, est brillant... ou mat.（Vladimir Nabokov）
 チェスの選手は、画家や写真家と同じように輝いているか...または鈍い。（mat には「鈍い」という意味と「チェックメイト」という意味がある）
 Un homme m'a dit : « Où est-ce qu'on peut acheter un ticket de métro? »
 ある男の人が私に「地下鉄の切符はどこで買えますか」と言った。

b. 固有名詞（人名、地名）は大文字で始める。

 Marco Polo était un grand explorateur. マルコ・ポーロは偉大な探検家だった。
 Hawaii est constitué d'un archipel dans l'océan Pacifique.
 ハワイは太平洋にある群島で構成されている。

※Hawaii（Hawaï）には定冠詞が付かない。

「太平洋」「大西洋」「インド洋」などは、英語では Pacific Ocean, Atlantic Ocean, Indian Ocean のように、Ocean〈大洋〉も大文字で始めるが、フランス語では l'océan Pacifique, l'océan Atlantique, l'océan Indien のように、océan は小文字で始める。

c. 地方を表す方位名（東西南北）も大文字で始める。

 Le Canada est dans l'Amérique du Nord. カナダは北アメリカにある。
 Il y a des gisements de pétrole dans la mer du Nord. 北海には油田がある。

※単なる方角であれば、小文字で始める。

 Saint-Denis se situe au nord de Paris. サン・ドニはパリの北方にある。

d. 呼びかけに用いる普通名詞は大文字で始める。

 Le nôtre est, Monsieur, très efficace.
 私たちのものは、お客様、とても効率的ですよ。
 Je vous en prie, Madame. どういたしまして、奥様。

e. 普通名詞が固有名詞化している場合は、大文字で始める。

 Mon oncle travaille dans la Bourse de Wall Street.

私の叔父はウォール・ストリートの証券取引所で働いている。
Le président doit se consacrer à l'État.
大統領は国家に身を捧げなければならない。

f. 国や民族を表す形容詞が、国民を表すために名詞として使われている場合は、大文字で始める。

Les Français aiment les beaux-arts. フランス人は芸術を愛する。
François fait des études sur l'histoire des Japonais.
フランソワは日本人の歴史を研究している。

※国や民族を表す形容詞が、名詞を修飾している場合には、小文字で始める。

La mentalité du peuple français est curieuse pour moi.
フランス民族の気質は、私にとっては奇妙だ。

※国民名や都市住民名を表す名詞が、形容詞的に用いられている場合、無冠詞で語頭も小文字で始めることが多い(☞第2章 5.7.2. 節)。

La femme s'est mariée avec un homme japonais et devnue japonaise [Japonaise].
その女性は日本人の男と結婚して、日本人になった。
Croyez-vous que Jules est vraiment niçois [Niçois] ?
ジュールが本当にニースの人だと思いますか。

g. 普通名詞でも、作品、新聞や雑誌の名称である場合は、大文字で始める。

La Guerre et la paix de Tolstoï est vraiment magnifique.
トルストイの『戦争と平和』は実に素晴らしい。
Avez-vous lu *Autant en emporte le vent*?
『風と共に去りぬ』を読んだことはありますか。
J'achète chaque jour *Le Monde*. 私は毎日『ル・モンド』を買っている。

5.12. 斜体(イタリック体)

斜体は、語句を強調するために用いられる。

a. 作品名、刊行物名、番組名

Le *Faust* raconte des pérégrinations mystérieuses d'un docteur ayant acquis des pouvoirs surnaturels.
『ファウスト』は超自然的な力を獲得した博士の不思議な遍歴を物語っている。
Ma nièce rêve de jouer dans *Andromaque* de Racine.
私の姪はラシーヌの『アンドロマック』で演じることを夢見ている。
Notre professeur nous a fait lire un extrait de *New York Times*.
私たちの先生は私たちに『ニューヨークタイムズ』からの抜粋を読ませた。
L'émission *Les merveilles de la nature* a battu tous les records d'audience.

5. 句読法（書記法） 443

　　『自然の驚異』という番組はあらゆる視聴記録を破った。
※聖書などの聖典は通常の字体で書かれる。
　　La Genèse est le premier livre de l'Ancien Testament.
　　「創世記」は旧約聖書の第一の書だ。
b. ラテン語の語句
　　Le territoire s'est fait reconnu l'indépendance *de facto*.
　　その地域は事実上の独立を承認させた。
　　Pour les détails de cette discussion, voir *supra* page 245.
　　この議論の詳細については、上記245ページを参照。
　　L'angine de poitrine (*angina pectoris*) est plus fréquent chez l'homme que chez la femme.
　　狭心症(学名 angina pectoris)は女性よりも男性に多い。
　　C'est Tacite qui a dit : « *omne ignotum pro magnifico.* »
　　「未知のものはすべて素晴らしく見える」と言ったのはタキトゥスだ。
c. 音階名
　　J'ai écouté un concerto en *si* bémol majeur. 変ロ長調のコンチェルトを聴いた。
d. ローマ字の小文字を単独で使う場合
　　Les *h* aspirés ne se prononcent pas.「有音の h」は発音されない。
　　La figure *b* indique les tendances récentes des prix.
　　表 b は最近の物価の傾向を示している。
e. 数式
　　$f(x) = ax^3 + bx^2 + cx + d$
　　$e^x = 1 + \frac{x}{1!} + \frac{x^2}{2!} + \frac{x^3}{3!} + \cdots$
f. 引用された語句を記すのに、引用符の代わりに斜体を用いることもある。
　　To be or not to be, that is the question, dit Hamlet, affligé de son irresolution.
　　「生きるべきか死ぬべきかそれが問題だ」と自分の優柔不断に苦悩したハムレットは言った。
　　Le pays où le commerce est le plus libre, écrit Voltaire, *sera toujours le plus riche et le plus florissant.*
　　「商売が最も自由な国が常に最も豊かで最も繁栄する」とボルテールは書いている。
　　Les *public schools* en Angleterre sont des instituts très privilégiés d'enseignement secondaire.
　　イギリスの「パブリックスクール」は非常に権威のある中等教育施設だ。

第 15 章のまとめ

1. 文体的な効果を目的として、通常の語順を逆転する操作である「倒置」が行われることがある。
   a. 主語＋動詞→動詞＋主語
   b. 主語＋動詞＋前置詞句／副詞→前置詞句／副詞＋動詞＋主語
   c. 主語＋補語→補語＋主語
   d. 目的語＋補語→補語＋目的語
   e. 主語＋動詞＋目的語→目的語＋主語＋動詞
   f. 主語＋伝達動詞→伝達動詞＋主語

2. 状況や文脈をもとにして容易に復元できる語句は、省略されることがある。
   a. 等位接続詞によって並列される2つの文の主語が同一の場合、2番目の文の主語または主語と動詞。
   b. 主節と従属節の主語が同一の場合、従属節の主語または主語と動詞
   c. 同一の動詞が反復される場合、2番目の動詞
   d. 否定文を ou non で代用する場合、否定文の全体
   e. 事柄の帰結を「d'où＋名詞句」で表す場合、帰結文中の名詞句以外の要素
   f. ニュースのタイトルで、読者に理解できると想定される要素

3. 本来は直接隣接しているはずの語句（修飾語と被修飾語、動詞と目的語など）の間に、他の語句が挿入されることにより、2つの語句が遊離した表現が作られることがある。

4. 通常は意志のある人間を主語として選択する動詞の主語として、意志を持たない無生物が用いられる構文を「無生物主語文」と呼ぶ。フランス語では無生物主語文がよく用いられるが、これを日本語に置き換える場合には、人間を主語とする表現に置き換えた方が自然になる。

5. フランス語の文章で用いられる書記記号
   a. 句点「．」 平叙文の終わり、略語の終わりを示す。
   b. 読点「，」 文中で語句の切れ目（節と節、名詞とその同格節、等位

第15章のまとめ

接続詞を介さない名詞(句)の間、挿入句の前後など)を示す。
- c. ドゥ・ポワン(コロン)「:」 理由、結果、対立など、等位接続詞と同様の働きをし、また先行する語句の内容の説明をするほか、直接話法で引用文の前に用いられる。
- d. ポワン・ビルギュル(セミコロン)「;」 緩い関係のある内容を表す文や語句を結びつける。
- e. 疑問符「?」 疑問文の末尾に置く。
- f. 感嘆符「!」 感嘆文や強い感情を表す語句の末尾に用いられる。
- g. 中断符「...」 文が完結せずに中断していることを表す。
- h. ティレ(ダッシュ、ダーシ)「—」 会話中での話者の交替、リスト中での項目、語句の説明などを示す。
- i. 引用符「« »」 直接話法での引用節の範囲、他人の表現の引用などを示す。
- j. 丸括弧「( )」 文の途中で説明やコメントを加えるための語句を挿入したこと、名詞の性や数に複数の形式がありうることを示す。丸括弧の中に、さらに説明のための語句を挿入する場合には、鉤括弧「[ ]」を用いる。
- k. 大文字: 文、固有名詞、国民名、作品や誌名などの先頭に用いる。
- l. 斜体(イタリック体): 作品名、ラテン語の語句、音階名、数式、引用された語句などを示すために用いる。

〈付　録 I〉
動詞活用型

動詞活用型（Ⅰ～Ⅳ）と代名動詞・倒置・受動

[動詞活用を型に分けて呈示します。avoir と être は使用頻度の高い最も基本的な動詞なので、それぞれを1つの型としています。]

Ⅰ avoir

不定詞				
単純形	avoir		複合形	avoir eu
分詞				
単純形	現在分詞　ayant 過去分詞　eu		複合形	現在分詞　ayant eu
直説法				
現在	j'　　　ai tu　　　as il　　　a nous　　avons vous　　avez ils　　　ont		半過去	j'　　　avais tu　　　avais il　　　avait nous　　avions vous　　aviez ils　　　avaient
単純過去	j'　　　eus tu　　　eus il　　　eut nous　　eûmes vous　　eûtes ils　　　eurent		未来	j'　　　aurai tu　　　auras il　　　aura nous　　aurons vous　　aurez ils　　　auront
複合過去	j'　　　ai　　　eu tu　　　as　　　eu il　　　a　　　eu nous　　avons　eu vous　　avez　eu ils　　　ont　　eu		大過去	j'　　　avais　　eu tu　　　avais　　eu il　　　avait　　eu nous　　avions　eu vous　　aviez　eu ils　　　avaient　eu
前過去	j'　　　eus　　eu tu　　　eus　　eu il　　　eut　　eu nous　　eûmes　eu vous　　eûtes　eu ils　　　eurent　eu		未来完了	j'　　　aurai　　eu tu　　　auras　　eu il　　　aura　　eu nous　　aurons　eu vous　　aurez　eu ils　　　auront　eu

II être

<table>
<tr><td colspan="6" align="center">条件法</td></tr>
<tr><td rowspan="6">現在</td><td>j'</td><td>aurais</td><td rowspan="6">過去</td><td>j'</td><td>aurais</td><td>eu</td></tr>
<tr><td>tu</td><td>aurais</td><td>tu</td><td>aurais</td><td>eu</td></tr>
<tr><td>il</td><td>aurait</td><td>il</td><td>aurait</td><td>eu</td></tr>
<tr><td>nous</td><td>aurions</td><td>nous</td><td>aurions</td><td>eu</td></tr>
<tr><td>vous</td><td>auriez</td><td>vous</td><td>auriez</td><td>eu</td></tr>
<tr><td>ils</td><td>auraient</td><td>ils</td><td>auraient</td><td>eu</td></tr>
</table>

<table>
<tr><td colspan="6" align="center">接続法</td></tr>
<tr><td rowspan="6">現在</td><td>j'</td><td>aie</td><td rowspan="6">半過去</td><td>j'</td><td>eusse</td><td></td></tr>
<tr><td>tu</td><td>aies</td><td>tu</td><td>eusses</td><td></td></tr>
<tr><td>il</td><td>ait</td><td>il</td><td>eût</td><td></td></tr>
<tr><td>nous</td><td>ayons</td><td>nous</td><td>eussions</td><td></td></tr>
<tr><td>vous</td><td>ayez</td><td>vous</td><td>eussiez</td><td></td></tr>
<tr><td>ils</td><td>aient</td><td>ils</td><td>eussent</td><td></td></tr>
<tr><td rowspan="6">過去</td><td>j'</td><td>aie</td><td>eu</td><td rowspan="6">過去完了</td><td>j'</td><td>eusse</td><td>eu</td></tr>
</table>

<table>
<tr><td></td><td>tu</td><td>aies</td><td>eu</td><td></td><td>tu</td><td>eusses</td><td>eu</td></tr>
<tr><td></td><td>il</td><td>ait</td><td>eu</td><td></td><td>il</td><td>eût</td><td>eu</td></tr>
<tr><td></td><td>nous</td><td>ayons</td><td>eu</td><td></td><td>nous</td><td>eussions</td><td>eu</td></tr>
<tr><td></td><td>vous</td><td>ayez</td><td>eu</td><td></td><td>vous</td><td>eussiez</td><td>eu</td></tr>
<tr><td></td><td>ils</td><td>aient</td><td>eu</td><td></td><td>ils</td><td>eussent</td><td>eu</td></tr>
</table>

<table>
<tr><td colspan="6" align="center">命令法</td></tr>
<tr><td rowspan="3">現在</td><td>aie</td><td></td><td rowspan="3">過去</td><td>aie</td><td>eu</td></tr>
<tr><td>ayons</td><td></td><td>ayons</td><td>eu</td></tr>
<tr><td>ayez</td><td></td><td>ayez</td><td>eu</td></tr>
</table>

II être

<table>
<tr><td colspan="4" align="center">不定詞</td></tr>
<tr><td>単純形</td><td>être</td><td>複合形</td><td>avoir été</td></tr>
</table>

<table>
<tr><td colspan="4" align="center">分詞</td></tr>
<tr><td>単純形</td><td>現在分詞　étant
過去分詞　été</td><td>完了形</td><td>現在分詞　ayant été</td></tr>
</table>

<table>
<tr><td colspan="6" align="center">直説法</td></tr>
<tr><td rowspan="6">現在</td><td>je</td><td>suis</td><td rowspan="6">半過去</td><td>j'</td><td>étais</td></tr>
<tr><td>tu</td><td>es</td><td>tu</td><td>étais</td></tr>
<tr><td>il</td><td>est</td><td>il</td><td>était</td></tr>
<tr><td>nous</td><td>sommes</td><td>nous</td><td>étions</td></tr>
<tr><td>vous</td><td>êtes</td><td>vous</td><td>étiez</td></tr>
<tr><td>ils</td><td>sont</td><td>ils</td><td>étaient</td></tr>
</table>

単純過去	je tu il nous vous ils	fus fus fut fûmes fûtes furent		未来	je tu il nous vous ils	serai seras sera serons serez seront	
複合過去	j' tu il nous vous ils	ai as a avons avez ont	été été été été été été	大過去	j' tu il nous vous ils	avais avais avait avions aviez avaient	été été été été été été
前過去	j' tu il nous vous ils	eus eus eut eûmes eûtes eurent	été été été été été été	未来完了	j' tu il nous vous ils	aurai auras aura aurons aurez auront	été été été été été été

条　件　法

現在	je tu il nous vous ils	serais serais serait serions seriez seraient		過去	j' tu il nous vous ils	aurais aurais aurait aurions auriez auraient	été été été été été été

接　続　法

現在	je tu il nous vous ils	sois sois soit soyons soyez soient		半過去	je tu il nous vous ils	fusse fusses fût fussions fussiez fussent	
過去	j' tu il nous vous ils	aie aies ait ayons ayez aient	été été été été été été	過去完了	j' tu il nous vous ils	eusse eusses eût eussions eussiez eussent	été été été été été été

命　令　法

現在	sois soyons soyez		過去	aie ayons ayez	été été été

III donner　第 1 群規則動詞

	不　定　詞			
単純形	donner		複合形	avoir donné

	分　詞			
単純形	現在分詞　donnant 過去分詞　donné		複合形	現在分詞　ayant donné

	直　説　法				
現在	je tu il nous vous ils	donne donnes donne donnons donnez donnent	半過去	je tu il nous vous ils	donnais donnais donnait donnions donniez donnaient
単純過去	je tu il nous vous ils	donnai donnas donna donnâmes donnâtes donnèrent	未来	je tu il nous vous ils	donnerai donneras donnera donnerons donnerez donneront
複合過去	j' tu il nous vous ils	ai as a avons avez ont	donné donné donné donné donné donné	大過去	j'　avais　donné tu　avais　donné il　avait　donné nous　avions　donné vous　aviez　donné ils　avaient　donné
前過去	j' tu il nous vous ils	eus eus eut eûmes eûtes eurent	donné donné donné donné donné donné	未来完了	j'　aurai　donné tu　auras　donné il　aura　donné nous　aurons　donné vous　aurez　donné ils　auront　donné

	条　件　法				
現在	je tu il nous vous ils	donnerais donnerais donnerait donnerions donneriez donneraient	過去	j' tu il nous vous ils	aurais　donné aurais　donné aurait　donné aurions　donné auriez　donné auraient　donné

接 続 法						
現在	je donne tu donnes il donne nous donnions vous donniez ils donnent			半過去	je donnasse tu donnasses il donnât nous donnassions vous donnassiez il donnassent	
過去	j' aie donné tu aies donné il ait donné nous ayons donné vous ayez donné ils aient donné			過去完了	j' eusse donné tu eusses donné il eût donné nous eussions donné vous eussiez donné ils eussent donné	
命 令 法						
現在	donne donnons donnez			過去	aie donné ayons donné ayez donné	
否 定 形						
	不定詞 ne pas donner				不定詞完了形 ne pas avoir [n' avoir pas] donné	
	直説法現在				直説法複合過去	
je	ne donne pas			je	n' ai pas donné	
tu	ne donnes pas			tu	n' as pas donné	
il	ne donne pas			il	n' a pas donné	
nous	ne donnons pas			nous	n' avons pas donné	
vous	ne donnez pas			vous	n' avez pas donné	
ils	ne donnent pas			ils	n' ont pas donné	

注記　命令法現在 donne は en, y の前では donnes.

Ⅳ finir　第2群規則動詞

不 定 詞			
単純形	finir	複合形	avoir fini
分 詞			
単純形	現在分詞　finissant 過去分詞　fini	複合形	現在分詞　ayant fini

Ⅳ finir 第2群規則動詞

直説法

現在	je tu il nous vous ils	finis finis finit finissons finissez finissent		半過去	je tu il nous vous ils	finissais finissais finissait finissions finissiez finissaient	
単純過去	je tu il nous vous ils	finis finis finit finîmes finîtes finirent		未来	je tu il nous vous ils	finirai finiras finira finirons finirez finiront	
複合過去	j' tu il nous vous ils	ai as a avons avez ont	fini fini fini fini fini fini	大過去	j' tu il nous vous ils	avais avais avait avions aviez avaient	fini fini fini fini fini fini
前過去	j' tu il nous vous ils	eus eus eut eûmes eûtes eurent	fini fini fini fini fini fini	未来完了	j' tu il nous vous ils	aurai auras aura aurons aurez auront	fini fini fini fini fini fini

条件法

現在	je tu il nous vous ils	finirais finirais finirait finirions finiriez finiraient		過去	j' tu il nous vous ils	aurais aurais aurait aurions auriez auraient	fini fini fini fini fini fini

接続法

現在	je tu il nous vous ils	finisse finisses finisse finissions finissiez finissent		半過去	je tu il nous vous ils	finisse finisses finît finissions finissiez finissent	
過去	j' tu il nous vous ils	aie aies ait ayons ayez aient	fini fini fini fini fini fini	過去完了	j' tu il nous vous ils	eusse eusses eût eussions eussiez eussent	fini fini fini fini fini fini

命　令　法				
現在	finis finissons finissez	過去	aie ayons ayez	fini fini fini

V aller

不　定　詞			
単純形	aller	複合形	être allé(e)(s)

分　詞			
単純形	現在分詞　allant 過去分詞　allé(e)(s)	複合形	現在分詞　étant allé(e)(s)

直　説　法						
現在	je tu il nous vous ils	vais vas va allons allez vont		半過去	j' tu il nous vous ils	allais allais allait allions alliez allaient
単純過去	j' tu il nous vous ils	allai allas alla allâmes allâtes allèrent		未来	j' tu il nous vous ils	irai iras ira irons irez iront
複合過去	je tu il nous vous ils	suis es est sommes êtes sont	allé(e) allé(e) allé allé(e)s allé(e)(s) allés	大過去	j' tu il nous vous ils	étais étais était étions étiez étaient	allé(e) allé(e) allé allé(e)s allé(e)(s) allés
前過去	je tu il nous vous ils	fus fus fut fûmes fûtes furent	allé(e) allé(e) allé allé(e)s allé(e)(s) allés	未来完了	je tu il nous vous ils	serai seras sera serons serez seront	allé(e) allé(e) allé allé(e)s allé(e)(s) allés

VI faire

			条件法				
現在	j' tu il nous vous ils	irais irais irait irions iriez iraient		過去	je tu il nous vous ils	serais serais serait serions seriez seraient	allé(e) allé(e) allé allé(e)s allé(e)(s) allés
			接続法				
現在	j' tu il nous vous ils	aille ailles aille allions alliez aillent		半過去	j' tu il nous vous ils	allasse allasses allât allassions allassiez allassent	
過去	je tu il nous vous ils	sois sois soit soyons soyez soient	allé(e) allé(e) allé allé(e)s allé(e)(s) allés	過去完了	je tu il nous vous ils	fusse fusses fût fussions fussiez fussent	allé(e) allé(e) allé allé(e)s allé(e)(s) allés
			命令法				
現在	va allons allez			過去	sois soyons soyez	allé(e) allé(e)s allé(e)(s)	

注記　命令法現在 va は en, y の前では vas.

VI faire

			不定詞		
単純形	faire		複合形	avoir fait	
			分詞		
単純形	現在分詞　faisant 過去分詞　fait		複合形	現在分詞　ayant fait	
			直説法		
現在	je tu il nous vous ils	fais fais fait faisons faites font	半過去	je tu il nous vous ils	faisais faisais faisait faisions faisiez faisaient

単純過去	je tu il nous vous ils	fis fis fit fîmes fîtes firent		未来	je tu il nous vous ils	ferai feras fera ferons ferez feront	
複合過去	j' tu il nous vous ils	ai as a avons avez ont	fait fait fait fait fait fait	大過去	j' tu il nous vous ils	avais avais avait avions aviez avaient	fait fait fait fait fait fait
前過去	j' tu il nous vous ils	eus eus eut eûmes eûtes eurent	fait fait fait fait fait fait	未来完了	j' tu il nous vous ils	aurai auras aura aurons aurez auront	fait fait fait fait fait fait
条　件　法							
現在	je tu il nous vous ils	ferais ferais ferait ferions feriez feraient		過去	j' tu il nous vous ils	aurais aurais aurait aurions auriez auraient	fait fait fait fait fait fait
接　続　法							
現在	je tu il nous vous ils	fasse fasses fasse fassions fassiez fassent		半過去	je tu il nous vous ils	fisse fisses fît fissions fissiez fissent	
過去	j' tu il nous vous ils	aie aies ait ayons ayez aient	fait fait fait fait fait fait	過去完了	j' tu il nous vous ils	eusse eusses eût eussions eussiez eussent	fait fait fait fait fait fait
命　令　法							
現在	fais faisons faites			過去	aie ayons ayez	fait fait fait	

代名動詞　se reposer

	不　定　詞		
単純形	se reposer	複合形	s'être reposé(e)(s)

	分　詞		
単純形	現在分詞　se reposant 過去分詞　reposé(e)(s)	複合形	s'étant reposé(e)(s)

	直　説　法				
現在	je me repose tu te reposes il se repose nous nous reposons vous vous reposez ils se reposent		半過去	je me reposais tu te reposais il se reposait nous nous reposions vous vous reposiez ils se reposaient	
単純過去	je me reposai tu te reposas il se reposa nous nous reposâmes vous vous reposâtes ils se reposèrent		未来	je me reposerai tu te reposeras il se reposera nous nous reposerons vous vous reposerez ils se reposeront	
複合過去	je me suis reposé(e) tu t' es reposé(e) il s' est reposé nous nous sommes reposé(e)s vous vous êtes reposé(e)(s) ils se sont reposés		大過去	je m' étais reposé(e) tu t' étais reposé(e) il s' était reposé nous nous étions reposé(e)s vous vous étiez reposé(e)(s) ils s' étaient reposés	
前過去	je me fus reposé(e) tu e fus reposé(e) il se fut reposé nous nous fûmes reposé(e)s vous vous fûtes reposé(e)(s) ils se furent reposés		未来完了	je me serai reposé(e) tu te seras reposé(e) il se sera reposé nous nous serons reposé(e)s vous vous serez reposé(e)(s) ils se seront reposés	

	条　件　法				
現在	je me reposerais tu te reposerais il se reposerait nous nous reposerions vous vous reposeriez ils se reposeraient		過去	je me serais reposé(e) tu te serais reposé(e) il se serait reposé nous nous serions reposé(e)s vous vous seriez reposé(e)(s) ils se seraient reposés	

	接　続　法		
現在	je me repose tu te reposes il se repose nous nous reposions vous vous reposiez ils se reposent	半過去	je me reposasse tu te reposasses il se reposât nous nous reposassions vous vous reposassiez ils se reposassent
過去	je me sois reposé(e) tu te sois reposé(e) il se soit reposé nous nous soyons reposé(e)s vous vous soyez reposé(e)(s) ils se soient reposés	過去完了	je me fusse reposé(e) tu te fusses reposé(e) il se fût reposé nous nous fussions reposé(e)s vous vous fussiez reposé(e)(s) ils se fussent reposés
	命　令　法		
現在	repose-toi reposons-nous reposez-vous		
	否　定　形		
	不定詞 ne pas se reposer		不定詞完了形 ne pas s'être [ne s'être pas] reposé(e)(s)
	直説法現在		直説法複合過去
je tu il nous vous ils	ne me repose pas ne te reposes pas ne se repose pas ne nous reposons pas ne vous reposez pas ne se reposent pas	je tu il nous vous ils	ne me suis pas reposé(e) ne t'es pas reposé(e) ne s'est pas reposé ne nous sommes pas reposé(e)s ne vous êtes pas reposé(e)(s) ne se sont pas reposés
	倒　置　形		
	直説法現在		直説法複合過去
me te se nous vous se	reposé-je reposes-tu repose-t-il reposons-nous reposez-vous reposent-ils	me t' s' nous vous se	suis-je reposé(e) es-tu reposé(e) est-il reposé sommes-nous reposé(e)s êtes-vous reposé(e)(s) sont-ils reposés
	倒置否定形		
	直説法現在		直説法複合過去
ne me ne te ne se ne nous ne vous ne se	reposé-je pas reposes-tu pas repose-t-il pas reposons-nous pas reposez-vous pas reposent-ils pas	ne me ne t' ne s' ne nous ne vous ne se	suis-je pas reposé(e) es-tu pas reposé(e) est-il pas reposé sommes-nous pas reposé(e)s êtes-vous pas reposé(e)(s) sont-ils pas reposés

donner　倒置形

\multicolumn{7}{c}{直　説　法}						

現在	donné-je donnes-tu donne-t-il donnons-nous donnez-vous donnent-ils			半過去	donnais-je donnais-tu donnait-il donnions-nous donniez-vous donnaient-ils		
単純過去	donnai-je donnas-tu donna-t-il donnâmes-nous donnâtes-vous donnèrent-ils			未来	donnerai-je donneras-tu donnera-t-il donnerons-nous donnerez-vous donneront-ils		
複合過去	ai-je as-tu a-t-il avons-nous avez-vous ont-ils	donné donné donné donné donné donné		大過去	avais-je avais-tu avait-il avions-nous aviez-vous avaient-ils	donné donné donné donné donné donné	
前過去	eus-je eus-tu eut-il eûmes-nous eûtes-vous eurent-ils	donné donné donné donné donné donné		未来完了	aurai-je auras-tu aura-t-il aurons-nous aurez-vous auront-ils	donné donné donné donné donné donné	

条　件　法

現在	donnerais-je donnerais-tu donnerait-il donnerions-nous donneriez-vous donneraient-ils			過去	aurais-je aurais-tu aurait-il aurions-nous auriez-vous auraient-ils	donné donné donné donné donné donné	

接　続　法

現在	donné-je donnes-tu donne-t-il donnions-nous donniez-vous donnent-ils	半過去	donnassé-je donnasses-tu donnât-il donnassions-nous donnassiez-vous donnassent-ils

過去	aie-je donné aies-tu donné ait-il donné ayons-nous donné ayez-vous donné aient-ils donné	過去完了	eussé-je donné eusses-tu donné eût-il donné eussions-nous donné eussiez-vous donné eussent-ils donné

否　定　形			
	直説法現在		直説法複合過去
ne	donné-je pas	n'ai-je pas	donné
ne	donnes-tu pas	n'as-tu pas	donné
ne	donne-t-il pas	n'a-t-il pas	donné
ne	donnons-nous pas	n'avons-nous pas	donné
ne	donnez-vous pas	n'avez-vous pas	donné
ne	donnent-ils pas	n'ont-ils pas	donné

être aimé　受動態

	不　定　詞		
単純形	être aimé(e)(s)	複合形	avoir été aimé(e)(s)

	分　詞		
単純形	現在分詞　étant aimé(e)(s)	複合形	現在分詞　ayant été aimé(e)(s)

	直　説　法		
現在	je suis aimé(e) tu es aimé(e) il est aimé nous sommes aimé(e)s vous êtes aimé(e)(s) ils sont aimés	半過去	j' étais aimé(e) tu étais aimé(e) il était aimé nous étions aimé(e)s vous étiez aimé(e)(s) ils étaient aimés
単純過去	je fus aimé(e) tu fus aimé(e) il fut aimé nous fûmes aimé(e)s vous fûtes aimé(e)(s) ils furent aimés	未来	je serai aimé(e) tu seras aimé(e) il sera aimé nous serons aimé(e)s vous serez aimé(e)(s) ils seront aimés
複合過去	j' ai été aimé(e) tu as été aimé(e) il a été aimé nous avons été aimé(e)s vous avez été aimé(e)(s) ils ont été aimés	大過去	j' avais été aimé(e) tu avais été aimé(e) il avait été aimé nous avions été aimé(e)s vous aviez été aimé(e)(s) ils avaient été aimés

être aimé　受動態

前過去	j' tu il nous vous ils	eus eus eut eûmes eûtes eurent	été aimé(e) été aimé(e) été aimé été aimé(e)s été aimé(e)(s) été aimés	未来完了	j' tu il nous vous ils	aurai auras aura aurons aurez auront	été aimé(e) été aimé(e) été aimé été aimé(e)s été aimé(e)(s) été aimés

条　件　法

現在	je tu il nous vous ils	serais serais serait serions seriez seraient	aimé(e) aimé(e) aimé aimé(e)s aimé(e)(s) aimés	過去	j' tu il nous vous ils	aurais aurais aurait aurions auriez auraient	été aimé(e) été aimé(e) été aimé été aimé(e)s été aimé(e)(s) été aimés

接　続　法

現在	je tu il nous vous ils	sois sois soit soyons soyez soient	aimé(e) aimé(e) aimé aimé(e)s aimé(e)(s) aimés	半過去	je tu il nous vous ils	fusse fusses fût fussions fussiez fussent	aimé(e) aimé(e) aimé aimé(e)s aimé(e)(s) aimés
過去	j' tu il nous vous ils	aie aies ait ayons ayez aient	été aimé(e) été aimé(e) été aimé été aimé(e)s été aimé(e)(s) été aimés	過去完了	j' tu il nous vous ils	eusse eusses eût eussions eussiez eussent	été aimé(e) été aimé(e) été aimé été aimé(e)s été aimé(e)(s) été aimés

命　令　法

現在	sois soyons soyez	aimé(e) aimé(e)s aimé(e)(s)	過去	aie ayons ayez	été aimé(e) été aimé(e)s été aimé(e)(s)

否　定　形

不定詞	不定詞完了形
ne pas être [n' être pas] aimé(e)(s)	ne pas avoir [n' avoir pas] été aimé(e)(s)

直説法現在	直説法複合過去
je　ne suis pas　　aimé(e) tu　n'es pas　　　aimé(e) il　n'est pas　　　aimé nous　ne sommes pas　aimé(e)s vous　n'êtes pas　　aimé(e)(s) ils　ne sont pas　　aimés	je　n'ai pas　　　été aimé(e) tu　n'as pas　　　été aimé(e) il　n'a pas　　　　été aimé nous　n'avons pas　été aimé(e)s vous　n'avez pas　été aimé(e)(s) ils　n'ont pas　　été aimés

倒 置 形				
直説法現在			直説法複合過去	
suis-je	aimé(e)	ai-je	été aimé(e)	
es-tu	aimé(e)	as-tu	été aimé(e)	
est-il	aimé	a-t-il	été aimé	
sommes-nous	aimé(e)s	avons-nous	été aimé(e)s	
êtes-vous	aimé(e)(s)	avez-vous	été aimé(e)(s)	
sont-ils	aimés	ont-ils	été aimés	
倒置否定形				
直説法現在			直説法複合過去	
ne suis-je pas	aimé(e)	n'ai-je pas	été aimé(e)	
n'es-tu pas	aimé(e)	n'as-tu pas	été aimé(e)	
n'est-il pas	aimé	n'a-t-il pas	été aimé	
ne sommes-nous pas	aimé(e)s	n'avons-nous pas	été aimé(e)s	
n'êtes-vous pas	aimé(e)(s)	n'avez-vous pas	été aimé(e)(s)	
ne sont-ils pas	aimés	n'ont-ils pas	été aimés	

〈付 録Ⅱ〉
代表的な不規則動詞

不規則活用動詞 73

> フランス語動詞の中で、不規則な活用をする動詞（規則的に活用するが、一部に違いがあるものを含む）の代表を 73 選びました。どの種類の動詞がこれらの動詞と同じ活用をするかは、各動詞の活用表にある【注記】を参照してください。なお、ここでは、対応する主語として nous を n. と、vous を v. という略語で表します。

不定詞 現在分詞 過去分詞	直説法 現在	直説法 半過去	直説法 単純過去	直説法 未来
① placer〈置く〉 plaçant placé	je place tu places il place n. plaçons v. placez ils placent	je plaçais tu plaçais il plaçait n. placions v. placiez ils plaçaient	je plaçai tu plaças il plaça n. plaçâmes v. plaçâtes ils placèrent	je placerai tu placeras il placera n. placerons v. placerez ils placeront
② manger〈食べる〉 mangeant mangé	je mange tu manges il mange n. mangeons v. mangez ils mangent	je mangeais tu mangeais il mangeait n. mangions v. mangiez ils mangeaient	je mangeai tu mangeas il mangea n. mangeâmes v. mangeâtes ils mangèrent	je mangerai tu mangeras il mangera n. mangerons v. mangerez ils mangeront
③ lever〈上げる〉 levant levé	je lève tu lèves il lève n. levons v. levez ils lèvent	je levais tu levais il levait n. levions v. leviez ils levaient	je levai tu levas il leva n. levâmes v. levâtes ils levèrent	je lèverai tu lèveras il lèvera n. lèverons v. lèverez ils lèveront
④ jeter〈投げる〉 jetant jeté	je jette tu jettes il jette n. jetons v. jetez ils jettent	je jetais tu jetais il jetait n. jetions v. jetiez ils jetaient	je jetai tu jetas il jeta n. jetâmes v. jetâtes ils jetèrent	je jetterai tu jetteras il jettera n. jetterons v. jetterez ils jetteront
⑤ acheter〈買う〉 acheté	j' achète tu achètes il achète n. achetons v. achetez ils achètent	j' achetais tu achetais il achetait n. achetions v. achetiez ils achetaient	j' achetai tu achetas il acheta n. achetâmes v. achetâtes ils achetèrent	j' achèterai tu achèteras il achètera n. achèterons v. achèterez ils achèteront
⑥ céder〈譲る〉 cédant cédé	je cède tu cèdes il cède n. cédons v. cédez ils cèdent	je cédais tu cédais il cédait n. cédions v. cédiez ils cédaient	je cédai tu cédas il céda n. cédâmes v. cédâtes ils cédèrent	je céderai tu céderas il cédera n. céderons v. céderez ils céderont

条件法現在	接続法現在	接続法半過去	命令法現在	【注記】
je placerais tu placerais il placerait n. placerions v. placeriez ils placeraient	je place tu places il place n. placions v. placiez ils placent	je plaçasse tu plaçasses il plaçât n. plaçassion v. plaçassiez ils plaçassent	place plaçons placez	-cer で終わる動詞。語幹末 c を a と o の前で ç とする。
je mangerais tu mangerais il mangerait n. mangerions v. mangeriez ils mangeraient	je mange tu manges il mange n. mangions v. mangiez ils mangent	je mangeasse tu mangeasses il mangeât n. mangeassions v. mangeassiez ils mangeassent	mange mangeons mangez	-ger で終わる動詞。g と a, o の間に e が入る。
je lèverais tu lèverais il lèverait n. lèverions v. lèveriez ils lèveraient	je lève tu lèves il lève n. levions v. leviez ils lèvent	je levasse tu levasses il levât n. levassions v. levassiez ils levassent	lève levons levez	-e+子音+er で終わる動詞。直・現、命、接・現 je, tu, il, ils 及び未来、条・現で語幹末の e が è となる。
je jetterais tu jetterais il jetterait n. jetterions v. jetteriez ils jetteraient	je jette tu jettes il jette n. jetions v. jetiez ils jettent	je jetasse tu jetasses il jetât n. jetassions v. jetassiez ils jetassent	jette jetons jetez	-ler, -ter で終わる動詞の大部分。直・現、命、接・現の je, tu, il, ils と、直・未、条・現で ll, tt と重ねる。
j'achèterais tu achèterais il achèterait n. achèterions v. achèteriez ils achèteraient	j'achète tu achètes il achète n. achetions v. achetiez ils achètent	j'achetasse tu achetasses il achetât n. achetassions v. achetassiez ils achetassent	achète achetons achetez	-eler, -eter で終わる動詞で ③ lever と同じ活用のもの。
je céderais tu céderais il céderait n. céderions v. céderiez ils céderaient	je cède tu cèdes il cède n. cédions v. cédiez ils cèdent	je cédasse tu cédasses il cédât n. cédassions v. cédassiez ils cédassent	cède cédons cédez	-é+子音+er で終わる動詞。直・現、接・現、命で je, tu, il, ils のとき é が è となる。

不定詞 現在分詞 過去分詞	直説法 現在	直説法 半過去	直説法 単純過去	直説法 未来
⑦ protéger〈保護する〉 protégeant protégé	je protège tu protèges il protège n. protégeons v. protégez ils protègent	je protégeais tu protégeais il protégeait n. protégions v. protégiez ils protégeaient	je protégeai tu protégeas il protégea n. protégeâmes v. protégeâtes ils protégèrent	je protégerai tu protégeras il protégera n. protégerons v. protégerez ils protégeront
⑧ payer〈払う〉 payant payé	(a) je paie tu paies il paie n. payons v. payez ils paient (b) je paye tu payes il paye n. payons v. payez ils payent	je payais tu payais il payait n. payions v. payiez ils payaient	je payai tu payas il paya n. payâmes v. payâtes ils payèrent	(a) je paierai tu paieras il paiera n. paierons v. paierez ils paieront (b) je payerai tu payeras il payera n. payerons v. payerez ils payeront
⑨ noyer〈溺死させる〉 noyant noyé	je noie tu noies il noie n. noyons v. noyez ils noient	je noyais tu noyais il noyait n. noyions v. noyiez ils noyaient	je noyai tu noyas il noya n. noyâmes v. noyâtes ils noyèrent	je noierai tu noieras il noiera n. noierons v. noierez ils noieront
⑩ ennuyer〈困らせる〉 ennuyant ennuyé	j' ennuie tu ennuies il ennuie n. ennuyons v. ennuyez ils ennuient	j' ennuyais tu ennuyais il ennuyait n. ennuyions v. ennuyiez ils ennuyaient	j' ennuyai tu ennuyas il ennuya n. ennuyâmes v. ennuyâtes ils ennuyèrent	j' ennuierai tu ennuieras il ennuiera n. ennuierons v. ennuierez ils ennuieront
⑪ envoyer〈送る〉 envoyant envoyé	j' envoie tu envoies il envoie n. envoyons v. envoyez ils envoient	j' envoyais tu envoyais il envoyait n. envoyions v. envoyiez ils envoyaient	j' envoyai tu envoyas il envoya n. envoyâmes v. envoyâtes ils envoyèrent	j' enverrai tu enverras il enverra n. enverrons v. enverrez ils enverront
⑫ haïr〈憎む〉 haïssant haï	je hais tu hais il hait n. haïssons v. haïssez ils haïssent	je haïssais tu haïssais il haïssait n. haïssions v. haïssiez ils haïssaient	je haïs tu haïs il haït n. haïmes v. haïtes ils haïrent	je haïrai tu haïras il haïra n. haïrons v. haïrez ils haïront

条件法 現在	接続法 現在	接続法 半過去	命令法 現在	【注記】
je protégerais tu protégerais il protégerait n. protégerions v. protégeriez ils protégeraient	je protège tu protèges il protège n. protégions v. protégiez ils protègent	je protégeasse tu protégeasses il protégeât n. protégeassions v. protégeassiez ils protégeassent	protège protégeons protégez	-éger で終わる動詞。 ②manger と ⑥céder を合わせた型。
(a) je paierais tu paierais il paierait n. paierions v. paieriez ils paieraient (b) je payerais tu payerais il payerait n. payerions v. payeriez ils payeraient	(a) je paie tu paies il paie n. payions v. payiez ils paient (b) je paye tu payes il paye n. payions v. payiez ils payent	je payasse tu payasses il payât n. payassions v. payassiez ils payassent	(a) paie payons payez (b) paye payons payez	-ayer で終わる動詞。 (a) は ⑨noyer と同型。(b) は Ⅲ donner と同じ規則活用。 -eyer で終わる動詞は (b)の型のみ。
je noierais tu noierais il noierait n. noierions v. noieriez ils noieraient	je noie tu noies il noie n. noyions v. noyiez ils noient	je noyasse tu noyasses il noyât n. noyassions v. noyassiez ils noyassent	noie noyons noyez	-oyer で終わる動詞。 発音しないe の前で y が i となる。⑪en- voyer は例外。
j' ennuierais tu ennuierais il ennuierait n. ennuierions v. ennuieriez ils ennuieraient	j' ennuie tu ennuies il ennuie n. ennuyions v. ennuyiez ils ennuient	j' ennuyasse tu ennuyasses il ennuyât n. ennuyassions v. ennuyassiez ils ennuyassent	eunnuie ennuyons ennuyez	-uyer で終わる動詞。 発音しないe の前で y が i となる。
j' enverrais tu enverrais il enverrait n. enverrions v. enverriez ils enverraient	j' envoie tu envoies il envoie n. envoyions v. envoyiez ils envoient	j' envoyasse tu envoyasses il envoyât n. envoyassions v. envoyassiez ils envoyassent	envoie envoyons envoyez	直・未、条・現で特 殊な語幹 enver- となる (㉗voir に類似)。 その他は ⑨noyer と 同じ活用。
je haïrais tu haïrais il haïrait n. haïrions v. haïriez ils haïraient	je haïsse tu haïsses il haïsse n. haïssions v. haïssiez ils haïssent	je haïsse tu haïsses il haït n. haïssions v. haïssiez ils haïssent	hais haïssons haïssez	直・現、命の単数人 称のみ語幹が hai-。 その他はⅣ finir と同 じ。但し直・単過 nous, vous と接・半 過 il で ¨ は付かない。

不定詞 現在分詞 過去分詞	直説法 現在	直説法 半過去	直説法 単純過去	直説法 未来
⑬ fuir〈逃げる〉 fuyant fui	je fuis tu fuis il fuit n. fuyons v. fuyez ils fuient	je fuyais tu fuyais il fuyait n. fuyions v. fuyiez ils fuyaient	je fuis tu fuis il fuit n. fuîmes v. fuîtes ils fuirent	je fuirai tu fuiras il fuira n. fuirons v. fuirez ils fuiront
⑭ ouvrir〈開く〉 ouvrant ouvert	j' ouvre tu ouvres il ouvre n. ouvrons v. ouvrez ils ouvrent	j' ouvrais tu ouvrais il ouvrait n. ouvrions v. ouvriez ils ouvraient	j' ouvris tu ouvris il ouvrit n. ouvrîmes v. ouvrîtes ils ouvrirent	j' ouvrirai tu ouvriras il ouvrira n. ouvrirons v. ouvrirez ils ouvriront
⑮ assaillir〈襲う〉 assaillant assailli	j' assaille tu assailles il assaille n. assaillons v. assaillez ils assaillent	j' assaillais tu assaillais il assaillait n. assaillions v. assailliez ils assaillaient	j' assaillis tu assaillis il assaillit n. assaillîmes v. assaillîtes ils assaillirent	j' assaillirai tu assailliras il assaillira n. assaillirons v. assaillirez ils assailliront
⑯ cueillir〈摘む〉 cueillant cueilli	je cueille tu cueilles il cueille n. cueillons v. cueillez ils cueillent	je cueillais tu cueillais il cueillait n. cueillions v. cueilliez ils cueillaient	je cueillis tu cueillis il cueillit n. cueillîmes v. cueillîtes ils cueillirent	je cueillerai tu cueilleras il cueillera n. cueillerons v. cueillerez ils cueilleront
⑰ dormir〈眠る〉 dormant dormi	je dors tu dors il dort n. dormons v. dormez ils dorment	je dormais tu dormais il dormait n. dormions v. dormiez ils dormaient	je dormis tu dormis il dormit n. dormîmes v. dormîtes ils dormirent	je dormirai tu dormiras il dormira n. dormirons v. dormirez ils dormiront
⑱ partir〈出発する〉 partant parti	je pars tu pars il part n. partons v. partez ils partent	je partais tu partais il partait n. partions v. partiez ils partaient	je partis tu partis il partit n. partîmes v. partîtes ils partirent	je partirai tu partiras il partira n. partirons v. partirez ils partiront
⑲ servir〈奉仕する〉 servant servi	je sers tu sers il sert n. servons v. servez ils servent	je servais tu servais il servait n. servions v. serviez ils servaient	je servis tu servis il servit n. servîmes v. servîtes ils servirent	je servirai tu serviras il servira n. servirons v. servirez ils serviront

不規則動詞 ⑬〜⑲

条件法 現在	接続法 現在	接続法 半過去	命令法 現在	【注 記】
je fuirais tu fuirais il fuirait n. fuirions v. fuiriez ils fuiraient	je fuie tu fuies il fuie n. fuyions v. fuyiez ils fuient	je fuisse tu fuisses li fuît n. fuissions v. fuissiez ils fuissent	fuis fuyons fuyez	直・現、接・現、命は語幹 fui-/fuy- で交替する。
j' ouvrirais tu ouvrirais il ouvrirait n. ouvririons v. ouvririez ils ouvriraient	j' ouvre tu ouvres il ouvre n. ouvrions v. ouvriez ils ouvrent	j' ouvrisse tu ouvrisses il ouvrît n. ouvrissions v. ouvrissiez ils ouvrissent	ouvre ouvrons ouvrez	直・現、直・半過、接・現、命はⅢ donner と同型。
j' assaillirais tu assaillirais il assaillirait n. assaillirions v. assailliriez ils assailliraient	j' assaille tu assailles il assaille n. assaillions v. assailliez ils assaillent	j' assaillisse tu assaillisses il assaillît n. assaillissions v. assaillissiez ils assaillissent	assaille assaillons assaillez	過・分以外は ⑭ ouvrir と同型。
je cueillerais tu cueillerais il cueillerait n. cueillerions v. cueilleriez ils cueilleraient	je cueille tu cueilles il cueille n. cueillions v. cueilliez ils cueillent	je cueillisse tu cueillisses il cueillît n. cueillissions v. cueillissiez ils cueillissent	cueille cueillons cueillez	過・分、直・単過、接・半過の他はⅢ donner と同型。
je dormirais tu dormirais il dormirait n. dormirions v. dormiriez ils dormiraient	je dorme tu dormes il dorme n. dormions v. dormiez ils dorment	je dormisse tu dormisses il dormît n. dormissions v. dormissiez ils dormissent	dors dormons dormez	⑱ partir, ⑲ servir と共に、-mir, -tir, -vir で終わる動詞のほとんどがこの型。
je partirais tu partirais il partirait n. partirions v. partiriez ils partiraient	je parte tu partes il parte n. partions v. partiez ils partent	je partisse tu partisses il partît n. partissions v. partissiez ils partissent	pars partons partez	⑰ dormir, ⑲ servir と共に、-mir, -tir,- vir で終わる動詞のほとんどがこの型。
je servirais tu servirais il servirait n. servirions v. serviriez ils serviraient	je serve tu serves il serve n. servions v. serviez ils servent	je servisse tu servisses il servît n. servissions v. servissiez ils servissent	sers servons servez	⑰ dormir, ⑱ partir と共に、-mir, -tir,- vir で終わる動詞のほとんどがこの型。

不定詞 現在分詞 過去分詞	直説法 現在	直説法 半過去	直説法 単純過去	直説法 未来
⑳ revêtir〈着る〉 revêtant revêtu	je revêts tu revêts il revêt n. revêtons v. revêtez ils revêtent	je revêtais tu revêtais il revêtait n. revêtions v. revêtiez ils revêtaient	je revêtis tu revêtis il revêtit n. revêtîmes v. revêtîtes ils revêtirent	je revêtirai tu revêtiras il revêtira n. revêtirons v. revêtirez ils revêtiront
㉑ courir〈走る〉 courant couru	je cours tu cours il court n. courons v. courez ils courent	je courais tu courais il courait n. courions v. couriez ils couraient	je courus tu courus il courut n. courûmes v. courûtes ils coururent	je courrai tu courras il courra n. courrons v. courrez ils courront
㉒ bouillir〈沸く〉 bouillant bouilli	je bous tu bous il bout n. bouillons v. bouillez ils bouillent	je bouillais tu bouillais il bouillait n. bouillions v. bouilliez ils bouillaient	je bouillis tu bouillis il bouillit n. bouillîmes v. bouillîtes ils bouillirent	je bouillirai tu bouilliras il bouillira n. bouillirons v. bouillirez ils bouilliront
㉓ faillir〈誤る〉 faillant failli	je faux tu faux il faut n. faillons v. faillez ils faillent	je faillais tu faillais il faillait n. faillions v. failliez ils faillaient	je faillis tu faillis il faillit n. faillîmes v. faillîtes ils faillirent	je faillirai tu failliras il faillira n. faillirons v. faillirez ils failliront
㉔ mourir〈死ぬ〉 mourant mort	je meurs tu meurs il meurt n. mourons v. mourez ils meurent	je mourais tu mourais il mourait n. mourions v. mouriez ils mouraient	je mourus tu mourus il mourut n. mourûmes v. mourûtes ils moururent	je mourrai tu mourras il mourra n. mourrons v. mourrez ils mourront
㉕ acquérir〈得る〉 acquérant acquis	j' acquiers tu acquiers il acquiert n. acquérons v. acquérez ils acquièrent	j' acquérais tu acquérais il acquérait n. acquérions v. acquériez ils acquéraient	j' acquis tu acquis il acquit n. acquîmes v. acquîtes ils acquirent	j' acquerrai tu acquerras il acquerra n. acquerrons v. acquerrez ils acquerront
㉖ venir〈来る〉 venant venu	je viens tu viens il vient n. venons v. venez ils viennent	je venais tu venais il venait n. venions v. veniez ils venaient	je vins tu vins il vint n. vînmes v. vîntes ils vinrent	je viendrai tu viendras il viendra n. viendrons v. viendrez ils viendront

条件法 現在	接続法 現在	接続法 半過去	命令法 現在	【注記】
je revêtirais tu revêtirais il revêtirait n. revêtirions v. revêtiriez ils revêtiraient	je revête tu revêtes il revête n. revêtions v. revêtiez ils revêtent	je revêtisse tu revêtisses il revêtît n. revêtissions v. revêtissiez ils revêtissent	revêts revêtons revêtez	直・現と命・単数で語幹末子音 t の綴りを保存する。
je courrais tu courrais il courrait n. courrions v. courriez ils courraient	je coure tu coures il coure n. courions v. couriez ils courent	je courusse tu courusses il courût n. courussions v. courussiez ils courussent	cours courons courez	直・未、条・現は -rr- となる。24 mourir とほぼ同型。
je bouillirais tu bouillirais il bouillirait n. bouillirions v. bouilliriez ils bouilliraient	je bouille tu bouilles il bouille n. bouillions v. bouilliez ils bouillent	je bouillisse tu bouillisses il bouillît n. bouillissions v. bouillissiez ils bouillissent	bous bouillons bouillez	直・現と命の単数で、語幹末の -ill がなくなる。
je faillirais tu faillirais il faillirait n. faillirions v. failliriez ils failliraient		je faillisse tu faillisses il faillît n. faillissions v. faillissiez ils faillissent	faux faillons faillez	直・現の je, tu, il で語幹が fau- となる。接続法を始め、全体的に複合形が一般的。
je mourrais tu mourrais il mourrait n. mourrions v. mourriez ils mourraient	je meure tu meures il meure n. mourions v. mouriez ils meurent	je mourusse tu mourusses il mourût n. mourussions v. mourussiez ils mourussent	meurs mourons mourez	直・現、接・現、命で語幹 meur-/mour- 交替あり。
j' acquerrais tu acquerrais il acquerrait n. acquerrions v. acquerriez ils acquerraient	j' acquière tu acquières il acquière n. acquérions v. acquériez ils acquièrent	j' acquisses tu acquisses il acquît n. acquissions v. acquissiez ils acquissent	acquiers acquérons acquérez	直・現、接・現、命で語幹 acquier- [acquièr-]/acquér- 交替あり。
je viendrais tu viendrais il viendrait n. viendrions v. viendriez ils viendraient	je vienne tu viennes il vienne n. venions v, veniez ils viennent	je vinsse tu vinsses il vînt n. vinssions v. vinssiez ils vinssent	viens venons venez	語幹が直・現、接・現、命で vien(n)-/ven- 交替。また直・未、条・現で viend-、直・単過、接・半過で vin-。

不定詞 現在分詞 過去分詞	直説法 現　在	直説法 半過去	直説法 単純過去	直説法 未　来
㉗ voir〈見える〉 voyant vu	je　vois tu　vois il　voit n.　voyons v.　voyez ils　voient	je　voyais tu　voyais il　voyait n.　voyions v.　voyiez ils　voyaient	je　vis tu　vis il　vit n.　vîmes v.　vîtes ils　virent	je　verrai tu　verras il　verra n.　verrons v.　verrez ils　verront
㉘ prévoir〈予測する、備える〉 prévoyant prévu	je　prévois tu　prévois il　prévoit n.　prévoyons v.　prévoyez ils　prévoient	je　prévoyais tu　prévoyais il　prévoyait n.　prévoyions v.　prévoyiez ils　prévoyaient	je　prévis tu　prévis il　prévit n.　prévîmes v.　prévîtes ils　prévirent	je　prévoirai tu　prévoiras il　prévoira n.　prévoirons v.　prévoirez ils　prévoiront
㉙ pourvoir〈与える〉 pourvoyant pourvu	je　pourvois tu　pourvois il　pourvoit n.　pourvoyons v.　pourvoyez ils　pourvoient	je　pourvoyais tu　pourvoyais il　pourvoyait n.　pourvoyions v.　pourvoyiez ils　pourvoyaient	je　pourvus tu　pourvus il　pourvut n.　pourvûmes v.　pourvûtes ils　pourvurent	je　pourvoirai tu　pourvoiras il　pourvoira n.　pourvoirons v.　pourvoirez ils　pourvoiront
㉚ savoir〈知っている〉 sachant su	je　sais tu　sais il　sait n.　savons v.　savez ils　savent	je　savais tu　savais il　savait n.　savions v.　saviez ils　savaient	je　sus tu　sus il　sut n.　sûmes v.　sûtes ils　surent	je　saurai tu　sauras il　saura n.　saurons v.　saurez ils　sauront
㉛ valoir〈値する〉 valant valu	je　vaux tu　vaux il　vaut n.　valons v.　valez ils　valent	je　valais tu　valais il　valait n.　valions v.　valiez ils　valaient	je　valus tu　valus il　valut n.　valûmes v.　valûtes ils　valurent	je　vaudrai tu　vaudras il　vaudra n.　vaudrons v.　vaudrez ils　vaudront
㉜ falloir〈必要とする〉 fallu	il　faut	il　fallait	il　fallut	il　faudra

条件法 現在	接続法 現在	接続法 半過去	命令法 現在	【注 記】
je verrais tu verrais il verrait n. verrions v. verriez ils verraient	je voie tu voies il voie n. voyions v. voyiez ils voient	je visse tu visses il vît n. vissions v. vissiez ils vissent	vois voyons voyez	語幹が直・現、接・現、命 voi-/voy- で交替。また直・未、条・現で ver-、直・単過、接・半過では vi-。
je prévoirais tu prévoirais il prévoirait n. prévoirions v. prévoiriez ils prévoiraient	je prévoie tu prévoies il prévoie n. prévoyions v. prévoyiez ils prévoient	je prévisse tu prévisses il prévît n. prévissions v. prévissiez ils prévissent	prévois prévoyons prévoyez	直・未、条・現のほかは 27 voir と同型。
je pourvoirais tu pourvoirais il pourvoirait n. pourvoirions v. pourvoiriez ils pourvoiraient	je pourvoie tu pourvoies il pourvoie n. pourvoyions v. pourvoyiez ils pourvoient	je pourvusse tu pourvusses il pourvût n. pourvussions v. pourvussiez ils pourvussent	pourvois pourvoyons pourvoyez	直・単過、接・半過のほかは 28 prévoir と同型。
je saurais tu saurais il saurait n. saurions v. sauriez ils sauraient	je sache tu saches il sache n. sachions v. sachiez ils sachent	je susse tu susses il sût n. sussions v. sussiez ils sussent	sache sachons sachez	語幹は接・現と命で特殊形 sach-、また直・未、条・現で sau- となる。
je vaudrais tu vaudrais il vaudrait n. vaudrions v. vaudriez ils vaudraient	je vaille tu vailles il vaille n. valions v. valiez ils vaillent	je valusse tu valusses il valût n. valussions v. valussiez ils valussent		語幹は、直・現単数で vau-、直・未、条・現で vaud-。また接・現単数人称で特殊形 vaill-。
il faudrait	il faille	il fallût		非人称動詞。語幹末の l が ll になる以外は 31 valoir と同型。

〈付録II〉代表的な不規則動詞

不定詞 現在分詞 過去分詞	直説法 現在	直説法 半過去	直説法 単純過去	直説法 未来
③③ asseoir〈据える〉 (a) asseyant (b) assoyant (a) assis (b) assis	(a) j' assieds tu assieds il assied n. asseyons v. asseyez ils asseyent (b) j' assois tu assois il assoit n. assoyons v. assoyez ils assoient	(a) j' asseyais tu asseyais il asseyait n. asseyions v. asseyiez ils asseyaient (b) j' assoyais tu assoyais il assoyait n. assoyions v. assoyiez ils assoyaient	je assis tu assis il assit n. assîmes v. assîtes ils assirent	(a) j' assiérai tu assiéras il assiéra n. assiérons v. assiérez ils assiéront (b) j' assoirai tu assoiras il assoira n. assoirons v. assoirez ils assoiront
③④ devoir〈〜しなければならない〉 devant dû (pl. dus)	je dois tu dois il doit n. devons v. devez ils doivent	je devais tu devais il devait n. devions v. deviez ils devaient	je dus tu dus il dut n. dûmes v. dûtes ils durent	je devrai tu devras il devra n. devrons v. devrez ils devront
③⑤ recevoir〈受け取る〉 recevant reçu	je reçois tu reçois il reçoit n. recevons v. recevez ils reçoivent	je recevais tu recevais il recevait n. recerions v. receviez ils recevaient	je reçus tu reçus il reçut n. reçûmes v. reçûtes ils reçurent	je recevrai tu recevras il recevra n. recevrons v. recevrez ils recevront
③⑥ émouvoir〈興奮させる〉 émouvant ému	j' émeus tu émeus il émeut n. émouvons v. émouvez ils émeuvent	j' émouvais tu émouvais il émouvait n. émouvions v. émouviez ils émouvaient	j' émus tu émus il émut n. émûmes v. émûtes ils émurent	j' émouvrai tu émouvras il émouvra n. émouvrons v. émouvrez ils émouvront
③⑦ pleuvoir〈雨が降る〉 pleuvant plu	il pleut	il pleuvait	il plut	il pleuvra
③⑧ pouvoir〈〜できる〉 pouvant pu	je peux [puis] tu peux il peut n. pouvons v. pouvez ils peuvent	je pouvais tu pouvais il pouvait n. pouvions v. pouviez ils pouvaient	je pus tu pus il put n. pûmes v. pûtes ils purent	je pourrai tu pourras il pourra n. pourrons v. pourrez ils pourront

不規則動詞 ㉝〜㊳

条件法 現在	接続法 現在	接続法 半過去	命令法 現在	【注記】
(a) j' assiérais tu assiérais il assiérait n. assiérions v. assiériez ils assiéraient (b) j' assoirais tu assoirais il assoirait n. assoirions v. assoiriez ils assoiraient	(a) j' asseye tu asseyes il asseye n. asseyions v. asseyiez ils asseyent (b) j' assoie tu assoies il assoie n. assoyions v. assoyiez ils assoient	j' assisse tu assisses il assît n. assissions v. assissiez ils assissent	(a) assieds asseyons assseyez (b) assois assoyons assoyez	(a) 直・現の語幹が単数 assied- と複数 assey- で交替する。 (b) (a)より口語的な活用。不定詞以外の活用でも -oi- の前に e を入れることがある。
je devrais tu devrais il devrait n. devrions v. devriez ils devraient	je doive tu doives il doive n. devions v. deviez ils doivent	je dusse tu dusses il dût n. dussions v. dussiez ils dussent	dois devons devez	過・分以外は㉟ recevoir と同型。過・分は男性単数のみ ^ が付く。
je recevrais tu recevrais il recevrait n. recevrions v. recevriez ils recevraient	je reçoive tu reçoives il reçoive n. recevions v. receviez ils reçoivent	je reçusse tu reçusses il reçût n. reçussions v. reçussiez ils reçussent	reçois recevons recevez	o, u の前では c を ç とする。過・分以外は㉞ devoir と同型。
j' émouvrais tu émouvrais il émouvrait n. émouvrions v. émouvriez ils émouvraient	j' émeuve tu émeuves il émeuve n. émouvions v. émouviez ils émeuvent	j' émusse tu émusses il émût n. émussions v. émussiez ils émussent	émeus émouvons émouvez	直・現、接・現、命で -eu-/-ou- の交替がある。
il pleuvrait	il pleuve	il plût		非人称動詞。㊱ émouvoir と同型。
je pourrais tu pourrais il pourrait n. pourrions v. pourriez ils pourraient	je puisse tu puisses il puisse n. puissions v. puissiez ils puissent	je pusse tu pusses il pût n. pussions v. pussiez ils pussent		語幹が直・現で peu(v)-/pouv- で交替、直・未、条・現では pour-、接・現で puiss-。直・現 je puis は文章語。但し倒置形は常に puis-je。

〈付録Ⅱ〉代表的な不規則動詞

不定詞 現在分詞 過去分詞	直説法 現在	直説法 半過去	直説法 単純過去	直説法 未来
㊴ vouloir〈望む〉 voulant voulu	je veux tu veux il veut n. voulons v. voulez ils veulent	je voulais tu voulais il voulait n. voulions v. vouliez ils voulaient	je voulus tu voulus il voulut n. voulûmes v. voulûtes ils voulurent	je voudrai tu voudras il voudra n. voudrons v. voudrez ils voudront
㊵ connaître〈知っている〉 connaissant connu	je connais tu connais il connaît n. connaissons v. connaissez ils connaissent	je connaissais tu connaissais il connaissait n. connaissions v. connaissiez ils connaissaient	je connus tu connus il connut n. connûmes v. connûtes ils connurent	je connaîtrai tu connaîtras il connaîtra n. connaîtrons v. connaîtrez ils connaîtront
㊶ naître〈生まれる〉 naissant né	je nais tu nais il naît n. naissons v. naissez ils naissent	je naissais tu naissais il naissait n. naissions v. naissiez ils naissaient	je naquis tu naquis il naquit n. naquîmes v. naquîtes ils naquirent	je naîtrai tu naîtras il naîtra n. naîtrons v. naîtrez ils naîtront
㊷ croître〈育つ〉 croissant crû (pl. crus)	je croîs tu croîs il croît n. croissons v. croissez ils croissent	je croissais tu croissais il croissait n. croissions v. croissiez ils croissaient	je crûs tu crûs il crût n. crûmes v. crûtes ils crûrent	je croîtrai tu croîtras il croîtra n. croîtrons v. croîtrez ils croîtront
㊸ rire〈笑う〉 riant ri	je ris tu ris il rit n. rions v. riez ils rient	je riais tu riais il riait n. riions v. riiez ils riaient	je ris tu ris il rit n. rîmes v. rîtes ils rirent	je rirai tu riras il rira n. rirons v. rirez ils riront
㊹ frire〈揚げる〉 frit	je fris tu fris il frit			je frirai tu friras il frira n. frirons v. frirez ils friront
㊺ conclure〈結論づける〉 concluant conclu	je conclus tu conclus il conclut n. concluons v. concluez ils concluent	je concluais tu concluais il concluait n. concluions v. concluiez ils concluaient	je conclus tu conclus il conclut n. conclûmes v. conclûtes ils conclurent	je conclurai tu concluras il conclura n. conclurons v. conclurez ils concluront

不規則動詞 ㊴〜㊺

条件法 現在	接続法 現在	接続法 半過去	命令法 現在	【注記】
je voudrais tu voudrais il voudrait n. voudrions v. voudriez ils voudraient	je veuille tu veuilles il veuille n. voulions v. vouliez ils veuillent	je voulusse tu voulusses il voulût n. voulussions v. voulussiez ils voulussent	veuille veuillons veuillez	語幹が直・現で veu(l)-/voul- で交替する。直・未、条・現では voud-。接・現 je, tu, il, ils と命で veuill-。稀に命で直・現の活用形を使うことがある。
je connaîtrais tu connaîtrais il connaîtrait n. connaîtrions v. connaîtriez ils connaîtraient	je connaisse tu connaisses il connaisse n. connaissions v. connaissiez ils connaissent	je connusse tu connusses il connût n. connussions v. connussiez ils connussent	connais connaissons connaissez	-aître, -oître で終わる動詞の活用。(re-) naître, croître は例外。t の前の i に ^ が付く。
je naîtrais tu naîtrais il naîtrait n. naîtrions v. naîtriez ils naîtraient	je naisse tu naisses il naisse n. naissions v. naissiez ils naissent	je naquisse tu naquisses il naquît n. naquissions v. naquissiez ils naquissent	nais naissons naissez	㊵ connaître と類似した活用だが、直・単過、接・半過の語幹は特殊形 naqu(i)-。
je croîtrais tu croîtrais il croîtrait n. croîtrions v. croîtriez ils croîtraient	je croisse tu croisses il croisse n. croissions v. croissiez ils croissent	je crûsse tu crûsses il crût n. crûssions v. crûssiez ils crûssent	croîs croissons croissez	過・分は男性単数だけ ^ が付く。㊵ connaître と同型だが、㊾ criore と区別するために t の前以外の i, u でも ^ を付ける。
je rirais tu rirais il rirait n. ririons v. ririez ils riraient	je rie tu ries il rie n. riions v. riiez ils rient	je risse tu risses il rît n. rissions v. rissiez ils rissent	ris rions riez	すべての活用で語幹が ri-。
je frirais tu frirais il frirait n. fririons v. fririez ils friraient			fris	㊸ rire と同型の欠如動詞。過・分のみ別形。欠如は faire frire で代用。
je conclurais tu conclurais il conclurait n. conclurions v. concluriez ils concluraient	je conclue tu conclues il conclue n. concluions v. concluiez ils concluent	je conclusse tu conclusses il conclût n. conclussions v. conclussiez ils conclussent	conclus concluons concluez	すべての活用で語幹が conclu-。同型動詞の inclure で、過・分は inclus.

不定詞 現在分詞 過去分詞	直説法 現在	直説法 半過去	直説法 単純過去	直説法 未来
㊻ attendre〈待つ〉 attendant attendu	j' attends tu attends il attend n. attendons v. attendez ils attendent	j' attendais tu attendais il attendait n. attendions v. attendiez ils attendaient	j' attendis tu attendis il attendit n. attendîmes v. attendîtes ils attendirent	j' attendrai tu attendras il attendra n. attendrons v. attendrez ils attendront
㊼ répondre〈応える〉 répondant répondu	je réponds tu réponds il répond n. répondons v. répondez ils répondent	je répondais tu répondais il répondait n. répondions v. répondiez ils répondaient	je répondis tu répondis il répondit n. répondîmes v. répondîtes ils répondirent	je répondrai tu répondras il répondra n. répondrons v. répondrez ils répondront
㊽ perdre〈失う〉 perdant perdu	je perds tu perds il perd n. perdons v. perdez il perdent	je perdais tu perdais il perdait n. perdions v. perdiez ils perdaient	je perdis tu perdis il perdit n. perdîmes v. perdîtes ils perdirent	je perdrai tu perdras il perdra n. perdrons v. perdrez ils perdront
㊾ rompre〈断つ〉 rompant rompu	je romps tu romps il rompt n. rompons v. rompez ils rompent	je rompais tu rompais il rompait n. rompions v. rompiez ils rompaient	je rompis tu rompis il rompit n. rompîmes v. rompîtes ils rompirent	je romprai tu rompras il rompra n. romprons v. romprez ils rompront
㊿ vivre〈生きる〉 vivant vécu	je vis tu vis il vit n. vivons v. vivez ils vivent	je vivais tu vivais il vivait n. vivions v. viviez ils vivaient	je vécus tu vécus il vécut n. vécûmes v. vécûtes ils vécurent	je vivrai tu vivras il vivra n. vivrons v. vivrez ils vivront
51 suivre〈あとに続く〉 suivant suivi	je suis tu suis il suit n. suivons v. suivez ils suivent	je suivais tu suivais il suivait n. suivions v. suiviez ils suivaient	je suivis tu suivis il suivit n. suivîmes v. suivîtes ils suivirent	je suivrai tu suivras il suivra n. suivrons v. suivrez ils suivront
52 battre〈叩く〉 battant battu	je bats tu bats il bat n. battons v. battez ils battent	je battais tu battais il battait n. battions v. battiez ils battaient	je battis tu battis il battit n. battîmes v. battîtes ils battirent	je battrai tu battras il battra n. battrons v. battrez ils battront

条件法 現在	接続法 現在	接続法 半過去	命令法 現在	【注記】
j' attendrais tu attendrais il attendrait n. attendrions v. attendriez ils attendraient	j' attende tu attendes il attende n. attendions v. attendiez ils attendent	j' attendisse tu attendisses il attendît n. attendissions v. attendissiez ils attendissent	attends attendons attendez	全活用で同一綴りの語幹（語幹末のdを直・現単数と命の単数で発音しない）。-endre, -andre, -ondre, -rdre 型は同活用。73 prendre は例外。
je répondrais tu répondrais il répondrait n. répondrions v. répondriez ils répondraient	je réponde tu répondes il réponde n. répondions v. répondiez ils répondent	je répondisse tu répondisses il répondît n. répondissions v. répondissiez ils répondissent	réponds répondons répondez	全活用で同一綴りの語幹（語幹末のdを直・現単数と命の単数で発音しない）。-endre, -andre, -ondre, -rdre 型は同活用。
je perdrais tu perdrais il perdrait n. perdrions v. perdriez ils perdraient	je perde tu perdes il perde n. perdions v. perdiez ils perdent	je perdisse tu perdisses il perdît n. perdissions v. perdissiez ils perdissent	perds perdons perdez	全活用で同一綴りの語幹（語幹末のdを直・現単数と命の単数で発音しない）。-endre, -andre, -ondre, -rdre 型は同活用。
je romprais tu romprais il romprait n. romprions v. rompriez ils rompraient	je rompe tu rompes il rompe n. rompions v. rompiez ils rompent	je rompisse tu rompisses il rompît n. rompissions v. rompissiez ils rompissent	romps rompons rompez	46 attendre と同型。但し直・現単数の活用語尾が -s, -s, -t となる。
je vivrais tu vivrais il vivrait n. vivrions v. vivriez ils vivraient	je vive tu vives il vive n. vivions v. viviez ils vivent	je vécusse tu vécusses il vécût n. vécussions v. vécussiez ils vécussent	vis vivons vivez	直・現単数、命単数で語幹末のvなし。直・単過、接・半過、過・分は特殊な語幹véc(u)-。
je suivrais tu suivrais il suivrait n. suivrions v. suivriez ils suivraient	je suive tu suives il suive n. suivions v. suiviez ils suivent	je suivisse tu suivisses il suivît n. suivissions v. suivissiez ils suivissent	suis suivons suivez	直・単過、接・半過、過・分以外は 50 vivre と同型。直・現 je suis が être の直・現と同綴。
je battrais tu battrais il battrait n. battrions v. battriez ils battraient	je batte tu battes il batte n. battions v. battiez ils battent	je battisse tu battisses il battît n. battissions v. battissiez ils battissent	bats battons battez	直・現単数、命単数で語幹末tが1つになり発音しない。

不定詞 現在分詞 過去分詞	直説法 現在	直説法 半過去	直説法 単純過去	直説法 未来
53 mettre〈置く〉 mettant mis	je mets tu mets il met n. mettons v. mettez ils mettent	je mettais tu mettais il mettait n. mettions v. mettiez ils mettaient	je mis tu mis il mit n. mîmes v. mîtes ils mirent	je mettrai tu mettras il mettra n. mettrons v. mettrez ils mettront
54 croire〈信じる〉 croyant cru	je crois tu crois il croit n. croyons v. croyez ils croient	je croyais tu croyais il coyait n. croyions v. croyiez ils croyaient	je crus tu crus il crut n. crûmes v. crûtes ils crurent	je croirai tu croiras il croira n. croirons v. croirez ils croiront
55 traire〈乳を搾る〉 trayant trait	je trais tu trais il trait n. trayons v. trayez ils traient	je trayais tu trayais il trayait n. trayions v. trayiez ils trayaient		je trairai tu trairas il traira n. trairons v. trairez ils trairont
56 suffire〈十分である〉 suffisant suffi	je suffis tu suffis il suffit n. suffisons v. suffisez ils suffisent	je suffisais tu suffisais il suffisait n. suffisions v. suffisiez ils suffisaient	je suffis tu suffis il suffit n. suffîmes v. suffîtes ils suffirent	je suffirai tu suffiras il suffira n. suffirons v. suffirez ils suffiront
57 conduire〈導く〉 conduisant conduit	je conduis tu conduis il conduit n. conduisons v. conduisez ils conduisent	je conduisais tu conduisais il conduisait n. conduisions v. conduisiez ils conduisaient	je conduisis tu conduisis il conduisit n. conduisîmes v. conduisîtes ils conduisirent	je conduirai tu conduiras il conduira n. conduirons v. conduirez ils conduiront
58 nuire〈害する〉 nuisant nui	je nuis tu nuis il nuit n. nuisons v. nuisez ils nuisent	je nuisais tu nuisais il nuisait n. nuisions v. nuisiez ils nuisaient	je nuisis tu nuisis il nuisit n. nuisîmes v. nuisîtes ils nuisirent	je nuirai tu nuiras il nuira n. nuirons v. nuirez ils nuiront
59 lire〈読む〉 lisant lu	je lis tu lis il lit n. lisons v. lisez ils lisent	je lisais tu lisais il lisait n. lisions v. lisiez ils lisaient	je lus tu lus il lut n. lûmes v. lûtes ils lurent	je lirai tu liras il lira n. lirons v. lirez ils liront

条件法 現在	接続法 現在	接続法 半過去	命令法 現在	【注記】
je mettrais tu mettrais il mettrait n. mettrions v. mettriez ils mettraient	je mette tu mettes il mette n. mettions v. mettiez ils mettent	je misse tu misses il mît n. missions v. missiez ils missent	mets mettons mettez	直・単過、接・半過の語幹が mi-、過・分が mis となるほかは、52 battre と同型。
je croirais tu croirais il croirait n. croirions v. croiriez ils croiraient	je croie tu croies il croie n. croyions v. croyiez ils croient	je crusse tu crusses il crût n. crussions v. crussiez ils crussent	crois croyons croyez	直・現、接・現、命で語幹が croi-/croy- で交替。直・単過 nous, vous と接・半過 il で 42 croître と同形になる。
je trairais tu trairais il trairait n. trairions v. trairiez ils trairaient	je traie tu traies il traie n. trayions v. trayiez ils traient		trais trayons trayez	直・現、接・現、命で語幹が trai-/tray- で交替。直・単過と前過、接・半過と大過は用いられない。
je suffirais tu suffirais il suffirait n. suffirions v. suffiriez ils suffiraient	je suffise tu suffises il suffise n. suffisions v. suffisiez ils suffisent	je suffisse tu suffisses il suffît n. suffissions v. suffissiez ils suffissent	suffis suffisons suffisez	直・現と命の複数、直・半過、接・現で語幹末に s が入る。
je conduirais tu conduirais il conduirait n. conduirions v. conduiriez ils conduiraient	je conduise tu conduises il conduise n. conduisions v. conduisiez ils conduisent	je conduisisse tu conduisisses il conduisît n. conduisissions v. conduisissiez ils conduisissent	conduis conduisons conduisez	直・単過、接・半過、過・分以外は 56 suffire と同型。
je nuirais tu nuirais il nuirait n. nuirions v. nuiriez ils nuiraient	je nuise tu nuises il nuise n. nuisions v. nuisiez ils nuisent	je nuisisse tu nuisisses il nuisît n. nuisissions v. nuisissiez ils nuisissent	nuis nuisons nuisez	過・分が異なるほかは 57 conduire と同型。
je lirais tu lirais il lirait n. lirions v. liriez ils liraient	je lise tu lises ils lise n. lisions v. lisiez ils lisent	je lusse tu lusses il lût n. lussions v. lussiez ils lussent	lis lisons lisez	直・現、命の複数、直・半過および接・現で語幹末に s が付く。

不定詞 現在分詞 過去分詞	直説法 現在	直説法 半過去	直説法 単純過去	直説法 未来
⑥⓪ plaire 〈気に入る〉 plaisant plu	je plais tu plais il plaît n. plaisons v. plaisez ils plaisent	je plaisais tu plaisais il plaisait n. plaisions v. plaisiez ils plaisaient	je plus tu plus il plut n. plûmes v. plûtes ils plurent	je plairai tu plairas il plaira n. plairons v. plairez ils plairont
⑥① éclore 〈孵る〉 éclosant éclos	j' éclos tu éclos il éclôt n. éclosons v. éclosez ils éclosent			j' éclorai tu écloras il éclora n. éclorons v. éclorez ils écloront
⑥② dire 〈言う〉 disant dit	je dis tu dis il dit n. disons v. dites ils disent	je disais tu disais il disait n. disions v. disiez ils disaient	je dis tu dis il dit n. dîmes v. dîtes ils dirent	je dirai tu diras il dira n. dirons v. direz ils diront
⑥③ interdire 〈禁じる〉 interdisant interdit	j' interdis tu interdis il interdit n. interdisons v. interdisez ils interdisent	j' interdisais tu interdisais il interdisait n. interdisions v. interdisiez ils interdisaient	j' interdis tu interdis il interdit n. interdîmes v. interdîtes ils interdirent	j' interdirai tu interdiras il interdira n. interdirons v. interdirez ils interdiront
⑥④ écrire 〈書く〉 écrivant écrit	j' écris tu écris il écrit n. écrivons v. écrivez ils écrivent	j' écrivais tu écrivais il écrivait n. écrivions v. écriviez ils écrivaient	j' écrivis tu écrivis il écrivit n. écrivîmes v. écrivîtes ils écrivirent	j' écrirai tu écriras il écrira n. écrirons v. écrirez ils écriront
⑥⑤ craindre 〈恐れる〉 craignant craint	je crains tu crains il craint n. craignons v. craignez ils craignent	je craignais tu craignais il craignait n. craignions v. craigniez ils craignaient	je craignis tu craignis il craignit n. craignîmes v. craignîtes ils craignirent	je craindrai tu craindras il craindra n. craindrons v. craindrez ils craindront
⑥⑥ peindre 〈色を塗る〉 peignant peint	je peins tu peins il peint n. peignons v. peignez ils peignent	je peignais tu peignais il peignait n. peignions v. peigniez ils peignaient	je peignis tu peignis il peignit n. peignîmes v. peignîtes ils peignirent	je peindrai tu peindras il peindra n. peindrons v. peindrez ils peindront

条件法 現在	接続法 現在	接続法 半過去	命令法 現在	【注 記】
je plairais tu plairais il plairait n. plairions v. plairiez ils plairaient	je plaise tu plaises il plaise n. plaisions v. plaisiez ils plaisent	je plusse tu plusses il plût n. plussions v. plussiez ils plussent	plais plaisons plaisez	直・現 il plaît となる以外は 59 lire と同じ。但し同型の taire では直・現 il tait で i に ^ は付かない。
j' éclorais tu éclorais il éclorait n. éclorions v. écloriez ils écloraient	j' éclose tu écloses il éclose n. éclosions v. éclosiez ils éclosent		éclos	主に 3 人称で用いられる。直・現 il éclot も用いられる。
je dirais tu dirais il dirait n. dirions v. diriez ils diraient	je dise tu dises il dise n. disions v. disiez ils disent	je disse tu disses il dît n. dissions v. dissiez ils dissent	dis disons dites	直・現と命の 2 人称複数のとき語尾が例外的に -tes となる。
j' interdirais tu interdirais il interdirait n. interdirions v. interdiriez ils interdiraient	j' interdise tu interdises il interdise n. interdisions v. interdisiez ils interdisent	j' interdisse tu interdisses il interdît n. interdissions v. interdissiez ils interdissent	interdis interdisons interdisez	直・現と命の 2 人称複数のとき語尾が -ez となるほかは 62 dire と同型。
j' écrirais tu écrirais il écrirait n. écririons v. écririez ils écriraient	j' écrive tu écrives il écrive n. écrivions v. écriviez ils écrivent	j' écrivisse tu écrivisses il écrivît n. écrivissions v. écrivissiez ils écrivissent	écris écrivons écrivez	直・現と命の複数、直・半過と単過、接・現と半過で語幹末に v が入る。
je craindrais tu craindrais il craindrait n. craindrions v. craindriez ils craindraient	je craigne tu craignes il craigne n. craignions v. craigniez ils craignent	je craignisse tu craignisses il craignît n. craignissions v. craignissiez ils craignissent	crains craignons craignez	-eindre, -oindre と同型。語幹末子音 d が直・未、条・現以外で落ち、直・現と命の単数以外では代わりに gn が入る。
je peindrais tu peindrais il peindrait n. peindrions v. peindriez ils peindraient	je peigne tu peignes il peigne n. peignions v. peigniez ils peignent	je peignisse tu peignisses il peignît n. peignissions v. peignissiez ils peignissent	peins peignons peignez	-aindre, -oindre と同型。語幹末子音 d が直・未、条・現以外で落ち、直・現と命の単数以外では代わりに gn が入る。

〈付録Ⅱ〉代表的な不規則動詞

不定詞 現在分詞 過去分詞	直説法 現在	直説法 半過去	直説法 単純過去	直説法 未来
67 joindre〈つなげる〉 joignant joint	je joins tu joins il joint n. joignons v. joignez ils joignent	je joignais tu joignais il joignait n. joignions v. joigniez ils joignaient	je joignis tu joignis il joignit n. joignîmes v. joignîtes ils joignirent	je joindrai tu joindras il joindra n. joindrons v. joindrez ils joindront
68 résoudre〈解く〉 résolvant résolu	je résous tu résous il résout n. résolvons v. résolvez ils résolvent	je résolvais tu résolvais il résolvait n. résolvions v. résolviez ils résolvaient	je résolus tu résolus il résolut n. résolûmes v. résolûtes ils résolurent	je résoudrai tu résoudras il résoudra n. résoudrons v. résoudrez ils résoudront
69 coudre〈縫う〉 cousant cousu	je couds tu couds il coud n. cousons v. cousez<
br>ils cousent	je cousais tu cousais il cousait n. cousions v. cousiez ils cousaient	je cousis tu cousis il cousit n. cousîmes v. cousîtes ils cousirent	je coudrai tu coudras il coudra n. coudrons v. coudrez ils coudront
70 moudre〈挽く〉 moulant moulu	je mouds tu mouds il moud n. moulons v. moulez ils moulent	je moulais tu moulais il moulait n. moulions v. mouliez ils moulaient	je moulus tu moulus il moulut n. moulûmes v. moulûtes il moulurent	je moudrai tu moudras il moudra n. moudrons v. moudrez ils moudront
71 vaincre〈負かす〉 vainquant vaincu	je vaincs tu vaincs il vainc n. vainquons v. vainquez ils vainquent	je vainquais tu vainquais il vainquait n. vainquions v. vainquiez ils vainquaient	je vainquis tu vainquis il vainquit n. vainquîmes v. vainquîtes ils vainquirent	je vaincrai tu vaincras il vaincra n. vaincrons v. vaincrez ils vaincront
72 boire〈飲む〉 buvant bu	je bois tu bois il boit n. buvons v. buvez ils boivent	je buvais tu buvais il buvait n. buvions v. buviez ils buvaient	je bus tu bus il but n. bûmes v. bûtes ils burent	je boirai tu boiras il boira n. boirons v. boirez ils boiront
73 prendre〈取る〉 prenant pris	je prends tu prends il prend n. prenons v. prenez ils prennent	je prenais tu prenais il prenait n. prenions v. preniez ils prenaient	je pris tu pris il prit n. prîmes v. prîtes ils prirent	je prendrai tu prendras il prendra n. prendrons v. prendrez ils prendront

条件法 現在	接続法 現在	接続法 半過去	命令法 現在	【注 記】
je joindrais tu joindrais il joindrait n. joindrions v. joindriez ils joindraient	je joigne tu joignes il joigne n. joignions v. joigniez ils joignent	je joignisse tu joignisses il joignît n. joignissions v. joignissiez ils joignissent	joins joignons joignez	-aindre, -eindre と同型。語幹末子音 d が直・未、条・現以外で落ち、直・現と命の単数以外では代わりに gn が入る。
je résoudrais tu résoudrais il résoudrait n. résoudrions v. résoudriez ils résoudraient	je résolve tu résolves il résolve n. résolvions v. résolviez ils résolvent	je résolusse tu résolusses il résolût n. résolussions v. résolussiez ils résolussent	résous résolvons résolvez	過・分「分解する」の意では résous (f. résoute) を用いる。同型の dissoudre の過・分は dissous (f. dissoute) のみ。
je coudrais tu coudrais il coudrait n. coudrions v. coudriez ils coudraient	je couse tu couses il couse n. cousions v. cousiez ils cousent	je cousisse tu cousisses il cousît n. cousissions v. cousissiez ils cousissent	couds cousons cousez	語幹末の d が s と交替する。また直・現と命の単数で d が保存される。
je moudrais tu moudrais il moudrait n. moudrions v. moudriez ils moudraient	je moule tu moules il moule n. moulions v. mouliez ils moulent	je moulusse tu moulusses il moulût n. moulussions v. moulussiez ils moulussent	mouds moulons moulez	語幹末の d が l と交替する。また直・現と命の単数で d が保存される。
je vaincrais tu vaincrais il vaincrait n. vaincrions v. vaincriez ils vaincraient	je vainque tu vainques il vainque n. vainquions v. vainquiez ils vainquent	je vainquisse tu vainquisses il vainquît n. vainquissions v. vainquissiez ils vainquissent	vaincs vainquons vainquez	直・現と命の単数、直・未、条・現、過・分以外では、c が qu と交替する。
je boirais tu boirais il boirait n. boirions v. boiriez ils boiraient	je boive tu boives il boive n. buvions v. buviez ils boivent	je busse tu busses il bût n. bussions v. bussiez ils bussent	bois buvons buvez	直・現と命、接・現で、語幹 boi(v)-/buv- の交替がある。
je prendrais tu prendrais il prendrait n. prendrions v. prendriez ils prendraient	je prenne tu prennes il prenne n. prenions v. preniez ils prennent	je prisse tu prisses il prît n. prissions v. prissiez ils prissent	prends prenons prenez	直・現と命、接・現で、語幹 prend-/pren-/prenn- で交替する。

索　引

※項目はあいうえお順→アルファベ順に並んでいます。

【あ行】
アカデミー・フランセーズ　7
アクサン記号　10
アクサン・グラーブ　10
アクサン・シルコンフレクス　11
アクサン・テギュ　10
アクセント記号　10
アスペクト　119, 125
アポストロフ　12
アルピタン語　4
アルファベ　7
アンシェヌマン　24
意志　143, 153
イタリック　442
1人称　200
一般指示代名詞　217
意味役割　72
依頼　50, 153
引用　443
引用符　439
エリジオン　25
大文字　441
オック語　4
驚き　418
オノマトペ　421
音階名　443
音節　12
音節の区切り　13

【か行】
開音節　14
絵画的半過去　133

鉤括弧　440
格　72
かけ声　419
加減乗除　298
過去分詞　186
過去未来　137
過去未来完了　138
数　118
活用　38
可能性　145, 326
ガリア　4
感覚　418
関係　34
関係形容詞　306, 316
関係節　54, 146, 306
関係代名詞　306
関係副詞　306, 316
冠詞　36, 73
冠詞の変形　83
感情　142, 144, 145, 418
関数　298
間接話法　133, 404
感嘆符　438
感嘆文　51, 274, 412
間投詞　37, 418
願望　142, 143, 145
勧誘　50
完了相　119
擬音語　421
危惧　143, 145
基数詞　290
規則動詞　120

擬態語　421
起点　106
疑念　142
義務　153
疑問　143
疑問形容詞　273
疑問詞疑問文　44, 46, 410
疑問代名詞　228
疑問符　437
疑問副詞　331, 336
疑問文　44
強調　336
強調構文　221
虚偽　331
極限　396
虚辞の ne　143, 148, 377
疑惑　143
禁止　50, 143
近接過去　139
近接未来　139
近代フランス語　5
句点　434
句読法　433
形容詞　35, 250
形容詞節　54
形容詞の女性形　251
形容詞の複数形　254
形容詞の名詞化　262
結果　148, 394
原因　108, 149, 393
嫌悪　418
現在分詞　181
現代フランス語　5
限定疑問代名詞　234
口蓋垂音　9
後件　135
硬口蓋音　9
構造格　72
肯定文　44

口母音　8
語形変化　38
語順　37
事柄　34
事柄の枠組み　35
古フランス語　5, 6
固有名詞　61, 96
語類　34
コロン　435
根号　298

【さ行】
再帰代名詞　160
最上級　341, 348
3人称　200
子音　9
子音添加　26
使役　169
ジェロンディフ　152, 184
歯音　9
時空間　126
歯茎音　9
指示　49
指示形容詞　271
指示代名詞　217
時制　119, 125
時制の一致　133, 134, 404
時制の照応　404
自然の音　422
自動詞　116
事物　60
斜体　442
従位接続詞　384, 390
自由間接話法　413
集合　35, 298
集合名詞　62
従属節　141
重複合時制　138
重文　52

索引

主語　39
主語と過去分詞の一致　189
手段　107
受動　155
受動態　40, 155
受動態の動作主　158
条件　148, 397
条件文　127
条件法　119, 151, 320
条件法過去　151
条件法過去第2形　149
条件法現在　151
小数　297
譲歩　150, 280, 395
譲歩節　275
省略　429
除外　110
書記法　433
叙述形容詞　250, 261
序数詞　294, 349
女性　64
女性名詞　66
助動詞　36
書名　62
所有　109
所有形容詞　266
所有代名詞　227
真偽疑問文　44, 45, 409
唇歯音　9
真実　331
人名　61, 94
数詞　290
数詞＋fois＋比較級　343
数式　443
数量詞　36, 290
数量詞の比較　351
数量名詞　296
ストラスブールの誓約　5
性　64

性質の程度　326, 332
整数　297
成立可能性　329
節　53
接続詞　37
接続法　119, 139, 320
接続法の時制　140
絶対分詞構文　183, 188
セディーユ　12
セミコロン　437
前過去　119, 135
前件　135
先行詞　306
全称的不定代名詞　235
全体相　119
前置詞　36, 104
前置詞＋où　318
前置詞句　111, 151
前置詞と冠詞の融合　77
属性形容詞　250, 255
属性形容詞の位置　255
側面音　9
存在文　43

【た行】

ダーシ　439
態　155
大過去　119, 133
体積　298
代名詞　36, 200
代名詞の語順　210
代名動詞　160
代名動詞の再帰用法　162
代名動詞の受動用法　162
代名動詞の相互用法　162
代名動詞の本来的用法　163
対立　395
ダッシュ　439
他動詞　117

索引　489

単位　91
単語　34
単純過去　119, 130
単純未来　136
単数　68
単数形　68
男性　64
男性名詞　66
単文　52, 55
知覚動詞　178
地名　62, 95
着点　106
中期フランス語　5, 6
抽象名詞　63
中性代名詞　203
中断符　438
長音化　14
長母音化　24
直示空間　217, 272
直説法　119, 125, 320
直説法過去未来完了時制　138
直説法過去未来時制　137
直説法現在時制　126
直説法前過去時制　135
直説法大過去時制　133
直説法単純過去時制　130
直説法単純未来時制　136
直説法半過去時制　130
直説法複合過去時制　127
直説法未来完了時制　137
直接話法　133, 404
つづり字記号　10
定　74
定冠詞　75, 86, 319
定冠詞＋人間の身体の部分　269
定性　73
定動詞　173
程度性形容詞　250
程度の差　343

程度の倍数　343
ティレ　439
典型　93
伝達動詞　427
伝聞　153
等位接続詞　384
等価　109
同格　97
同格節　144
動作主　158
動詞　35, 116
動詞の名詞化　112
倒置　426
読点　434
同等比較級　341
ドゥ・ポワン　435
動名詞　152, 184
時　326, 330
特殊指示代名詞　224
都市名　95
トレ・デュニオン　12
トレマ　11

【な行】

泣き声　419
鳴き声（動物）　422
軟口蓋音　9
二重否定　375
2人称　200
人間の活動に伴う音　423
人称　118
人称代名詞　200
人称代名詞の位置　201
人称代名詞の強調形　214
能動　155
能動態　40, 155

【は行】

倍数　296

索　引

場所　104, 326, 330, 398
半過去　119, 130
判断　142
反応　420
半母音　8
鼻音　9
比較　149, 340, 395
比較級　341
比較構文　149
非限定疑問代名詞　228
必要　142, 145
否定　143, 326, 366
否定的環境　149
否定的不定形容詞　278
否定的不定代名詞　238
非程度性形容詞　250, 265
否定文　44, 366
非人称構文　166
非人称動詞　166
鼻母音　8
百分率　297
評価　142, 144
比例　395
ビレル・コトレの布告　6
品詞　34
付加疑問文　44, 49
複合過去　129
複合形容詞　259
複合前置詞　113
複合的代名詞　205
複合名詞　67
副詞　36, 152, 326
副詞句　326
副詞節　54, 392
副詞節中の接続法　147
副詞の位置　333
複数　68
複数形　68
不規則動詞　122

複複合過去　138
複複合過去完了　139
複複合時制　138
複文　52, 53
普通名詞　61
物質名詞　63
不定　74
不定冠詞　75, 76, 78
不定形容詞　275
不定詞　110, 152, 173, 409
不定詞の形容詞的用法　176
不定詞の述語的用法　179
不定詞の副詞的用法　177
不定詞の名詞的用法　174
不定数量詞　36, 299
不定代名詞　235
部分冠詞　75, 76, 82
部分相　119
部分的不定形容詞　280
部分的不定代名詞　241
部分否定　373
フランク人　5
フランコ・プロバンス語　4
ふるえ音　9
プロバンス語　4
文　34
文型　41
分詞　152, 180
分詞構文　182, 188
分数　295, 297
分綴　13
閉音節　14
閉鎖音　9
平叙文　44
べき乗　298
母音　8
母音脱落　25
法　119, 124
補語　333

ポワン・ビルギュル　437

【ま行】
摩擦音　9
丸括弧　440
未完了相　119
未来完了　137
無冠詞　39, 96
無声音　9
無生物主語　432
名詞　35, 60
名詞節　53, 390
名詞と属性形容詞の形態的一致　258
命令　145
命令形　49
命令文　49, 411
命令法　119, 153
命令法過去時制　154
命令法現在時制　154
面積　298
目的　108, 148, 394
目的語　40
目的語と過去分詞の一致　189

【や行】
有声音　9
優等比較級　341
遊離　321, 431
様態　149, 326, 332
呼びかけ　93, 97, 419

【ら行】
ラテン語　4, 443
リエゾン　26
理由　393
両唇音　9
歴史的現在　127
劣等比較級　341
連語音節形成　24

ローマ帝国　4
ロマンス語　4

【わ行】
話法　404
笑い　419

【A】
à　36, 104, 106, 107, 264
à ce que　391
à laquelle　234
à l'endroit où　398
à moins de＋不定詞　356
à moins que＋接続法　356
à peine que　392
à proportion que　395
absolu　350
absolument　359
afin que　394
aîné　350
ainsi　388
ainsi que　388, 395
alors　388
alors que　395
antérieur　346, 350
antérieurement　359
après　107
après que　392
assez　300
assez...pour que　394
assurément　330
attendu que　393
au　77
au contraire　389
(au fur et) à mesure que　395
au lieu que　395
au moins　389
aucun(e)　240, 278, 372
auquel　234

aussi 387
aussi bien que 388
aussi...que 351, 396
aussi+形容詞+que 342
aussitôt que 392
autant 301, 344
autant...autant... 351
autant de+名詞+que (de) 351
autant...que 351
autant que 301
autre(s) 283
autrement 346
autrement que 379
autrui 244
aux 77
auxquelles 234
auxquels 234
avant 107
avant que 392
avec 36, 107
avoir 36, 38

【B】
beaucoup 37, 299, 346, 359
bien 299, 346
(bien) loin que 395
bien que 395
brumer 167

【C】
ça 224
cadet 350
car 387
carré 350
carrément 359
ce 217, 219, 272, 321
ce que 232
ce+関係代名詞 220
ce+名詞+-ci 273

ce+名詞+-là 273
ceci 224
cela 224
celui 225
celui-ci 226
celui-là 226
cent 291
cependant 389
certain(e)(s) 281
certainement 330
certains 245
ces 272
cesser de 375
C'est que 223
cet 272
cette 272
chacun 236
chaque 37, 277
chez 105
ci-inclus 188
combientième 295
comme 392, 393, 395
comme si 395

【D】
d'ailleurs 388
dans 105
d'autant moins...que X 301, 356, 360
d'autant plus...que X 301, 356, 360
d'autant que 301
d'autres 243
de (冠詞) 36, 83, 98, 106–109, 158, 264, 348
de beaucoup 346
de ce que 391
de la (冠詞) 75
de laquelle 234
de même que 395

de moins en moins　347
de moins en moins de　353
de plus　388
de plus en plus　347
de plus en plus de　353
de（telle）façon que（結果）　394
de（telle）façon que（目的）　148, 394
de（telle）manière que（結果）　394
de（telle）manière que（目的）　148, 394
de（telle）sorte que（結果）　394
de（telle）sorte que（目的）　148, 394
decimo　295
démanger　157
depuis　107
depuis que　392
dernier　350
dernièrement　359
derrière　105
des（冠詞）　36, 75
des（融合形）　77
des moins＋形容詞　349
des plus＋形容詞　349
dès que　392
désobéir　158
desquelles　234
desquels　234
devant　105
différent(e)s　284
directement　359
divers(es)　284
donc　387
dont　311, 315
d'où　318, 430
double　296, 350
doublement　359
douzaine　296
droit　359
drôlement　359

du（冠詞）　75
du（融合形）　77
du fait que　393
du moins　389
du reste　388
duquel　234, 315
durant　107

【E】
écouter　178
en　98, 105, 107, 205, 270
en conséquence　388
en effet　388
en outre　388
en plus　388
en revanche　389
encore que　395
enfin　388
ensuite　388
entendre　178
entre　105
est-ce que　45, 48
est-ce qui　48
et　37, 384
étant donné que　393
éternel　350
éternellement　359
être　36, 38
excellemment　359
excellent　346, 350
excepté　188
extérieur　346, 350
extérieurement　359
extrême　346, 350
extrêmement　359

【F】
faire　169, 171（se ～）
falloir　166

fameux 346
fort 359

【G】
goutte 366
grêler 167

【H】
hors de 105
huitaine 296

【I】
ici où 398
Il se peut mieux que... 142
Il vaut mieux que... 142
Il y a 43
ils 203
impossible 350
inférieur 346, 350
infiniment 346, 359
intérieur 346, 350
intérieurement 359

【J】
je ne sais quel(le)(s) 281
je ne sais＋疑問副詞 331
jusqu'à 107
jusqu'à ce que 392
jusqu'où 319

【L】
la（冠詞） 36, 75
là où 318, 398
laisser 171, 172 (se ～)
l'autre 243
le（冠詞） 36, 75
le（代名詞） 203
le moins X possible 360
le plus X possible 360

lequel 234, 310, 314
les（冠詞） 36, 75
les uns... les autres 243
les uns les autres 244
les uns＋前置詞＋les autres 244
loin que 395
lors même que 395
lorsque 392
l'un... l'autre 243
l'un l'autre 244
l'un＋前置詞＋l'autre 244

【M】
mais 37, 386
malgré que 395
meilleur 344
même（同じ） 285
même（～でさえ） 330
même que 395
-ment 327
merveilleusement 359
mie 366
mille 291
millier 296
moindre 344, 346
moins de＋名詞＋que (de) 351
moins..., (et) moins 347, 351, 355, 360
moins... que 351
moins＋形容詞＋que 342

【N】
n'allez pas＋不定詞 50
ne 385
ne... guère 366
ne... jamais 366
ne... jamais que 368
ne... nullement 366
ne... pas 44, 366

索　引　　495

ne ... pas moins X　356
ne ... pas moins X que A　357, 361
ne ... pas(,) ni ...　369, 386
ne ... pas plus A que B　347
ne ... pas que　368
ne (pas) savoir trop＋不定詞　374
ne ... pas tant (de) A que (de) B　352
ne ... plus　366
ne ... plus que　368
ne ... que　367
ne ... que trop　368
ne ... rien moins que X　357
ne va pas＋不定詞　50
néanmoins　389
n'en ... pas moins X　356, 361
n'est-ce pas　49
ni X ni Y　368, 385
n'importe quel(le)(s)　278
n'importe qui　234
n'importe quoi　234
non　331, 371
non moins A　357
nono　295
nul　240
nul(le)　279

【O】
obéir　158
octavo　295
on　237
on ne sait quel(le)(s)　281
on ne sait＋疑問副詞　331
or　387
oser　375
ou　385
où　316
où＋不定詞　318
oui　331

【P】
par　105, 107, 108, 158
par conséquent　388
par contre　389
par où　319
par suite　388
parce que　393
pardonner　158
parfait　346, 350
parfaitement　359
parmi　105
partant　387
partout où　398
pas mal　300
pas plus A que B ne ...　356
pas un(e)　241, 279
pas のみによる否定　369
passé　188
pendant　107
pendant que　392
perpendiculaire　350
perpendiculairement　359
personne　44, 239, 350, 372
peu　302
peut-être　329
pire　344, 345
plus bon　345
plus de＋名詞＋que (de)　351
plus mauvais　345
plus A, moins B　355
plus ... , (et) plus　347, 351, 355, 360
plus petit　345
plus ... que　351
plus＋形容詞＋que　342
plusieurs　245, 281
plutôt que　379
point　366
postérieur　346, 350

496 　　　　索　引

postérieurement　359
pour　36, 108, 109
pour autant que　301
pour que　394
pour tout　276
pourtant　389
pouvoir　375
premier　294, 350
première　294
premièrement　359
primo　295
probablement　329
puis　388
puisque　393

【Q】
quand　37, 392
quand (bien) même　395
quart(e)　294
quarto　295
que　46, 231, 309, 390, 398
quel　273
quelconque　278
quelle　273
quelles　273
quelque　280
quelque chose　242
quelque X que　396
quelqu'un　241
quels　273
qu'est-ce que　231
qu'est-ce que c'est que　232
qu'est-ce qui　231
qui　46, 229, 307
qui est-ce que　229
qui est-ce qui　229
quiconque　237
quinquagénaire　295
quint(e)　294

quinto　295
quinzaine　296
quoi　231, 233, 310
quoique　395

【R】
rarissime　350
rectangulaire　350
regarder　178
richissime　350
rien　44, 238, 350, 372

【S】
sans　84, 110
sans doute　329
sans X ni Y　369, 386
savoir　375
se faire　171
se laisser　172
second(e)　294
secundo　295
selon que　395
sentir　178
septimo　295
septuagénaire　295
seulement　389
sexagénaire　295
sexto　295
si　37, 331, 391
si bien que　394
si X que　396
soi　216
soit　385
sous　105
supérieur　346, 350
supérieurement　359
suprême　350
suprêmement　359
sur　105

索　引　497

【T】

tandis que　392, 395
tant　301 344
tant（de）... que...　352
tant... tant...　351
tantôt A tantôt B　389
tel　244
tel(s)　282
telle(s)　282
tellement　359
tellement... que　394
tertio　295
tierce　294
tiers　294
tonner　167
tous　236, 275
tous ceux　277
tous les＋複数形　92
tout　235, 275
tout X que　396
toute　275
toutefois　389
toutes　236, 275
très　359
triangulaire　350
triple　296, 350
trop　300, 359
trop... pour que　394
tu　202

tu vas＋不定詞　51

【U】

un（冠詞）　36, 75
un（代名詞）　242
un autre　243
un de ceux qui　308
un peu　302
une（冠詞）　36, 75
unique　350
uniquement　359
universel　350
universellement　359

【V】

venter　167
voici　43, 202
voilà　43, 202
voir　178
vous　202
vous allez＋不定詞　51
vu　188
vu que　393

【Y】

y　208
y compris　188
yen　292

著者プロフィール
町田　健(まちだ・けん)

名古屋大学大学院文学研究科教授。専門は言語学。1957年福岡県生まれ。1979年東京大学文学部卒業。1986年東京大学大学院人文科学研究科博士課程単位取得。東京大学助手、愛知教育大学、成城大学、北海道大学助教授を経て現職。著書に『ソシュールのすべて』(研究社)、『言語構造基礎論』(勁草書房)、『言語世界地図』(新潮社新書)ほか多数。翻訳書に『イェルムスレウ――ソシュールの最大の後継者』(大修館書店)ほかがある。1985年から86年まで、フランス政府給費留学生としてストラスブール大学ロマンス語学研究所に留学。

フランス語文法総解説
ご ぶんぽうそうかいせつ

●2015年12月25日　初版発行●

●著　者●
町田　健

©Ken Machida, 2015

●発行者●
関戸　雅男

●発行所●
株式会社　研究社
〒102-8152　東京都千代田区富士見2-11-3
電話　営業 03-3288-7777（代）　編集 03-3288-7711（代）
振替　00150-9-26710
http://www.kenkyusha.co.jp

KENKYUSHA
〈検印省略〉

●印刷所・本文レイアウト●
研究社印刷株式会社

●フランス語校閲●
ステファン・ストラーム

●編集協力●
市川しのぶ

●装　丁●
寺澤　彰二

●イラスト●
吉野　浩司

ISBN978-4-327-39433-2 C1085　Printed in Japan